本书获河南省社会科学院

哲学社会科学创新工程试点经费资助

中原学术文库·文集

# 周全德学术文集

周全德 著

中原出版传媒集团
中原传媒股份公司
大象出版社
·郑州·

图书在版编目(CIP)数据

周全德学术文集/周全德著.—郑州：大象出版社, 2018.11
(中原学术文库.文集)
ISBN 978-7-5347-9977-8

Ⅰ.①周… Ⅱ.①周… Ⅲ.①社会科学—文集 Ⅳ.①C53

中国版本图书馆 CIP 数据核字(2018)第 247855 号

中原学术文库·文集
## 周全德学术文集
ZHOU QUANDE XUESHU WENJI

周全德　著

| 出 版 人 | 王刘纯 |
| --- | --- |
| 责任编辑 | 杨　兰 |
| 责任校对 | 安德华　牛志远　李婧慧 |
| 装帧设计 | 王晶晶 |

| 出版发行 | 大象出版社(郑州市开元路 16 号　邮政编码 450044) |
| --- | --- |
|  | 发行科　0371-63863551　总编室　0371-65597936 |
| 网　　址 | www.daxiang.cn |
| 印　　刷 | 新乡市豫北印务有限公司 |
| 经　　销 | 各地新华书店经销 |
| 开　　本 | 787mm×1092mm　1/16 |
| 印　　张 | 27 |
| 字　　数 | 437 千字 |
| 版　　次 | 2018 年 11 月第 1 版　2018 年 11 月第 1 次印刷 |
| 定　　价 | 120.00 元 |

若发现印、装质量问题，影响阅读，请与承印厂联系调换。
印厂地址　新乡县翟坡镇兴宁村
邮政编码　453000　　　　电话　0373-5635065

# 自　序

我于1980年年底考入河南省社会科学院，被分配至哲学研究所从事科研工作。1982年3—6月，被院方派至武汉社会学研究班学习社会学，又于1986年7—8月被派至桂林伦理学研究班学习社会伦理学。那一时期，社会学和伦理学刚刚恢复，亟待充实相关研究人员。顺应当时经济社会发展的实际需求，我和不少原来从事文、史、哲研究的科研人员转至与现实生活联系更为紧密的社会伦理学，从事恋爱婚姻家庭伦理研究。本来，哲学就是研究世界观和方法论的学问，能够为其他学科提供依据和支撑，同时也能为从宏观研究转向微观研究提供科学指导。所以，我研究方向的这一转变总体上比较顺畅，没有遇到太大的麻烦。为何我对恋爱婚姻家庭伦理情有独钟呢？回想起来，这大概与1980年9月颁布修改后的新《中华人民共和国婚姻法》所引发的婚姻伦理争论，以及与当时恋爱婚姻家庭领域存在的诸多亟待解决的突出问题有关。由于恋爱婚姻家庭问题与妇女儿童问题、老人问题具有高度的相关性，自然而然地我的研究兴趣也就延伸至这些方面。这一阶段，社会上产生了对"遇罗锦离婚案""第三者插足""二保一""妇女回家""妇女阶段就业"等事件引发的问题的争论，正是这些争论引发我的思考，促使我从一个研究者的角度去寻求思想理论上的答案。同时，这一时期，围绕"婚外恋""离婚潮""妇女就业""留守妇女""留守儿童""出生性别比失衡""城乡弱势女性群体""人口老龄化"及人口均衡发展问题，我也在全省城乡进行了大量社会调查活动，相应地也就写出一些涉及这方面内容的研究报告和论文。当然，这一时期，围绕党和政府工作大局，我也就社会伦理学研究及思想道德建设方面的理论问题进行研究，并在有关报刊杂志发表文章,表达了自己的看法。

2007年12月,我被调入刚刚组建的社会发展研究所工作。面临新的工作环境及新的科研任务,又适逢院里加大科研转型力度,自然而然地我就给自己定下了科研转型的目标任务,即从微观及中观视角对具体问题的质性研究,转向在社会变迁及社会转型大背景下较为宏观的理论研究,譬如和谐社会建设研究、基本民生建设研究、社会治理创新研究等。说实在的,对于新的研究领域,一开始我真有点力不从心的感觉,着实存在"本领恐慌"问题。由于时间紧迫,我只能在干中学,并且利用一切能够利用的时间抓紧补课。多年来,为了适应经济社会发展形势的不断变化,我先后对科学发展与社会和谐的关系、更好保障和改善民生的思路和对策、全面提高社会治理创新水平、新型城镇化的社会学理论建构、新型农村社区建设的积极稳妥推进、新型城镇化与妇女发展、人口长期均衡发展与生育政策调整、出生性别比失衡的综合治理等理论与实践方面的问题进行了研究,并且通过国内一些报刊杂志表达了自己的观点和看法。现在回过头来看,这类文章中的观点和看法有些比较成熟,顺应了全面深化改革的时代潮流且具有一定的学理性和思想性,但有些观点和看法则不太成熟,或学理性和思想性尚浅,或前瞻性和创造性不足,或流于一般化,有待于进一步完善和提高。鉴于此,我对近年来发表的民生建设和社会治理创新方面的一些探讨性文章,此次基本上没有将其选入文集。

回顾自己所走过的科研历程,我总的感受是"知识积累和善于学习是理论创新的前提",而"深入基层和联系实际则是科研能力赖以提升的要件"。没有对古今中外思想大家和文化大师经典著作持之以恒地阅读、分析和思考,任何思想理论方面的创新则是不可想象的。因为,"站在巨人的肩膀上"往往能使我们文化视野更广、理性自觉意识更强、思想道德境界更高,少走那些不必要的弯路。同时,只有向我们所接触到的一切人请教自己所不懂或似懂非懂的事物,才能博采各家之长以补自身之短,从中获取创作的智慧和灵感。至于深入基层和联系实际,更是我们在人生价值上实现从"职业型"学者向"济世型"学者精神提升的必要途径。综观这两大方面,本文集所收录的文章均有不足之处,所以在此仅仅作为"抛砖引玉"之作。能够带给后来者以点滴启发,笔者也就十分欣慰了。最后,我要衷心感谢我的工作单位——河南省社会科学院以及各位领导和同事们,正是在他们的支持、帮助和鼓励下,我才能在科研方面取得这些微不足道的成果。三十四年来，作为这一温暖如春的大集体中的一员，我受益匪浅，深感荣幸。面对年复一年培育我逐步成长的这一温馨家园，本人心中唯有感激之情。唯愿河南省社会科学院蒸蒸日上，兴旺发达！同时，我也要感谢妻子廖如兰，多年来，正是受益于她的鼓励和支持，我在科研上才能有所收获。

周全德

2018年10月于郑州

# 目 录

## 一 和谐发展与社会建设研究

002 中原城市群建设中的文化生态思考
010 彰显中原伦理精神,构建河南和谐社会
019 可持续发展的伦理支撑
024 构建和谐社会的方式和途径
029 刍论毛泽东社会学思想的理论意义和实践价值
034 深入宣传社会主义核心价值体系的举措与方式
041 论科学发展与社会和谐的内在统一
045 社会学的想象力
049 和谐的伦理蕴含及实践品质
056 加强社会建设,实现和谐发展
065 我国社会文化创新能力培育探讨
074 对中原经济区建设中加强和完善河南社区管理的思考
084 马克思主义的和谐发展观及其当代发展
093 略论新型城镇化的社会学意蕴
100 在破解民生难题中提高我国民生建设的质量及效能
111 论新型城镇化的社会学理论建构
127 南水北调对中原城镇生态文明建设的综合效应研究

## 二　爱情婚姻家庭研究

137　第三者插足的主要社会原因
140　苏霍姆林斯基的家庭伦理思想
143　爱情与家庭生活
149　家庭题材文学作品中的文化价值取向
154　"五四"新文化运动与中国爱情观的发展
163　大众文化中的情爱错觉
177　当代爱情心理变异的成因、特征及其消解
190　论青年与爱情文明建设
202　论爱情伦理的建构和爱情伦理教育的意义
212　营造幸福婚姻的文化路径
218　儒学、基督教与婚爱文化
228　提高家庭美德建设成效的思考与建议
235　家庭暴力的主要原因、认识误区、伦理分析及应对措施
245　新型城镇化要求提升家庭发展能力
253　托夫勒婚恋家庭观的基本内涵、主要缺陷及借鉴价值
262　女性在建设现代家庭伦理道德文化中的地位和作用

## 三　妇女研究

272　论毛泽东妇女观的特色及其与现实生活的联系
277　论西方女权主义思潮中的积极因素和消极因素
293　社会性别分析的思想意义和实践价值
302　我国存在某些男女不平等现象的原因探析
308　给予孤寡老年女性以家庭式关怀
312　马克思妇女人权伦理理念解析

319 略论妇女民生改善问题
327 社会学视角下关于我国妇女发展的理性思考
336 关于全面深化改革背景下我国妇女发展的理性思考

## 四 人口与生育文化研究

344 刍论我国现代生育文化的成因
348 刍论生育心理的民族文化差异
352 刍论变革生育习俗策略
357 略论农民工群体"生男偏好"的转变
367 论中华生育习俗的历史渊源和文化特征
377 出生性别比问题的社会性别审视
388 提高综合治理出生性别比偏高成效的根本途径探析
399 影响和支配女性生育意愿的传统性别文化因素剖析
405 略论形塑健康向上的老龄文化
414 人口均衡发展与妇女民生的理性思考

# 一 和谐发展与社会建设研究

# 中原城市群建设中的文化生态思考

在中原城市群的建设过程中,人们不仅要积极关注有形的 GDP 和绿色的 GDP,也要努力提高人的素质的 GDP。传统的自然生态论者过多地强调非人格的生态力量,却忽视了人的感情、情绪、意志以及文化价值观的作用。中原城市群发展中已出现的这样或那样的问题莫不与人们忽视社会文化生态建设、忽视人的文化价值观对于城市活动方式和发展方向的重大影响和深层作用有关。因此,人们应对无形的城市文化生态的健康形成、维护和发展予以特别的关注,并且通过营造祥和、友爱、合作、信任、互助、安康的人文氛围,去引导市民确立协同发展和共同富裕的城市理想。现代城市的发展受到社会政治、经济、文化、科学技术、地理环境等多种因素的影响和作用,换句话说,它是社会物质文明、精神文明、政治文明、科技文明和生态文明的综合体现,而不仅仅表现为单一的人口迁移行为或经济现象。本文拟从城市社会学的角度就中原城市群发展中的文化生态问题进行思考、分析和阐释。

## 一、背景和策略

当前,河南省正处于城市化加速发展时期。全省城市化所处的发展背景是西方发达国家的城市正在去中心化,向郊区不断延伸,而在我国一些发达都市,如北京、上海、天津、广州等则已提出了创建生态城市的口号,向着更高的城市建设目标努力。河南的实际省情是人口多,面积较小;全省总人口 9613 万,居全国第 1 位,区域面积 16.7 万平方公里,排全国第 17 位,人口密度较大,每平方公里 575 人。与其他发达兄弟省市相比,河南省经济发展和生活条件较为落后:在 GDP 构成中第三产业只占 31.3%,排全国第 27 位;人均 GDP 为 6436 元,排全国第18位；居民消费水平2581元，排全国第22位；城市人均总收入6515.52元，排全国第25位；城市化水平较低，低于全国平均水平5个百分点。因此，以中原城市群的发展去带动、辐射河南全省的经济增长与社会进步势在必行。

目前，特大城市和大城市已向城市化区域发展，新的科技革命使中小城市的作用越来越显著，城市化空间地域改变，城市化职能构成变化，居民社会心理、价值观和生活方式发生实质性变化。在这种新型城市化态势下，如何才能找到一条符合中原自然环境、社会环境和文化特点的城市发展道路呢？这是一个需要深入思考和认真对待的问题。我国城市发展的基本战略是"大中小城市和小城镇协调发展"，应当说河南目前的城市发展格局具有能较好地体现这种战略思想的有利条件，因为正处于发展中的河南城市大都尚未定型，具有很大的可塑性。只是作为全国第一人口大省，河南在城市的发展规模上较为滞后，缺乏在全国具有较大影响的特大城市和大城市，如省会郑州与邻省山东的省会济南相比，不仅在人口规模（236.71万∶324.55万）上小，而且在人均GDP（16984元∶28958元）和人均可支配收入（7772元∶10094元）上低，甚至与山东的非省会城市青岛相比，在人口规模（236.71万∶241.74万）、人均GDP（16984元∶28577元）和人均可支配收入（7772元∶8721元）方面也有一定差距。因此，河南人社会心理中普遍地存在着一种把城市做大做强，迅速推动城市集约发展的渴求欲。这种渴求欲是可以理解的，因为只有具有一定的城市规模，即郑州市区人口超过500万、洛阳市区人口超过300万、其他绝大多数省辖市人口达到100万以上，才能通过它们的示范、带动和辐射作用去提高河南的三大人均指标水平，缩小河南与全国城市化平均水平的差距，改变经济贫穷和社会发展落后的面貌。

然而，在中原城市群的发展过程中，也面临着如何处理集约与扩散、数量与质量、城市现代化与乡村城市化的关系问题。尤其是在解决城市化滞后的过程中，人们也要注意提防伴随着城市快速集约发展可能引发的各式各样的城市病。傅崇兰等研究城市发展的学者认为：实现城市化的途径——从三个层面推进城市化：物质环境层面、制度法规层面、思想道德层面。扩大大、中、小城市规模，这些都只不过是实现了城市化量的扩张过程，而不是质的提高过程，也就是完成了第一层次的城市化人口迁移、居住和职业的转移，而第二层次（制度、法律体系建立)和第三层次的城市化(人的思想观念现代化)都尚未完成。[1]一般来说,衡量城市化有两大标准:一是人口和经济统计学尺度,以人口总量、人口密度、GDP 总量、GDP 构成比、恩格尔系数以及各种人均经济指标作为标准去衡量一个城市的城市化程度;另一种是城市社会学尺度,以人与自然、人与人之间关系的和谐程度,即从人们所处的自然生态环境和社会人文环境是否健康和健全的角度去衡量一座城市的发育程度。"城市人和城市区位的结合与互动是城市社会学的基本理论问题。"[2]在城市区位的概念中涵盖着城市的基本功能、结构及活动方向,而在城市人与城市区位的结合与互动中则充分地体现着人与自然环境、人与人之间社会关系的文化特质。交通拥挤、住宅紧张、环境污染、失业、贫困、犯罪等城市病莫不是城市人与城市区位的结合不当和互动失调的产物。用生态社会学的语言来说,它们也就是城市自然生态和社会文化生态遭到破坏的外在表现。

人无远虑,必有近忧。在中原城市群建设的过程中,人们应当未雨绸缪,充分考虑和认真研究城市自然环境和生活条件的承载能力,并且通过提高人的素质和改善城市生态环境去推动城市人和城市区位的有机结合和良性互动。一方面,我们必须意识到发展中的问题要用发展的办法加以解决;另一方面,我们也应看到,发展中问题的妥善解决将会促进城市更大程度的发展。就中原城市群的建设来说,发展的目标应当是全方位的,途径也应当是齐头并进的,而不该是单一的或攻其一点不及其余的。只有在城市建设的基本方针上做到统筹兼顾、进退有度,我们才能真正地避免由冒进和保守所带来的两种不良后果。所以,我们不仅要积极关注有形的 GDP 和绿色的 GDP,也要努力提高无形的人口素质的"GDP"。由此也就自然而然地引出我们自觉地塑造良好的社会文化生态的必要性和重要性。

## 二、问题和应对

城市是一个生态系统。由于城市本身是自然和社会的双重产物,这一生态系统也就包括自然环境生态和社会文化生态。自然环境生态是城市发展的前提和基础,社会文化生态则是城市发展的核心要素。前者呈现为城市的物质构成,后者则体现为城市的精神构成。传统的自然生态论者过多地强调非人格的生态力量,却忽视了人类活动的感情、情绪、意志、象征符号等文化因素的作用,尤其是忽视了文化价值观在解释城市社会群体和社会机制时的重要性。忽视城市市民文化价值观对于城市生态建设的核心作用,我们就不能正确地理解城市群体、城市制度安排及一系列机构设施的特殊活动模式,更不能真正地弄明白建设"生态城市"的含义。当前,中原城市群建设过程中已经出现的这样或那样的问题,莫不与人们忽视社会文化生态建设,忽视人的文化价值观对于城市活动方式和发展方向的重大影响和深层作用有关。

一是有些城市在建设中过多地强调城市硬件设施的建设,视野局限于城市绿化、城市环境整治等外在的内容,而没有体现自身可持续发展的富有独特个性的文化。据《大河报》2004年6月4日报道,有的城市在建设中好大喜功、大搞形象工程,建设起来的广场超乎寻常地大,抵得上半个天安门广场,超乎寻常地美,有文化墙和各种雕塑,也超乎寻常地耗资,动辄数亿人民币。据说是带来了经济效益和城市品位,却唯独丢掉了自身丰满的个性文化并侵蚀了市民求实创新的内在文化心态。

二是在城市建设中无视生活在其中的市民生活秩序和生活习惯,忽略城市建设的根本目的是提高人们的生活质量。据《大河报》报道,2004年6月10日,因大多数临街饭店紧闭,许昌市一位市民从东关跑到西关,跑了一大圈也没吃到早餐,其他市民也有类似遭遇。原来是为了顺利通过省"爱卫会"(爱国卫生运动委员会)对该市创建卫生城市的考核调研,以确保该市创"三城"(卫生城、园林城、旅游城)目标的如期实现,该市有关部门采取了特别的措施。这种倒本为末的所谓的特别措施只不过印证了当地相关部门不管老百姓生活利益的现代形式主义已成为片面发展观与官僚主义畸形结合的怪胎。

三是在城市建设中过分地强调技术指标和追求技术含量,却淡化了对于社会文化氛围和人文精神含量的诉求。我们不乏见到一些自然环境很好的城市,为了达标而兴师动众兴建一些大公园、大广场、大马路和高层建筑,甚至不惜违法乱纪去搞大拆大建,而没有考虑到人的基本需求,尤其是没有考虑到普通民众的基本需求,往往是花了许多钱,老百姓却没有从中得到什么实惠。此外,片面地追求经济效益、盲目攀比和急功近利的行为也极易贬损城市历史人文景观的真正价值。冯骥才这样写道:"从历史文化的眼光看,白马寺差不多像个空庙;开封那条花花绿绿的仿古宋街呢?一条如同影城中常见的仿古街道,唤起我们的是自豪感还是自卑感?真实的历史给我们充填精神和力量,仿造的历史只为了向游客伸手讨钱。"[3]可见,文化的地域性已在现代文化产业的精巧包装下丧失了它原有的本真和质朴,无怪乎引起了这位人文学者的感慨。历史文化氛围和民众健康的文化心态并不是单靠技术的魔力就能够轻易塑造的。或许,我们可以说城市发展并不单纯地表现为靠技术和资金力量的外在扩张,它更多地体现着一种人文精神的内在的收敛,这种深度的发展以人类高度的自律和自强为基础。一个城市所特有的创造新的生活方式和文化价值观的功能正是以城市人自身健全的社会文化心态为核心要素才得以实现。无视这些,人们将在城市未来的深度发展中受到惩罚。

四是在城市建设中少数人习惯于靠"拍脑袋"决策,民情、民意、民声、民智被他们抛在一边。学者刘啸霆认为:"环境问题最终反映的是社会民主问题,也就是说环境伦理的发展与社会决策民主化的进程是一致的,因为社会大众是自然环境的永恒消费者。"[4]现代社会是一个具有高度风险的社会,公众参与决策越多,决策越民主,越能最大限度地降低社会发展中的风险。有些城市的领导人却不这样认为,无论是圈地盲目上马开发区,还是乱建高尔夫球场,这类挥霍浪费国有资源的做法无不是所谓"精英政治"的"杰作"。

五是在城市建设中由政府"经营城市"的现象较为普遍,缺乏严格法治意义上的章法。堪与"首堵"相提并论的"郑沟"现象即是如此。王志杰、闫广道等就此提出质疑:"郑州挖沟,在一些带有垄断色彩的公用事业单位的参与下,它的'运行',到底离市场方式有多远?……马路下面的管网涉及七大系统,每个系统的背后都站着不同的利益主体,要让这么多不同利益主体围绕一个目标——投入最小,产出最大,实现资源的最佳配置,最大的障碍恐怕是制度安排和利益分配问题。"[5]

看来,郑州的民谣"郑州郑州,天天挖沟;挖挖扒扒,弄俩花花"并非无中生有和无端推测。透过民众的揶揄,我们看到了站在市场中心的政府的尴尬和无奈。"郑沟"现象,究其实质是一种由城市文化生态失调所造成的"机体功能紊乱症"。欲治此症,舍城市民主与法治别无他途。

六是制度层面的城市化滞后。城市社区建设关系城市发展与社会现代化状况,关系社会秩序与社会管理基础,关系社会质量与社会经济协调发展,关系城市所有人的生活环境与生活质量。多年来,中原城市群九城市的城市社区建设虽取得很大成绩,但其中存在的一些矛盾和问题也不容忽视。其一,处于城市边缘地带的非农化村庄社区组织缺乏社会延伸性,"一村两制"的封闭性利益格局,不利于外来常住人口与原居民的沟通与融合,从而有碍城市化的拓展;其二,社区建设中存在着严重的行政化倾向,没有突出群众自治的特点;其三,有关社区建设的法律法规尚不健全,原有的法律法规已滞后于社区迅速的发展;其四,城市在发展中对民族社区建设的社会意义和文化价值缺乏理解和认识,无视民族社区发展的自然规律和文化特点,在一定程度上破坏了少数民族的原有生活环境和生活方式。此外,在有关城市管理的法律法规方面,一些城市仍存在着漏洞和缺陷,有待进一步完善。

七是人的城市化滞后。美国现代化专家阿历克斯·英格尔斯认为:"人的现代化是国家现代化必不可少的因素,它并不是现代化过程结束后的副产品,而是现代化制度与经济赖以长期发展并取得成功的先决条件。"[6]一般来讲,人的城市化与人的现代化是相辅相成的关系。因为,城市化进程与人的素质的提升,是一个有着内在利益关联的互动发展过程,我们必须动态地把握二者的互动关系,才能妥善地解决城市文明建设问题。中原城市群发展中人的城市化滞后主要表现在两个方面,即人口规模和人口素质。从人口规模看,郑州、洛阳、开封、平顶山、焦作、新乡、漯河、许昌、济源,不仅在人口总量上分别低于邻省山东的济南、青岛、烟台、淄博、潍坊、威海、泰安、枣庄、日照,而且在市区人口密度上低于本省内辉县、孟州、项城、汝州、长葛、新郑、巩义、沁阳等小城市。例如:洛阳市区人口147.81万,青岛市区人口241.74万;开封市区人口78.75万,烟台市区人口168.45万。再如:郑州市区人口密度每平方公里2277人,新郑市区人口密度每平方公里9618人;洛阳市区人口密度每平方公里2717人,汝州市区人口密度每平方公里6860人。从人口素质方面看,市民的思想道德、科学文化、民主与法制意识以及生理、心理等综合素质也滞后于城市发展的要求。近些年来,以郑州为圆心的中原城市群集聚了大量的流动人口,其中,仅郑州市就流入人口101万人,占全省迁移和流动人口的21.38%。人口的流动给城市发展带来生机和活力,同时也带来了一些不容忽视的问题,如就业、入学、交通、医保、住宅、计划生育、社会治安和市政管理等。通过转移农村劳动力来提高城市化水平,堪称一项极其复杂和艰巨的任务。它不仅需要加快户籍、就业、教育、社会保障体制等改革的步伐，而且尤为需要提高流动人口的综合素质，使他们在文化和生活方式方面真正地融入城市社会。

我们可以看到，在农民工身上，既集中地体现着城市文化与乡土文化的相互整合、融合过程中的矛盾与冲突以及焦虑与浮躁，也体现着城市生活与乡土生活一体化渐进过程中的丰富性、多样性和创造性。由于原有的农村生产方式、生活习俗、思维习惯和价值观念等历史因素的文化心理积淀的作用，也由于城乡文化相互渗透、相互融合的缓慢性，流动人口自身素质的提高及融入城市社会不可能一蹴而就，它只能呈现循序渐进的过程化状态。城乡文化的相互整合和融合，最集中地体现在城乡结合型的边缘文化新人格的形成上。为了减缓城乡二元人格整合和融合过程中的矛盾和冲突，除了制度安排方面的变革，也需要一个思想观念上的变革。然而，这方面的变革是远远不够的，或许它也就是农民工在城市生活中遭到歧视和不公正待遇的最内在、最深层的根源。

专门研究中原崛起与文化建设的李兵如此说："文化是中原城市群的精髓。往往一个城市中最令人如醉如痴的，是因为历史、音乐、诗歌、绘画、哲学的缘故，是因为某个文化典故、某种文化精神。"[7]中原城市群的建设需要精神底蕴深厚而又光彩夺目的中原文化为依托；在继承与创新、碰撞与磨合的城市化过程中，中原城市群的发展本身也在创造着新型文化和生活方式。所以，我们在积极关注有形的城市物质文明的同时，也需要对无形的城市文化生态的健康形成及维护和发展予以特别的关注。

首先，我们要汲取省内外和国内外城市化过程中的经验和教训，在城市发展的思路上善于将经济视角、生态视角和人文视角综合起来，去全面考虑和统筹解决城市发展过程中出现的问题。尤其是我们在精心打造"山水城市""园林城市""田园城市""森林城市""卫生城市""健康城市""绿色城市"之际，务必不要忽略对城市文化的内核——人们正确的文化价值观的培育和健康的社会文化心态的塑造。

其次，在城市文化建设中我们要着意构建具有宽容性、集聚性、扩散性、开放性、地域性、时代性、丰富性的多元文化格局，以协调城市物质实体、公共空间结构、社会人际交往这三者之间的关系，促进城市化与人的现代性的良性互动，进而带动健全的城市格局的形成。其中，尤为重要的是要注重对市民进行公民道德教育、法制教育和艺术教育，使他们的举手投足都能表现出一个城市的独特风貌。

再次,在城市发展中,我们应当通过体制的创新、政策的调整以及舆论的引导去整合城市中各个社会群体的利益,其中最为重要的是要正视提高市民素质的长期性和复杂性以及改变城市各种传统习俗的艰巨性,通过正确的舆论引导,帮助人们树立新的城市观念。

最后,构建城市化的良性运行机制——市场竞争与政府干预相结合,进一步强化政府的服务功能。政府的服务应是全方位的,不仅要有政治协调、生产经营和日常生活救助方面的服务,而且要有人文关怀方面的服务。所谓人文关怀,就是通过营造祥和、友爱、合作、信任、互助、安康的人文氛围,帮助市民确立协同发展和共同富裕的城市理想。这种共同的理想是解决诸如"郑沟"现象、社区问题、城乡二元人格整合、城市精英政治以及其他一系列城市痼疾的思想前提。

**参考文献:**

[1]傅崇兰,等.中国城市发展问题报告[M].北京:中国社会科学出版社,2003:35.

[2]潘永康.城市人与城市区位的结合与互动[J].天津社会科学,2003(6).

[3]冯骥才.手下留情:现代都市文化的忧患[M].上海:学林出版社,2000:10.

[4]刘啸霆.环境问题的人学价值[N].光明日报,2004-06-08.

[5]王志杰,闫广道,等.郑州"沟灾"[N].大河报,2004-06-11.

[6]车美萍.试论西方社会协调发展的理论与实践[J].中共济南市委党校学报,2003(4).

[7]李兵.文化是中原城市群的精髓[N].河南日报,2004-06-04.

(原载《城市发展研究》2004年第5期)

# 彰显中原伦理精神，构建河南和谐社会

## 一、中原伦理精神的释义及特征

中原伦理精神是指生活在河南这块地域的人民在长期、共同的社会生产与生活实践中逐渐形成的，集中体现着河南人民理想信念、伦理智慧、道德情操等精神风貌，并且经高度凝聚而成为中原文化内核的一种心态结晶，它对人们的认知水平、价值取向、行为方式及文化人格的形成产生重大影响。"八方风雨会中州。"中州大地是中华民族的主要发源地，也是中华文化包括伦理文化的主要摇篮。象征中国农业文明伊始的仰韶文化、裴李岗文化和龙山文化发端于中原大地，人文传说中的三皇五帝如伏羲、黄帝、颛顼等主要活动于中原一带，《列子》中叙述的愚公移山的故事发生在地处中州的济源，《史记》中记载的为治水三过家门而不入的大禹的足迹遍布中原大地。大禹治水体现着古代中原人与自然灾害进行不挠不挠斗争的人定胜天的精神信念，愚公移山则显示出他们埋头苦干、锲而不舍的理想追求和道德意志。这类大无畏的伦理精神堪称中华民族优良道德传统和集体英雄主义精神的活水源头，成为我们民族赖以挺直脊梁、自强不息地求生存与谋发展的精神支撑。从某种意义上讲，自力更生、艰苦创业、团结协作、无私奉献的红旗渠精神，实质上就是古代大禹治水精神和愚公精神的现代翻版。积淀深厚的中原历史文化使中原伦理思想丰富而又深刻，儒、墨、道、法等各家的创始人及其学术流派，无不与中原文化尤其是伦理文化过从甚密，成就了辉煌一时的古代中原文明。孔子的"仁义为本，孝悌为用"，墨子的"兼相爱，交相利"，老庄的"绝圣弃智"，管子的"仓廪实则知礼节，衣食足则知荣辱",等等,这些伦理道德方面的元典思想对河南人民的政治理念、经济范式、文化诉求乃至生活方式和社风民俗均产生重大影响和作用,成为孕育和润泽中原精神文明的重要因素。

自中华人民共和国成立以来,爱国爱乡、顾全大局、团结互助、群策群力的新整体主义反映着中原伦理精神的本质。这种新整体主义既与以往家国同构的旧整体主义具有本质的区别,也与扩大了的个人主义即小团体主义和山头主义毫无共同之处,相反,在实际生活中,它具体表现为集体主义的道德原则、伦理意识以及团结协作的团队精神。现代农业文明的发展典型如刘庄模式和南街村模式,它们既传承自省自律、自强不息、吃苦耐劳、艰苦奋斗、以群体为本位的古代优良伦理文化传统,又拥有开拓进取、求实创新、尊重科学、与时俱进、以张扬团队个性为荣誉的时代伦理特质。当代中原人杰地灵、英雄辈出,焦裕禄、史来贺、常香玉、任长霞、吴金印、李学生等,他们的精神不啻是集体主义、英雄主义的个性化闪耀。这类既富有道德情感又充满理性良知的表现,完全不同于那种在巨大私利驱使下的个人盲动。在当今的市场经济条件下,集体主义的伦理原则远未过时;随着社会发展和时代变革,集体主义当然也应当有所发展并被赋予新的思想内涵和表现形式,但我们需要改变的是对集体主义原则应用的方式方法及技巧,并不是其精神实质。集体意识是构成新整体主义的思想前提,扩大了的集体主义思想即是新整体主义。在新整体主义的肥土沃壤中,无数个热爱中原、矢志投身于中原崛起大业的一代新人正在茁壮成长。

坚韧性是中原伦理精神的首要特征。自古以来,勤劳俭朴、吃苦耐劳构成河南人坚韧不拔、宁折不弯的道德品格基础。面朝黄土背朝天,黄河的层层泥土积淀了河南人独特的生活品性:一种宁可劳作累死而不愿向困难低头的顽强的生存意志和拼搏精神。这种内生于中州大地的坚韧性,伴随历代中原人口的南迁北移或东流西进而辐射至祖国四方,成为中华民族赖以良性生存与健康发展的精神支撑。电视剧《闲人马大姐》中所蓄意刻画和讥讽的那位所谓"河南"的懒汉二流子,仅仅属于极个别的现象,绝不代表河南人的一般形象;具有大禹的勤勉和无私奉献以及愚公的坚强和韧性,这才是中原父老乡亲们的真实形象,才真正地体现了河南人民的精、气、神。越是在艰难困苦的环境条件下,这种精、气、神就愈加光彩夺目。在抗日战争时期,中原儿女"宁肯站着死,不愿跪着生",表现出大义凛然的民族气节和威武不屈的铮铮铁骨,而在20世纪60年代的三年自然灾害时期,河南人民更是以令人难以想象的勇气、决心和毅力,承受住考验,担当起重整中原河山的历史责任。尤其是自改革开放以来,河南人民打破封闭、保守、落后的小农意识的千年精神藩篱,在市场经济的大潮中重塑自身坚韧不拔的伦理品性,并且在其中赋予了敢于竞争、善于竞争、永不言败、永不放弃的时代精神内涵,从而向世人展示了中原人崭新的思想道德风貌。

中和性是中原伦理精神的主要特征。顾名思义,中原之"中",蕴含持中、中和的意思,而中原之"原",也含有平坦的意义。"和合"本是我国传统文化的核心理念,从中折射出我国人民独特的思维方式、道德诉求、政治愿望和生活理想。古老的中原大地是"和合"文化的策源地。我国最早的史书《尚书》、儒家经典《易经》以及先秦的典籍《管子》和《墨子》,均提到有关"河图"与"洛书"的传说,而由"河图"和"洛书"发展而来的"八卦五行说",就孕育、产生于河南的河洛地区。"八卦五行说"的精神主脉即是推崇"和合",由此而被历代中原圣贤作为教化民众和调适社会关系的手段和目标。在"和合"文化的长期熏陶和调教下,中原人无论在安邦治国、认识自然和利用自然方面,还是在待人接物、亲善友邻等人际交往和区域交往方面,均视和谐为不可背离的宗旨。"政通人和"反映中原人企求社会和谐的一贯生活理想,"民胞物与"则显露中原人为人处世的伦理情怀。他们寻求安身立命与终极关怀的统一,从不将邻里和睦、家庭和美、社会和谐与彼岸世界对立起来。然而,由于内陆性农业社会文明的长期影响和作用,这种平和的伦理文化性格也会成为束缚中原人自己手脚的惰性思想,甚至在特定的环境条件下,使他们陷入集体无意识的认识误区,给自身的生存与发展带来严重危害。一方面,崇尚中和、践行中道的生活准则与行为习惯,有利于中原人形成与人为善的人际关系和与自然和睦相处的生态关系,为构建中原和谐社会创造了良好的思想道德条件;另一方面,这种伦理秉性也有可能导致一些人在社会变革中墨守成规和缺乏开拓进取精神,尤其是容易在特殊历史诱因的左右下丧失批判精神而走向另一极端。比如,20世纪五六十年代,在小农落后意识与极左思潮畸形结合的双重影响下,绝对平均主义和无政府主义的两种思想偏向就曾肆虐中原大地。

兼容性是中原伦理精神的显著特征。海不辞东流,大之至也。[1]自古以来,中原文化就以其博大、宽阔的胸襟广纳各种与己不同的外域文化,在文化交往上养成了兼容并包而又和而不同的优良品性。在中原社会思想发展史上,经过文化的碰撞和磨合,儒墨思想的互补成为现代义利统一观的源泉,而儒道思想的互补,则使天道与人道以及自然与人为相通、协调和统一,从而成为支撑现代生态文明建设弥足珍贵的伦理文化资源。中原伦理文化既是政治—伦理和经济—伦理的,又是心理—审美的,前者是主脉,后者为旁支。这种刚柔相济的品位,来自于它在虚心地汲取巴蜀、秦陇、荆楚、燕赵、岭南等省外区域文化中有益的伦理养分的同时,又能始终保持自身鲜明的思想道德个性。中原伦理文化之所以具有一副"大中华"的面孔,就在于它海纳百川,不断地更新与创造自我,然后又惠及东西南北,因而在历史上能够具有伦理文化的核心地位。近代以来,在从农业文明向工业文明转型的历史过渡时期,在中国经济与文化南移以及战乱和"左"倾思潮等特定因素的影响下,中原伦理精神的衰微在所难免,从而失去了以往那种在整个国家社会意识形态中所居的主流地位。然而,我们应当看到:中原崛起的当代潮流正在为中原伦理文化的复兴创造出前所未有的契机,中原伦理精神完全有可能在中原人民的共同培育下成为中华民族精神文明园地中的一朵奇葩,并且成为中原崛起乃至中华和平崛起的强大精神动力。当今,市场经济条件下的伦理精神,既需要传承深厚的思想内涵和凝重的历史底蕴,又需要体现鲜明的时代特征,而充分发挥有史以来中原伦理文化本身所具有的兼容性,将有益于人们创造出这种充满生机与活力的新伦理精神。

相对独立性是中原伦理精神的重要特征。虽然经济发展是伦理精神赖以形成与发展的基础,但作为社会意识形态之内核的伦理精神一旦发育成熟,就会对经济发展体现出其相对独立性,就会体现出其与社会发展的不完全同步性,与其他社会意识如科学精神、民主与法制精神的相互影响和作用,与经济发展水平的不平衡性,以及对于经济与社会发展的巨大反作用,等等。由于中原伦理文化源远流长,底蕴深厚,相应地其伦理精神的相对独立性也就较强。从其现代价值来看,传统中原伦理文化可谓良莠并存,优劣兼具。一方面,仁爱友善、笃实宽厚、刻苦勤奋、勇毅力行、诚信公平、义利合一的伦理特质可望成为促进中原崛起的道德动力和构建和谐中原的精神依托;另一方面,因循守旧、不思进取、固执己见、妄自尊大、谨小慎微、妄自菲薄等伦理认知方面的思想惰性也难免会成为河南人民前进道路上的绊脚石。这就要求我们在深刻地理解中原伦理精神形成与发展规律的基础上,去正确地把握其对于经济与社会发展,以及其他社会意识的相对独立性。譬如,作为道德人文精粹的中原伦理精神虽与科学精神、民主与法制精神等共生共荣，互补互益，但其心态文化的情感价值导向却有别于后者的制度文化的理性智慧蕴含。如果在市场经济条件下的社会文明建设中人们完全忽视上述差异，那么中原伦理精神则将有可能在技术理念、工具理性等异己因素的消解中沦落为一种"群体利己主义"。

## 二、以弘扬中原伦理精神促进河南和谐社会建设

理论研究的主要价值体现在它能为社会实践服务，而不是单纯地为了满足所谓学理上的兴趣。研究中原伦理文化，弘扬中原伦理精神的首要目的就在于为促进中原崛起，构建河南和谐社会的大局服务，舍此而别无所求。笔者认为，主要应从以下方面去结合我省全面建设小康社会的伟大实践，进一步扬弃传统中原伦理文化，提升当代中原伦理精神。

在全社会倡导树立正气、顺气、和气，弘扬自力更生、艰苦奋斗、开拓进取、求真务实的创业精神，克服安贫乐道、守成畏险的思想惰性，矫正沉醉历史、逃避现实的文化心态，改变求稳怕乱、求全责备的工作方式和得过且过、无所作为的生活态度。所谓正气，类似儒家亚圣孟子所说的"浩然之气"，它是由正义的经常积累所产生的，充塞于天地之间。正气是相对于邪气而言的，在当前，殚精竭虑思改革，一心一意谋发展就是正气，而满足现状，不思进取，胸中装着满腹私欲，唯独没有群众利益即是邪气。顺气是指通达顺畅、心情愉悦。嫉贤妒能、患得患失的人，既不能使别人心情舒畅，也不能让自己精神愉快。和气是指人际关系的和谐与融洽，但这种和谐与融洽绝非无原则的一团和气，而是推心置腹、以诚相待、和睦相处。在全社会倡导正气、顺气、和气，是促进中原崛起、营造健康的社会生活环境与良好的人际关系氛围的必由之路。以权谋私、以势压人，对工作敷衍塞责，对群众麻木不仁，只说不干，一心"等、靠、要"，这些做法只能使一个地方或单位的邪气上升；心胸狭窄，对能者常怀提防和压制之心，或冷嘲热讽、求全责备、挟嫌报复，或唯我独尊、唯我是从、听不得不同意见，这一类行为绝不可能营造出使人才出类拔萃、脱颖而出的优质环境，同时，也绝不可能让一个地方或单位的大多数人感到舒心顺气；斤斤计较、个人至上、以同行为冤、以同事为螯、道听途说、以讹传讹，这种精神状态也绝不可能使一个地方或

单位的人们同心同德、齐心协力、心往一处想、劲儿往一处使。可见,树立正气、顺气、和气与开拓创新、真抓实干是相辅相成、相得益彰的。当今,河南依然与东部发达地区在经济发展方面存在着一定的差距,但这种物质上的差距并不可怕,可怕的是人们精神上的萎靡不振和认识上的自以为是!在此种意义上,可以说,树立正气、顺气、和气不啻是使人们在精神上重新振作起来的妙方良药,而"换脑子、挖根子、变法子、装轮子、闯路子"[2]则是让人们克服思想惰性,走出认识误区的清醒剂。

丰富公民道德建设的内涵。在现有公民道德建设的内容中加进自然仁德一项,用以规范人们以敬重的态度和合情合理的行为去善待大自然。现有的公民道德建设的内容包括社会公德、职业道德、家庭美德,它们主要是涵盖人与人、人与社会之间的关系。随着科学发展观的提出,人与自然的关系日益显得重要。道德的衰退和自然生态的破坏是当代人类的生存与发展所面临的两个严重的威胁。我们只有在身处社会中与面对自然时均能具有高度责任意识和强烈义务感,才能全面地挖掘自身在思想道德、科学文化、心理认知、生活审美等各方面的潜力,于不断地推动经济社会协调发展以及人与自然和睦相处的同时,也逐步地实现自身的全面发展。自然仁德的实质是人应当对大自然常怀敬畏之心,常有爱护之情,其目的旨在保护自然环境,合理利用资源。对于从事生产和经营的企业来说,应当转变传统的生产观念及其粗放型的经济增长方式,超越那种狭隘的、不择手段的向自然环境索取物质财富的发展主义的窠臼,确立经济效益与社会效益相统一的生产经营理念。对于政府来说,应当使各级官员从片面追求经济上的 GDP 的误区中完全地走出来,自觉地尊重资源对于经济与社会发展瓶颈制约的客观规律,少一点唯利是图和政绩工程,多一点社会责任感和公仆心。对于公民个人来说,应当增强资源忧患意识和勤俭节约观念,自觉地培育自身节约、节俭、节能的日常生活美德,树立以节俭、节约、节能为荣,以炫耀、攀比、奢侈为耻的消费伦理新观念,把实践文明、健康、科学的生活方式作为自己的安身立命之本。

拓宽公民道德建设的外延。寓公民道德建设于社会理想教育、革命传统教育、科学精神教育、艺术审美教育、社区团结互助教育以及科学发展观教育等项活动之中。和谐社会是以良好的公民道德为支撑的社会,公民道德建设是构建和谐社会的基础性工程。公民道德建设重在实践,重在良好道德行为习惯的养成,但这种养成需要依托各式各样具有先进文化性质的、能体现真善美的教育活动。社会理想教育是对人精神上的不可或缺的终极关怀并且由此而成为公民道德建设的思想基础,因为,一个缺乏科学的理想信念的人,他的伦理道德素质很难得到提高。革命传统教育是公民道德建设永不枯竭的精神动力。多想一想过去,再看一看现在,往往能让人的思想灵魂得到净化,伦理道德境界得到提升。科学精神教育赋予公民道德建设以求真务实的文化秉性。一个具有科学精神的人,他将由此而提高自身的理性良知和人格素质,从而也就减少了道德上的被动性和盲从性。艺术审美教育是公民道德建设的重要媒介。一场好戏、一首好歌、一部好的电视剧乃至一座美的雕塑,对于人们常常具有巨大的道德感化力量。社区团结互助教育是公民道德建设的社会基础。没有社区居民的团结互助,就没有新集体主义乃至新整体主义精神的形成,也就谈不上任何现代意义上的公民道德建设。科学发展观教育是公民道德建设赖以取得成效的重要保证。无论是干部还是群众,他们对于人与人的关系、人与自然的关系的基本伦理认识和道德态度,总是要受到一定的经济社会发展观念的影响和作用。

改进公民道德教育的方式方法。顺应多元共识的现代文化发展规律,变自上而下的、以外部灌输为主的教育方式为自下而上的、以自我教育为主的教育方式。现有的公民道德教育主要采取的是自上而下的、外部灌输式的方式方法,容易产生理想化、形式化、空泛化的弊端。理想化是指在公民道德教育过程中,一些宣教工作者忽视公民道德教育的层次性,将对只有少数人才能做得到的先进性要求与对大多数人的广泛性要求相混淆。形式化是指在公民道德教育过程中,一些宣教工作者脱离鲜活的群众生活实践,他们视野偏狭、方式呆板、思想肤浅且语言枯燥,从而使这种道德教育本身缺乏广度、深度、力度以及针对性、创造性、实效性和前瞻性,以至于这种道德教育最终成为一种"走过场"。空泛化是指在公民道德教育过程中,一些宣教工作者无视群众的道德主体性,视群众为单纯的受教育对象,他们既不愿意走家串户,也无意于对疑难问题作深入思考和认真分析,他们仅仅满足于开会宣讲或电视点评之类浮在表面的活动方式,以至于看上去热闹非凡,却与解决真问题毫不沾边。公民道德教育过程中的理想化、形式化、空泛化弊端之间具有内在的关联,它们相互加强,对新时期我国公民道德建设活动产生消极的影响,减弱了公民道德教育应有的社会效应。鉴于产生上述弊端的共同思想根源是理论脱离实际、思维方式僵化以及在工作中缺乏求实创新精神,习惯于单纯依赖行政手段去整齐划一地推行公民道德建设,因此,在公民道德教育中,我们应当顺应多元共识的现代文化发展规律,变自上而下的、以外部灌输为主的教育方式为自下而上的、以自我教育为主的教育方式,以便使其能深入、持久地开展下去,并且收到事半功倍的成效。

在官德建设中,利用"网上看河南""中原文化各地行"等活动方式,多宣传依然健在的、仍然在任的勤政爱民和廉政律己的领导干部的模范事迹;在民德建设中,着重将职业道德教育和塑造河南人的好形象教育纳入外出务工人员的培训内容之中,并且在外出创业成功人士中精心挑选河南人精神形象大使。官德建设是整个社会伦理道德建设的核心,因为对于作为领导干部的个人来说,他的一言一行和一举一动,都会对其他人产生巨大的影响和强烈的示范性作用,以至于成为左右社会风气的关键性因素。然而,近些年来,由于种种复杂因素的影响,官德建设一直是社会伦理道德建设中的薄弱环节。当前,中原崛起的伟大实践呼吁强化官德建设,要求领导干部身先士卒,当好表率。榜样的力量是无穷的。在中原大地上,有着许多时刻牢记为人民服务的宗旨、全心全意为群众谋利益的好干部,可是,对他们宣传的力度却很不够。在舆论宣传上,仿佛有一种不成文的规矩和约定俗成的习惯,即只有在一个人死后,才能对他盖棺定论以确定对他的宣传尺度。其实,这是一种误解或错觉,在官德建设中,利用"网上看河南""中原文化各地行"等活动方式,多宣传依然健在的、仍然在任的勤政爱民和廉政律己的领导干部的模范事迹,这将更让人感到真实可信,其影响力也更大。民德是形成良好社会风气的基础,按照日本近代思想家福泽谕吉的解释即是,"究竟所谓文明的精神是什么呢?这就是人民的'风气'。这个风气既不能出售也不能购买,更不是人力所能一下子制造出来的,它虽然普遍渗透于全国人民之间、广泛表现于各种事物之上,但是既不能以目窥其形状,也就很难察知其所在"[3]。类似于"风气"的民德虽说是无形的,但其社会影响和作用却是巨大的和有目共睹的。2005年,河南省外出务工或经商人员已达1400余万人,占总人口的近七分之一。这么一支在外工作与生活的庞大的队伍,他们是否具有正确的伦理道德价值观、高尚的道德情操和健康向上的道德心理素质,实在是事关河南人的整体形象。因此,有关部门应着重将职业道德教育和塑造河南人好形象教育纳入外出务工人员的培训内容之中,并且在外出创业成功人士中精心挑选河南人精神形象大使,要争取用物质与精神的双重发展去赢得外界的尊重。

**参考文献:**

[1]陈宜民,杨正业.中国古代格言大全[M].重庆:重庆出版社,1986:448.
[2]耕夫."新五子登科"与创新[N].大河报,2005-07-08(C05).
[3]福泽谕吉.文明论概略[M].北京编译社,译.北京:商务印书馆,1959:12.

(原载《学习论坛》2005年第9期)

# 可持续发展的伦理支撑

可持续发展是既能满足当代人的需要,又不对后代人满足其需要的能力构成危害的发展。作为人类赖以健康生存的方式和人类对自身幸福目标的追求,可持续发展体现了人类活动中手段与目的的高度统一。可持续发展涵盖人与社会、人与自然的双重关系,它需要经济伦理、政治伦理、文化伦理和社会伦理的全面支撑。

## 一、可持续发展的经济伦理支撑

经济伦理是存在于经济运行和活动中的价值目标、伦理关系、道德原则和道德规范的总和。[1]其内容涉及制度伦理、企业伦理、管理伦理、市场道德、金融道德、营销道德、消费道德、生态政策、信息技术应用、劳动权利保护等多方面。人类在社会经济活动中所表现出来的经济人与道德人的碰撞与磨合,即亚当·斯密问题为我们揭示出的人类本性中既对立又统一的两个矛盾着的方面,是经济伦理学探讨的基本问题,由此而引发人们对竞争与合作、节俭与奢侈、公平与效率、信用与利润等许多现实生活中重要问题的深层思考。经济伦理学对于传统经济学中的"经济人""企业非道德性"等理论预设的质疑和超越,以及对经济正义的诉求,为当代可持续发展理念的提出提供理性良知和道德智慧,并且为人类经济社会可持续发展战略的顺利实施打下了牢固的思想基础。在整个生产、分配、交换和消费的过程中,经济伦理成为规约与抑制贪婪物欲和伸张与卫护社会公正的健康力量,而这种力量对于保障人与人关系的公平性以及促进人与自然的协调共生,均是不可或缺的精神要素。人类之所以明智地选择了可持续发展这一自身发展的新途径,无非是基于资源和环境对人类的有限承载能力和正常社会结构对于贫富差距的可容纳度。由于能够有力地限制市场经济自发的盲动以及有效地调节人类欲望与自然给予、阶层差异与社会和谐之间的矛盾,经济伦理已成为当代社会通过自主创新的方式以及运用自然、社会、经济、生态、科技诸因素之间的互动与协调的途径而抵达可持续发展的必备的道德前提条件之一。换句话来说,人类要在自身活动的竞争与合作、公平与效率、索取与给予等矛盾关系中始终保持平衡与和谐,以及人类要通过根本地转变对自身所处自然界的传统态度和心理习惯,去树立与当代社会发展相适应的新的思想观念和价值标准,离不开经济伦理的力量和智慧的支撑。作为经济行为主体及经济政策、法规决策等方面的价值导向和价值标准,经济伦理对社会经济制度、体制以及政策法规的正当与否给以道德评价,并且对经济自由的合理限度加以界定。这些功能和作用既体现市场经济本身的道德属性,也契合了新型现代化时代人们关于可持续发展的普遍心理要求,从而使人类的经济活动能够通过伦理的有效调节而始终遵循正确的发展轨道。

## 二、可持续发展的政治伦理支撑

政治伦理是指政治活动中的伦理关系及其调节的伦理原则。[2]其表现是:在社会政治架构是否合理、党派或政治家的政治手段和政治行为是否正当、政治权力与政治责任是否合理匹配、国家权力及其行为是否被有效地加以规范和约束、公民的政治道德觉悟及能力是否得到提高,等等。这些政治关系和政治活动方面,政治伦理的价值理念和价值关系要能够得到充分显示,并且对整个经济社会的可持续发展产生关键性的影响。由于政治是经济的集中体现,并且在整个上层建筑中具有主导地位,充分发挥政治伦理的功能和作用,注意在政治问题的讨论中积极运用伦理学视角并且注意将道德文明意识纳入事关国计民生的社会政治决策和政策法规的制定之中,这些将能为保持经济社会发展的可持续性提供必要的制度伦理保障。夸大伦理的社会作用,以至于错将政治伦理化的传统伦理政治与封闭而又缓慢的自然经济相适合,这种越俎代庖的传统"德治"习惯由于缺乏现代意义上"法治"的配合并不能真正地发挥其净化心灵和革新社会的职能和作用,而关注政治活动、政治关系中的价值合理性、行为正当性和制度正义性的现代政治伦理则适应改革开放与迅猛发展的市场经济,它由于依托现代法制而有可能使自身达到理性与感性的高度统一。现代政治伦理的主要理论诉求是政治正义。没有社会政治正义的伦理保证,市场经济的自发性盲动将使人性的贪婪成为一匹无法驾驭的野马,最终坠入发展主义和物质主义的深渊,而这种结果与可持续发展的要求完全背道而驰。政治伦理为经济社会可持续发展提供支撑主要是通过政治伦理制度建设、干部道德建设和群众政治伦理意识的增强及其政治伦理素质的提高。政治伦理制度建设将使政治制度安排更能表达和体现可持续发展的价值理念和目标追求;干部道德建设将能让广大干部在正确的价值引导下,在自己的工作实践中去自觉地接受并履践可持续发展的价值要求和行为规范。群众政治伦理意识的增强及其政治伦理素质的提高将能带动他们自身参政议政能力的提升,从而使各种类型的政治决策和政策决定能在公众政治民主监督的规约下,更加符合经济社会可持续发展的时代进步要求。

## 三、可持续发展的文化伦理支撑

文化伦理是指社会文化活动中的伦理关系及其调节原则。[3]社会文化活动由于蕴含着社会价值精神并反映了特定价值关系的要求而具有伦理性,无论是关涉人类生存与发展的工作与学习文化,还是表达人们日常审美情趣的生活文化,均不例外。作为一种以改善和提高人类生活质量为最终目标的发展理论和战略,可持续发展本身就具有特定的文化伦理属性。当人们不再单纯地将发展看作一个简单的经济增长现象,而是视其为集社会、科技、教育、环境、哲理思考和艺术创造等多种因素为一体的共生共荣的完整现象,这种伦理属性就凸显无遗。可以说,历经磨难的人类最终理智地选择了可持续发展,不啻开创出自身文明的新纪元,因为人类已经树立起全新的伦理道德观念和价值评价标准,将自身从"人与人的战争"和"人与自然的战争"中提升出来,从而摆脱了生存与发展中两难抉择的困境。人们将不难看到,循环经济、生态城市、生态农业或生态工业园区之类体现了具有可持续性发展的新思路和新构想,无不得益于强调互助互补,追求健康和谐的文化伦理因素的润泽。文化伦理力量对于可持续发展潜移默化的支撑作用,不仅在客观上促进了社会生产力的健康发展,而且在主观上使人类自身获得精神救赎,进一步丰富和深化了自身生存的精神内涵及生命价值意义。当年,处在市场经济萌动期中的新教文化伦理所倡导和确立的敬业、节俭、勤奋、恪尽职守的带有浓郁禁欲色彩的道德品质,客观上成为资本主义发展的精神动力;今天,处于全球化背景下的当代文化伦理所推崇和赞赏的多元共识的价值取向、协商沟通的交往方式、敬畏生命和自然的感恩意识以及同情社会弱势者的向善意识,也已经成为推动经济社会可持续发展的精神力量。由于人类社会关系的日益复杂化,以及人类自身发展中盲动因素的作用,人类社会"面临着来自人为不确定性扩展的高风险"[4],这些风险包括自然生态危机、人类绝对贫困状态的依然存在和相对贫困状况的增加以及从家庭暴力到战争的所有暴力形式的存在和蔓延等。然而,具有高度主观能动性的人类可以通过对自身言行的深层反思,即人类通过在全社会树立环保意识、以人为本观念以及和平发展的全球伦理理念等去有效地预防、缓和乃至消除这些风险。

## 四、可持续发展的社会伦理支撑

社会伦理是以权利—义务关系为核心,标识社会伦理关系及其结构状况、社会公正及其实现的伦理学基本概念。它与"个体道德"(Personal Virtues)相对。其外延包括整个非个人领域的伦理关系,诸如家庭、市民社会、民族、国家、国际社会、政治、经济、科学技术、法律、文化、教育、环境等领域的伦理关系。[5]社会主义经济建设、政治建设、文化建设、社会建设和党的建设是一个具有内在关联的有机的系统工程。对于一个以服务人民大众为最高宗旨的执政党来说,按照构建民主法治、公平正义、诚信友爱、充满活力、安定有序、人与自然和谐相处的社会主义和谐社会的要求,去正确地处理新形势下人民内部矛盾,认真地解决人民群众最关心、最直接、最现实的利益问题,这些立党为公的无私行为本身就包含着极其深厚的社会伦理意蕴。

从某种意义上讲,能否扩大就业机会、缩小收入差距、提高人民群众健康水平、丰富人民群众文化生活、保障人民群众生命财产安全以及保障全社会人口发展安全等问题已成为事关经济能否良性运行和社会能否健康发展的综合性的社会伦理问题。健全的社会伦理主要包括两个方面:一是道德规范及其价值精神产生与发展所倚靠的必要社会条件;二是社会价值目标理想、交往方式、结构体制所具有的正当合理性。作为良好的社会关系和个体充分社会化的重要体现,健全的社会伦理精神是构建正常的社会生活秩序和形成健康的人文生态环境的重要思想基础,而这些对于促进经济社会可持续发展的作用甚大。贫富差距、权力腐败、家庭暴力、矿难频发、资源浪费、生态退化、出生人口性别比失衡等社会问题的出现无不与对社会弱势群体的社会权利及对其呵护的忽视、个体道德责任感的缺失、社会关系及其结构的价值合理性根据的不足、社会价值精神内容的匮乏以及对高新技术的滥用等伦理关系的式微有关。因此,为实现经济社会的可持续发展,伴随着对"以人为本"的科学发展观的贯彻落实,新的社会伦理精神必然会在人们的工作与生活实践中全面展示自身的魅力。

**参考文献:**

[1]朱贻庭.伦理学大词典[M].上海:上海辞书出版社,2002:115.

[2]朱贻庭.伦理学大词典[M].上海:上海辞书出版社,2002:222.

[3]朱贻庭.伦理学大词典[M].上海:上海辞书出版社,2002:269.

[4]安东尼·吉登斯.超越左与右——激进政治的未来[M].李惠斌,杨雪冬,译.北京:社会科学文献出版社,2003:101.

[5]朱贻庭.伦理学大词典[M].上海:上海辞书出版社,2002:261.

(原载《可持续发展研究》2006年第4期)

# 构建和谐社会的方式和途径

构建和谐社会的基本方式是自上而下与自下而上的密切配合,以及以个体自身的和谐带动、促进人与社会、自然的和谐。具体说来,就是采取法制与德治结合、社会管理与自我规约并用、发展与治理并行等方式去营造健康的社会生态环境和良好的自然生态环境。和谐社会的构建应通过物质鼓励与精神激励相结合、制度管理与人本关爱相辅助、正确处理社会转型期的人民内部矛盾、不断扩大中等收入阶层在全社会人口结构中的比重、通过意识形态整合不断地强化与拓展意识形态的功能和作用、巩固和加强共产党领导的多党合作制度等多种途径。本文意在通过对构建和谐社会的方式和途径的探讨,去进一步深化人们对科学发展观的认识,促进经济社会的良性运行和协调发展。

## 一、构建和谐社会的方式

方式指方法或形式。人们在做一件事时,如果采取的方法和形式正确,往往能事半功倍、成绩显著,反之则费时费劲、成效甚小。从总体上看,构建和谐社会是一个动态的、循序渐进的社会互动与文化整合的历程,这就决定了我们只有在不断地化解与消除经济社会发展中的不和谐因素和消极现象的努力中,才能逐步地迈向这一理想目标。换句话说,探索人自身、人与社会、人与资源环境等方面的和谐之道,就必然展现人类不断发现与解决矛盾的自我更新、自我完善的社会调适过程。

能否掌握构建和谐社会的正确方式,往往是衡量一个执政党驾驭经济社会发展能力的客观标尺。目前,我国经济社会发展已进入改革开放以来最好的时期,其表现为市场经济的相对发达、执政党执政能力的不断增强、国民综合素质的普遍提高，但与此同时，一些积蓄已久的矛盾和问题也开始呈现出加剧和激化的状态，正因如此，中国共产党审时度势，适时地提出"五个统筹"和"五个坚持"之类统筹协调发展、构建和谐社会的新型治国安邦理念，并且着力于提高自身构建和谐社会的能力，从而及时地反映民众对于民富国强、社会公正和社会安康的渴望，为人们掌握构建和谐社会的正确方式创造了必要的思想前提和精神条件。

从哲学的视角看，掌握构建和谐社会正确方式的关键是在事物的对立中去把握它们的统一，也就是在不断地缓和矛盾、化解危机的过程中去寻求社会平衡。与西方人的两歧式思维习惯不同，中国人具有异中求同的兼容思维的文化传统。这种矢志追求和谐的精神意境表现了中国哲学的根本品格，反映了中国文化的精神实质，成为当代中国人构建和谐社会的思想支撑。在效率与公平、发展与稳定、物质文明与精神文明之间，始终存在着对立统一关系，如何学会在这些矛盾统一体的辩证运动中保持相对平衡的艺术，直接关系着和谐社会的构建。和谐社会的构建以时间、地点和条件为转移。在改革开放后的一定时期内，"效率优先、兼顾公平""让少数人和一部分地区先富起来，然后带动大家共同富裕""发展中出现的问题应通过发展去加以解决"等口号的提出无疑是正确的，因为它们适合于当时经济社会发展的环境条件和民众普遍的社会心理需求。然而，时至今日，当就业问题，三农问题，个人或阶层收入差距扩大、地区发展差距凸显、官员腐败现象、一些人的价值观扭曲和社会心态失衡，经济可持续增长受到资源、能源和环境的瓶颈制约等负面因素日益影响到民众对于社会的态度和信心之际，探讨产生这些不和谐现象的原因并寻求对其有效的对策就成为要务。由于经济增长并不能自然而然地消除社会问题，并且发展的方式本身也亟待转变，因此，当社会问题的积累已演变成为直接影响到经济社会可持续发展的矛盾的主要方面的时候，对那些事关国计民生的社会政治口号的修正势在必行。譬如，"效率与公平并举""发展与和谐相互促进""政治民主协商、经济双赢共生、文化多元共识"这一类的口号就比较契合科学发展观，适应当前中国经济社会发展的新态势。在很大程度上，社会口号的变化不仅反映着一种政治措施的变通，而且体现了一种指导社会运行的思想方法和工作方式朝着有利于全面、协调、可持续发展的目标迈进所做出的深层转变，从而让自身获得了手段与目的的一致性。

从社会学或伦理学的视角看,掌握构建和谐社会正确方式的关键在于科学地把握和适度地调控个人与社会以及人类与自然的关系。当公共利益与私人利益、整体利益与局部利益、人类需求与自然环境条件发生冲突之际,绝不可轻言牺牲后者,而应积极地在两者之间寻求平衡,力求避免"个人中心""集体至上""人类中心"等极端倾向,并且努力树立个人与集体互为主体、人类与自然和睦相处的新型理念。这就在总体上决定了要实现人与社会、人与自然之间的和谐,就必须采取自上而下与自下而上的密切配合以及以个人自身的微观和谐带动、促进人与社会、人与自然之间的宏观和谐的构建方式。个人自身的和谐是指人的创造性、仁爱心、审美力的高度统一。此类思想健全、意志坚定、身心健康的完美个体当然不可能接受"个人中心主义""人类中心论"的片面价值观。"个人中心主义"以自我为中心去看待世界、看待社会和人际关系,其膨胀和扩张势必会损害他人或社会整体利益,破坏社会人际关系的和谐;[1]"人类中心论"派生于传统的发展观,它推崇工具理性,单纯地追求对自然界的征服和占有,忽视了人对自然环境的有效保护和良性创造,使人类精神沦落为一种群体的利己主义。经济与社会的可持续发展之最深层的动力来自宽松、融洽、互惠的社会人际关系和共生、互动、和谐的人与自然的关系。为了实现前者,社会有必要以德治与法治结合、社会管理与自我规约并用、党内与党外沟通、物质生活与精神生活协调等方式去营造健康的社会生态环境。为此,社会也有必要采取发展与治理并行、保护环境与创造环境相融合、将"人为自然立法"纳入"人为自己的行为立法"等方式去启动人的心灵与自然之物的感通,培育良好的自然生态环境。

## 二、构建和谐社会的途径

途径即路径。虽说是条条大路通罗马,但我们应优先选择那些较为便捷和较为有效的途径去抵达和谐社会。探求便捷而又有效的途径,需要以正确的方式方法为先导。只有坚持物质文明、精神文明、政治文明、生态文明统筹协调发展的科学方式,我们才能在重重迷雾中不迷失方向,遵循正确的路径顺利地抵达和谐社会。

以物质鼓励与精神激励相结合、制度管理与人本关爱相辅助为手段去调动人们工作的热忱和生命的活力,这是构建和谐社会的基本途径。没有竞争,一个社会就缺少活力,而缺失合作,一个社会也难以达到和谐。社会调控自身的方式主要有内化和外化两种,以人为本的人性关爱和人情关爱属于前者,以理性为准则的制度规约则属于后者。无论是内化培育的自律,还是外化生成的他律,犹如车之两轮和鸟之双翼,均缺一不可。

正确处理社会转型这一新时期的人民内部矛盾是构建和谐社会的主要工作途径:一是要加强民主与法制建设,通过科学、合理的制度安排缩小阶层、行业、团体、个人乃至城乡、区域间的发展差距,逐步排解和消除引发群众非理性行为方式的各种利益冲突;二是要发挥传统思想政治工作优势,创新群众工作机制,使各种人民内部矛盾均能通过正常渠道和理性化方式获得调解,让各类来自基层的民意和民声均能得到应有的宣泄和表达;三是要加大反腐倡廉力度,扩大公民政治参与途径,增强群众对国家与社会未来发展的信心;四是要推进社会基层组织的民主化建设,让群众以自治自助的方式参与管理、参与矛盾的解决;五是要继续通过学习型城市、学习型社区、学习型社区建设等有效的活动载体,提高公民的整体素质及社会文明程度,使不同的个人、家庭、群体能够和睦相处;六是要通过健全和完善各种各类社会保障体系,以及通过适当的抽肥补瘦政策举措遏制过度的社会分化,让改革与发展的成果惠及全体国民。

不断扩大中等收入阶层在全社会人口结构中所占的比重,是构建和谐社会的重要制度与政策创新途径。根据国际经验,造就一个两头小、中间大的合理的社会结构,将使社会在保持自身稳定、和谐的同时,又能于改革与发展中充满勃勃生机和持久活力。现代社会是一个利益多元化的社会,它的运行不能单一地听凭市场这只"看不见的手"的自发作用,还要依靠国家这只"有形的手"为培育合理现代社会结构而进行的社会制度、社会政策创新。[2] 让中等收入阶层成为社会的主导阶层,将有利于阶层间的利益整合,有益于各阶层在广泛合作中和睦相处,实现分享和共赢。

通过意识形态整合不断地强化与拓展意识形态的功能和作用,为构建和谐社会提供精神动力和智力支持,这是构建和谐社会的重要文化途径。意识形态整合的目标不是舆论一律,而是要广开言路,竭力在和而不同的基础上收到多元共识的成效。意识形态整合不仅能在构建和谐社会中发挥自身化解思想观念冲突的功能,还能对不同的阶层、群体、区域等起到利益整合的作用,譬如,通过弘扬爱国主义精神,可以增强民族凝聚力,激励全体人民为了中华民族的崛起而共同奋斗。意识形态整合的关键是培育以仁爱、责任、诚信、公正为核心理念的价值体系,增强群众在经济改革与社会变迁中的心理承受能力。

坚持、巩固和加强中国共产党领导的多党合作制度,是构建和谐社会的重要政治途径。中国共产党领导的多党合作制度是中国改革开放取得伟大成就的重要法宝,它拥有巨大的优越性和旺盛的生命力。坚持、巩固和加强这一制度,将有利于科学发展观的贯彻落实,有益于科学决策、民主决策,有助于凝聚人心、聚集力量,为构建和谐社会创造出宽松开明、生动活泼、奋发向上的政治氛围。

总之,和谐社会的构建既不是限制必不可少的竞争,形成毫无原则的一团和气,也不是所谓劫富济贫,强使效率服从公平,它实质上是要在竞争与合作、效率与公平之间寻找平衡,最终使竞争机制变得更加公正、合理、有序,将效率的提高纳入健康的轨道。说到底,和谐社会的构建也就是要超越小农平均主义与传统发展观念的偏狭境界,寻求一种新型力量的和谐,即将人类群体的创造力与仁爱心融为一体,共同致力于人的自由而全面的发展。

**参考文献:**

[1]朱贻庭.伦理学大辞典[M].上海:上海辞书出版社,2002:25.

[2]陆学艺.当代中国社会阶层研究报告[M].北京:社会科学文献出版社,2002:102-108.

(原载《江淮论坛》2007年第6期)

# 刍论毛泽东社会学思想的理论意义和实践价值

在长期的革命和建设活动中,毛泽东坚持马克思主义与中国社会实践相结合的一贯原则,形成了自己独具特色的社会学思想。毛泽东社会学思想是马克思主义社会学体系的重要组成部分,它对于指导我们今天全面建设小康社会,依然具有一定的理论意义和实践价值。

## 一、毛泽东社会学思想的理论意义

辩证唯物论和历史唯物论的观点是毛泽东社会学思想赖以产生的理论基础。借助于这一科学的世界观和方法论,毛泽东把社会生活中形成的局部的社会学概念与宏观的社会发展理论联系在一起。在《关于正确处理人民内部矛盾的问题》这篇著作中,毛泽东通过对肃反、农业合作化、工商业者、知识分子、少数民族等问题的具体考察和缜密分析,提出两类不同性质矛盾的社会学概念,并且将其与社会主义社会的基本矛盾及其运动形式和变化特征加以融会贯通。在《论十大关系》这篇著作中,毛泽东将对社会主义建设和社会主义改造中十大问题的具体分析与对社会主义社会的生产关系和生产力以及上层建筑和经济基础既相适应又相矛盾的总体判断联系起来,得出了社会主义社会的"前途是光明的,道路是曲折的"科学结论。

毛泽东社会学思想的高度来自毛泽东那高超的哲学家头脑对于社会运行与国家发展的科学分析,例如,毛泽东认为:"生产力和生产关系之间、生产关系和上层建筑之间的矛盾和不平衡是绝对的。上层建筑适应生产关系,生产关系适应生产力,或者说它们之间达到平衡,总是相对的。……有了这样的观点,就能够正确认识我们的社会和其他事物;没有这样的观点,认识就会停滞、僵化。"[1]正是基于这种高瞻远瞩而又脚踏实地的辩证思考,毛泽东才提出了社会主义社会的生产关系与生产力,以及上层建筑与经济基础是既相适应又相矛盾的总体性判断,与"左"倾、右倾两种机会主义的社会发展观从思想上划清了界限。一些西方社会学家,无论是注重"社会事实"的孔德和涂尔干,推崇"社会行动"的韦伯和帕森斯,还是相信"社会冲突"的米尔斯和达伦多夫,强调"社会互动"的布鲁诺和加芬克尔,以及主张"社会批判"的马尔库塞和哈贝马斯,他们在将专门的社会学理论与宏观的人类社会发展相关联方面,总是显得有些牵强附会和顾此失彼,比不上毛泽东那样出神入化和得心应手。除缺乏社会实干家的身份外,缺乏辩证唯物论与历史唯物论的科学思维应当是他们在将具体的社会学研究与人类社会发展趋势相联结时欠缺思想深度和文化广度的最主要原因。近代以来,形形色色的西方社会学流派在观察与分析社会现象时,总是存在着主观与客观、微观与宏观、冲突与均衡、维护与批判的内在分歧,以致妨碍了人类对自身生活及人与自然的关系完整性和深刻性的认识。拿结构功能主义和批判理论各执一端的谬误来说,它们均由于缺乏辩证的思维观和科学的历史发展观而无法实现相互之间的文化沟通和思想综合。正是借助于马克思主义哲学这一认识工具,毛泽东将对社会过程各个侧面现象的精密分析与对整个社会总体发展规律的动态把握紧密结合,有效地避免了经验主义与教条主义两种偏颇倾向,为现代科学的社会学的形成与发展奠定了基础。这种创新当然是一些西方资产阶级社会学家根本无法比拟的。

今天,毛泽东关于变革和发展的一系列精彩的社会学思想,比如他揭示社会过程的内部规律性而又阐明人类生活本身问题的那些富有新意的观点,对于我们认识各种新事物,特别是当前对于我们正确认识和处理改革、发展与稳定之间的关系,提供了精神动力和智力支持。可以说,作为对毛泽东思想、邓小平理论有着重大发展的"三个代表"的重要思想,其中也体现着毛泽东科学的社会学思想的精神实质。"三个代表"的重要思想具有经济、文化、政治三维的宏大社会视野,体现着物质的社会关系、思想的社会关系和政治的社会关系的高度统一;它立足于上百年来和八十年来国内外革命和建设的具体实践经验,站在科学把握人类社会发展规律的高度,并且结合全球化的大文化背景,总揽全局,将浩如烟海的实际资料概括为三种高度凝练的、彼此紧密联系的科学概念。常青的生活之树将"三个代表"重要思想所蕴含的社会发展动力、手段和目的自然地衔接起来,从而指导人们在不断适应社会新情况和解决社会新问题的过程中推动社会的变迁和发展。正是在这种意义上,我们说"三个代表"的思想与毛泽东思想一脉相承,并且其中它也继承与丰富了毛泽东科学的社会学思想。

## 二、毛泽东社会学思想的实践价值

从根本上说,毛泽东的社会学思想服务于促进社会主义社会的良性运行和协调发展。这些可以从对它的认识职能、精神职能和实践职能的分析中得到印证。

以社会发展过程客观规律性的知识来武装人民,这是毛泽东社会学思想的主要认识职能。从总体上,毛泽东认为社会主义社会的基本矛盾即生产关系与生产力、上层建筑与经济基础之间的矛盾依然是这一社会发展的根本动力,只不过"它不是对抗性的矛盾,它可以经过社会主义制度本身,不断地得到解决"[2]。依据这一基本认识,他在社会经济建设中提出"综合平衡",在社会政治建设中提出"长期共存,互相监督",在社会文化建设中提出"百花齐放、百家争鸣",在处理和解决各种具体的社会问题时提出了"统筹兼顾,适当安排"。应当说,毛泽东的这些富有创意的社会学观点对于我们今天观察与认识全面建设小康社会过程中所面临的复杂矛盾和疑难问题,依然具有重要的实践价值。

为广大人民群众的思想政治教育目标服务,并且与错误的社会思潮进行斗争,这是毛泽东社会学思想的精神职能。这种职能的积极作用充分体现在毛泽东有关人的思想政治工作的一系列精辟论述中。正确处理人民内部矛盾,其中包括处理国家、集体、个人之间的矛盾,民主同集中的矛盾,领导同被领导的矛盾,官僚主义同群众的矛盾,这是毛泽东对于科学地对待社会学的基本问题即个人与社会的关系这一问题的伟大创造。他认为:"在不断地正确处理和解决矛盾的过程中,将会使社会主义社会内部的统一和团结日益巩固。"[3] 毛泽东就此为人们提供的精神武器是批评与自我批评。它们包括思想政治教育的两个方面:一是外部的帮助,即通过团结—批评—团结去进行说服教育;二是内部的自省,即诉诸自我教育去进行自觉的思想改造。毛泽东将能否正确处理人民内部矛盾上升至是否走群众路线的政治高度,这就点明在社会主义活动中正确把握个人与社会之间关系的关键就在于能否正确处理党群关系和干群关系。因为究其实质,党群关系和干群关系无非是放大了的个人与社会的关系。毛泽东的思想教育目标是要造成"又有集中又有民主,又有纪律又有自由,又有统一意志,又有个人心情舒畅、生动活泼,那样一种政治局面"[4],它象征着个人与社会之间关系的良性互动与协调发展。虽然四十七年过去了,毛泽东社会学思想中的这些精神养分并没有失效,它仍然有益于当今社会主义的物质文明、精神文明和政治文明建设。

毛泽东社会学思想的实践职能充分表现在它能够指导和帮助人们制定对实际社会生活过程实施科学调控的计划、政策和办法,而这些东西能推动人们在现代化建设中不断地从必然王国走向自由王国。毛泽东不仅在民主革命时期强调"没有调查,就没有发言权",而且在社会主义建设时期倡导"大兴调查研究之风",要求人们办事情努力做到情况明、决心大、方法对。毛泽东关于调查研究拥有自己的一整套方法,比如他主张调查研究要善于抓住主要矛盾,做到由历史到现状的系统性和全面性,并且他强调调查工作不能停止于纵断法,而要用横断法,去做典型调查,深入解剖麻雀。正是在实际社会调查的基础上,毛泽东才对如何调控社会运行机制,以及怎样处理公正与效率的关系做到了胸中有数,从而最后他才能就整顿"五风"(共产风、命令风、浮夸风、瞎指挥风、干部特殊风)、确定三级所有制、队为基础的核算体制,以及为妥善解决"一平二调"和大食堂等棘手问题想出好主意,拿出好办法。毛泽东认为价值法则"是一个伟大的学校,只有利用它,才有可能教会我们的几千万干部和几万万人民,才有可能建设我们的社会主义和共产主义"[5]。他还指出:"我们有些号称马克思主义的经济学家表现得更'左',主张现在就消灭商品生产,实现产品调拨。这种观点是错误的,是违反客观规律的。"[6]毛泽东这些正确思想的提出与他高度重视对社会实际情况的深入调查和善于总结正反两方面的经验不无关系,而这些教益的获得集中体现了毛泽东的社会学思想源于生活实践又服务于生活实践的科学本色。

正确估量毛泽东社会调查方法的意义和价值是充分发挥毛泽东社会学思想实践职能的关键之所在,它将能帮助我们在全面建设小康社会的过程中摆脱盲目,减少失误。毛泽东的社会调查方法在当代社会并没有过时,因为它有利于人们正确地把握事物共性与个性、绝对与相对的辩证关系,并且它有益于社会工作者深入群众,不尚空谈。用于现代社会调查的其他方法,如抽样法、统计分析法、邮寄问卷法、电话和电脑辅助访谈法等虽然具有量化的准确性和省时省力的高效率等优点,但却无法取代毛泽东社会调查方法在定性研究方面的优越性,因为后者能将生动的直观与高度的抽象有机地融合在一起,从而具有抓住要害、统摄全局的人文精神特质。鉴于这些不同,我们应当将以上方法密切结合起来,使之共同服务于在中国全面建设小康社会的伟大事业。

随着改革开放规模的不断扩大和现代化建设速度的不断增长,我国社会生活中各种新情况和新问题层出不穷。生活实践呼唤着科学的社会学思想的指导和帮助,而其本土化表现形态就是毛泽东的社会学思想。自党的十一届三中全会以来,继承与丰富毛泽东的社会学思想,已经在邓小平同志和江泽民同志的著作和讲话中得到了鲜明的体现。在全面建设小康社会的历史进程中,我们将在以胡锦涛同志为总书记的党中央集体领导下,进一步运用毛泽东社会学思想这一科学的认识工具,在不断解决矛盾和问题的过程中去实现我国社会的良性运行与协调发展。

**参考文献:**

[1]毛泽东.毛泽东文集:第八卷[M].北京:人民出版社,1999:131.

[2][3]毛泽东.毛泽东文集:第七卷[M].北京:人民出版社,1999:213.

[4]毛泽东.毛泽东文集:第八卷[M].北京:人民出版社,1999:293.

[5]毛泽东.毛泽东文集:第八卷[M].北京:人民出版社,1999:34.

[6]吴易风.毛泽东论经济学家的世界观和方法论——纪念毛泽东同志诞辰110周年[J].哲学研究,2003(10).

(原载《学习与实践》2007年第11期)

# 深入宣传社会主义核心价值体系的举措与方式

《中共中央关于构建社会主义和谐社会若干重大问题的决定》中明确指出："马克思主义指导思想,中国特色社会主义共同理想,以爱国主义为核心的民族精神和以改革创新为核心的时代精神,社会主义荣辱观,构成社会主义核心价值体系的基本内容。"[1]2007年五一期间,胡锦涛同志在河南视察工作时又进一步强调指出:"我们不仅要大力发展社会主义市场经济,而且要深入地宣传社会主义核心价值体系。"深入宣传社会主义核心价值体系,既是贯彻、落实科学发展观的重要体现,又是建设和谐文化的根本途径。无论做任何事情,举措对头,势如破竹,方法得当,事半功倍。为了深入宣传社会主义核心价值体系,我们需要采取富有针对性、实效性、创新性、前瞻性、可持续性的举措,并且需要在科学思维的指导下运用自上而下与自下而上相结合的、"典型引路,以点带面"的、社会控制与自我规约并用的、先进性要求与广泛性要求并行的方式去大力推动之。

## 一、深入宣传社会主义核心价值体系需要举措对头

当今,通过深入宣传社会主义核心价值体系,去建设和谐文化,去巩固社会和谐的思想道德基础,进而为促进中华崛起提供精神动力,迫切需要采取富有针对性、实效性、创新性、前瞻性、可持续性的举措。

顾名思义,针对性就是有的放矢。深入宣传社会主义核心价值体系,首先需要全面、深刻地了解与把握我国的实际国情及干部群众的思想道德面貌和精神心理状况。一方面,在新世纪新阶段,我国已成为农业强国和工业大国,我国人民面临着前所未有的发展机遇,正以奋发图强的斗志和齐心协力的劲头推动

全国经济社会较快较好地发展。另一方面,在人均国民生产总值超过1000美元、基尼系数超过国际警戒线0.4的社会转型的特定时期,在我国也存在着不少影响社会和谐的矛盾和问题,如城乡、区域、性别发展不平衡和人口资源环境不协调的矛盾,以及就业、社会保障、收入分配、教育、医疗、住房、安全生产、社会治安、权力腐败等方面的问题。这些矛盾和问题势必会对我国人民的思想道德教育和精神心理健康带来消极影响,并且对全国的经济建设、政治建设、文化建设、社会建设和党的建设形成较大阻力。这就要求我国人民以马克思主义、中国特色社会主义、爱国主义、改革创新精神、社会主义荣辱观作为思想指导、精神动力及价值取向,在面对各种社会矛盾和问题的挑战时要善于处理好发展速度与发展质量,当前发展与长远发展,改革、发展与稳定之间的关系。在经济社会发展欠发达状况下,河南城乡、区域、性别发展的不平衡和人口资源环境的不协调等矛盾较为突出,衣食住行、求学择业、寻医问诊等民生问题及干部的工作与生活作风问题也较多。只有针对这些特点,才能使宣传社会主义核心价值体系的活动发挥凝聚人心、增强信心、形成合力、激发活力的良好作用。

实效性即不尚空谈,以求良效。坚持把社会主义核心价值体系融入国民教育和精神文明建设全过程、贯穿现代化建设各方面,靠的不是形式主义的灌输和文牍主义的空谈。它需要宣教工作者深入实际、贴近生活,了解民情民意,把握时风世相,以扎扎实实、细致入微的工作予以落实。首先,要关注社会基层的精神文明创建活动。家庭是社会的细胞,社区是社会的缩影。只有在构建和谐家庭、和谐社区的基础上,才能形成全社会奋发向上、团结友爱的精神面貌和心理氛围。其次,要切实关心和积极解决与老百姓日常生活中的切身利益具有密切关联的各种实际问题,如就业、求学、住房、求医、社会保障等。在经济体制深刻变革、社会结构深刻变动、利益格局深刻调整、思想观念深刻变化的社会转型期,能否切实关心和努力解决民生问题,事关社会矛盾的消解和社会关系的合理化,事关人心向背和社会安定。再次,要切实加强党员干部队伍作风建设,通过大力倡导八个方面的良好风气,增强党员干部的忧患意识、公仆意识和节俭意识。能否做到这些事关良好党风政风民风的形成,事关社会信任关系的重建,事关执政党执政能力的提高及执政基础的稳固。用社会主义核心价值理念武装党员干部,关键就在于要使他们坚定理想信念、增强宗旨意识、保持高尚情操,真正做到"权为民所用、利为民所谋、情为民所系"。最后,应结合新农村建设、城镇化建设,以及贯彻落实男女平等、计划生育、环境保护、对外开放、以德治国、国土资源保护六大基本国策,来深入宣传社会主义核心价值体系,以进一步促进经济社会协调发展和良性运行。

深入宣传社会主义核心价值体系,尤其需要采取富有创意的举措。在经济成分和经济利益越来越多样化,社会生活方式越来越多样化,社会组织形式越来越多样化,社会阶层和利益群体的利益诉求越来越多样化的新形势下,如何卓有成效地形成社会共识,促进社会整合、社会团结和社会和谐,仍是一个需要靠创造性思维及实践活动去加以解决的重要问题。比如,面临着单位人转变为社会人的增多,不同利益主体之间的摩擦、矛盾和冲突的增多,社会心态变异现象的增多等新课题,按照常规的宣教路数去灌输社会主义核心价值理念,往往流于形式,收效甚少。这就提示人们应在深入了解和深刻认识变动中的社会结构、社会体制、社会组织、社会心理的基础上,去全面、正确地把握社会运行及人的活动的规律和特点,进而提出能够为人们所共同接受的理想、信念及共同遵循的道德规范、行为准则。再比如,对下岗职工和失地农民,如果不结合公平正义去讲发展,他们就难以相信发展的成果最终会惠及自身,当然也难以相信共同富裕与社会和谐。采取富有创意的举措去宣传社会主义核心价值体系,就是要善于整合具有不同利益诉求的群体和个人的思想意识,使他们能以共同理想和信念作为纽带联结在一起,并能以共同遵循的道德规范和行为准则作为约束而融洽相处。能否充分调动起广大干群在经济社会发展中的主体意识和能动精神,这是衡量宣传举措是否富有创意的客观标准。换句话说,以人为本,尊重人、关心人、爱护人、促进人的幸福,这是维护公平正义、实现共同富裕的基本前提,也是宣传社会主义核心价值体系的出发点和落脚点。此外,坚持用马克思主义中国化的最新成果武装全党、教育人民,也需要不拘一格的创新举措,如通过合理的制度安排及科学的利益关系协调机制的构建,去加深人们对科学发展观和社会和谐理念的理解,通过形式多样的公民素质教育去提升人们对中国特色社会主义的社会认同感,等等。

深入宣传社会主义核心价值体系,也需要具有前瞻性的眼光。当今,处于全球化文化背景下的中国的发展,并非在简单地重复欧美发达国家过去所经历的现代化过程。近些年来,中国的发展速度之快虽让世人瞩目和惊异,但这种发展也带有区域、城乡、性别乃至经济社会之间的不平衡性,由此而导致"前工业化的、工业化的和后工业化的发展问题集中显现,前现代的、现代的和后现代的现象并存,各种社会矛盾错综复杂"[2]。我国人民在自身的现代化过程中,既面临科技发展的挑战,又承受着社会生活内部变化的压力。一方面,在广大农民工身上蕴藏着脱贫致富的无穷动力,承载着现代化的汩汩希望;另一方面,在他们身上最集中地体现着城市化过程中的矛盾和冲突及焦虑与徘徊。一方面,市场化、技术化促进了社会生活民主化程度,提高了我国人民的生活质量,并给他们的日常生活带来方便和舒适;另一方面,它们中的变异性因素如人际关系的物化、以工具理性为主导的与技术关联的生活方式等也给他们带来了道德异化、情感冷漠和情趣丧失等新的烦恼和痛苦。凡事预则立,不预则废。因此,宣传社会主义核心价值体系,既要立足于现实生活的迫切需要,又要考虑到社会生活的发展和变化,以超前的问题意识积极地应对未来的风险。

可持续性不仅对于经济发展、物质文明的建设是可贵的,而且对于社会发展、精神文明的建设也是必需的。要做到可持续性,在宣传社会主义核心价值体系的活动中,一是要始终不渝地做好用马克思主义中国化最新成果武装全党、教育人民的工作;二是要持之以恒地加强以爱国主义为核心的民族精神和以改革创新为核心的时代精神教育,并且要深入持久地弘扬社会主义荣辱观;三是为避免宣传教育的随意性及短效应,着力构建宣传社会主义核心价值体系的长效活动机制;四是要将宣教活动与基层文化建设及精神文明创建活动有机地结合起来;五是要使社会主义核心价值体系进教材、进课堂,并且成为各类社会考试的必备内容;六是要采取有效措施遏制"去意识形态化"思潮对于社会主义核心价值体系的渗透、侵蚀和消解,并且要通过不断的思想变革及理论创新来不断充实与完善社会主义核心价值体系,使其能够积极应对新世纪新阶段各种新情况和新问题的强劲挑战。

## 二、深入宣传社会主义核心价值体系需要方式得当

方式指方法或形式。人们在做一件事时,如果采取的方法对头或形式适合,往往能事半功倍、成绩显著,反之则费时费力、成效甚小。从总体上看,深入宣传社会主义核心价值体系,是一个动态的、长期的、循序渐进的思想互动与文化整合的过程,这就决定了我们只有采取与之相适应的得当方式,方能在这一

活动中获得理想的成效。

深入宣传社会主义核心价值体系,其关键是在事物的对立中努力把握它们的统一,也就是要以辩证思维和兼容思维的全面性和深刻性去消释横亘在主观与客观、微观与宏观、差异与均衡、竞争与合作等矛盾之间的不可通融性,进而揭示人与社会、人与人及人与自然之间关系的本真性、完整性、互动性、变动性及其进步意义和发展价值。当代中原,在效率与公平、发展与稳定、个性与社会性乃至物质文明与精神文明之间,始终存在着对立统一的关系。如何学会在这类矛盾统一体的辩证运动中异中求同以保持相对平衡,乃是使社会主义核心价值观深入人心,成为大家思想共识的必备条件。社会主义核心价值观本身不是教条,而是人们行动的指南。正因为如此,它才能引领社会思潮,尊重差异,包容多样,最大限度地化解矛盾和冲突,形成社会思想共识。说到底,社会主义核心价值观的确立也就是要超越传统发展观念及传统文化的狭隘境界,寻求一种新型力量的和谐,即将个人与社会的创造力与仁爱心融为一体,共同致力于人类文明的进步。

从哲学的视角看,深入宣传社会主义核心价值体系,需要采取自上而下与自下而上的密切配合,以及"典型引路,以点带面"的方式。自上而下是从中央到地方,有规划、有步骤、有号召地推行社会主义核心价值体系的宣传教育活动,它是一种组织起来的全面社会指导,靠的是先进文化自身的创造力、说服力和感召力;自下而上是基层干部群众自发地、积极主动地投入学习、领会和践行社会主义核心价值观的社会活动之中,它反映着基层干部群众作为社会主义公民的主体意识和文化自觉精神,以及用先进文化指导自己工作、学习与生活的迫切需要。只有通过自上而下与自下而上的密切配合,才能避免宣传教育活动中的呆板、僵化、教条及随意性和粗糙化,将高品位与原创性有机地结合起来。这种结合,也有利于打破科层化与个人中心主义的双重阻隔,打通人们思想道德、文化心理等精神世界的任督二脉,进而为巩固社会和谐夯实基础、挖掘潜力。

"典型引路,以点带面"虽是一种传统的宣教方式,但在新世纪新阶段,它依然可以在适应新情况新变化的过程中焕发自身的活力。一方面,像任长霞、洪战辉、谢延信之类榜样的力量永远是无穷的;另一方面,模式和样板的示范效应也是进一步提升人们创造力的智慧启迪和动力源泉。可以说,如果能适应社会结构、社会组织的新变化和人民群众的新需求并赋予其以时代精神的新内涵,那么"典型引路,以点带面"在今天就依然是能吸引、组织人民群众积极参与和谐文化建设并能充分发挥他们在其中的主人翁作用的一种好方式。此外,"典型引路,以点带面"本身也符合思想文化建设循序渐进的规律。随着像郑州市鑫苑名家等社区这类和谐文化建设样板的不断涌现,社会主义核心价值观念势必会潜移默化地被渗入人民群众的物质生活与精神生活之中。

深入宣传社会主义核心价值体系,也需要采取社会控制与自我规约相结合的方式。从广义上讲,"社会控制是指社会组织体系运用社会规范以及与之相应的手段和方式,对社会成员(包括社会个体、社会群体及社会组织)的社会行为及价值观念进行指导和约束,对各类社会关系进行调节和制约的过程"[3]。社会控制与自我规约相结合,通常也是形成良性社会互动的必要途径。一般来说,"社会互动是指社会上人与人、群体与群体之间通过信息的传播而发生的相互依赖性的社会交往活动"[4]。在当代社会,人们的价值观念及行为习惯愈来愈呈现出多样性与一致性的统一。这就要求,一方面社会应通过整合意识形态,为其成员提供合乎社会秩序的价值观念及行为准绳,以制约和指导他们的言行举止;另一方面,也要求人们诉诸人与人之间的思想交流和情感沟通以消融文化心态及价值取向上的隔阂,实现大体上的社会认同。社会主义核心价值体系是社会主义社会的主流意识形态。通过意识形态整合不断地强化与拓展其功能和作用,这是弘扬社会主义精神文明主旋律,为经济社会良性运行和协调发展提供精神动力和智力支持的客观要求。然而,意识形态整合的理想目标并不是舆论一律,而是和而不同,在坚持先进文化前进方向的基础上达到广开言路和多元共识。换言之,意识形态整合的主要目的无非是通过充分发挥社会主义核心价值体系引导、消解不同社会阶层、群体之间在思想文化观念上的矛盾和冲突的功能,使以"仁爱、责任、诚信、公正、平等、进取"为核心的社会公共理念家喻户晓,深入人心。因此,通过对话、协商等人与人之间的良性互动去达到思想道德和精神心理上的高度一致理应是宣传社会主义核心价值体系活动的题中应有之义。个性与社会性的统一构成了人自身的本质属性。社会控制主要是为了维系人的正常社会化过程和维系发展、公平、秩序这三方面的平衡,自我规约则是为了发挥人的能动个性及发掘人自身力量和潜能发展的无限丰富性。将社会控制与自我规约相结合,体现了他律与自律相统一的现代教育精神。他律是一种客观的、外在的权威性控制,自律则是一种主观的、内在的自觉性节制。将自律与他律相结合,既有赖于坚持正确的舆论导向、树立科学的思想道德评价标准和营造良好的社会心理氛围,也有利于促进人们加强思想道德修养,养成健全的精神心态及合理的行为习惯。

深入宣传社会主义核心价值体系,还需要采取将先进性要求与广泛性要求相结合的方式。在市场经济日益发展的环境条件下,社会结构的变化,带来了人们利益的分化。不同利益群体的价值观、人生观、精神文化需求和思想道德水平各不相同。这就必然要求在思想道德建设的目标、内容上体现层次性,依照各个群体的不同层次,有针对性地安排不同的教育目标、内容,采取不同的教育方法和形式,循序渐进,但都要引导他们向先进文化的正确方向前进。由于我国将长期处于社会主义初级阶段,对于大多数人,还不能立即用共产主义者的思想道德境界及行为规范来强制性地要求他们,而要从实际出发,要求他们从爱国敬业、诚实守信、团结友爱、公平正直、知荣辱、明事理等最基本的要求做起,以便尽量达到对于社会主义核心价值体系中最基础性因素的广泛认同。但又不能停留于此,还应提出先进性要求,鼓励人们不断进步,不断提高自己的思想认识水平和伦理道德素质。尤其是应要求党员干部带头践行社会主义核心价值观中最能体现先进性要求的部分,从而能为大多数群众做出表率。总之,在深入宣传社会主义核心价值体系的过程中,先进性要求只有与广泛性要求结合起来,才能具有坚实的基础,而广泛性要求只有同先进性要求相结合,才能拥有明确的方向。

**参考文献:**

[1]中共中央关于构建社会主义和谐社会若干重大问题的决定[N].人民日报,2006-10-19.

[2]李培林.加强社会建设理论和经验的研究[J].社会学研究,2007(2).

[3]郑杭生.社会学概论新修[M].北京:中国人民大学出版社,1994:436.

[4]郑杭生.社会学概论新修[M].北京:中国人民大学出版社,1994:163.

(原载《红旗文稿》2007年第13期)

# 论科学发展与社会和谐的内在统一

中共十七大报告中指出:"深入贯彻落实科学发展观,要求我们积极构建社会主义和谐社会。社会和谐是中国特色社会主义的本质属性。科学发展和社会和谐是内在统一的。没有科学发展就没有社会和谐,没有社会和谐也难以实现科学发展。"这段话深刻地揭示了贯彻落实科学发展观与构建社会主义和谐社会同属发展中国特色社会主义的基本要求,并且精辟地阐明了科学发展与社会和谐相辅相成、互动互补的内在辩证统一关系。

中国特色社会主义包括两大部分:一是中国特色社会主义道路,二是中国特色社会主义理论体系。积极构建社会主义和谐社会,这是坚定不移地走中国特色社会主义道路的理想目标指向;它不断向人们展示中国特色社会主义的本质属性,成为促使中国特色社会主义道路越走越宽广的显著标志。深入贯彻落实科学发展观,这是丰富与完善中国特色社会主义理论体系思想内涵的时代发展要求;它焕发中国特色社会主义理论体系的生命力、创造力和感召力,并使之成为推动与发展中国特色社会主义伟大事业的强大动力。从党的十七大报告中关于科学发展观的历史定位看,它被界定为一种关于发展的科学思维、正确方针、战略思想,在发展中国特色社会主义伟大事业中居于理论指导地位。从党的十七大报告中关于社会和谐的性质归类来看,它被界定为反映了中国特色社会主义的本质,并且由此而得以成为衡量发展中国特色社会主义伟大事业成功与否的最为根本的实践标准。显而易见,深入贯彻落实科学发展观与积极构建社会主义和谐社会,它们之间的关系原本体现了主体与客体、认识与实践、知与行的有机统一和高度一致性。

从主体与客体的关系看,科学发展观是对人类以往发展成果及经验教训的科学概括,和谐社会的构建则是包括政治建设、经济建设、文化建设、社会建设乃至政党建设在内的社会总体发展的理想目标。从认识与实践的关系来看,科学发展观是对新世纪新阶段如何促使社会达到良性运行与协调发展的一种及时的思想统领和正确的理论指导,而实现社会和谐则是检验这一思想统领和理论指导成效的最佳标准。从知与行的角度看,推动科学发展为人们揭示一种能体现创造性思维和科学理论范畴的崭新战略性思想,而促进社会和谐则向人们展现着一种自始至终处于不断调控与化解人与人、人与社会、人与自然之间矛盾的实践过程。科学发展观是马克思主义关于发展的世界观和方法论的集中体现,社会和谐则是历代共产党人矢志不渝的追求。因此,说科学发展和社会和谐是内在统一的,就在于它们两者在体现主体与客体、认识与实践、知与行的历史的、具体的统一时又显示出手段与目的、原因与结果、自由与必然的密切关联性。

说"没有科学发展就没有社会和谐",这是指在当代中国的社会环境条件下,科学发展是实现社会和谐的唯一手段、关键因素和必然选择。科学发展观的第一要义是发展,没有发展,许多社会矛盾和社会问题就无从解决,自然就谈不上在全社会呈现诚信友爱的人际关系和充满活力的社会机制。科学发展观的核心是以人为本,不把实现好、维护好、发展好最广大人民群众的根本利益作为发展的出发点和落脚点,民主法制和公平正义就无从实现,当然也就谈不上人心顺畅、团结协作和奋发向上。

科学发展观的基本要求是全面协调可持续,根本方法是统筹兼顾,不能做到或不能做好这些,所谓形成安定有序的社会格局和塑造优美如画的生态环境也就只能是一句空话。面对经济发展方式有待转变、城乡和区域发展的协调性有待加强、节源环保能力有待增强、社会公平正义有待进一步实现、民生问题有待进一步解决、人民当家做主程度有待进一步提高等经济社会发展的特定目标和任务,科学发展就类似于一种统领全局的战略谋划,或者说是一种实现又快又好发展的运筹帷幄。只有在党的领导和人民群众的支持下,科学发展观贯彻落实到经济社会发展的各个方面才能具有最大的现实可能性,全面建设小康社会的奋斗目标才能得以圆满完成。

倘若排斥科学发展,阻挠科学发展,任凭贪婪和私欲为所欲为,搅乱市场秩序、危害生态环境和亵渎社会公平正义,那么,"拉美陷阱"对于我国社会就不再是一个遥不可及的传说,倒很有可能成为我们生活中的现实。可见,科学发展与权力寻租、泡沫政绩、垄断经营、资源浪费、环境污染、贫富悬殊等市场经济中的变异性因素是格格不入的,相反,它与权力为公、富民工程、正当经营、资源节约、环境保护、共同富裕等市场化运作中的健康因素却是高度吻合的。作为实现又快又好发展的国家战略谋划,科学发展不仅会带来物质财富,而且会带来精神财富,并且最终成为人们追求自身所处社会在物质与精神上平衡发展的决定性因素。在此意义上,我们可以说,科学发展是一种人类赖以健康生存与和谐发展的智慧及法宝。

说"没有社会和谐也难以实现科学发展",这是指作为发展目标指向的社会和谐并不单纯是被动的受体,它对于科学发展同样具有巨大的能动作用。

其一,社会和谐能增强人们贯彻落实科学发展观的自觉性、主动性和坚定性。民主法制的实行和公平正义的落实,提高了人们对那种损害自身现实利益和长远利益的非科学发展的思想和行为进行严格监管及严密防范的自觉性和主动性。诚信友爱的人际关系和人与自然和谐相处的文明生态关系,为全面而深入地推动科学发展创造了安定有序而又充满活力的社会环境条件。

其二,社会和谐为不断推动科学发展提供强大而又经久不息的精神动力支持。这主要是由于社会和谐有利于人们形成对中国特色社会主义理想的共同信仰,有益于培育以爱国主义为核心的民族精神和以改革开放为核心的时代精神,有助于建设社会主义核心价值体系和增强社会主义意识形态的吸引力和凝聚力。所有以上这些与社会和谐相生相伴的思想文化因素,堪称不断推动科学发展的精神原动力。

其三,社会和谐为科学发展奠定了良好的群众思想道德基础。这主要是因为各种民生、民权、民主问题的逐步解决,使得人们真诚地相信党和政府"发展为了人民、发展依靠人民、发展成果由人民共享"的执政兴国宣言,进而形成人人盼发展、人人思发展、人人促发展的良好社会心理氛围和努力工作与积极生活的态度。

其四,社会和谐有助于转变不适应不符合科学发展观的思想观念,有利于解决影响和制约科学发展的突出问题。社会和谐有利于调动一切积极因素,化解一切消极因素。它所营造的安定团结、齐心协力的社会局面有益于消除隔阂、达成共识,把全社会的发展积极性引导到科学发展上,把科学发展观贯彻落实到经济社会发展的各个方面。

其五,社会和谐大好局面的形成有利于确立与巩固科学发展观在我国经济社会发展中的思想指导地位,并且有利于彰显科学发展的巨大社会效应、认识其前所未有的理论意义和实现其创造性实践价值。从某种意义上讲,达到社会和谐正是贯彻落实科学发展观的基本目标。其综合效能就体现在经济建设、政治建设、文化建设、社会建设、生态建设的叠加效应之中。

总之,在马克思主义的文化语境中,推动科学发展与促进社会和谐本是一个问题的两个方面。它们之间互为前提条件、互为因果关系、互为动力和保证,充分体现了手段与目的、理论与实践、思想与行动的有机结合。似乎可以说,此种内在的统一性既集中体现了新型现代性的本质属性,又交叉反映着作为发展的全面性、协调性、可持续性及与其相对应的人自身的和谐、人与社会的和谐、人与自然的和谐这样两大系统的思想文化特征。在党的十七大报告中,党中央关于科学发展与社会和谐这两大范畴的历史定位和规范表述及对于两者关系的精辟阐述和辩证分析,对于全党、全国人民推动科学发展和促进社会和谐的自觉性、主动性和创造性,意义甚大。对此,我们要在思想上认真领会和深刻把握,为推动科学发展、和谐发展、和平发展,并且为促进人与人、人与社会、人与自然关系的全面和谐而努力奋斗。

(原载《团结》2008年第2期)

# 社会学的想象力

所谓社会学的想象力,也就是对于社会生活时相、社会事件内幕及社会发展态势的洞察能力及判断能力。对于普通的社会学工作者来说,社会学想象力的培养实属异常艰难之事,但只要他们努力学习、善于思考、勤于实践且坚持学术原则、端正学术作风,就能在"批判继承,综合创新"的学术活动中不断地焕发出社会学想象力的思想火花。

社会学的想象力是美国社会学家米尔斯在《社会学的想象力》一书中所首创的社会学概念。米尔斯就此写道:"他们需要的以及他们感到需要的,是一种心智的品质,这种品质可帮助他们利用信息增进理性,从而使他们能看清世事,以及或许就发生在他们之间的事情的清晰全貌。我想要描述的正是这种品质,它可能会被记者和学者,艺术家和公众,科学家和编辑们所逐渐期待,可以称之为社会学的想象力。"[1]在我们看来,社会学的想象力这一概念的提出其最大的贡献就在于提升了社会学工作者在学术实践活动中的理性自觉精神,使他们世事洞明和人情练达,在行动与结构对立统一运动的迷惘中能够运用自如地发挥自身思想上的反思能力及批判能力,而不至于落入在学科建设上僵化和保守的心理窠臼。

任何一个学科要永葆其生机和活力,就必得持续不断地发掘其思想理论上的创造力,而拥有对社会运行和发展之动态过程永不间断的思维想象力,恰是社会学这一学科思想理论创造力永不枯竭的基本保证。所谓社会学的想象力,也就是对于社会生活时相、社会事件内幕及社会发展态势的洞察能力及判断能力。这种洞察能力及判断能力乃是社会学思想理论得以不断创新和发展的先决条件,从赫伯特·斯宾塞的"社会有机体"到卡尔·马克思的"社会存在",从埃米尔·杜尔凯姆的"社会有机关联"到维弗雷多·帕累托的"社会剩遗物",从马克思·韦伯的"社会行动"到塔尔科特·帕森斯的"社会行动的结构"以及从皮埃尔·布迪厄的"社会场域和惯习"到安东尼·吉登斯的"社会结构化过程",概莫能外。社会学的想象力恰如一种联结行动与结构及调控行动与结构之矛盾运动的融理性与感性为一体的精神直觉,它使那些伟大的社会学者得以集思想的凝重、深厚、前卫和广阔于一身,并且以辩证思维加兼容思维的"千里眼",超越历史的羁绊和时代的制约而在思维的运动中特立独行。

作为工业文明时代的思想文化宠儿,社会学可以按照自身发展的需求尽情地从其他人文社会学科汲取学术养分。换句话说,只有将哲学的睿智、经济学的算计、历史学的老到、政治学的沉稳、文学的激情、心理学的平和、统计学的精确等人文社科思想精华加以融会贯通,社会学的想象力方能厚积薄发,脱颖而出。可以断言,离开哲学的慎思明辨、经济学的理性直觉、历史学的深思熟虑、政治学的从容不迫、文学的艺术构想、心理学的感同身受等高端文化品性的启示,社会学的想象力就犹如镜中花和水中月。冰冻三尺非一日之寒,滴水穿石非一日之功。但凡那些社会学大师,他们社会学想象力的迸发绝非一时心血来潮的偶然,实乃他们数十年如一日地在学术园地辛勤耕耘之功力深厚的体现。就拿我国老一辈社会学家费孝通先生来说,他学贯中西且不尚空谈,孜孜不倦于田野工作,堪称读万卷书、行万里路的现代学人之楷模,正因如此他方能提出"差序格局""生育制度""小城镇,大问题""西方社会学经典与东方文化的接轨"等振聋发聩的社会学命题,为人类社会学思想宝库增光添彩。此外,以李培林、李强、苏国勋、周晓虹等为代表的新一代社会学家,也立足于中国丰富的改革开放实践,并且博采古今中外社会学学说之众长,在社会转型与变迁、社会结构与社会关系、社会体制机制与社会心理、社会安全与社会建设、个人与社会的关系等方面,对现代化建设的"中国经验"创造性进行了社会学理论概括和思想提升。

当然,对于我们普通的社会学工作者来说,社会学想象力的培养实属异常艰难之事,但只要我们诉诸持之以恒的思想理论的积累和社会实践经验的积累,也并非可望而不可即。这就客观上要求我们既要十分注重对古今中外社会学思想大家经典著作的认真阅读和用心体悟,也要积极参与对实际国情民意和社情民风的调查研究。在思想理论的积累方面,我们在虚心学习西方社会学优秀成果的同时,也应认真对待并发扬光大中国优良的社会学思想文化传统。尤其是对于后一个方面,我们做的还十分不够。如果对于自己民族的文化缺乏知根知底、从里到外的深入了解,要想正确把握中国社会结构形塑和变化的轨迹,以及社会生活变迁的基本脉络,无疑是根本不可能的。在社会实践经验的积累方面,我们在不断贴近生活、贴近现实、贴近群众的同时,也应恭恭敬敬地"以民为师",向我们所接触到的一切人请教自己所不懂的或似懂非懂的一切事物。否则,别说是充分地了解民情、反映民意、集中民智和表达民声,就连对我们自己身边经常发生的事,也不一定能做得到正确的解读和科学的把握。此外,在思想理论的积累方面,我们要努力克服急躁和浮躁情绪,乐于坐冷板凳,下大决心并持之以恒地刻苦攻读有关经典著作。唯有如此,我们才能在纷繁芜杂的各种社会思潮面前始终坚持正确的理论方向。我国社会学界的泰斗费孝通先生认为"社会学是具有'科学'和'人文'双重性格的科学"[2],当今我国社会学界的领军人物郑杭生教授也认为忽略人文性或没有扩展到人文性是中国社会学尚未成熟的一种标志,[3]而著名社会学者苏国勋更是明言"时下一些号称'实证研究'的著述只罗列经验事实不做理论思考的流弊"[4]。显而易见,要培养和发展社会学的想象力,在思想理论的积累方面就要充分体现出科学性和人文性的高度统一,而在社会实践经验的积累方面则要切实做到理论与现实的密切结合,力避那种坐而论道的空谈、浮光掠影的调查以及支离破碎的分析。一方面,脱离我国的实际国情而照抄照搬外国的洋教条,必然会忽视中国社会生活的内在性、复杂性和特殊性,使中国社会学的发展缺乏生机和活力;另一方面,缺乏正确思想理论指导的所谓实证研究,那些局部的或掺假的资料和数据往往会成为导致人们做出错误判断及结论的诱因。当年,作为思想家的列宁就曾对那种想当然的研究方式嗤之以鼻,他认为:"在社会现象方面,没有比胡乱抽出一些个别事实和玩弄实例更普通更站不住脚的方法了。……如果从事实的全部总和、从事实的联系去掌握事实,那么,事实不仅是胜于雄辩的东西,而且是证据确凿的东西。如果不是从全部总和、不是从联系中去掌握事实,而是片断的和随便挑出来的,那么事实就只能是一种儿戏,或者甚至连儿戏也不如。"[5]对于列宁的警示,我们应当牢记心间。

总之,要避免理论教条主义和狭隘经验论这样两种弊端,唯有从理论和实践两大方面着力提高我们的社会学素养。这就诚如苏国勋先生所言:"所谓增强学科意识,除了参与、观察变革社会的实践之外,就是要提倡阅读经典研究大家,舍此别无他途。"[6]此外,从立场、观点、方法三者一致性的视角看,社会学工作者也应将贴近生活的草根意识、为民诉求的大众情怀和求实创新的科学态度有机地结合起来，在人生思想道德境界上实现自身从"职业型"学者向"济世型"学者的精神提升。因此，我们广大社会学工作者唯有努力学习、善于思考、勤于实践且坚持学术原则和端正学术作风，才能在"批判继承，综合创新"的学术活动中不断地焕发出社会学想象力的思想火花。

**参考文献：**

[1]C.赖特·米尔斯.社会学的想象力[M].陈强,张永强,译.北京：生活·读书·新知三联书店,2005:5.

[2][3]郑杭生.改革开放30年：日趋成熟的中国社会学——有关中国社会学发展全局的几个重大问题[J].江苏社会科学,2008(3).

[4][6]苏国勋.由社会学名著想到的[J].读书,2007(4).

[5]列宁.列宁全集：第23卷[M].中共中央马克思恩格斯列宁斯大林著作编译局,译.北京：人民出版社,1984:279.

（原载《晋阳学刊》2009年第4期）

# 和谐的伦理蕴含及实践品质

促进社会和谐,是社会学的时代担当。和谐,究其伦理实质,归根到底是为了人的自由而全面的发展。坚持科学发展就是要诉诸和谐发展的方式,确保发展的人本性、全面性、协调性、可持续性。尊重差异和多样性,力倡共生共荣,此系和谐发展的伦理秉赋之所在。和谐发展寓于一定的经济社会发展战略之中,和谐发展与一定的经济社会发展战略相吻合,和谐发展是社会公平正义的天然守护神。

## 一、促进社会和谐:社会学的时代担当

当代走红的国外社会学家如安东尼·吉登斯、尤尔根·哈贝马斯、皮埃尔·布迪厄等,他们的学术智慧体现在充分理解和正确把握以往社会学发展中主要流派之间的差异及论争,取其精华,并尝试消除冲突与秩序、变迁与团结、意志自由与制度规约之间的差异和对立,在个人行动与社会结构、意义世界与现实世界、意识形态与科学认知之间架起交流的纽带和沟通的桥梁。安东尼·吉登斯、尤尔根·哈贝马斯、皮埃尔·布迪厄等社会建构论者在其学术上走出的"第三条道路",不仅使社会学发展到一个积极适应当代社会生活的新阶段,而且使社会学在其学理上更加凸显其"以和谐为本"的本真属性。就当代中国社会学来说,在其领袖人物及领军人物关于社会学的学科价值及功能定义中,也大都体现了社会学自身"以和谐为本"的学术品性。例如,费孝通先生提出"文化自觉"的理念(1997年),主张以和而不同的文化立场及"各美其美,美人之美,美美与共,天下大同"的文化心态,来进行社会学的理论创新及实践活动,从而使和谐文化在促进人类社会的和谐发展中发挥重要作用。郑杭生先生将

社会学界定为研究社会良性运行和协调发展的条件和机制的综合性社会科学（2005年），并且主张以社会资源和社会机会的合理配置与分配为核心要素，来进行社会建设。陆学艺先生指出经济发展和社会发展不协调、不平衡是当前中国社会的主要矛盾，而加强社会建设是解决这一矛盾的关键（2011年）。李培林、苏国勋提出社会学的本质是研究社会建设的社会科学，其主旨和目标就是致力于社会的秩序和进步（2011年）。宋林飞认为对于社会建设和社会管理实践，社会学是最有责任、最能发挥作用的学科（2011年）。综上所述，当代中国社会学的学术品性，已经在以社会建设、社会管理等作为服务对象和发展载体的学科创建活动中显露无疑。

进入新世纪以来，社会学面对阶层分化、利益多元、社会变革加速、新老矛盾交织等影响社会良性运行及和谐发展的复杂因素的全新挑战，其理论意义日益增大。从当代中国社会学的学理意蕴来看，和谐发展是把古代智慧与现代智慧、科学理性与人文精神、世界视野与本土特质、个人意志自由与社会行为规范有机结合的、新型现代性类型的科学发展。而就当代中国社会学"经世致用"的责任担当而论，它担负着发现社会、保卫社会、丰富社会、拓展社会和创新社会的时代使命，理应为实现整个国家和民族的和谐发展殚精竭虑，在所不辞。通过不断加强社会建设的理论与实践活动来促进社会和谐发展，实乃社会学的天职。

## 二、和谐的伦理实质

和谐，究其伦理实质，归根到底是为了人的自由全面发展，这是因为其自始至终贯穿着人对自身的不断提升和超越。纵观人类社会的整个发展历程，就是在各种对立面因素的矛盾运动中不断寻求和谐发展的从自在走向自为、从独立王国走向自由王国的永不间断的历史过程。在人类社会伊始，通过劳动的锤炼，人使自身进化，并通过思维和语言能力的提高，使自身形成以生产关系为核心的社会关系体系，从而实现人自身的第一次解放——将人从动物世界中提升出来，使之成为主宰地球的万物之灵。这种解放使人摆脱对于自然界的不由自主的依赖关系，确立了人自身相对于自然界的主体性。18世纪60年代起至19

世纪(1763—1870年),风起云涌的工业革命不仅极大地解放和发展了社会生产力,而且通过民主与法制,实现了人类的第二次解放——将人从人对人的依赖性关系中提升出来,确立了人自身相对于市场的主体性。自20世纪中叶以来,以计算机、原子能、航天技术、微电子、生物工程、新型材料、新能源等为标志的新技术革命和新产业革命,使得科技成为第一生产力,并且目前正在从根本上转变人们的生产和生活观念,从而有可能实现人类的第三次解放——将人从人对物的依赖关系中提升出来,确立人与人、人与社会、人与自然之间的交互主体的伦理关系。

当下,我国人民已与传统现代化的发展理念诀别,正在科学发展观的引领下,行进在新型现代化的康庄大道上。和谐发展,这一体现我国新型现代观念的显著标志,也正在对人们的思想意识及行为习惯产生巨大的影响和作用。和谐发展,由于其中贯穿着以人为本的伦理关怀,故此,它对于社会转型期内物欲主义、利己主义、极端功利主义的蠕动具有强大的解蔽和消解作用。在我们的时代,人类社会生产力的快速发展已为和谐发展创造出必要的物质条件,人与人、人与社会、人与自然乃至人自身关系的和谐也已成为当代社会文明进步的主要标识。在工具理性与价值理性、科学性与人文性、主体性与客观性的对立中把握它们的统一,走和谐发展之路,这是实现我国新型现代性发展宏图的必由之路。

全面协调可持续发展、包容性发展,尽管它们的名称有所不同,但其大意相同,均是以和谐发展的方式寻求人类社会物质财富和精神财富的增长。在此种意义上,似乎可以说和谐发展不啻一种哲学伦理学,一种以人为本、为了人的自由全面发展竭诚服务的哲学伦理学。和谐发展,在人自身的和谐方面,它表现出一种形而上的"心理本体";在人与人、人与社会的和谐关系上,它表现出一种在交互主体之间沟通和交流的道德规范及其实践;在人与自然的关系上,它表现出"天人合一""民胞物与"类型的伦理认知。人类对于社会和谐发展的寻求源远流长,在前资本主义社会的农耕经济条件下,原始、素朴的和谐理念初露端倪,但其"有机械必有机心"之类的错误认知却不能给予科学与人文的互补互动关系以合理的、正确的解释,当然其在和谐发展的文化内涵及价值取向方面也不能从哲学高度给予人类发展前景以充满洞察力、穿透力和前瞻性的审视、思考及预测。而在资本主义社会初期,达尔文物竞天择的进化论曾经大行其道,以"血和火"形式进行的资本原始积累使社会矛盾和冲突变得日趋严重,以至由此而引发空想社会主义者关于建构和谐社会的遐想,并且最终产生以马克思、恩格斯为杰出代表的科学社会主义者关于实现社会和谐发展的思想理论体系及其社会实践活动。自《共产党宣言》问世以来,一百六十多年社会主义的理论与实践积累了人类在追求自身和谐发展过程中正反两方面的丰富经验和深刻教训,人类关于和谐发展的认识从来没有像今天这样如此全面、深刻和透彻。尤其是作为新型现代化道路典范的"中国模式"和"中国经验"的出现,佐证了人的自由全面发展的共产主义远景并不是可望而不可即的海市蜃楼,而是可以通过和而不同及兼容并蓄的和谐发展方式,并且以循序渐进及持之以恒的努力,去最终达到的预定的社会发展目标。

## 三、和谐发展的伦理特性

发展就是硬道理,从哲学的角度来看,这是一种实践唯物主义的响亮口号,并且被改革开放以来的社会实践证明为兴国利民的思想法宝。而在我国现阶段,坚持发展是硬道理的本质要求就是坚持科学发展,而坚持科学发展就是要诉诸和谐发展的方式,确保发展的人本性、全面性、协调性、可持续性在现代化建设的各个方面能扎扎实实地落实到实处。而从实践哲学的观点审视,这也恰恰体现了在辩证唯物论与历史唯物论有机融合之中所凝聚和浓缩的一种新时代的伦理智慧。和谐发展的核心,就在于发掘在经济发展中本来就潜藏的市场伦理关系、规约、准则之类的原生态道德资源,使之在我国转变经济发展方式和调整经济结构的实践过程中充分发挥其"道德生产力"的影响和作用。似乎可以说,如果今天没有与经济转型相伴而行的伦理转型及道德重塑,经济发展就会由于受制于"GDP至上"的惯性思维而缺乏内在的精神支撑,就不可能有效地规避风险以实现自身的又好又快发展。胡锦涛总书记指出:"当前,世情、国情、党情继续发生深刻变化,我国发展中不平衡、不协调、不可持续问题突出,制约科学发展的体制机制障碍躲不开、绕不过,必须通过深化改革加以解决。"[1]而在整个深化改革的过程中,无疑需要充分发挥和谐发展本身所蕴含的伦理智慧、思想品位之类精神资源的支撑作用。

尊重差异和多样性,力倡共生共荣,此系和谐发展的伦理秉赋之所在。此种伦理特性的适时显示和充分发挥,在人类社会的生产性实践中必不可少。应当明了,我们不是为了发展而发展,而是为了人的幸福而发展,因此需要一种能确保和谐发展的伦理智慧和道德力量来实现物的发展与人的发展的高度统一。尊重差异和多样性,其前提条件是坚守科学发展观的基本原则,譬如作为其第一要义的发展,作为其核心的以人为本,作为其基本要求的全面协调可持续,作为其根本方法的统筹兼顾。广大人民群众是发展的真正主体。尊重差异和多样性,意味着在改革开放的新型现代化建设过程中,不断强化不同发展主体之间相互承认与相互尊重的伦理意识,超越以我为主的传统思维习惯,通过统筹兼顾、全面安排、因地制宜、因势利导等科学方式努力做到对各种发展资源的合理配置和高效利用。力倡共生共荣,其前提条件是遏制自然法则——优胜原理在人类经济与社会生活中的肆虐,防范赢者通吃现象的蔓延扰乱整个社会良性运行与健康发展的和谐秩序。换句话说,力倡共生共荣,就是要努力创造条件使生物界的共生原理在人的积极主动的干预下转化和上升为普度众生的社会法则,最终在促进发展中形成相辅相成、相得益彰、互促互补、互利互惠的各种和谐伦理关系。说到底,尊重差异性和多样性,力倡共生共荣,也就是要在一与多、竞争与合作、公正与效率、自由与秩序、理性与情感等诸多的对立面因素的矛盾运动中,去寻求平衡点和把握统一性,最大限度地实现社会公正和恰如其分地发挥社会效率。

人对发展过程的精神愉悦体验和心理快慰感受,此系和谐发展的伦理特性之所在。发展为了人民、发展依靠人民、发展成果由人民共享,[2]反过来,也可以说人民在发展中能够改变自己、提升自己和实现自己。衡量发展质量必须以人的发展作为主要尺度。如果物的发展中没有或很少蕴含人的发展,假设人的发展不能引导、控制和支配物的发展,那么人在发展中势必会缺乏创造欲、成就感和幸福感,也势必会在主体迷失的对象化活动中异化自身心灵。追求生活的深远意义、劳动的广泛价值、精神的崇高境界和心理的健康人格,人们只有在以和谐发展方式予以不懈追求的奋斗过程中才能如愿以偿。当然,搞好基本民生建设是保证绝大多数人获得更高层次发展的必要前提,眼下首要的问题就是要解决人们的基本生活保障问题。然而,就现阶段社会上所出现的一些消极生活现象而论,一切不利于发展的奢侈物质享受及过度精神刺激,绝不是一个大写着的社会文化意义上的人的真正幸福。提高人的生活质量的关键在于促进与实现人自身的和谐发展，因为，最有利于实现人自身和谐的发展，才是真正的发展，即充满人的精神愉悦体验和心理快慰感受的幸福发展。实现人自身的和谐发展，乃是实现人与人、人与社会、人与自然和谐发展的前提。因此，在我国社会转型的整个发展时期，在大力搞好基本民生建设的基础上，我们理应张扬人的伦理主体意识及道德智慧，使之朝向有利于人与人、人与社会、人与自然和谐发展的正确方向并发挥其应有的作用。

## 四、和谐发展的实践品质

和谐发展与国计民生息息相关，它紧扣社会发展的时代主题，体现自身鲜明的实践品质。

首先，和谐发展寓于一定的经济社会发展战略之中，即它影响和指导一定的经济发展战略的制定，在其中竭力体现自身的意义和价值。从某种意义上讲，我国"十二五"规划纲要的制订及实施就是以和谐发展作为其基本价值目标指向的典范。

其次，和谐发展客观上要求以合理的制度安排及社会政策支持作为使其得以贯彻落实的必要保证。而另一方面，和谐发展也对合理的制度安排及科学社会政策的制定和实施起到了巨大的促进作用，使之与推动社会进步的变革和促进人的全面发展的潮流相衔接，为人们指示着一种更为美好的生活预期和发展前景。

再次，和谐发展是社会公平正义的天然守护神。正是和谐发展的思想方式及价值取向决定了社会决策层的工作目标，促使各级决策者既要从宏观上考虑到如何促进城乡统筹发展、区域协调发展，也要从中观和微观上考虑到推动性别平等、共同发展，以及提高社区发展水平和家庭发展能力。而这样一来，也就为在全社会履践公平正义进而构建和谐社会打下了坚实的基础。

最后，实现和谐发展重在实践、重在创新。这就要求人们不断打破传统的思维定式，突破传统的发展理念，改变盲目遵从传统发展模式的行为习惯，确定急需健全和完善的和谐发展思路及社会支撑体系，明确国家、企事业单位、社会组织、家庭乃至个人在推动和谐发展中的角色与定位。此外,在制定和实施以实现和谐发展为根本目标指向的社会政策时应增强赋权性、弱化行政性、凸显公正性、蕴含前瞻性、强化合法性,等等。

**参考文献:**

[1]胡锦涛.在庆祝中国共产党成立90周年大会上的讲话[J].求是,2011(13).

[2]胡锦涛.高举中国特色社会主义伟大旗帜:为夺取全面建设小康社会新胜利而奋斗——在中国共产党第十七次全国代表大会上的报告[M]//中国共产党第十七次全国代表大会文件汇编.北京:人民出版社,2007:15.

(原载《文化中国》2012年第3期)

# 加强社会建设,实现和谐发展

和谐发展是指在发展中能实现人自身、人与人、人与社会、人与自然之和睦融洽关系的预期效应。社会建设是指与政治建设、经济建设、文化建设、生态建设相提并论的新型现代化建设总体布局中的一个重要方面。在新型现代性背景下,社会建设是实现和谐发展的主要途径。促进和谐发展,是社会学的时代担当。在国家和谐发展与民族文明进步相统一的视野下,探讨社会建设的职能作用、障碍阻力及路径选择,具有重要的理论意义和实践价值。

## 一、和谐发展过程中社会建设的重要职能

胡锦涛总书记在中共十七大报告中提出"实现各方面事业有机统一、社会成员团结和睦的和谐发展"[1]。在世界多极化、经济全球化和文化多样性的国际发展背景下,和谐发展已成为人类社会的共识及世界发展的潮流。而在将全面建设小康社会作为新世纪头二十年预期目标的中国,和谐发展的理论与实践已经成为决定这一历史性目标任务能否圆满完成的关键所在。首先,和谐发展体现了精神与物质的和谐,即以人的主动性、能动性和创造性不断消解发展中的工具理性和经济主义的单一性、刻板性、片面性,迈向在物质极大丰富基础上的人的全面发展的历史新台阶。其次,和谐发展集中体现在发展中更加注重全面协调可持续发展和更加注重统筹兼顾,即要尊重发展本身所固有的和谐要求,在城乡、区域、性别、人口资源环境等多种差异和矛盾的碰撞、冲突及整合中存异求同,以凸显新型现代性的文化特质和社会效应。最后,和谐发展以社会建设为依托,即坚持把保障和改善民生作为加快转变经济增长方式的根本出发点和落脚点,充分反映了新时期社会建设与经济建设共兴共荣、互构双赢的发

展理念。

中共中央在"十二五"规划建议中提出逐步完善符合国情、比较完整、覆盖城乡、可持续的基本公共服务体系,并且从六个方面进行了具体部署。此类社会建设之重点谋划既有利于限制市场力量的自发性,维护社会生活的有序性和增强政府力量的信度和效度,也充分体现了在发展中求和谐,以和谐促发展的时代特色。在"十二五"时期社会建设所面临的促进就业和构建和谐劳动关系、合理调整收入分配关系、健全覆盖城乡居民的社会保障体系、加快医疗卫生事业改革发展、加强和创新社会管理、全面做好人口工作这六大任务,只有积极动员社会力量和合理利用社会资源,才能得以顺利完成。在较长一段时期内,由于传统发展观的影响,社会建设与经济建设之间的良性互动和协调发展的关系在一定程度上被人们忽视,以致社会结构调整滞后于经济结构调整,社会关系的调适跟不上经济关系的变化,社会政策的完善不能满足经济发展的需求。搞好社会建设,其目的实际上就是要逐步扭转上述因社会建设与经济建设不能协调发展而影响整个社会和谐发展的局面。

以推进社会建设来实现整个社会和谐发展并非一句空话,它实实在在地体现在优化社会结构、改革社会体制、完善社会政策、调适社会关系之类社会建设的核心价值取向上。社会结构是社会体系各组成部分或诸要素之间比较持久、稳定的相互联系模式,其构成要素有人口结构、家庭结构、阶层结构、城乡结构、区域结构、就业结构、消费结构、收入分配结构、社会组织结构等。社会关系是人们在物质生活和精神生活活动中结成的各种关系的总和,其中包括经济关系、政治关系、法律关系、道德关系、人际关系、婚姻家庭关系等。当前,我国社会建设的中心任务就是优化社会结构和完善社会关系,使之与经济结构的调整以及和谐社会的建设相适应。我们应当看到,伴随社会结构固定化及社会关系网络化的趋向,完成这一中心任务就显得更为迫切和更加困难。在某种意义上似乎可以说,使社会结构和社会关系合理化的过程不啻是为实现和谐发展而脱胎换骨的社会体制机制及秩序的重建过程。

现阶段,我国之所以经济发展成就突出而社会问题凸显,其主要原因是社会建设滞后于经济建设,仍停留在工业化初期阶段的社会结构,不能很好地与从整体上已进入工业化中期阶段之后的经济结构发生良性互动效应。诚如有的专家所界定的那样:"社会结构的实质是资源与机会在社会成员中的配置。"[2]无论是促进就业和构建和谐劳动关系、合理调整收入分配关系、健全覆盖城乡居民的社会保障体系,还是加快医疗卫生事业改革发展、加强和创新社会管理、全面做好人口工作,所有这些社会建设方面的政策取向均是为了优化社会结构及改革社会体制,以最大化地实现资源、机会的公正合理配置。此外,由于现阶段我国的社会关系还不够合理,势必会直接或间接地对社会结构调整造成一定程度的干扰。尤其是在涉及阶层利益、族群利益、社群利益、性别利益、家庭利益、行业或部门利益等各种利益关系的调整时,还存在着一些无法避免的差异和矛盾。这就客观上要求政府履行自身职责,以完善社会政策和调适社会关系的得力措施,来对影响社会结构合理化进程的这些不和谐因素及时地予以化解和排除。

## 二、当前社会建设中的障碍性因素分析

社会是指由一定的经济基础和上层建筑构成的人类生活的共同体。所谓社会建设,就是通过优化社会结构、改革社会体制、完善社会政策、调适社会关系等方式和途径,来使这一人类生活共同体不断保持良性运行和健康发展。在社会建设的过程中,难免会遇到一些障碍性因素的阻挠。

### (一)心态层面的障碍

费孝通先生对心态的定义是:"心态是什么呢……人的行为背后,决定行为的心理和意识状态,比普通所说的心理学的内容还要扩大一点,包括理性的价值判断和艺术欣赏。"[3]张岱年先生则将心态文化层归结为由人类在社会实践和意识活动中长期蕴化出来的价值观念、审美情趣、思维方式等构成。[4]现阶段,我国社会建设的最大障碍正是来自人们的文化心态即精神世界。例如,尽管中央近些年来一直高度重视以改善和保障民生为重点的社会建设,甚至在"十二五"规划建议中将其提升至"加快转变经济发展方式的根本出发点和落脚点"的理论高度,但依然有一些地方和部门的领导者在思想上对此缺乏足够认识。在其心灵深处,他们依然认为经济发展是硬任务,社会建设是软指标,将后者往后拖一拖无关紧要。他们往往片面地将经济发展当成"生财"之道,而将社会建设看作"花钱"之事。以此种将"做大蛋糕"与"分好蛋糕"对立起来的短

见,自然会认为"分好蛋糕"比"做大蛋糕"更困难,更看不到"分好蛋糕"本身所具有的扩大内需和减少社会治理成本的经济效应。此外,他们也无视"强国"与"富民"的内在关联,只想到"大河无水小河干",却较少考虑"小河无水大河浅"。即便在学界,也不乏有人对社会建设心存疑虑,信心不足。他们认为在一个充斥着推崇实用主义和礼拜财神的心理且欠缺公民意识的国度里,社会建设因缺乏广泛的群众基础而难以达到其应有的效果。尤其是生活在草根阶层的人们,面对物价上涨,就业、住房、看病困难,贫富差距日益扩大的现况,他们对社会建设的信任度较低,对其前景也并不看好。如果不及时破除上述社会转型中的心态层面的障碍,现阶段的社会建设就只能是踟蹰而行,步履维艰。

**(二)生态层面的障碍**

在这里,生态是指与工业化、城镇化和农业现代化进程相连的社会生态,如城乡社会生活环境、社会风气、心理氛围以及人与人之间由聚居和交往而产生的社会关系的类型和品质等。有一段时期,在经济主义的主宰下,一些地方为招商引资而精心营造环境,如大肆修建城中湖、高级宾馆以及不惜成本地营造风景区。虽说这些举措对于改造城市及周边自然环境起到较大作用,但在社会建设较为滞后的情况下,不加节制地挥斥巨资用于美化城市外部环境,仍是重自然生态之形式而轻社会生态之内容,忽略了基本民生需求。诚如温家宝总理所说的那样:"少盖一点儿楼,缩小一点儿城市建设规模,拿来用在民生上,这不更好吗?"[5]尤其是一些地方为了吸引和招揽海外有经济实力的华裔商人投资兴业,大打宗亲文化牌,大肆兴修庙宇、祠堂或碑林。这种政策性导向不仅在一定程度上占用宝贵的土地资源,而且强化当地的家族文化氛围,使得家族文化的辐射功能及作用更为强大。尤其是偏离农村社会建设的正确价值取向,使得乡村发展的社会生态环境与新型现代化的要求相差甚远。此外,在增长主义巨大惯性作用下,GDP崇拜依然在一些地方和部门具有一定的市场,以致社会生态在一定程度上被物化,幸福被一些人等同于金钱和物质欲望的满足,而"关注人的价值、权益和自由,关注人的生活质量、发展潜能和幸福指数"[6]的社会舆论生态氛围远未形成。据有关部门统计,2009年,中国全面建设小康社会在"资源环境"方面的实现程度仅为76.8%,随着工业化、城镇化进程的快速推进,单位GDP能耗和环境质量指数这两项监测指标与目标值仍然存在较大差距。这一问题虽以不甚理想的自然生态面貌表现出来,但其内在根源还是有利于加强社会建设和提高人民生活质量的良好社会生态环境尚未形成。

### (三)制度层面的障碍

中国社会科学院《当代中国社会结构与社会建设》课题组的研究表明,当前我国社会结构大约滞后经济结构15年,即经济结构已经达到工业化社会中期阶段的水平,但社会结构严重滞后于经济结构,还是工业化社会的初级阶段的水平。[7]鉴于调整社会结构实属社会建设的中心环节,从调整社会结构着手来加快社会建设,进而推进经济社会协调发展,已成当务之急。然而,社会结构调整及其优化并非易事,它面临来自不合理制度安排的种种阻力。就收入分配结构来看,改革开放以来,初次分配和再分配中的不公平问题一直没有得到很好的解决。这里面虽说具有一些复杂的历史和现实因素的干扰和破坏,但制度安排的不尽合理及政策制定的不尽公正却是其主要原因。中国基尼系数2009年已达0.458,超过国际公认的0.4的警戒线。初次分配和再分配中的不公平加剧了贫富分化,固化了社会阶层,阻塞了社会流动,而我们的制度安排及政策制定却至今效果欠佳。再就建立覆盖城乡居民的社会保障体系这一最基本的民生问题来说,尽管多年来政府不断加大投入力度,但欲达到此项基本目标尚需积以时日。到2009年,中国基本社会保险覆盖率为61.5%,其中农村养老保险覆盖率为30.7%。这种较低水平乃是不合理的城乡二元社会结构的惯性作用与未富先老的农民生活现实对接的结果。其深层原因则是我们的制度惰性及政策失措对社会变迁中的城乡一体化进程产生较大的阻滞作用。

### (四)行为层面的障碍

法国社会学家布迪厄认为:"惯习是一种人们后天获得的各种生成性结构系统,它塑造、组织着实践,并生产着历史,而本身又是历史的产物。"[8]就此而论,我们对于我国社会建设的忽视由来已久,其中具有深刻的历史和现实成因,并且现在已经演变为不少人的一种惯习。例如,对于一些地方政绩工程和形象工程的宽忍,对于单位小金库的默认,对于"上有政策,下有对策"的附和,对于坚守公平正义的畏首畏尾,等等,不乏有人在利益与原则发生冲突之际为了前者而牺牲后者,即便这样做逾越了伦理底线也在所不惜,他们往往为了蝇头小利而放弃对于社会公正的坚守。在惯习这一人们根深蒂固的生活行为习性的支配下,社会建设的生机和活力往往在群众中被抑制而得不到充分的挖掘和释放。尤其是在一些地方和单位,存在着一些"只可意会,不可言传"的潜规则,这些损害社会公平正义的潜规则已经同化于人们的行为习惯之中,成为开展社会建设过程中的最大障碍。

## 三、推进社会建设实现和谐发展的路径选择

"十二五"时期是我国经济社会发展的关键阶段。在这一阶段,推进社会建设,实现和谐发展构成新型现代化进程的主旋律。为了使社会结构的调整获得突破性进展,使社会事业的发展得到全面提升,使社会管理的改革取得扎实效果,有必要对推进社会建设的路径选择进行系统探讨。

**(一)更新思想观念:牢固树立社会建设的宏大理念**

目前,一提及社会建设,许多人首先就联想起民政部门,认为这是他们的分内之事。由于民政工作的性质多半涉及社会福利、社会救助、社会管理等方面的民生事务,如此认识自然具有一定的道理。不过,就其概念认知的精确度而论,它却未能涵盖社会建设所涉及的广阔领域和丰富内容。从社会宏观发展层面来看,社会建设是我国现代化建设总体布局中的重要环节,它囊括社会结构调整、社会关系调适、社会资源配置、社会事业发展、社会体制机制改革等事关国计民生的方方面面。因此,它绝非由民政部门一家所能承担的轻松任务,而需要举全社会之力,动员一切社会力量参与其中。从社会学视角审视,社会建设事关社会结构能否得到合理形塑、社会体制能否得到合理建构、社会利益关系能否得到合理调适、社会秩序能否得到正常维护等社会运行及发展的大局。事实上,在经济发展到一定阶段和一定程度之际,解决社会矛盾及问题的社会建设就会成为推动社会发展的关键所在。我们应当清醒地意识到这是一个富有战略性的全局问题,而不仅仅是一个带有策略性的局部问题。因此,人们应当用一种大社会的概念来理解和诠释社会建设,而不应当仅仅将其局限于有关职能部门所承担的具体的社会工作之内。

**(二)把握价值导向:正确评估社会建设的功能作用**

通常,人们认为经济建设是负责如何把蛋糕做大,而社会建设等则是考虑如何将蛋糕分好。其实,现阶段社会建设也在很大程度上涉及如何把蛋糕做大的问题。众所周知,社会建设的中心环节是优化社会结构,也就是如何实现资

源、机会的公正合理配置。如果不能较好地做到这一点,那么社会成员在发展中的积极性和创造性也就无从谈起。所以,就此而论,调整社会结构且使其合理化,在当前已成为把蛋糕做得更大同时也分得更好的关键所在。然而,依然不乏有人忽视社会结构调整与经济结构调整同步协调的科学发展价值,他们只重视市场这只"看不见的手"在资源优化配置中的潜在作用,却无视社会结构转型这另一只"看不见的手"对于资源配置方式的深度影响。长此以往,这就不仅有可能给整个国家和民族带来有增长而无发展的尴尬,而且更有可能给社会团结、社会安全与稳定带来危害。因此,在当前我们应引导人们清醒地认识到社会建设所具有的推动经济持续健康发展、促进社会和谐稳定、保证国家长治久安的基本功能作用,以进一步搞好基本民生建设、社会安全建设、社会管理模式建设,形成与经济建设成效相适应的社会建设成效。

### (三)明确工作重点:科学把握社会建设的奋斗目标

立足当前,要抓紧解决好事关人民群众冷暖安危的劳动就业、收入分配、住房和社会保障、教育和医疗卫生等基本民生问题。尤其是对人民群众积怨甚多的"房地产泡沫"问题,应当优先予以妥善解决。着眼未来,应通过各种具有普惠性和可持续性的社会政策的推动,来不断提高人民群众的生活质量,促使"有恒产者有恒心"的中产阶层的队伍不断壮大。

### (四)强化社会规约:严格规定社会建设的发展指标

目前,重视社会建设的舆论环境及社会氛围虽然已经初步形成,但一些人长期以来在传统发展观支配下养成的思维模式及行为习惯却难以在短期内得到根本转变。一旦遇到合适的机会和条件,他们好大喜功和不虑后果的增量发展的偏执还是要强烈地表现出来。陆学艺就此论道:"长三角、珠三角的发达县市(不少人均 GDP 已经超过 10000 美元),仍在高唱今后几年要实现 GDP'三年翻番''四年翻番''五年翻番'的目标,而构建社会主义和谐社会与社会建设方面的目标和任务则比较空泛,这很值得我们深思。"[9]国家统计局副局长许宪春也曾撰文称"GDP 不能全面地反映社会进步:一是 GDP 没有充分地反映公共服务在社会进步中的重要作用;二是 GDP 不能反映就业状况;三是 GDP 不能反映收入分配是否公平合理;四是 GDP 不能反映社会福利改善情况"[10]。由此可见,为了防止将发展简单地等同于 GDP 达标而忽略社会发展指标的现象的滋生及蔓延,很有必要在各地制定国民经济和社会发展规划时,将收入分配、公共服务、教育、就业、社会保障等社会指标充分量化且从中多确定一些约束性指标。唯有如此,才能真正地督促地方政府将加快社会建设落到实处。

**(五)整合多种资源:努力形成推进社会建设的强大合力**

加快社会建设,需要社会体制方面改革的适时跟进。因为,优化社会结构的过程实质上就是以推进和谐发展为目标指向的社会关系及社会秩序的重建过程,亟待社会体制改革的铺路搭桥。一个发育成熟且成效显著的现代社会体制的重要标志是形成多元一体、协调互补的良性运行格局。笔者认为,国家、市场、社会这三种力量在我国现代化建设中缺一不可,应使它们始终保持相互制衡状态,以达到各司其职、各尽其责,良性互动、形成合力。具体来说,也就是以市场力量为基础,以国家力量为主导,以民间力量为动力,最大限度地实现资源与机会的优化配置、政府指导和调控的到位和得当、公众参与的广泛和深入这三者的有机结合。当前,在涉及阶层利益、族群利益、社群利益、性别利益、家庭利益、行业或部门利益等各种利益关系的调整时,还存在着一些无法避免的差异和矛盾。仅仅依靠国家、市场、社会三种力量中的哪一种均不可能达到庖丁解牛之理想成效。改革开放以来的发展实践已经证明:忽略发展的全面性和科学性与社会体制的弊端密切关联,而缺乏社会建设成果的发展往往是重数量轻质量的伪发展,并且它往往不具有普惠性及可持续性,无法给予大多数社会成员的未来前途以比较确定的保障。这就客观上要求人们共同努力,以催化国家、市场、社会三足鼎立之新体制,引发三者合力之新成效。

**参考文献:**

[1]胡锦涛.高举中国特色社会主义伟大旗帜 为夺取全面建设小康社会新胜利而奋斗——在中国共产党第十七次全国代表大会上的报告[M]//党的十七大文件汇编.北京:人民出版社,2007:11.

[2]汝信,陆学艺,李培林.2010年中国社会形势分析与预测[M].北京:社会科学文献出版社,2009:203.

[3]费孝通.略谈中国社会学[M]//费孝通全集:第十四卷(1992—1994).呼和浩特:内蒙古人民出版社,2009:244.

[4]张岱年,方克立.中国文化概论(修订版)[M].北京:北京师范大学出版社,2005.

[5]吴朝军,刘肖娜.温文载道[M].西安:陕西师范大学出版社,2012:384.

[6]本书编写组.科学发展观学习手册[M].北京:中国言实出版社,2007:84.

[7]陆学艺.当代中国社会结构与社会建设[J].红旗文稿,2010(18).

[8]邓伟志.社会学辞典[M].上海:上海辞书出版社,2009:101.

[9]陆学艺.社会建设论[M].北京:社会科学文献出版社,2012.

[10]许宪春.GDP不能全面反映发展[N].重庆晚报,2010-05-02.

(原载《可持续发展研究》2012年第2期)

# 我国社会文化创新能力培育探讨

在加强文化创新能力建设的过程中,我们要在"文化自觉"理念的指导下,采取"以我为主"的立场,即以本土文化资源为主体,以外来文化中的有益成分作为合理补充而加以综合创新,最终使我国社会文化成为一体多面的且能够适应各种风险和挑战的"合金式"文化。而在其方式和路径选择方面,我们有必要诉诸自上而下与自下而上的有机结合、精英文化与草根文化的平等交流、城乡文化的良性互动等现代方式,以及有必要选择寓人文精神于文化产业发展之中、多策并举以提高中华文化软实力等现实路径。作为人类文化重要来源和标志之一的中华文化,只有在纷繁芜杂的社会转型过程中不断创新,才能持续保持自身的勃勃生机和汩汩活力。就此而论,探讨当代文化创新能力建设的首要前提、有效方式及实现路径,显得十分必要也非常重要。

## 一、文化自觉:当代文化创新能力建设的首要前提

加强文化创新能力建设,首先需要顺应经济社会发展的新形势新要求,确立科学的文化发展战略,而切实贯彻实施这一战略,从思想深处又需要人们具有文化自觉意识。没有文化自觉意识,我国文化创新能力建设就会因缺乏深厚本土文化底蕴的思想滋养和精神支撑,而无法更好地体现时代性、把握规律性和富于创造性,当然也就谈不上树立与现阶段我国基本国情相适应,与社会主义市场经济体制和我国政治制度相适应,与开放、动态、信息化社会环境相适应的社会主义先进文化体系。

何谓文化自觉?费孝通先生认为:"文化自觉只是指生活在一定文化中的人对其文化有'自知之明',明白它的来历,形成过程,所具的特色和它发展的趋

向,不带任何'文化回归'的意思。不是要'复旧',同时也不主张'全盘西化'或'全盘他化'。自知之明是为了加强对文化转型的自主能力,取得决定适应新环境、新时代时文化选择的自主地位。"[1]抚今追昔,这段话对于制定和实施科学的文化发展战略,具有重要的方法论指导意义。

自古以来,伦理主义就是中国文化的主脉,由此而显露出家族本位、差序格局、社区情理、人情脸面等文化特质。在这样一个重情义情分、讲人伦礼仪的熟人社会中,私情与法理的界线并非泾渭分明,惯习、潜规则等往往逾越理性和制度的规约在社会实际生活中发挥一定作用。尤其是在我国古代社会,道德、习俗及惯例往往与王法融为一体,在调适社会矛盾和维持社会秩序方面作用甚大。自鸦片战争以来一百七十多年的现代化历程,已使中国社会结构发生重大变化,以伦理为本位的等级关系型社会结构正逐步转变为以法理为本位的契约利益型社会结构。不过,这一转变目前仍在进行且尚未完成,并且在其文化转型上表现出不同于以往西方国家现代化进程的显著特点,如社会关系资源在市场活动及社会活动中依然起着较大作用、制度改革的效率受到文化潜规则的较大干扰和制约等。因此,在当今致力于社会主义文化发展的过程中,我们要清醒估量和正确对待这类特点,以因势利导、趋利避害,使之不走或少走弯路。

通常的说法是中国文化重伦理道德、重心理情感体验、重对自然和人生的感性体悟,而西方文化则重客观法则、重逻辑思维论证、重对自然和社会的理性认知。文化上的差异直接影响中、西方在社会治理传统上的不同,即中国崇尚"礼治",而西方则崇尚"法制"。中国传统社会之所以绵延数千年之久,以儒家伦理为主体的社会治理文化对于民间基层生活的强大渗透力和影响力,也是其中重要成因之一。我国素有"皇权不下县"的推崇乡绅治理的社会自治传统,基层社会秩序多靠道德权威、民间习俗和日常生活惯例等文化力量来维系。而传统社会的整体性治理则诉诸"以道驭器"的方式,即通过儒家的"形而上"道统来引领"世道人心",规约"形而下"生活世界中人们的所思所想和所作所为。在社会治理的策略层面,传统社会虽也提倡"王霸并用""德法兼施"之类刚柔相济的办法,但其精神实质万变不离其宗,终归是以纲常伦理及人情事理的结合为主导来规约人们的言行举止。西方文化本是一种原罪文化,将人预设为偷吃了"禁果"的戴罪之人,认为人的自然本性就是贪婪、自私、放纵、懒散,需要外在的法律法规和制度规章加以限制和约束。在西方国家,理性化的制度建设是其处置社会矛盾和问题以维系社会正常运行的主要手段,而心态文化层面的社会治理技艺则往往容易被忽略。例如,早在20世纪中叶,美国的企业管理文化就因其偏重于制度规约和忽略人性化管理而落后于日本。至于法律法规,美国在这方面尽管比较发达而完备,但由于过于机械和呆板,不能充分考虑社情民意,也就不能在法律规定范围内因事制宜、因案制宜。故此,在美国司法实践中法理与情理总是相分裂,往往不能使坏人得到严惩、使好人得到公正对待,以致社会治安恶性案件总是接二连三地发生,足以引人深思。

当下,我国社会文化中包含以儒家为主体的传统文化因素、革命和建设传统中的文化因素、改革开放实践中新生的文化因素、外来文化因素等诸多成分。其中,民族传统和革命传统的有机融合是其基础,中华人民共和国成立以来对社会主义文化的探索和创新是其主导,外来文化的影响和作用是其参照和借鉴。如何将它们有机衔接和有效整合,事关当今我国社会文化的理论创新成效。就以儒家为主体的文化传统因素来说,我们应以抽象继承方法对其实施根本改造,摈弃其落后、保守等不合时宜的因素,发扬其符合人性及社会生活本质的良性因素,使之成为构建和谐社会的内在文化动力资源之一。就革命和建设传统中的文化因素来看,我们需要正确处理发挥其传统优势同与时俱进、创新发展的关系,使之在推动科学发展和促进社会和谐的新时期,焕发出新的生机和活力。就改革开放实践中新生的文化因素而论,我们需要正确区分和妥善处理其中的主次关系即本土文化因素与外来文化因素之间的关系。一般说来,加强文化创新能力建设的过程,即不同思想文化观念碰撞、冲突、整合乃至采借的过程。新生的文化因素正是在这一过程中应运而生。在加强文化创新能力建设的过程中,我们虽然能够从外来文化中采借不同的有益养分,但是在文化主体培育及其统领作用的发挥上却不能采取唯发达国家是从的立场,而是要在"文化自觉"理念指导下,采取"以我为主"的正确立场,即以本土文化资源为主体,以外来文化中的有益成分作为合理补充而加以综合创新,使我国社会文化成为一体多面的能够适应各种风险和挑战的"合金式文化"。

## 二、当代文化创新能力建设的有效方式

方式即方法或形式。人们在做一件事时,如果采取的方法对路或形式正确,往往事半功倍、成绩显著,反之则费时费劲、成效甚微。当今,我们是在前现代、后现代、新现代多种成分并存的国际国内复杂社会环境中进行社会文化创新能力建设,既面临国际环境中各种矛盾和风险的挑战,又承受着国内社会生活内部各类难题及其异变的压力。这就要求我们超越将大众化与精英化、工具性与人文性、民族性与世界性对立起来的两歧式思维,以兼容的思路在市场经济与社会主义结合的实践中进行社会文化创新,即按照与新型现代性相适应的思想文化的建构标准,去进一步发掘我国社会先进文化因素及其结构和形态赖以科学生成与健康发展的生机和活力。

**(一) 诉诸自上而下与自下而上的有机结合**

当代文化创新能力建设是一种群众广泛参与的、思想互动与心理融合的动态历程。这就决定了我们只有依靠自上而下的倡导与自下而上的参与的有机结合,才能取得较大成效。所谓自上而下的倡导,即是社会决策层对文化创新能力建设要高度重视,并能采取各种得当的政策举措加以引导和推动。至于自下而上的参与,则是指在人民大众日常工作和生活中所蕴含的经验和智慧实乃文化创造力永无休止的活水源头,要给予其以高度尊重,并且要对其倍加珍视。实行自上而下的倡导与自下而上的参与的有机结合,有利于发掘和提高民智,并在此基础上充分发挥人民大众的文化首创精神,为中华文化自立于世界民族之林增辉添彩。

**(二) 诉诸"以我为主"、会通四方的不懈努力**

俗话说得好,根深才能叶茂果硕。所谓"以我为主",就是要立足中国,植根于中国大众的生产生活实践,致使出自这块广袤肥土沃壤的文化丰硕之果,能显示出自身独具一格的特色和气派。八方风雨会中华,会通四方则是指要充分发挥中华文化兼收并蓄的内在本性,采取走出去和请进来的开放性方式,与其他国家和民族的文化进行多向交流和纵横沟通,并且在此种相互切磋和彼此借鉴之取长补短的过程中,不断地加大中华文化的思想容量,持续地提升中华文

化的精神品位。

### (三)诉诸精英文化与草根文化的平等交流

精英文化是指在社会思想理论、科学技术、文学艺术、修身审美等方面具有时代水准的精英人物为主导的心态文化类型,而草根文化则是与精英主流文化相对应且代表底层普通民众意愿和利益的生态文化类型。从对立面的统一观点来看,精英文化与草根文化是相互依存、相互影响、相互竞争、相互促进的文化共生关系。一般地说,草根文化生长于民间社会,具有生活的原色调和旺盛的生命力,而精英文化则源自民间沃土,是对自在自发、原生形态的草根文化的升华与提炼。尽管有着崇高与野俗、雅致与粗犷、典型与一般等差异性,但两者之间关系的本质还是具有共生互促的属性。这在我国文化大传统与小传统的竞相争艳、交融互动的历史轨迹中也可见一斑。因此,我们在处理精英文化与草根文化的关系时绝不应当厚此薄彼,相反,应当取长补短,使其在社会文化创新能力建设中各尽所能,各得其所。

### (四)诉诸科学素质与人文精神的交互建构

科学素质是公民应具备的基本科学涵养、知识和能力。在现当代社会,科学素质作为重要文化因素,不断地推动着社会文化的发展和更新。人文精神是基于人类本质属性的一种具有普遍文化意义的自我心灵关怀,它集中表现为对人的道德人格、生活价值和存在意义的尊重和推崇,对人类理想和信念的关切和追求,以及对人类各种精神文化遗产的珍视和呵护。人文精神作为人们在生活方式、价值取向及行为模式上所表现出来的情感特质和精神品性,它对社会文化的建构与发展,起着至关重要的作用。科学素质与人文精神原本具有你中有我、我中有你的密切关系,而究其实质,社会文化的精粹所在也就是科学素质与人文精神的结晶。尽管在人们科学素质中所体现的工具理性与其人文精神中所折射的道德理性在社会生产与生活的实践中往往具有差异、矛盾或冲突,但归根结底,两者之间的交流、沟通、碰撞、整合,毕竟还是社会文化得以形成、发展和完善以及充分实现其功能和作用的必备条件。再者,无论是概念的逻辑关系还是史实,均提示人们:文化创新有赖于科学素质与人文精神的交互建构。当然,这仍然需要人们通过对这一预想进行全面、系统、深入的探讨,来给予其以有力的证明。

### (五)诉诸城乡文化的良性互动

城市文化是指生活在城市环境中的人们在不断适应和改造自然、社会和自我的实践活动中,所逐步形成的包含思想观念、知识结构、组织形态、价值准则、交往心态、闲暇情趣、行为方式等因素的文化模式,它具有复杂化、集约化、异质性、个体性、易变性等特征。乡村文化则是指乡村居民在长期的乡村生产生活过程中所共同创造的、带有乡土特色且体现乡野气息的农民生活方式、价值标准、心理情感、交往风格及行为习惯的文化模式,它具有简朴化、松散化、同质性、粘合性、稳定性等特征。我们应当看到:在整个城乡一体化的历史演变中,由于文化的冲突和碰撞,城乡居民在思维方式、生活方式、价值取向、心理习惯等方面的文化冲突在所难免。因为一般来说,乡村是礼俗社会,城市是法理社会,这两种社会的运行规则有所不同,也就是说各自的文化功能和作用有所不同。伴随着当代人对旧式现代性及传统工业化道路的反思,在城乡一体化的文化整合中,促使乡村规则与城市规则中所各自具有的积极、合理的因素交融互动,已成为当前我国社会文化创新能力建设的题中应有之义。显而易见,就现阶段我国文化创新发展的态势来看,城乡文化人格的社会整合,已成为新型社会文化赖以形成的主要途径之一。一方面,城市文化与乡土文化相互整合中充满矛盾与冲突、焦虑与浮躁;另一方面,在这种整合过程中也特别地显示出乡村生活规则与城市生活规则融合中其文化因子的丰富性、多样性、创造性。只有城市与乡村各自克服自身文化模式中的狭隘性、片面性、保守性,相互吸纳彼此之间的合理因素和新鲜养分,才能重塑城乡结合型的、健全的、当代人的新文化品格,促使整个社会文化建设充满生机和活力。

## 三、当代文化创新能力建设的实现路径

途径即路径。虽说是条条大道通罗马,但便捷而又有效的路径选择并非易事,它需要人们脚踏实地的谋划和深思熟虑的选择。按照推动科学发展和促进社会和谐的思想定位及价值取向,笔者认为当代文化创新能力建设有待于通过以下途径来实现:

## (一)正确处理文化发展中"一"与"多"的关系

"一"是指引领我国经济社会健康发展和良性运行的主流文化及其主导价值取向,"多"则是指能丰富和满足民众精神心理需求的亚文化及其多样化的思想个性和生活表现。切实把社会核心价值融入公民教育和精神文明建设的全过程,内化为民众的思维方式、行为准则和生活情感,此即我国当代文化创新能力建设的主旋律。然而,再好的红花也需要绿叶来映衬。人民大众多种多样的生活情趣及其文化表现正是具有勃勃生机的片片绿叶,使得民族文化朵朵悦目的红花内涵更为丰富、形式更加多样、个性更趋鲜明。尊重差异、包容多样本是中华文化的固有品性,但在崇尚科学发展和社会和谐的时代精神感召下,这种品性又被转化为民众对于生产生活的积极创造和对于文化更新和进步的自觉追求。正确处理文化发展中"一"与"多"的关系,也需要妥善处理文化发展中的意识形态倾向与多样性生活表现的关系。任何一种类型文化的发展,总会具有一定的价值评估和价值取向,这也就是说任何一种类型文化的发展都会具有一定思想道德价值观指导下的意识形态倾向,在人类政治生活始终居于整个上层建筑的中心地位且对意识形态施以支配性影响的状况下,一直是不以人的主观意志为转移的社会事实。那种在文化发展中完全去意识形态化的主张只能是一种不着边际的空想,因为它有悖于迄今为止的人类文化发展的社会事实。不过,人类有史以来不同族群、人群乃至社团的文化多样性表现也是一天也没有停止的社会事实。两种社会事实并存的状况除了表明社会生活的复杂性,也揭示着人类社会生活正是在多事物和多因素相互依存、相互矛盾的对立统一的关系框架中运行的。尤其需要看到的是在推动科学发展和促进社会和谐的新型现代性的背景下,意识形态倾向与文化多样性表现的原初矛盾和对立正逐步淡化,而它们之间的相互依存性和吻合性也正在逐渐增强。因此,现阶段,我们依然需要通过文化下乡、文化进社区、文化多媒体传播等多种文化互动的途径,将社会意识形态的价值导向与人民群众多种多样的文化需求及生活艺术有机地融合在一起。

## (二)精心谋划、多策并举,不断提高中华文化软实力

文化软实力是一个国家或一个民族综合实力及竞争力的重要显示,换句话说,文化软实力也是一个民族或一国人民基本素质及发展能力的显著表露。说到底,在中国提高文化软实力,就是提高中华文化在促进科学发展及和谐社会

建设中的精神影响和社会效应,就是提升中华文化在全球化背景下的民族竞争力。以厚重雄浑、坚忍不拔、兼容并包、朴实厚道、刻苦耐劳、团结协作、明礼诚信、见义勇为、知恩图报等为特征的中华伦理精神乃是构成中华文化软实力的重要因素。弘扬其精神魅力并通过创造性转换挖掘其在加快经济发展、建立良好人际关系、实施人文关怀、培育一代新人、提升中华形象等方面的现代价值,实乃提高中华文化软实力的基础性工程。总体而论,人们应当采取充分挖掘、有机整合、科学利用我国丰厚历史文化资源的方式,去抵达这一理想目标。所谓"充分挖掘",就是要尽其所能、竭尽全力,无论是地上地下、有形无形,还是自然社会、古代近代,一概挖掘;所谓"有机整合",就是要对所有挖掘出来的历史文化资源进行一番由此及彼、由表及里、去伪存真、去粗取精的改造和提炼;所谓"科学利用",就是要在充分尊重和精心维护历史原貌的基础上对现有文化资源实施必要的创造性转换,并且通过历史与现实的有效对接,实现其古为今用的价值最大化。具体说来,人们应当对外通过"走出去"和"请进来"的文化交流方式,以及对内通过全面、系统的中华文化盘点、重塑、宣传教育等文化发展途径,去实现增强我国文化软实力的预定目标,并且在更高层次上培育广大人民群众的文化自重意识及文化自觉精神。一言以蔽之,提高文化软实力的过程也就是使中国传统文化与当代经济社会发展相适应、与现代文明生活相协调、保持其民族特色且彰显其时代精神的文化更新过程。

**(三)寓人文精神于文化产业发展之中**

所谓人文精神,就是蕴含人的理性良知、情感智慧、人格尊严、伦理信念、道德与审美追求等主体性思想特质的文化精神。人文精神的出发点和落脚点均是为了人,为了人的幸福生存和健康发展。在中华大地,人文精神源远流长,早在国家和社会初成雏形之际,民胞物与、厚德载物等元典文化精义就渗入中国民众日常生活,转化为他们生活智慧和精神支撑的人生信念及情感力量,并且在他们形成自身健全人格的艰辛过程中被更为强烈地激发和凸显。时至新世纪,伴随时代的进步和社会的发展,人文精神又成为培育人们"生活品行上的良知"这样一种"结合了科学、哲学和伦理学来表达一种积极、正面的宇宙观和人生态度的健康个性和健全人性"[2]。近些年来,我国文化产业突飞猛进,无论在书画歌舞、演艺影视、曲艺杂技、动漫娱乐方面,还是在网络资讯、报刊出版、体育文艺、旅游休闲等方面,均有大手笔、大影响和大收益。然而,美中不足的是由于急于求成和迎头赶上发达国家的心理负担过重,以致在一定程度上忽视了对文化产业中人文精神内涵的营造。其主要表现为一些地方或部门在对文化产业的经营和运作中盲目效仿发达国家,以致科技含量较高而人文含量不足,过于注重以外在形式吸引人的短期效应而忽略以内在精华感动人的长期效应,并且对于公共文化事业的基础性服务与社会文化产业的个性化服务这两种服务相互联结而又各有千秋的关系把握不当,在文化创意中不能达到思想性、艺术性和观赏性的有机统一,以及无法实现民族特色与时代精神的完美结合,等等。笔者认为:所有这些问题,均需要通过寓人文精神于文化产业发展全过程的正确途径来解决。这是因为人文精神实乃文化产业发展的精、气、神,它的注入总能遏制工具理性在文化产业发展中一枝独大的膨胀性,确保文化产业发展的高品位、多样性、个性化、可持续性,以及实现社会效益和经济效益的高度统一。

**参考文献:**

[1]费孝通.文化的生与死[M].上海:上海人民出版社,2009:185-186.

[2]傅治平,李强.建设节约型社会学习读本[M].北京:中国社会出版社,2005:7.

(原载《长白学刊》2012年第5期)

# 对中原经济区建设中加强和完善河南社区管理的思考

社会是大社区,社区是小社会。目前,在健全党委领导、政府负责、社会协同、公众参与的社会管理格局的进程中,河南城乡社区正逐步实现政社分开、管办分离、自我管理、自主发展。然而,面对社会转型期各种复杂因素及不确定因素的干扰和挑战,在河南城乡社区建设与管理活动中依然存在许多有待解决的矛盾与冲突。对此,河南应当积极应对,在中原经济区建设中进一步加强和完善全省城乡社区管理工作。

## 一、进一步明确各级党委在社区管理中的地位和作用,以及各级政府在社区管理中的职责和义务

党的执政能力建设关系党的建设和中国现代化建设事业的全局,而进一步明确全省各级党委在城市社区建设与管理中的地位和作用,以及各级政府在城市社区建设中的职责和义务,则是促进党和人民事业兴旺发达的切实保证。

### (一)坚持各级党委在社会管理中总揽全局、协调各方的领导核心地位和作用

领导中国现代化建设事业的核心力量是中国共产党。党在社区建设与管理中的地位和作用是由党在整个现代化建设事业中的领导核心地位和作用决定的。总揽全局,就是各级党委要高瞻远瞩,以科学发展观与和谐社会建设理论引领社区建设与管理活动;协调各方,就是各级党委要通过制定科学的路线方针政策,以及通过政治、思想和组织上的坚强领导,来指引和规范社会各种力量在社区建设与管理中始终保持正确的前进方向。

## （二）提高各级党组织尤其是基层党组织引领社会、组织社会、管理社会和服务社会的能力

引领社会、组织社会、管理社会和服务社会的能力，是中国共产党执政能力的重要体现。社区是社会的缩影，而党的基层组织是党执政的组织基础，换句话说，党引领社会、组织社会、管理社会和服务社会的能力，在社区是通过社区党组织的积极而富有创造性的工作来实现的。实施"片区为网，楼栋为格"两级社区管理模式，需要基层党组织的强有力领导。"支部建在网格""党旗飘在庭院""党员扎根群众""服务送到家庭"，这些话形象化地表达了基层党组织引领社会、组织社会、管理社会和服务社会方面的能力，只有在社区建设和管理的具体实践活动中才能得到提高。这就要求基层党组织进一步按照科学的工作方法，来领导好社区建设与管理工作。

## （三）按转变职能、理顺关系、优化结构、提高效能、依法行政的要求，健全政府职责体系，建设法治政府和服务型政府

建设法治政府和服务型政府，是实现社会管理科学化的必要条件和重要保证。伴随社会主义市场经济的不断完善，政府职能的重心正从经济调节和市场监控朝向社会管理和社会公共服务转变。换句话说，在社会结构、社会关系等已发生重大变化的新情况新条件下，政府要切实履行自身在规范社会组织、培育合理社会结构、化解社会矛盾、维护社会公正和秩序、提供公共服务等方面的职责。建设法治政府和服务型政府，为的是在社区建设和管理活动中克服"一政独大"的异常现象，使政府的社会管理活动与公民社会的建构过程有机融合，真正在基层社会建设与管理中起到积极作用。

## （四）科学界定各部门在社会管理和公共服务中的职能任务，形成分工负责、运转协调的工作机制

目前，在城市社区建设与管理中，许多社区普遍反映其所承载的来自上级政府的行政摊派性任务过多，以致社区自身的自治建设、民主管理及其他活动受到较大影响。此外，政府各部门在社区各自为政、对上负责，以致条块分割，难以统筹。这就要求政府要高度注重和妥善解决社区职能超载和角色错位问题，要明确工作职责，转变工作职能，将行政事务与社区事务逐步进行分离。其次，政府要科学界定各部门在社会管理和公共服务中的职能任务，通过制度规约理顺关系，形成分工负责、运转协调的工作机制。其间，应将各部门派驻社区

人员吸纳为社区党组织成员,以强化其职能和责任意识。

## 二、发挥政府的科学主导作用,进一步健全社会协同机制

在正处于社会转型期的社区,情况千变万化,矛盾错综复杂,单凭哪一个部门的力量,根本无法解决社区建设与管理中出现的问题。协同出力量,协同出智慧,协同出效应。要逐步完善党委政府领导,政法部门和民政部门牵头,相关部门配合,社区居委会主管,社会力量支持,群众广泛参与的社区建设与管理协同机制。其中,发挥政府的主导作用十分重要。

**(一)坚持科学民主依法决策,发挥政府在社区社会建设与管理中的主导作用**

政府在社区社会建设与管理中应当起到指导者和监护者的双重作用,保证以科学、民主、法制实施社区社会管理渠道的畅通无阻。其职能转变的要点在于去行政化,发挥居(村)委会在基层社会管理和公共服务中的重要作用,实现政府行政管理与基层群众自治有效对接和良性互动。这就意味着基层政府组织应当在积极转变自身功能的过程中,努力学习以引导、交流、协商、合作的方式,与所有社会组织和社会力量形成合力,以建设和谐向上的社区共同体。

**(二)注重发挥工青妇(工会、中国共产主义青年团、妇女联合会)等人民团体和群众组织在社区社会管理和公共服务中的桥梁纽带作用**

工会、共产主义青年团、妇女联合会等人民团体和群众组织在社区社会管理和公共服务中的桥梁纽带作用,既来自革命和建设的历史传承,也得益于其在社区建设新的实践和探索中的创新与发展。在竞争与合作中,工青妇等人民团体和群众组织应当逐步克服自身存在的行政化倾向,在积极参与社区发展的改革创新中,也使自身得到巩固与发展。

**(三)注重发挥统一战线在社区社会管理服务中的独特作用**

社区治理就是在解决社区问题时,从政府单主体的管理转向政府与多元社会主体的合作治理。其中,注重发挥以多党协商合作为重要标志的统一战线在社区建设中的独特作用尤为重要。尤其值得一提的是,不少新的社会阶层人士往往拥有民主党派成员和社会组织成员的双重身份,他们中的一些人甚至在其

中担任领导职务。因此,在加强和创新社会管理的各种活动中,民主党派既能发挥政治上的协调和民主监督功能,又能起到自身积极参与社会协同的重要作用。

**(四)强化企事业单位在社区社会管理服务中的职责**

企业单位是指以盈利为目的、独立核算的法人或非法人单位,事业单位是指以政府职能、公益服务为主要宗旨的一些公益性单位、非公益性职能部门等。作为社会构成的重要部分和社区特定社会群体的组织形式,企事业单位在社区社会管理和服务中具有不可推卸的职责。即便是单位制开始弱化,其承担的社会职能开始向社会转移,但实际上,目前许多社区尚无能力完全承接这类功能。因此,在协调社区关系、整合社区力量、维护社区秩序、保障社区安全、化解社区矛盾、促进社区团结等微观社会管理方面,各企事业单位应切实履行自身对于社区发展的社会责任和义务,尽心竭力地促使单位优势转变为推动社区建设和管理的优势。

**(五)引导和促进各类社会组织健康有序发展,增强其服务社区及参与社区管理的能力**

没有社会组织的发育成熟,没有具有社会责任感、社区认同意识的社会志愿者的积极参与,社区善治的实施无疑是不可能的。因此,政府应积极培育和扶植各类社会组织,妥善解决其规模小、行政化冲动强、运作无序化等问题,引导其通过自我教育、自我管理、自我改造,不断提升其参与社区管理与服务的能力和水平。

**(六)建立"坚持依靠群众,推进社区管理工作落实"的长效机制**

在全省普遍宣传和推广以网格化管理为载体、以差异化职责为保障、以信息化平台为手段的"郑州经验",建立"坚持依靠群众,推进社区管理工作落实"的长效机制,促进条块融合和联动负责,实现社区管理、社区服务、社区自治三者有效衔接,营建管理有序、服务完善、文明祥和的社会生活共同体。这就要求各级政府通过切实转变领导方式带动政府职能转变,并且通过人、财、物、权、责的全面下沉,收到简政、放权、赋权的实效。

## 三、明确社会部门职责，进一步提升社区功能定位

社会部门是指那些与社会建设有着直接或间接关联的政府职能部门，如民政、劳动、交通、公安、环保、水电、商贸、路政环卫、人口计生、科教文卫、思政宣传、网络电信等部门。鉴于目前在一些地方依然存在着各部门在社区各自为政、对上负责、条块分割的现象，我们需要进一步建构党政主导、民政牵头、各部门协同、社会公众参与的社区共建运作机制。其中，尤其需要对各个社会部门的职责予以明确，并且通过得当的制度规定督促其切实履行自身职责，以进一步提升社区功能定位，提高社区居民生活质量，解决社区自身存在的问题，促进社区各项事业健康发展。

### （一）提高社区经济发展能力及发展水平

提高社区经济发展能力及发展水平，是关乎夯实社区建设与管理基础的重要事务，同时，它也是各社会部门参与社区建设的重要职责和任务。多年来，在社区建设中，人们往往专注于社区治理体制机制建设，却有意或无意间忽略了社区经济发展是推动社区繁荣和发展的物质力量及社区建设和管理的重要内容。此外，在当前，由于社会分层加剧，社会底层草根弱势者增多，失业率增高，通过社区经济发展，解决城市居民就业问题、增加居民收入、恢复旧城区的活力已成为社区建设与管理的主题。因此，为夯实社区建设与管理的经济基础，理应积极动员和组织社会各部门，了解和遵循社区经济发展的特征和规律，为优化社区经济结构、增强社区经济活力、提高社区经济效益出谋划策，各显神通。

### （二）提升社区自治能力及居民参与社区事务程度

社区自治是实现社区功能的基本途径，而社区参与则是社区建设和发展的根本动力。社区自治是指社区组织依据社区居民意愿形成集体共识和决议，并且依据法律规范管理社区事务的民主决策活动。提升社区自治能力，关键在于为社区居民提供参与社区公共事务的场所和机会，并且使他们在踊跃参与社区公共事务的过程中不断提高自身参与程度及参与能力。因此，社会各部门要在宣传教育、组织协调、动员引导等方面尽其所能，以激励社区居民为实现自身价值和发挥自身潜能而积极参与社区建设与管理，并且在分担社区发展责任的同

时也分享社区发展的成果。

**(三)提升社区公共服务能力及水平**

社区公共服务包括建设社区公共设施,发展社区文化教育、科技卫生、体育美育等公共事业,为社区居民参与社会经济、政治、文化活动等提供基本保障。公共服务是社区建设与管理的重要抓手,寓公共服务于社区建设与管理之中是社区发展的主导倾向。为进一步发挥公共服务在推进社区建设、提高居民生活质量、营造社区和谐氛围中的重要作用,有关部门应以组团式服务为路径,创新城乡社区公共服务多元供给机制,提升社区公共服务能力及水平。

**(四)培育社区公益服务意识,提高社区社会工作者的综合素质**

社区公益服务是加强城乡基层社会管理、增强社区团结互助、提高居民文明程度的有效途径,而培育社区公益服务意识则是推动社区公益服务活动蓬勃开展的必要条件。近些年来,在社会不断宣传及倡导下,人们的公益服务意识有所增强,但也无须讳言,现阶段一些社区公益服务活动的参与率依然较低,并且社区社会工作者综合素质也不太高。因此,有关部门应以社会工作服务站为载体,在促进社会工作介入社区服务工作且圆满完成其目标及任务的过程中,逐步培育和拓展那种促使人们社区公益服务意识得以形成的内在秉性,并且不断锤炼和提高社区社会工作者的综合素质。

**(五)提升社区思想道德建设水平及精神文化生活质量**

社区思想道德建设的主要目标任务是指加强社会主义核心价值观教育及公民道德教育,为的是提高居民精神文化生活质量,使之心态健康向上且生活丰富多彩。现阶段,经济社会生活中存在尚未解决的深层次矛盾和问题,反映到社会生活的各个方面,给人们的思想意识带来影响,使思想道德建设面临着新情况新问题。在这种情况下,思想道德建设在维护社会稳定、教育和动员群众、疏导化解矛盾方面的功能更加重要,任务更加繁重。为了妥善解决伴随经济社会转型及利益多元化、矛盾复杂化、压力多样化所带来的诸多社会精神心理问题,社会有关部门应当通过形式多样且生动活泼的思想教育和文化活动,不断提升社区思想道德建设水平及精神文化生活质量。

**(六)提升社区信任度、安全感及凝聚力**

现阶段,社区建设面临着"在一个市场经济的陌生人世界里,构筑人际关系和谐的、互助合作的新的社会共同体"和"社区行动过程由单一主体分化出多元主体,运行机制由以往的行政化管理逐步转变为社会化管理"[1]的严峻考验。如何以新型现代性的视野和方式重建被社会变迁所冲击的社会关系,以及重塑人们的理想信念及道德价值,已成为事关社会良性运行和健康发展的重要任务。因此,有关社会部门应通过制定和实施公开公正的社区政策、强化社区治安管理、营建交流和沟通平台等举措,努力提升人们对社区的信任度、安全感及凝聚力。

**(七)提升社区宜居程度**

宜居社区是指经济、社会、生态、文化协调发展,具有良好的自然生态环境、社会人文环境、基础设施条件和心态文明氛围,能够不断满足居民物质和精神文化需求,适宜他们健康生活的社区。然而,目前在社区建设中,依然存在着重经济思维而轻社会思维、重物质发展而轻精神愉悦、重外在形象而轻内在活力等不良倾向。因此,提升社区宜居程度,需要社会有关部门强化以人为本的城乡社区建设与管理意识,淡化社区建设与管理活动中的急躁浮躁情绪,提高社区规划的科学性和民主性,不断完善城乡社区的综合服务功能,创建物质文明与精神文明相融为一体的宜居社区环境。

**(八)提升社区社会管理的法治化及规范化程度**

社会管理的法治化及规范化是经济社会发展的大势所趋和人心所向。这是由于社区建设和管理的公共性与社会管理的法治化及规范化具有内在的关联,后者是前者得以形成与发展的必要前提和充分保障。因此,有关社会部门在提升社区社会管理的法治化及规范化程度方面肩负重任。首先,要尽快制定和实施地方性社区建设条例,以地方性法规的形式明确规定社区管理体制、社区党建、社区服务、社区管理、社区自治、促进和保障社区建设等目标任务及应遵循的基本准则。其次,加强社区法制宣传教育,使社区居民知法懂法,养成依法守法的行为习惯。最后,强化社区居民的公民意识,为提升社区社会管理的法治化及规范化程度奠定牢固的群众思想基础。

## 四、进一步完善居民参与机制，提升社区自治组织社会管理服务功能的定位和作用

现阶段,为了建构促进社区自主发展的善治模式,亟待重新设置政府与社会的合理边界,并且理顺其相互关系。而正是在这一过程中,进一步完善居民参与机制,提升城市社区自治组织社会管理服务功能的定位和作用,显得非常重要。

### (一)加强社区自组织体系建设及自组织能力的培养

社区自组织是指不需要外部指令的强制,社区成员通过交流、沟通和协商,达成共识,消除分歧,解决矛盾,建立信任,共同治理社区公共事务的协调与合作的行动过程及其组织表现形式。社区自组织包括社区居委会、社区业主委员会、社区中介组织、社区社会工作服务站等。为了不断提高社区自治能力及民主管理水平,全社会应当加强社区自组织体系建设及自组织能力的培养,使之通过自我整合、自我协调、自我维系、自我更新,能够完全适应实现社区公共生活健康有序运作的社区发展的客观需要。

### (二)建立社区成员代表大会、社区协商议事委员会和社区居民委员会的"一个大会,两个机构"体制

一些地方多年的社区建设与管理活动的实践证明:社区成员代表大会、社区协商议事委员会和社区居民委员会的"一个大会,两个机构"体制,对于社区自治和民主管理以及对于社区去行政化成效显著。在一些后发展地区,为充分满足居民民主自治的要求,保证居民在居民自治组织中所应享有的权利和义务,推动居民积极参与社区建设与管理,也应借鉴外地成功经验,逐步推广和建立此种社区自组织体制。

### (三)加快民间社会组织的发展,并且积极探索其参与社会管理的有效途径

民间组织的健康发育与成长,是公民有序参与社区建设与管理的基础性条件。当前,影响民间组织健康发育的主要障碍来自三个方面:一是政策扶持力度不大,活动经费欠缺;二是管理体制不顺,使其发展结构失衡;三是自身能力不强,运营水平较低。因此,我们要完善扶持政策,为民间组织寻求自身发展的

财源创造必要条件;要创新管理体制,加强对民间组织发展的科学引导和规范管理;要引导民间组织加强自身能力建设,激发其在社区建设与管理活动中的活力与能量。

**(四)实现社区多重治理主体的功能整合**

从理论上讲,社区善治是一种公共权力主体多元化和公众积极参与的具有高度责任感、透明度、信度和效度的民主管理过程。在社区管理体制不断去行政化的改革创新过程中,社区多重治理主体应运而生。建立政府行政管理与社区自治的有效衔接与良性互动的多主体治理体制,是社区建设与管理的主导趋势。然而,多重治理主体之间的权力配置及其互动方式,事关社区善治的赋权增效程度。因此,应当通过法律规约、协商对话等手段促使社区多元治理主体之间的权力配置合理化、均衡化,并且通过政府赋权、社区组织之间的契约性合作、社区居民参与的积极调动等有效措施,实现社区多重治理主体间关系的良性互动及功能整合。

**(五)加强社区居民对社区管理活动的公正性及成效的监督**

为弥合阶层分化、塑造平等生活空间,化解经济矛盾、降低社会冲突,传承优良文化传统、创新社会价值规范,从而形成健康合理的社区结构,营建安居乐业、守望互助的生活共同体,加强社区居民对社区管理活动的公正性及成效的监督必不可少。一是通过社区居民代表大会,逐步实行社区的民主选举、民主决策、民主管理和民主监督,让社区居民群众代表对社区发展规划及社区管理的具体操作程序和规则进行审议且以票公决;二是建立社区居民监督委员会,形成居民权益的自我保障机制,切实维护居民的知情权、参与权、监督权、决策权;三是通过社区协商议事委员会或社区业主委员会,对社区工作开展情况进行评议和监督。

**(六)切实保障流动人口依法理性有序参与社区建设的正当权益**

让大学生"蚁族"、新生代农民工等流动人口群体融入当地社区生活,是当前社区治理的核心问题。一个不可忽略的事实是在许多城市社区(其中包括城中村社区、城乡接合部社区等),外来流动人口数量虽已经远远超过当地原居民,然而,因为身份认同、心理认同、居无定所等复杂原因的影响和限制,他们却无法有效融入当地社区生活。对以农民工为主体的流动人口的社会地位及其价值的客观认定,是社会管理创新的思想前提。在流动人口中无论贫富贵贱,他们均是国家公民,均应享有宪法规定的各项权利,不能因为处在流动中的他们权利实现存在着较大困难就忽略对其基本权利的保障,尤其是对其依法理性有序参与社区建设的正当权益的保障。因此,在具体工作中,社会管理者应将促进与实现流动人口合法权利尤其是他们参与社区建设的权利,作为社区建设与管理的重要理念来贯彻实施之。这就要求有关部门从"管控防"的僵化思维中解脱出来,学会运用社区"善治"思维来认识、分析和解决问题,积极动员流动人口依法理性有序参与社区公共事务的自治和民主管理,并且在这一过程中正确引导他们实现对自身权益的正当维护,以及对社区建设理念的自觉接受和对社区共同利益的不懈追求。

**参考文献:**

[1]郑杭生.破解在陌生人世界中建设和谐社区的难题——从社会学视角看社区建设的一些基本问题[J].学习与实践,2008(7).

(原载《管理学刊》2012年第6期)

# 马克思主义的和谐发展观及其当代发展

在马克思主义学说中,蕴含关于社会和谐发展的丰富论述。马克思主义的和谐发展观,是马克思主义关于人类社会发展方式、手段、途径和目标的总体性认识。对于社会和谐发展的执着信念本是马克思主义的理论初衷,而对于和谐发展的不懈追求,则是当代马克思主义发展历程中的一个显著特征。认真学习马克思主义的和谐发展观并正确把握其当代发展的趋向,对于我们在现阶段推动科学发展和促进社会和谐,意义甚大。

## 一、实现社会和谐发展是马克思主义的理论初衷

第一,马克思主义经典作家总是从具体的、历史的、知行统一的辩证唯物主义观点来看待和分析社会和谐发展问题,将其与在一定社会发展阶段不断变动着的人类生产和生活状况相联系。当年,恩格斯曾经认为:"用'消除一切社会的和政治的不平等'来代替'消灭一切阶级差别',这也是很成问题的。在国和国、省和省,甚至地方和地方之间总会有生活条件方面的某种不平等存在,这种不平等可以减少到最低限度,但是永远不可能完全消除。阿尔卑斯山的居民和平原上的居民的生活条件总是不同的。把社会主义社会看作平等的王国,这是以'自由、平等、博爱'这一旧口号为根据的片面的法国看法,这种看法作为一定的发展阶段在当时当地曾经是正确的,但是,像以前的各个社会主义学派的一切片面性一样,它现在也应当被克服,因为它只能引起思想混乱,而且因为已经有了阐述这一问题的更精确的方法。"[1]在恩格斯看来,与空想社会主义者所追求的抽象的、绝对的和谐社会状况的幼稚想法截然不同,用辩证唯物论和历史唯物论作为思想方法的科学社会主义者,在如何看待社会差异、矛盾及社会和

谐发展问题方面无疑是更胜一筹的。社会差异、矛盾是绝对的,社会和谐则是相对的,这些都与社会发展一定的、具体的历史阶段相联系。对社会和谐发展的追求就是要在对立中把握统一。换句话说,和谐发展即是在对社会差异和矛盾的不断调适和化解之中去寻求经济、社会、人、环境之间平等、均衡、多样性发展的一种永无止境的历史过程。鉴于在资本主义社会中不平等、不均衡、不和谐因素的大量存在及巨大危害,马克思主义经典作家提出运用暴力革命的手段来铲除私有制这一影响社会和谐发展的症结之所在,这在当时的确起到了振聋发聩的社会革命效应。然而,以后随着时代剧烈变迁及社会生产和生活条件的重大变化,一些社会改革家认为采用其他革新手段也可以为达到社会和谐发展的理想境地创造必要前提。

第二,马克思主义经典作家主张用"以人为本"作为促进社会和谐发展的主要手段和根本保证。马克思和恩格斯坚信个人与社会之良性互动关系的形成是社会赖以和谐发展的先决条件,他们就此而论:"只要私人利益和公共利益之间还有分裂,也就是说,只要分工还不是出于自愿,而是自发的,那么人本身的活动对人来说就成为一种异己的、与他对立的力量,这种力量驱使着人,而不是人驾驭着这种力量。"[2]显而易见,在此马克思和恩格斯是将私有制及其分工所造成的人的劳动异化当作使社会处于矛盾、冲突等不和谐状态的本源,并且认为对人之本性的复归即完全消除了此种异化状态的自由自主劳动,乃是使社会走向和谐发展状态的必由之路。因此,在论及共产主义社会的本质特征时,马克思将其看作是人的异化状态的被克服及在更高发展层次上向人的本性的复归。马克思认为:"共产主义是私有财产即人的自我异化的积极的扬弃,因而是通过人并且为了人而对人的本质的真正占有;因此,它是人向自身、向社会的(即人的)人的复归,这种复归是完全的、自觉的而且保存了以往发展的全部财富的。这种共产主义,作为完成了的自然主义,等于人道主义,而作为完成了的人道主义,等于自然主义,它是人和自然界之间、人和人之间的矛盾的真正解决,是存在和本质、对象化和自我确证、自由和必然、个体和类之间的斗争的真正解决。它是历史之谜的解答,而且知道自己就是这种解答。"[3]自然人性是一种个人的存在,社会人性则是一种社会的存在,私有制条件下,两者往往处于分离和抵牾状态,不能达到有机的衔接。在这里,马克思将实现自然人性与社会人性的有机结合当成共产主义的本质显示,从而达到使人从自然界的奴役里解放出来与从社会关系的奴役中解放出来的历史统一。劳动在使人从自然界的奴役里解放出来的历史过程中发挥了巨大的作用,然而,异化劳动却让人陷入人与人之间社会关系的严重奴役之中,同时也大大地延缓了人从自然界的奴役里彻底解放出来的历史过程。

第三,在考察人与自然关系的矛盾和冲突时,马克思主义经典作家指出保持人与自然和谐相处关系对于人类社会健康、永续发展的不可违逆的历史逻辑,并且提到实现人与人的社会和谐关系与保持人与自然的主客体和谐关系的内在关联。恩格斯指出:"我们统治自然界,决不像征服者统治异民族一样,决不像站在自然界以外的人一样,——相反地,我们连同我们的肉、血和头脑都是属于自然界,存在于自然界的;我们对自然界的整个统治,是在于我们比其他一切动物强,能够认识和正确运用自然规律。……我们一天天地学会更加正确地理解自然规律,学会认识我们对自然界的惯常行程的干涉所引起的比较近或比较远的后果。特别从 20 世纪自然科学大踏步前进以来,我们就愈来愈能够认识到,因而也学会支配至少是我们最普通的生产行为所引起的比较远的自然影响。"[4]在此,恩格斯的这一远见卓识与中国古代先哲"天人合一"的思想不谋而合,即发现作为大自然一部分的人类,唯有尊重大自然的秉性,才能消除对大自然的贪婪掠夺且科学合理地分享大自然的恩惠。恩格斯还提示我们:"在今天的生产方式中,对自然界和社会,主要只注意到最初的最显著的结果,然后人们又感到惊奇的是:为达到上述结果而采取的行为所产生的比较远的影响,却完全是另外一回事,在大多数情况下甚至是完全相反的;需要和供给之间的协调,变成二者的绝对对立,……"[5]在这段寓意深刻的话语里,恩格斯向我们点出一个平凡的真理即"天作孽,犹可违;自作孽,不可活"。显然,不消除落后的社会生产关系对于人类行为的盲目支配,人与人、人与社会、人与自然的不和谐状态就永远不可能消除。

第四,马克思主义经典作家关于未来和谐社会的构思,建基于科学社会主义思想体系的坚实理论基础之上。他们坚信人类未来最为美好的社会非共产主义社会莫属,因为它能够消除资本主义生产和生活条件下的各种社会矛盾和对立,实现人的自由全面发展,达到人与人、人与社会、人与自然乃至人自身关系的高度和谐。恩格斯曾对此大胆设想:"城市和乡村的对立的消灭不仅是可能的。它已经成为工业生产本身的直接需要,正如它已经成为农业生产和公共卫生事业的需要一样。只有通过城市和乡村的融合,现在的空气、水和土地的污毒才能排除,只有通过这种融合,才能使现在城市中日益病弱的群众的粪便不致引起疾病,而是用来作为植物的肥料。"[6]这就表明,社会主义条件下的现代化是一种能克服资本主义条件下现代化固有弊端的新式现代化。在社会主义条件下,城乡一体化进程能够超越资本主义劳动分工的狭隘眼界,进而弱化乃至改变资本的偏私属性,促使社会资源的优化配置变得更为合理和得当。马克思设想:"而在共产主义社会里,任何人都没有特定的活动范围,每个人都可以在任何部门内发展。社会调节着整个生产,因而使我有可能随我自己的心愿今天干这事,明天干那事,上午打猎,下午捕鱼,傍晚从事畜牧,晚饭后从事批判,但并不因此就使我成为一个猎人、渔夫、牧人或批判者。"[7]联想到马克思在《共产党宣言》中所提出的"每个人的自由发展是一切人的自由发展的条件",我们可以深切地感受到马克思主义创始人对于最终实现社会和谐发展的坚定信念,来自他们对于人类自觉地创造自己历史的能力的科学认知,以及他们对于人类解放事业终身不懈追求的历史使命感和时代责任感。

第五,马克思主义经典作家对于和谐发展及和谐社会建设的构思总是与一定的社会发展的历史阶段相联系,充分考虑到不同历史时期的阶段性特征。例如,在俄国苏维埃政权建立的初期,列宁清醒地意识到"必须善于考虑那些便于由宗法制度、由小生产过渡到社会主义的中间环节",并且由此他明确提出:"既然我们还不能实现从小生产到社会主义的直接过渡,所以作为小生产和交换的自发产物的资本主义,在一定范围内是不可避免的,所以我们应该利用资本主义(特别是要把它引导到国家资本主义的轨道上去)作为小生产和社会主义之间的中间环节,作为提高生产力的手段、途径、方法和方式。"[8]列宁的此类观点,显然是他依据当时俄罗斯的基本国情,对其建设社会主义的历史进程所作的科学判断及得出的合理结论。再例如,从总体上,毛泽东认为社会主义社会的基本矛盾即生产关系与生产力、上层建筑与经济基础之间的矛盾依然是这一社会发展的根本动力,只不过"它不是对抗性的矛盾,它可以经过社会主义制度本身,不断地得到解决"。依据这一基本认识,他在社会经济建设中提出"综合平衡",在社会政治建设中提出"长期共存,互相监督",在社会文化建设中提出"百花齐放、百家争鸣",在社会管理创新方面提出"正确处理两类不同性质的社会矛盾",以及在处理和解决各种具体的社会问题时提出"统筹兼顾,适当安排"。应当说,在运用马克思主义理论观点充分考察中国社会历史及现状的基础上,他揭示社会过程的内部规律性而又阐明人类生活本身问题的那些富有新意的社会和谐思想,对于我们认识各种新事物,特别是当前对于我们正确认识和处理改革、发展与稳定之间的关系,提供了精神动力和智力支持。此外,依据对中国所处的社会主义初级阶段实际国情和历史发展方位的科学分析及正确判断,邓小平提出:"解放生产力,发展生产力,消灭剥削,消除两极分化,最终达到共同富裕。"在社会主义条件下,他将发展生产力的历史任务与实现共同富裕的社会理想有机结合且锁定在一个共同的理想坐标之中,从而为中国社会的全面协调可持续发展打下一个良好的社会思想基础。

## 二、和谐发展是当代马克思主义的不懈追求

和谐发展是建基于人与人、人与社会、人与自然乃至人自身关系的和谐基础之上的发展类型。与转型发展、跨越发展、开放发展、绿色发展、可持续发展等发展类型相比,和谐发展更能在哲学伦理层面彰显发展的时代意义及人文价值。换句话说,和谐发展是科学发展观的精义之所在,体现了整个社会发展的本质要求。和谐发展,究其伦理实质,归根到底是为了人的自由全面发展,这是因为其自始至终贯穿着人对自身的不断提升和超越。纵观人类社会的整个发展过程,就是在各种对立面因素的矛盾运动中不断寻求和谐发展的——从自在走向自为、从独立王国走向自由王国的永不间断的历史过程。和谐发展不啻一种哲学,一种以人为本、为了人的自由全面发展竭诚服务的哲学。和谐发展,在人自身的和谐方面,它表现出一种形而上的"心理本体";在人与人、人与社会的和谐关系上,它表现出一种在交互主体之间沟通和交流的伦理规范及其道德实践;在人与自然的关系上,它表现出与"天人合一""民胞物与"类型的伦理认知相仿的和谐思想智慧。当下,我国人民已与传统现代化的发展理念相诀别,正在科学发展观的引领下,行进在新型工业化的康庄大道上。和谐发展,这一我国新型现代化观念的显著标志,当前正在对人们的思想意识及行为习惯产生巨大的影响和作用。和谐发展,由于其中贯穿着以人为本的伦理关怀,故此,它对于社会转型期内物欲主义、利己主义、极端功利主义的蠕动具有强大的解蔽和

消解功能。在我们的时代，人类社会生产力的快速发展已为和谐发展创造出必要的物质条件，人与人、人与社会、人与自然乃至人自身关系的和谐也已成为当代社会文明进步的主要标识。在工具理性与价值理性、科学性与人文性、主体性与客观性的对立中把握它们的统一，走和谐发展之路，这是实现我国新型现代性发展宏图的必由之路。

自中共"十六大"召开以来，党和国家主要领导人对于我国和谐社会建设及经济社会全面协调可持续发展具有许多精辟的论述。江泽民在论及新世纪新时期我国现代化建设的奋斗目标时着重提出："努力形成全体人民各尽所能、各得其所而又和谐相处的局面。"使"可持续发展能力不断增强，生态环境得到改善，资源利用效率显著提高，促进人与自然的和谐，推动整个社会走上生产发展、生活富裕、生态良好的文明发展道路。"[9] 在这里，一种涉及政治、经济、文化、社会、生态等多重因素的全方位的和谐发展理念初具雏形，呼之欲出。

胡锦涛明确指出："我们所要建设的社会主义和谐社会，应该是民主法治、公平正义、诚信友爱、充满活力、安定有序、人与自然和谐相处的社会。"[10] 温家宝特别强调："要广泛团结一切可以团结的力量，充分调动一切积极因素，激发全社会的创造活力；要妥善处理各方面利益关系，让全体人民共享改革和建设的成果；要正确处理改革发展稳定的关系，努力为经济社会持续发展创造有利条件和良好环境。"[11] 在这类掷地有声的、充满时代激情和思想智慧的和谐政治及和谐文化理论话语中，和谐社会的内涵及特质得到准确界定和完美阐释，和谐发展的理论意义和实践价值得到充分肯定和高度评价。胡锦涛总书记还强调指出："当前，世情、国情、党情继续发生深刻变化，我国发展中不平衡、不协调、不可持续问题突出，制约科学发展的体制机制障碍躲不开、绕不过，必须通过深化改革加以解决。"[12] 而在整个深化改革的过程中，无疑需要充分发挥和谐发展本身所蕴含的伦理智慧、人文情怀之类文化资源的支撑作用。和谐发展的核心，就在于发掘在经济发展中本来就潜藏的市场伦理关系、规约、准则之类的原生态道德资源，使之在我国转变经济发展方式和调整经济结构的实践过程中充分发挥其"道德生产力"的影响和作用。似乎可以说，如果今天没有与经济转型相伴而行的伦理转型及道德重塑，经济发展就会由于受制于"GDP至上"的惯性思维而缺乏内在的精神支撑，就不可能有效地规避各种风险以实现自身的平稳较快发展。

在中共"十七大"报告中,社会和谐被界定为中国特色社会主义的本质属性,社会和谐与科学发展的关系被诠释为内在统一的关系,并且和谐文化被界定为全体人民团结进步的重要精神支撑。而在国家"十二五"规划纲要中,与构建和谐社会息息相关的以民生为重点的社会建设则被提到前所未有的高度来予以谋划,充分体现了党和国家以科学发展促社会和谐,在社会和谐中推进科学发展的总体思路。2011年"两会"期间,温家宝在答记者问时曾强调指出:"我以为有两个数字比GDP更为重要,一是教育经费占国民经济的比重;一是研发经费占生产的比重。""就是要彻底转变唯GDP的观念。推动经济社会发展,改善人民生活,需要不断地增加经济总量,但是这种总量的增加是不能以过度地消耗资源、能源和污染环境为代价。""我以为对干部政绩的考核,最重要的不仅要看一个地区的经济总量,而且要看经济与社会发展的协调,社会事业的发展和社会的进步,公平正义和人民生活的改善。"从对唯GDP主义的坚决否定到对社会建设的充分肯定,温总理提出的以上观点实际上体现了新时期促进我国和谐发展所应遵循的基本原则及重要标准。从其中我们可以得到重要启示:衡量发展质量必须以人的发展作为主要尺度。如果物的发展中没有或很少蕴含人的发展,假设人的发展不能引导、控制和支配物的发展,那么人在发展中势必会缺乏创造欲、成就感和幸福感,也势必会在主体迷失的对象化活动中异化自身心灵。追求生活的深远意义、劳动的广泛价值、精神的崇高境界和心理的健康人格,人们只有在以和谐发展方式予以不懈追求的奋斗过程中才能如愿以偿。

通观马克思主义和谐发展观在当代中国的发展,我们可以用以下几点相互密切关联的结论将其概括之:

其一,在将社会主义与市场经济有机结合的新型现代化建设的背景下,提出了科学发展观及构建和谐社会的思想理论。

其二,在坚持以经济建设为中心的发展战略的前提下,提出了经济建设、政治建设、文化建设、社会建设一起抓的协调发展的总体格局。

其三,在致力于不断创造物质文明的同时,提出了建设精神文明、政治文明、生态文明以确保国家长治久安和社会和谐稳定的战略性发展目标。

其四,在构建和谐社会的总体目标指向下,提出了构建和谐政党关系、和谐民族宗教关系、和谐干群关系、和谐人际关系、和谐社区、和谐家庭等社会建设及社会管理创新方面的具体目标指向。

其五,在迈向社会主义文化强国的战略方针指引下,提出"以科学发展为主题,以建设社会主义核心价值体系为根本任务,以满足人民精神文化需求为出发点和落脚点,以改革创新为动力,发展面向现代化、面向世界、面向未来的,民族的科学的大众的社会主义文化"[13]。

总之,和谐理念及其思想内涵是人类社会文明进程中一个由来已久的历史文化范畴,而和谐发展则是马克思主义的理论初衷,以及马克思主义者矢志不渝地追求的社会发展的理想境地。时至今日,和谐发展已成为与人类幸福等量齐观的全球化时代的进步潮流和中国新型现代化建设的理想目标指向。综观我国近些年来和谐发展的社会表征,令人欣慰的事情是当今马克思主义的和谐发展观不仅已深入国人心灵深处,而且在我国改革开放的伟大实践中得到发扬光大和进一步的理论提升,在有中国特色社会主义理论体系中占据重要位置。认真学习马克思主义的和谐发展观并正确把握其当代发展的趋向,对于我们在现阶段推动科学发展和促进社会和谐,意义甚大。

**参考文献:**

[1]恩格斯.恩格斯致奥古斯特·倍倍尔[M]//马克思恩格斯《资本论》书信集.北京:人民出版社,1976:336.

[2]马克思,恩格斯.德意志意识形态[M]//马克思恩格斯选集:第1卷.北京:人民出版社,1972:37.

[3]马克思.共产主义[M]//马克思恩格斯全集:第42卷.北京:人民出版社,1964:120.

[4][5]恩格斯.自然辩证法[M]//马克思恩格斯选集:第4卷.北京:人民出版社,1972:518-520.

[6]恩格斯.反杜林论[M]//马克思恩格斯选集:第3卷.北京:人民出版社,1972:335.

[7]马克思,恩格斯.德意志意识形态[M]//马克思恩格斯选集:第1卷.北京:人民出版社,1972:37-38.

[8]列宁.论粮食税[M]//列宁选集:第4卷.北京:人民出版社,1972:525.

[9]江泽民.全面建设小康社会,开创中国特色社会主义事业新局面——在中国共产党第十六次全国代表大会上的报告[N].人民日报,2002-11-18.

[10]胡锦涛.深刻认识构建社会主义和谐社会的重大意义 扎扎实实做好工作大力促进社会和谐团结[N].人民日报,2005-02-20.

[11]温家宝.政府工作报告——二〇〇五年三月五日在第十届全国人民代表大会第三次会议上[N].人民日报,2005-03-15.

[12]胡锦涛.在庆祝中国共产党成立90周年大会上的讲话[M]//本书编写组.伟大的历程 庄严的使命.北京:红旗出版社,2011:14.

[13]人民日报重要报道汇编编辑组.学习贯彻十七届六中全会精神人民日报重要报道汇编[M].北京:人民日报出版社,2011:6.

(原载《文化中国》2013年第3期)

# 略论新型城镇化的社会学意蕴

新型城镇化与农村社会结构的深刻变动密切关联。新型城镇化"新"就新在城乡统筹及城乡一体的发展布局中,从根本上消解了传统与现代、城市与乡村的不可通融性。新型城镇化所塑造的社区类型有别于旧式城镇化所塑造的社区类型。新型城镇化的实质是社会结构、价值观念、生活方式、文化习惯的变动;新型城镇化的核心体现在社会关系的建构而不是物质技术形态的建构。城乡一体化与城乡一样化,一字之差,截然不同。新型城镇化引领的提法不尽贴切,我们应用以新型城镇化为纽带或动力的提法替代用新型城镇化引领的提法,以更有利于积极稳妥地推进城镇化,更有利于在科学发展观统领下实现"四化"的同步发展。

## 一、新型城镇化的社会认知

胡锦涛在党的第十八次全国代表大会政治报告中明确提出:"坚持走中国特色新型工业化、信息化、城镇化、农业现代化道路,推动信息化和工业化深度融合、工业化和城镇化良性互动、城镇化和农业现代化相互协调,促进工业化、信息化、城镇化、农业现代化同步发展。"[1]探讨新型城镇化的社会学意蕴,有利于人们对党和政府积极稳妥推进新型城镇化的战略思想进行全面深刻、科学的社会认知,并且在此基础上对实践予以正确指导。

---

[1] 胡锦涛:《坚定不移沿着中国特色社会主义道路前进,为全面建成小康社会而奋斗!——在中国共产党第十八次全国代表大会上的报告》,载《认真学习党的十八大精神人民日报重要报道汇编》,人民日报出版社2012年版,第21页。

### (一)新型城镇化进程中社会变动的现实特征

新型城镇化与农村社会结构的深刻变动密切关联。农村的社会结构从来就是立体的而不是平面的,即便是在人民公社之社会整体性凸显时期依然如此,只不过是其经济政治文化的差异性较小而已。尤其是自改革开放以来,我国农村社会的阶层逐渐分化,先富的农民与一般农民在经济政治文化方面的差异性逐渐增大。在旧式城镇化背景下,农民工阶层融入城市难与城乡发展差异加大同时存在,其结果是伴随城乡关系的不和谐因素的扩大,农村社会的阶层分化也日益加剧,以至于影响到整个社会的和谐稳定。从这一角度讲,新型城镇化也就是以科学方式有效化解城乡两元结构之痼疾,优化农村社会结构,以及完善城乡社会关系的和谐发展之路。如果说城乡统筹和城乡一体是新型城镇化的关键性标志,那么使社会结构合理化则是新型城镇化的中心任务。所谓人的城镇化,其核心就是社会结构及社会关系从乡村形态向城镇形态的质的转变,因为人是一切社会关系的总和,人的本质体现莫不与一定社会结构及社会关系的形成与发展有关。因此,衡量新型城镇化成效的根本标准就是伴随城乡两元社会结构的解体,新的比较合理的社会结构体系及比较健全的社会关系类型是否建立起来。

在新型城镇化进程中,人们价值观念、文化惯习的变动依然相对滞后于生产方式和生活方式的变化,亟待城乡文明因素的互动互补来推进。新型城镇化不仅仅是人口空间地理位置的移动,居住环境、就业方式及生活条件的改变,而且是人的社会本质及文化性格的改变。在这一改变过程中,人们不仅主动地通过使自身再社会化来适应已大不相同于以往的客观环境条件,而且他们的鲜活实践自身也在不断锤炼具有新思维、新品格、新风貌的一代社会新人。然而,这一改变过程依然是痛苦且快乐着的过程。尤其是在农村新型社区的快速形塑进程中,故往的且不合时宜的价值观依然如影随形般纠缠着活人的脑袋,传统与现代由碰撞、磨合、融通而呈现的文化共生效应尚待形成。农村新型社区不啻新的文化共同体,在其建构中,一方面,现代城市文明因素不断向其辐射和渗透,而另一方面,传统乡土文化惯习依然在顽强地坚守和拒斥。伴随同质性与异质性的此消彼长,人们文化心理方面的矛盾和冲突在所难免。与旧式城镇化不同,新型城镇化的"新"就"新"在城乡统筹及城乡一体的发展布局中,从根本上消解了传统与现代、城市与乡村的不可通融性,从而通过城乡文明的互动互补,形塑了蕴含新型现代性的新文化类型。

新型城镇化所塑造的社区类型已完全有别于旧式城镇化所塑造的社区类型。这种新的社区类型已融法理性与礼俗性为一体,实现了科学理性与人文情感的有效对接。在这里,既避免陌生人世界里的冷漠、自闭、离散、自大、浮躁等不良心态的滋生,又超越"熟人社会"里的崇情、恋旧、固执、僵化、盲从等非理性因素的窠臼,实现了群体心理相容与社区团结和谐。在集体规约与个人自主、群体意识与个人意向、人情世故与政策法规之间寻找平衡点,消弭由自私、偏见、任性、隔阂、戒备、压抑等不和谐因素积聚的社会张力,此即新的社区类型伦理本性使然。在新的社区类型中,个别阶层成员的边缘化状态及消极心理倾向已被人际关系的和谐化所化解,人们的同群感已经代替由市场和竞争之利益关系冲突诱发的以他者为界的相互排斥意念。城乡发展差别、区域发展差异及阶层发展差距和性别发展差距的遗留因素虽然在新的社区类型中依然隐约可见,但它们终究是处在可调控的范围,不会影响到社区有机团结的形成与发展。

**(二)新型城镇化的实质、特征及核心体现**

目前,我国不少后发地区如四川、河南、安徽等正在进行带有地方特色的新型城镇化探索。所谓新型城镇化,无非是相对于传统城镇化而言,其本身蕴含集约、智能、绿色、低碳等有利于促进科学发展与社会和谐的进步因素。传统城镇化的定义偏重于以农业活动为主向以非农业活动为主的转变,以及农村人口向城镇的转移,其偏重于产业结构、物质技术形态的变化以及人口空间地理位置的变移。虽然其中也提到实现大中小城市及小城镇的协调发展,但终究还是就城市而言城市,就城镇而言城镇,没有触及城镇化的实质是社会结构、价值观念、生活方式、文化惯习的变动,更没有将其放到城乡统筹、城乡一体的良性互动关系中来深刻理解。就此而论,新型城镇化的基本特征——城乡统筹、城乡一体、产城互动、节约集约、生态宜居、和谐发展,不仅体现了科学发展的时代精神,而且昭示着追求社会和谐的人类生活本质。

新型城镇化的核心体现在社会关系建构而不是物质技术形态建构。我们应当看到,在两种建构关系中,社会关系建构是核心,是决定新型城镇化价值内涵及基本走向的要素。如果说旧式城镇化通过摧枯拉朽的市场力量将人从对土地的依附关系及对人的依附关系中解放出来,那么新型城镇化则是通过新的共同体组合,在一定程度上将人从对物的依附关系中解放出来。某些西方社会学者如西蒙斯将"共同体"概念与社会建构联结起来,将阶级、国家、社会、家庭、性别乃至知识和权力均称为虚幻的"共同体"成分,并且将它们归结为由人自身"社会建构"的产物。这反映了在西方现代化过程中,如何化解行动与结构、个人与社会、自由与秩序的矛盾,始终是他们梦寐以求的但却无论如何也难以实现的理想。因为,要超越已被建构的社会意识形态的客观性及主导性,没有对作为资本主义生产关系之"社会物质力量"集中体现的社会结构及体制机制釜底抽薪式的解决方案,总归是无功而返。然而,在社会主义条件下,当今我国新型城镇化的社会关系本质却有可能反映着共同体这一概念的当代诠释,从一种历时性的,由原始纯朴至现代虚假,然后再经由新型现代性润泽而转变为日趋真实的个人与社会相互建构的创新过程。总之,我们考察新型城镇化之过程,不仅要运用经济思维观察其物质技术形态建构之"形",而且要善用社会思维揭示其社会关系建构之"神"。如此,方能在不断提高城镇化质量过程中达到求真求善求美之目标。

## 二、城乡一体化与城乡一样化:一字之差,截然不同

现阶段,大力促进城乡发展一体化已成为党和政府工作的大政方针。在此方针的指引下,各地经济社会发展获得新动力,致使改革、发展和稳定的关系得到合理处置,"稳中求进"的新效能得到充分显露,科学发展的新气象和新局面得以顺利形成。然而,在城乡统筹、一体发展的进程中,难免会有一些亟待改进的偏差之处,其中就包括对城乡一体化发展理念的曲解及在实践中的走样,即违背城乡各自发展规律去盲目地追求所谓城乡一样化。故此,笔者认为认真辨别城乡一体化和城乡一样化这两个不同概念,很有必要。

就城乡一体化而论,就是要打破"双二元结构"(原有的城乡二元结构和新出现的城市二元结构)对城乡居民平等、和谐、同步发展的干扰和限制,在政治、经济、文化、社会、生态五大建设领域,实现城乡之间在产业结构、体制机制、政策法规、公共资源配置、社会管理服务、科学文化发展等方面的良性互动和有机融合。顾名思义,所谓一体,指的是耦合性和亲合性,而不是指千篇一律的雷同性或整齐划一的单向性,并且基本形状是神似而不是形似。其运行要领及主要

目标在于通过城乡要素的平等交换及异质整合,使城乡能各自扬长避短,实现共同的发展和进步,而这与"和而不同"的我国优良文化传统是不谋而合的。拿城乡一样化来说,其目标指向无非是让乡村变得与城镇一样,也就是依照旧型城镇化的思维方式和价值取向,并以城镇为模板,将乡村在物质和精神的各个方面完全改造成城镇。这样一来,虽然原有的城乡二元结构被打破,但依然无法避免新的城市二元结构的滋生。其结果是原有的城乡矛盾不仅以隐形方式继续存在,而且与传统城市发展中固有的弊端交织在一起,致使城市病变得愈加严重。

依笔者之见,城乡一体化与城乡一样化的本质差异主要表现为以下四个方面:其一,城乡一体化的立足点是坚持生产力决定生活方式的科学原理,以统筹协调的科学发展方式促进工业化、信息化、城镇化、农业现代化同步发展,逐步缩小和消除城乡发展差距;城乡一样化的立足点是遵从所谓以生活方式更新推动生产方式转变的时兴理论,夸大人口空间地理位置移动及居住环境条件在城乡融合中的作用,无视产业支撑和公共资源配置在缩小和消除城乡发展差距中的基础性作用,忽略城乡要素交融互动中的质量和内涵,其结果是必然导致城乡统筹协调发展因流于形式而效益不高。其二,城乡一体化的核心价值取向是以人为本,致力于实现城乡居民在政治、经济、文化、社会、生态等领域的同等权利,为的是让城乡居民都能够平等分享改革开放的成果;城乡一样化的核心价值取向是以物为本,见物不见人,其主要表现是在以传统城镇思维和办法强行改造农村的过程中,往往偏重于物质技术形态的雷同性,以至于很容易忽略对人的基本权利尤其是平等发展权利的保障和维护。其三,城乡一体化注重合理社会结构及社会关系的建构,尤其是着眼于新型工农、城乡关系的建构,从而有利于实现"内聚式发展",有利于实现新型城镇化建设与新农村建设的良性互动和互补双赢,有利于增强经济社会发展的协调性、包容性及可持续性;城乡一样化偏重于经济发展的跨越性或趋同性,有意或无意地忽略对合理社会结构及社会关系的建构,执迷于以外延式扩张的方式去超速推动乡村向城镇演变,以致被城镇化、伪城镇化等现象泛滥成灾,致使农村改革发展的后续进程严重乏力,从而不利于增强新型城镇化与新农村建设的兼容性,不利于实现城市和农村的共同繁荣和同步发展。其四,城乡一体化的精神内涵体现了新型现代化的时代要求,其真谛是在合理调适差异和矛盾的过程中把握统一,有利于以和而不同的文化自觉和综合创新的理论自信,在不断加深城乡融合的具体实践中,实现人与人、人与社会乃至人自身的和谐发展;城乡一样化的精神内涵折射出传统现代化的思维惯性,其方法论缺陷是直线性、呆板性和单向度,偏执于一端,不利于以科学发展的思维方式去谋划如何有效解决"三农"问题,不利于以合理的制度安排及政策策略去适时应对新农村建设与新型城镇化建设之间的兼容并蓄问题。

记得德国有一位名叫莱布尼茨的哲学家说过:"世界上没有两片完全相同的树叶。"世界上的事物总是千差万别,各有特点的。不过,差异与差距有所不同,前者是指事物之间质的区别性,后者则是指事物之间距离某种标准的差别程度;两种要素虽彼此之间有所交叉,但前者偏重于质,而后者却偏重于量。从前者与新型现代性基本价值的吻合性来看,城乡一体化意在逐步缩小和消除城乡发展差距,促使城乡之间在经济、政治、社会、文化、生态领域的各方面实现深度融合,以确保城乡居民在改革发展进程中享有同等的发展权及受益权。尽管如此,城乡发展差距的缩小和消除并不意味着在城乡发展一体化运作中两者个性差异的弱化或消失。究其实质,城乡一体化不仅不会消除城乡之间的差异性,相反,它还要使这类差异变得更为合理,更加鲜明,更有个性。然而,时下那种完全抹杀差异和个性的城乡一样化的思维及做法,不仅给"村落终结论"以口实,而且使城乡文明的对立和冲突在非此即彼的社会行动中愈演愈烈。显而易见,无论物质文明和技术手段多么进步,缺少乡土气息和缺乏田园风光的现代化绝非完美的现代化,也绝非人类赖以惬意生存与健康发展的栖居之地。

总之,虽然城乡一体化与城乡一样化之间只有一字之差,但两者的思想文化内涵及经济社会效应却截然不同。前者倾向于人文关怀和制度观照,达到了人类德行与福祉、精神与物质的高度统一;后者依赖于工具理性和科技手段,虽然有助于加快乡村向城镇现代化转变的速度,但却疏于提高乡村向城镇现代化转变的质量。一言以蔽之,城乡一体化与城乡一样化的本质差异主要体现在前者在发展中着力克服各种有形或无形的干扰,在贯彻落实科学发展的新型现代化实践中朝向人的自由全面发展目标迈进,而由于受到传统现代化多重因素的制约和限定,后者不仅对深度融合城乡发展要素及建立健全新型城乡关系有害无益,而且也不利于在推动经济社会健康发展和良性运行中,实现人与人、人与社会乃至人自身的和谐发展。

**参考文献:**

[1]郑莉,仝雅莉.和谐社会的探求:西方社会建设理论文选[M].杭州:浙江大学出版社,2010.

[2]费孝通.中国城镇化道路[M].呼和浩特:内蒙古人民出版社,2010:292.

(原载《信访与社会矛盾问题研究》2013年第5期)

# 在破解民生难题中提高我国民生建设的质量及效能

党的十八大报告提出"要把保障和改善民生放在更加突出的位置""加强社会建设,必须以保障和改善民生为重点"①。当前,伴随我国经济社会发展进入新时期新阶段,人民群众物质和精神文化需求的多层次、多样性、多向度特点日益凸显。与此相应地,我们应当在更高层面,以更大力度在不断破解民生难题中提高我国民生建设质量及效能,为增强经济社会发展活力和促进社会和谐稳定,打下坚实基础。

## 一、当前我国存在的突出民生问题及其社会风险

众所周知,长期以来我国经济持续保持较高速度的增长,至今经济总量已跃至世界第二,人民生活水平和社会保障水平向上迈了一个大台阶。然而,与此同时,我国社会也进入社会矛盾凸显期及社会事件多发期,其起因不外乎是由于发展的不平衡、不协调、不可持续之类因素的影响和作用,造成城乡、区域之间的发展差距和居民之间的收入分配差距较大,导致教育、就业、医疗、住房、物价、社会保障、生态环境、安全生产、社会治安、执法司法、食品药品安全等方面涉及公众切身利益的问题较多。其中,就业困难、收入差距扩大、物价增长较快、房价居高不下、生态环境恶化和食品药品安全度降低,堪称当前影响我国国民生计及社会和谐稳定的突出问题。

---

① 胡锦涛:《坚定不移沿着中国特色社会主义道路前进,为全面建成小康社会而奋斗!——在中国共产党第十八次全国代表大会上的报告》,载《认真学习党的十八大精神人民日报重要报道汇编》,人民日报出版社2012年版,第16、36页。

就业实乃民生之基。扩大就业、鼓励创业,不断提高就业创业的质量和效能,这是有效解决民生问题的必要前提。近些年来,党和政府高度重视就业创业工作,采取各种政策措施,将城镇登记失业率一直控制在4.0%~4.6%之间,远低于西方国家(美国、法国、意大利等国近年来在10%左右)。然而,当前国内就业压力尤其是大中专毕业生的就业压力依然较大,如2013年全国高校毕业生699万,至该年5月份签约尚不足三成。就业问题是严重影响社会和谐稳定的重大社会问题,在2011年9月17日于美国纽约爆发的"占领华尔街"的民众抗议活动,其起因就与高失业率密切相关。显然,如果一个国家长期不能够实现充分就业,那么就意味着这个国家的社会安全系数较低,必然会严重地干扰整个社会的健康有序运行。

收入水平是划分社会层次结构的重要标准。尽管近些年来城乡居民的收入水平有所提高,但是收入差距扩大的状况依然存在,其中尤其是在区域之间、城乡之间、不同行业之间的收入差距比较突出。例如,2012年上海市城镇居民人均可支配收入为40188元,农村居民人均纯收入为17401元,同期,河南省城镇居民人均可支配收入为20443元,农村居民人均纯收入为7525元。前者分别是后者的1.97倍和2.31倍,比较客观地反映了发达地区与欠发达地区在收入分配方面的现实差距。2012年,全国城镇居民人均可支配收入为24565元,农村居民人均纯收入为7917元,前者是后者的3.1倍,基本上揭示了城乡收入差距的严重性。有学者研究表明,垄断行业与非垄断行业平均收入水平的差额相当于全社会各行业平均收入水平的60%~70%,由此可见,垄断行业与非垄断行业之间的收入差距,已成为当前收入分配不公的重要表现。收入分配不公是造成目前贫富差距过大的根本原因。邓小平同志曾经明确指出:"分配不公,会导致两极分化,到一定时候问题就会出来。这个问题要解决。"[①]在他看来,解决收入分配不公问题是中国发展起来之后顺理成章的事情。

物价增长较快和房价居高不下直接关乎国民的基本生活质量。就全国居民消费价格年均上涨幅度来看,2008年比上年上涨5.9%,其中食品价格上涨14.3%;2009年比上年下降0.7%,其中食品价格上涨0.7%;2010年比上年上涨3.3%,其中食品价格上涨7.2%;2011年比上年上涨5.4%,其中食品价

---

① 中共中央文献研究室:《邓小平年谱》,中央文献出版社2007年版,第1364页。

格上涨11.8%;2012年比上年上涨2.6%,其中食品价格上涨4.8%。五年来,全国居民消费价格年均上涨幅度虽说有所下降,被控制在一定范围内,但其不确定性及其风险依然在某种程度上存在。就房价来说,2008年全国70个大中城市房屋销售价格上涨6.5%,其中新建住宅价格上涨7.1%,二手住宅价格上涨6.2%;房屋租赁价格上涨1.4%。2009年全国70个大中城市房屋销售价格上涨1.5%,其中新建住宅价格上涨1.3%,二手住宅价格上涨2.4%;房屋租赁价格下降0.6%。2010年,全国70个大中城市房屋及新建商品住宅销售价格月度同比涨幅呈现先上升后回落趋势,最高月份涨至12.8%,最低月份降到6.4%。2011年,全国70个大中城市新建商品住宅销售价格月环比下降的城市个数逐步增加,在12月份,70个大中城市中,环比价格下降的城市为52个,比1月份增加49个。2012年年末,70个大中城市新建商品住宅销售价格月环比上涨的城市个数为54个。五年来,全国城市房价总体上呈现居高难下态势,房价收入比大大高于国际认可的3~6倍,对国民生计、消费走向及社会心态产生重大影响。

　　生态环境保护和食品安全保障是关系人民福祉和民族未来的长远大计。尽管近些年来我国通过转方式、调结构、强法制,推进绿色发展、循环发展、低碳发展,倡导文明健康生活方式,加强食品卫生监管及药品安全监管,在扭转生态环境恶化及食品药品安全度降低趋势上有所进展,但迄今为止国内生态环境及食品药品安全状况依然不容乐观。2013年伊始,国内多地出现雾霾天气,尤其是在长三角、珠三角和京津冀鲁地区等区域,空气多细颗粒物,污染的程度十分严重。仅以北京为例,2013年1月,仅有5天不是雾霾天气。全国政协委员朱燕来认为:"过去发展经济、解决温饱问题是民生大计,但目前看来保护水、空气、土壤等基本生存环境,更是民生大计。"①全国人大代表钟南山甚至就此质疑:"如果呼吸都成问题,GDP第一有何意义?"此外,2013年上海假羊肉事件风靡全国,给各地食客带来极大的心理恐慌,并且一时竟然引发羊肉无人问津、牛肉价格暴涨的市场怪现象。此种怪现象不仅仅体现市场供求规律的作用,而且折射出社会信任度持续下降已经在社会生活中形成一种文化变异现象。事实

---

① 张蔚然、杨柳:《朱镕基女儿朱燕来:父亲始终心系社会　关注民生》,载中国新闻网2013年3月1日。

上,生态环境恶化和食品药品安全度降低对国民精神心理上的危害比对人们生理上的损害要更大,诸如雾霾天气或假羊肉事件之类留下的阴影持续在人们的心头萦绕,将导致一部分人的社会情绪及文化心态长期处于非健康或亚健康状态。

## 二、破解民生难题与提高我国民生建设质量及效能的关联分析

所谓民生问题,是指与国民幸福生存与健康发展息息相关的日常生计问题。孙中山先生曾明确指出:"民生就是人民的生活——社会的生存、国民的生计、群众的生命便是。"[①]按照类型,民生问题可被分为生存型民生问题或发展型民生问题,也可被分为基本型民生问题或突出型民生问题。生存型民生问题是指有饭吃,有衣穿,有房住,冻不着,饿不着,解决温饱安居问题;发展型民生问题是指吃得好,穿得体面,住得宽敞,玩得开心,解决生活质量问题。基本型民生问题与生存型民生问题密切相关,意在实现学有所教、劳有所得、病有所医、老有所养、住有所居的基本目标;突出型民生问题与发展型民生问题紧密联系,旨在解决发展中带有典型性质的重要民生疑难问题。改革开放以来,我国民生问题总的发展趋向是已经初步解决温饱安居之类生存型或基本型民生问题,目前正处于解决发展型民生问题的阶段,而突出型民生问题即民生难题的凸显恰是这一阶段的显著标志。

### (一)破解民生难题是现阶段提高我国民生建设质量及效能的客观要求

当前,我国已进入工业化中后期的耐用消费品时代,与此同时国民需求正在由消费型向发展型转变。在新的发展阶段,民生问题不再是经济发展不足所致,而是公共服务难以满足人民群众不断增长的需求所致。换句话说,伴随国民需求朝向高标准的提升和多层次的演变,公众对于提高我国民生建设质量的期待也在不断增加。在迈向更加公平合理、和谐稳定的全面小康社会的进程中,持续提高我国民生建设质量关系到人民群众的现实利益、根本利益和长远利益。着力破解各种民生难题则是提高我国民生建设质量及效能的客

---

① 孙中山:《民生主义》,载《孙中山全集》第9卷,中华书局1986年版,第355页。

观需求,它有利于凝心聚力,充分发挥人的积极性、主动性和创造性,有利于增强改革的系统性、科学性和协调性,有效应对发展中面临的各种风险和挑战。现阶段,公众的民生诉求具有追求个人与家庭的生活质量、"患不均更患不公"等显著特征,而这类诉求均与能否有效破解就业困难、收入差距扩大、物价增长较快、房价居高不下、生态环境恶化和食品药品安全度降低之类难题息息相关。进一步说,这类民生难题与政府职能转变的迟缓及政府在民生建设、社会管理和公共服务等工作中的缺点和不足密切相关。显而易见,长期纠结于就业困难、收入差距扩大、物价增长较快、房价居高不下、生态环境恶化和食品药品安全度降低之类难题,已成为影响和制约我国民生建设质量不断提升的瓶颈因素。为了充分满足国民过上更美好生活的期盼,实现改革发展成果由国民共享的预定目标,各级政府有必要积极转变自身职能,认真履行自身职责,在有效破解各种民生难题上下功夫,为提高我国民生建设质量及效能殚精竭虑,在所不辞。

**(二)破解民生难题有助于拓宽我国民生建设的发展空间**

涉及就业、收入分配、物价、环保和食品药品安全等方面的民生难题,多半是在经济社会运行中长期积累的旧矛盾与近年来出现的新矛盾相互叠加和"交叉感染"的集中反映。随着我国进入以城市社会为主的新成长阶段,国内经济社会运行中的新情况、新问题、新矛盾不断出现,发展中的不确定性及其风险系数不断增加,而国民对于政府提高民生建设质量的要求和渴望也不断增强。由此可见,破解民生难题与解决发展的不平衡、不协调和不可持续问题紧密联系,人们不能脱离转变发展方式、调整经济结构、新型城镇化、新农村建设、社会体制机制改革等宏观社会发展背景去单就民生讲民生。时至今日,各类民生难题的凸显乃是我国正处于经济社会转型发展的过渡时期,其发展质量和效能尚有待于提升的重要社会征兆。破解民生难题的社会成效绝不能以单一指标来衡量,因为民生问题与民主、民权、民情、民意、民力、民智等问题从来就是难分难解地纠结在一起。究其实质,民生问题就是人的发展问题,破解民生难题也就是要为促进人的身心健康和推动人的自由、全面发展,创造各种必要的社会物质和精神条件。破解民生难题,需要发扬民主、维护民权,了解民情、顺乎民意,珍惜民力、开发民智,把国民的人伦日用和幸福安康时刻挂在心上,融入经济建设、政治建设、文化建设、社会建设、生态建设各方面和全过程,使党和政府民生建设的阳光普惠于各种社会阶层和各类社会群体。正是在这种建构宏大民生工程的含义上,破解民生难题有助于拓宽我国民生建设的发展空间,为实现经济社会良性运行和健康发展发挥其应有作用。

### (三)破解民生难题有益于丰富我国民生建设的精神内涵

既然民生问题关乎人的健康生存与全面发展,那么破解民生难题就不仅要在多谋民生之利和多解民生之忧上下功夫,而且要在多添民生之乐上想办法。多谋民生之利和多解民生之忧意在"解决好人民最关心最直接最现实的利益问题,在学有所教、劳有所得、病有所医、老有所养、住有所居上持续取得新进展"①,而多添民生之乐则要促使国民思想发达、心态健全、知书达礼、情趣盎然,在精神发展上获得新提升。破解民生难题有益于丰富我国民生建设的精神内涵,使之更加符合时代发展和国民心理的需求。从某种意义上讲,民生建设质量的提高不仅是一定社会物质文明的体现,而且是其精神文明发展水平的反映。在全面建成小康社会的新时期,民生建设集中体现了党和国家致力于民富国强的发展方略,也凝聚着国民的精气神,即他们通过自身努力奋斗去争取幸福生活的渴望、意志和决心。说到底,民生建设旨在使改革发展成果更多、更公平地惠及全体人民;其核心价值取向是均等、公正、共富、幸福和安康,由此而贯通和建构不同个体、家庭、社群、族群、阶层之间的和谐关系。破解民生难题,在满足国民较高的物质需求的同时,也能给予国民不断增长的精神需求以必要的满足。在新型现代性背景下,我国民生建设具有许多不同于以往时期的精神特质,这是党和政府大力推动科学发展和促进社会和谐之现实驱动的丰硕成果。实际上,经济与社会的相互协调和同步发展,物质文明与精神文明的良性互动和深度融合,两者之间相互交错,密不可分。国家在战略层面诉诸发展的平衡性、协调性、包容性和可持续性及力促和谐社会建设,这些势必会在新的社会实践和意识活动上培育出国民新的价值观念、审美情趣、思维方式,也势必会对我国社会民生建设的精神导向产生重要影响,进而影响到制度安排和政策制定。

### (四)破解民生难题有利于提高我国民生建设的信誉度和影响力

目前,缺乏社会信任是存在于人际交往、市场买卖、消费与服务、管理与被

---

① 《中国特色社会主义学习读本》编写组:《中国特色社会主义学习读本》,国家行政学院出版社2012年版,第209页。

管理、媒体与受众等活动中较为普遍的现象。尤其是发生在官民之间、民商之间、主顾之间、医患之间、穷富之间的不信任现象,多半与就业困难、收入差距扩大、物价增长较快、房价居高不下、生态环境恶化和食品药品安全度降低之类民生难题纠结在一起。有学者就此发出警示:"普遍的社会不信任已经成为许多社会性事件发生的'培养基'。社会的不信任导致社会冲突的增加,社会冲突又进一步强化了社会的不信任,社会信任陷入恶性循环的困境中。"①显然,重建社会信任已成为当前我国社会建设的主要目标之一,而有效破解民生难题,无疑有利于提高我国民生建设的信誉度和影响力,有利于提升政府公信力,有利于重建社会信任关系。诸多民生难题与国民的长远生计及生活质量具有千丝万缕的联系,其能否得到妥善处理与合理解决,往往成为国民心态及社会情绪变化的风向标。国民对于以人为本、社会公正、共同富裕等社会组织原则及价值取向的心理体验及思想认同,也正是在党和政府积极应对民生难题之政策举措的贯彻实施中得以实现。总之,在党政主导、社会参与的我国民生建设中,破解民生难题是达成社会共识、赢得社会信任、凝聚社会正能量、实现社会和谐稳定的关键所在,各级领导层务必将其作为兴国要务抓紧抓好。

## 三、寻求在破解民生难题中提高我国民生建设质量及效能的有效途径

在加快全面建成小康社会步伐的新时期,破解民生难题有待于社会各部门树立大民生理念,从社会发展和社会建设的各个方面积极做好工作。有鉴于此,笔者现就在破解民生难题中提高我国民生建设质量的有效途径,进行初步探讨。

### (一)优化社会结构,改革社会体制

"社会结构是社会资源在社会成员中的配置,以及社会成员获得社会资源的机会(即公平性)的结果。"②通过优化社会结构和改革社会体制,能够公

---

① 王俊秀:《关注社会情绪,促进社会认同》,载《新华文摘》2013年第10期。
② 陆学艺、宋国恺等:《新阶段社会建设的核心任务:调整社会结构》,载《2010年中国社会形势分析与预测》,社会科学文献出版社2009年版,第192页。

正合理地配置社会资源和机会,进而为破解民生难题营造和谐宽松的社会环境,创造各种通达、顺畅的民生实现方式及途径。各类累积的民生难题,不仅与经济发展方式转变迟缓及经济结构调整不力密切相关,而且与社会结构不尽合理及社会体制改革严重滞后不无关系。尤其是近些年来在一定程度和范围内出现的社会体制僵化、社会阶层固化及公权力滥用现象,阻塞低阶层向上流动的社会通道,滋生以权谋私、权钱交易、行业垄断及行风腐败等不端社会行为,对于解决在就业、收入分配、物价房价、生态环境、食品药品安全等方面的民生难题,无疑是阻力重重,干扰甚大。因此,若欲有效破解各类民生难题,社会决策层应当充分考虑到克服社会结构缺陷及社会体制弊端对于推进民生建设的重要意义,扎扎实实地从着力优化社会结构和加快社会体制改革做起。

**(二)把发展社会事业摆在更加突出的位置**

社会事业是指中央和各级地方政府领导的社会建设和社会服务事业,包括教育、医疗卫生、劳动就业、社会保障、科技、文化、体育、社区建设、人口发展、养老服务、休闲旅游等方面。社会事业建设涵盖民生问题的方方面面,它是实现社会现代化的根本途径,事关广大人民群众的切身利益,事关我国民生建设质量及效能扎扎实实的提高。把发展社会事业摆在更加突出的位置,堪称有效破解民生难题的"惠民直通车"。它有利于扩大社会公正、缩小贫富差别,有利于促进就业创业、增加居民劳动收入,有利于维护食品药品安全和环境生态安全,确保居民身心健康。把发展社会事业摆在更加突出的位置,一是要加强和完善各级政府社会管理和公共服务职能;二是要研究和制定更加科学合理的社会事业发展指标体系,并对各地达标情况进行严格考核,以此推动各级地方政府自觉强化自身作为社会事业发展责任主体的责任和义务;三是要各地加强对社会事业发展的科学谋划和精细管理,并且营造良好的社会氛围,调动一切社会力量参与其中。

**(三)积极推进基本公共服务均等化**

积极推进基本公共服务均等化是有效破解民生难题,提高我国民生建设质量及效能的重要途径。尤其是在城镇化加快发展的现实背景下,积极推进基本公共服务均等化对于克服与新旧城乡二元结构密切相关的各类民生难题,其意义及作用甚大。当前,我国依然存在着基本公共服务不均等的现象:一是基本公共服务均等化意识普遍淡薄,并且有关这方面的地方性政策法规欠缺;二是在教育、医疗、就业、住房、养老、生活安全保障、生态环境保护等基本公共服务方面,城乡居民之间、不同地区居民之间乃至不同行业和阶层之间享受的实际待遇依然存在较大差异;三是城乡之间在基本公共服务设施建设方面的实际差距较大。凡此种种严重不足,已成为滋生和助长诸多民生难题的风险因素。因此,国家和社会有关部门应当通过加强宣传教育引导,制定和实施公平合理的法律法规和社会政策,加大向基层、农村、贫困地区财政倾斜力度,制定基本公共服务均等化标准体系,建立基本公共服务监测评价体系,发挥非营利组织的功能和作用等措施,在各地积极推进基本公共服务均等化。

**(四)适时制定和实施发展型的社会政策**

社会政策,是通过国家立法和政府行政干预,解决社会问题,促进社会安全,改善社会环境,增进社会福利的一系列政策、行动准则和规定的总称。其核心目标指向是解决市场经济运行下公民的社会风险。制定和实施以提高个人与家庭发展能力为中心的社会政策旨在优化资源和机会在所有国民中的配置,在社会主义制度与市场经济有机结合的基础上,不断提高全体国民适应经济和社会变化的发展能力。个人与家庭发展能力相对不足及社会政策支持比较薄弱是各类民生难题赖以形成的深层原因,而制定和实施以提高个人与家庭发展能力为中心的社会政策,则是有效破解各类民生难题的必要条件。制定和实施此类发展型政策,首先,要充分考虑各类民生难题之间的内在联系及其与国家各种发展方略之间的外在关联;其次,要在制度安排合理化和政策规定公平性上下功夫;再次,要在变输血为造血的资源盘活方面想办法;最后,要在统筹城乡、区域、社会群体之间的社会保障、社会福利、社会服务等方面做足文章。尤其是在制定和实施此类政策时,有关部门应充分体现融发展意识于解决民生难题之中的创造性、实效性和前瞻性,并且要从宏观、中观、微观有机结合的角度,通盘考虑政策的适用性及赋权增能效应。适时制定和实施发展型的社会政策,其要义在于着力超越传统社会福利和社会救助观念及行为习惯的窠臼,将民生建设与推动社会进步的变革和促进人的全面发展的潮流相衔接,为国人指示一种美好的生活预期及前景。

**(五)建设符合时代要求和公众需求的民生文化**

在全面建成小康社会的新时期,民生文化与民生经济和民生政治一脉相承,共生互促。民生文化不仅集中体现党和国家致力于民富国强的思想理论自信,也凝结着国人通过自身艰苦奋斗去争取美好生活的鲜活实践经验。建设符合时代要求和公众需求的民生文化,其核心是树立符合科学发展的新民生观,为优化发展资源在社会成员中的配置提供思想理论支撑。树立符合科学发展的新民生观,其主要目标是要将民生建设寓于协调发展、包容性发展、和谐发展、可持续发展之中,在推动经济社会健康有序较快发展的基础上多谋民生之利,多解民生之忧,多添民生之乐,不断增强国人的幸福感和满意度。优化发展资源在社会成员中的配置,有助于从根本上化解各类民生难题。这就在客观上要求政府切实转变自身职能,在鼎力支持社会成员全面发展的过程中凸显其以人为本的根本属性,为国人的努力工作和幸福生活提供客观保障。民生文化是在不断破解就业、收入分配、物价房价、生活安全和生态环境安全等方面难题的过程中逐步形成和发展起来的。它的进一步完善和提升不仅有待于互动发展、有序发展、合理发展、务实发展、能动发展的科学发展新格局的尽快形成,而且有待于经济社会发展协调性、区域统筹发展持续性和城乡融合发展实效性的不断增强。总之,在世界经济下行倒逼国人扩大内需、提高创新驱动能力、促进经济发展方式转变的新机遇来临之际,建设符合时代要求和公众需求的民生文化具有特别重要的意义。它将有利于在不断破解民生难题过程中提高我国民生建设质量,为促进经济平稳较快发展和社会和谐稳定做出其应有贡献。

**参考文献:**

[1]杨早.毕业生为什么找不到工作?[N].郑州日报,2013-05-24.

[2]周波.2012年上海市国民经济和社会发展报告[M].北京:上海社会科学院出版社,2012.

[3]河南省统计局.2012年河南省国民经济和社会发展统计公报[EB/OL].[2013-04-02].http://www.ha.stats.gov.CN/site sources/hntj/page_pc/2fxxgkpd/2fxxgkml/qtxx/tigb/article 79acfce6b1420fb8689380 abdbqbfb.html.

[4]国家统计局.2012年国民经济和社会发展统计公报[EB/OL].[2013-02-22].http://www.stats.gov.CN/statsinfo/auto2074/201310/t20131030_450316.html.

[5]陆学艺,李培林,陈光金.2013年中国社会形势分析与预测[M].北京:社会科学文献出版社,2012.

[6]陈维松.民建中央建言治堵治污:设大气污染防治专项基金[EB/OL].(2013-02-28)[2013-03-01].http://special.cpd.com.cn/n15898410/c15898665/n15943275/content.html.

[7]汝信,陆学艺,李培林.2011年中国社会形势分析与预测[M].北京:社会科学文献出版社,2011:2-14.

(原载《中州学刊》2013年第7期)

# 论新型城镇化的社会学理论建构

在凝聚多学科智慧的新型城镇化理论建构中,社会学界贡献颇大且其研究成果颇多。通过积极参与有关城镇化问题的争论,社会学者得以增强自身的"文化自觉"和"理论自觉"意识,在城镇化理论建设上不断发出"社会学声音"。我国城镇化的发展过程,就是社会学理论的成长过程。在从以小城镇为主导到以城市群为主线的城镇化发展过程中,我国广大社会学者辛勤探索、精心求解,为中国特色新型城镇化理论的形成和发展,做出巨大贡献。在城镇化研究中,我国社会学者注重社会实际调查,强调社会建设效应,在彰显社会学经世致用功能中创新和发展新型城镇化理论,向世人展示了社会学的显著特色及独特风采。

## 一、新型城镇化社会学理论建构的背景

任何一种理论的形成和发展,均有其悠远的历史背景、鲜活多样的现实背景、复杂深刻的思想文化背景。社会学对新型城镇化的理论建构也是如此。深入探讨新型城镇化社会学理论建构的多重背景,有利于揭示其形成和发展的脉络及所可能达到的深度和广度。

### (一)历史背景

20世纪30年代,中国社会学界曾发生乡村建设学派与工业化学派的争论。其争论焦点是怎样促使中国摆脱积弱积贫困境,走出一条强国富民的现代化道路。以梁漱溟为代表的乡村建设学派主张以复兴优良民族伦理文化为精神依托,从乡村建设入手重建新的社会组织,即通过改造农民、组织和文化的方式去推动乡村发展。以吴景超为代表的工业化学派则主张发展实业振兴都市以救

济农村,即通过优先发展重工业,实现由农业大国向工业强国、乡土社会向城市社会的转变,进而实现富民强国的现代化目标。平心而论,这两种主张虽在学理上均有其合理性,但在付诸实施中也均未能行得通。在民族矛盾和阶级冲突相互叠加的旧中国,乡村建设学派的改良主义主张只能是半途夭折,而工业化学派的所谓富民强国之策,也终究因不服水土而无法在中国大显身手。及至中华人民共和国成立前夕,整个国家的工业化和城市化程度均很低,国力衰弱和民生凋敝的现实依然如故。倒是费孝通先生立足现实和着眼未来,取两派之所长,避两派之所短,基于中国乡村农工互补的传统,提出以发展乡村工业为基础进而推动农村社会向城市社会转型发展的内生型城镇化道路。再从国际经验看,20世纪后半期,在反思传统现代化弊端的基础上全球各地兴起乡村重建运动,其中在英、法、德、美、日、韩等国获得较大成功。"二战"后拉美国家盲目追随西方现代化传统发展模式,以致"城市病"和"乡村病"并发。历史的经验和教训,警示中国不能沿袭西方现代化传统发展模式及传统城市化发展方式。

**(二)现实背景**

改革开放前,在优先发展重工业"赶超型"战略指导及城乡二元体制束缚下,我国城市化长期滞后于工业化且城市化率偏低,1979年全国工业化率为43.8%,城市化率仅为18.96%。[1]改革开放后,中国城镇化在新的发展理念指导及不断加快的工业化进程的带动下,开始摆脱长期徘徊不前的状态,至2013年底已达到53.73%,[2]快速迈进现代城市化社会。中国城镇化率增长全球瞩目,但质量问题却令人担忧。在全国7.1亿城镇化人口中,户籍人口只有35%,还有2.3亿农民工的问题有待解决。[3]在快速城镇化进程中,由于经济增长成为最高目标,城镇就被看作能促进GDP不断提高的物质载体。这样一来,农村衰落、内需跌落、民生缺失、环境污染在所难免,诸多社会问题也就随之油然而生。按照李培林的划分,中国城市化进程现已经过三个阶段:一是"非农化"(1978—1985年);二是农村人口向城市聚集的"城市化"(1986—2000年);三是城市规模迅速扩大和城市群的出现(2001年至今)。[4]问题萌发于第二阶段,显露在第三阶段:摊大饼式的城市"外延式"扩张加剧人与人、人与自然之间关系的分裂性和对抗性;人口城市化滞后于土地城镇化,城乡一体化在实践中变形和走样为"城乡一样化";"城市病"和"乡村病"并发,既让不少大城市承载能力不堪其忧,也让诸多农民苦不堪言。一方面,全球经济下行压力不断加大、国内需求不足日益凸显,急需以加强城镇化建设扩大之;另一方面,"过度城市化"带来种种严重的社会问题,传统城镇化道路难以为继,亟待以改善城乡关系、统筹城乡发展等方式另辟蹊径。国内外发展环境及形势,倒逼我国选择新型城镇化道路。

**(三)思想文化背景**

城镇化问题本身是一个需要多学科携手研究的宏大理论工程,而社会学在其中发挥着重要作用。多年来,学界就我国采取何种城市化发展道路及发展模式持续进行争论。正是通过积极参与这类争论,社会学者得以增强自身的"文化自觉"和"理论自觉",在城镇化理论建设上不断发出"社会学声音"。

单就中国走什么样的城镇化道路而论,在学界大致有小城镇论、大城市论、中等城市论、大中小城市和小城镇多元发展论、城市群发展论多种理论见解。早在1983年,著名社会学家费孝通先生就提出"小城镇,大问题",他主张通过大力振兴乡镇企业和积极建设小城镇,以解决农村经济发展及农村劳动力转移问题。他的这一主张被当时的社会决策层欣然采纳且付诸实施。1989年,我国《城市规划法》第4条明确提出"国家实行严格控制大城市规模,合理发展中等城市和小城市的方针"[5]。伴随这一方针的实际执行,引发国内学界对城镇化道路的多年讨论。争论主要围绕何种城镇规模最为适宜这一中心议题展开。小城镇论立足于我国农村人口多、所占比重大及城乡发展差距较大的基本国情,主张积极发展小城镇以促进城乡一体化及防范"城市病"和"乡村病"并发症。持大城市论者认为,城市越大其规模经济效应越大,因而主张着力发展大城市以实现其在劳动力、土地等生产要素方面的经济集聚效应。持中等城市论者认为,加快发展中等城市,既能避免大城市带来的"城市病",又可以弥补小城镇规模集聚效应的不足,故此应将优先发展中等城市作为城镇化发展的战略重点。持大中小城市和小城镇多元发展论的学者认为,要跳出对城市规模单一考虑的狭隘眼界,结合城镇发展的规律及质量,实行多元的城市化发展方针。至于城市群发展论,则是在多元发展论基础上的自然延伸及提升。综观对我国城镇化道路选择的争论,其中持小城镇论和中等城市论观点的学者多半具有社会学的学科背景,而持大城市论观点的学者则多半具有经济学的学科背景。这种情况并不奇怪,因为经济学者自觉或不自觉地总是更为看重城镇化的经济效应,而社会学者则更为关注城镇化的社会效益。

党的十六大报告提出"坚持大中小城市和小城镇协调发展,走中国特色的城镇化道路"。客观地看,中央的这一方向性定调实际上是对多种学科智慧的吸纳和综合。然而,在实际执行中,国家政策并未能真正促进中小城市的全面发展,中小城市城镇化发展全面滞后于超大、特大城市。[6]尤其是从2008—2013年,这是中国城镇化发展各种矛盾不断暴露的5年,也是社会各界形成城镇化发展共识的5年。[7]2013年中央城镇化工作会议明确指出:"城镇化是一个自然历史过程,是我国发展必然要遇到的经济社会发展过程。推进城镇化必须从我国社会主义初级阶段基本国情出发,遵循规律,因势利导,使城镇化成为一个顺势而为、水到渠成的发展过程。"[8]应当说,这一对城镇化过程的科学表述,已经对多年来有关城镇化道路选择及其转型发展问题大体上做出结论,同时,这也标志着有关城镇化发展之争将告一段落,城镇化转型发展已进入理性推进的新阶段。

## 二、新型城镇化社会学理论建构的突出贡献

自1979年社会学恢复和重建以来,社会学就分外注重从社会变迁及社会结构转型的角度探讨城镇化发展问题。我国城镇化的发展过程,就是社会学理论的成长过程。在从以小城镇为主导到以城市群为主线的我国城镇化发展过程中,广大社会学者辛勤探索,精心求解,为新型城镇化理论的形成和发展做出了巨大贡献。

### (一)对城镇化道路及发展模式的积极探索

1.创造性地提出"内生城镇化""就地城镇化""多元城镇化""人的城镇化""城乡一体化"等概念。

所谓"内生城镇化",就是扎根于乡土社会的丰土沃壤,依托乡镇工业的坚实支撑,反映农民内在现代化追求的城镇化发展模式。其原创者是著名社会学家费孝通先生。他提出:"西方工业化的发展是以农村的萧条和崩溃为代价的,这是西方工业化道路的一大特点。中国当然也要顺应历史潮流,实现工业化,但在当前的历史条件下,绝不可能走西方的工业化道路。我们不能想象上亿乃至数亿的农民涌入城市来发展工业,中国的工业化只能走适合自己特点的路子。"[9]正是以农民自己兴办的乡镇企业为基础,小城镇发展生机勃勃,为中国

特色城镇化道路创造了良好开端。"就地城镇化"是对"内生城镇化"的拓展和提升。在"就地城镇化"过程中,农民不必离乡背井和流离失所,流入大中城市承受身份转变的磨难,也不必承受"候鸟式"往返迁徙的劳苦。相应地,"三留守"(指农村的留守妇女、留守儿童和留守老人)问题得以迎刃而解,农村劳动力转移过程中的成本和代价也得以大为降低。对于"就地城镇化"的优越性,费孝通先生归纳为"离土不离乡、离乡不背井、进厂不进城";温铁军等概括为"立足乡土社会内生性和多样性,就近走出城乡融合的城镇化之路";等等。"多元城镇化"是相对于西方传统的"单一城市化"发展模式而言。陈宇琳、葛天任通过分析我国城镇化基础和条件的特殊性,认为我国"多元城镇化"模式主要表现在"城镇规模"的多元和"推进方式"的多元两个方面。[10]这一理论认定,无疑是社会学者依据实际国情和国际经验教训对我国城镇化推进模式精辟的理论概括。至于"人的城镇化""城乡一体化"概念的形成,它们更多的是来自社会学者对促进社会健康转型发展的深刻认识。李强明确提出:"我们也可以将城镇化分为'物的城镇化'与'人的城镇化'两个方面,……今日中国,城镇化第一目标或核心任务是如何实现农民、农民工的城镇化。"[11]而在费孝通看来,建立新型城乡关系,必须要超越以剥夺和牺牲乡村为代价来发展城市的传统工业化模式,由于"乡村工业化已经催生了城乡一体化的萌芽"[12],这就使得中国的工业化和现代化不致拉开城乡差距,而形成新的工业化的乡村。

2.深刻反思旧式城镇化弊端,客观评价我国城镇化发展质量,严厉抨击"半城镇化""被城镇化""伪城镇化""土地城镇化""空间城镇化"等时弊。

在以促进社会和谐发展作为责任担当的社会学者看来,我国以往的城镇化存在诸多不尽如人意之处。一是长期以来"外延式"和"速度型"的城镇化发展方式,累积了诸多经济社会矛盾,如土地财政依赖、城市体系失衡、收入分配不公平等,难以持续;[13]二是拔苗助长式的"造城运动"使农民仓促进城,让他们的未来生计成为大问题,7.1亿城镇人口中,有2.3亿农民工的问题有待解决;[14]三是"新生代农民工"面临城市生活、工作压力以及相关制度障碍,普遍处于"进退两难"境地,导致社会不稳定因素增加;[15]四是"乡村空心化","产业空""青年人空""住房空"造成一些乡村的凋敝和衰落;[16]五是大城市在基本民生、公共服务、环境生态等方面问题丛生,愈演愈烈的"城市病"破坏了城市的宜居性;[17]六是在"旧城改造"的大规模拆除中,一些历史知名城镇的文脉和神韵荡然无存,取而代之的则是"千城一面"的现代建筑群。[18]

"半城镇化"是指农民工在市民化过程中由于体制机制制约、文化隔阂等影响而不能完全融入城市生活的一种特定状态。王春光认为:"'半城市化'是一种介于回归农村与彻底城市化之间的状态,它表现为各系统之间的不衔接、社会生活和行动层面的不融合,以及在社会认同上的'内卷化'。"[19]由此可见,倘若农民工群体长期处于此种状态,势必滋生诸多社会问题。"被城镇化"是指违背农民意愿使他们被迫承受"城镇化",社会学者将此形象地喻为"赶农民上楼"。"被城镇化"基本上是与大规模的征地运动同步而行,其带来的最大问题就是酿成失地、失业、失所的"三无"社会群体。在文军看来,"这种被市民化的结果既会给新市民群体带来许多困境,也很容易引发新的城乡冲突与潜在社会危机"[20]。一项重要社会调查显示:在目前持农业户籍的人中,有近2/3的人不愿意转为非农户籍。[21]而在社会学者看来,农民基于日常生活经验的这种实用理性选择无可非议。"伪城镇化"是指城镇化缺乏产业支撑和公共服务支持,以致"空城""鬼城"等现象四处蔓延。"土地城镇化"和"空间城镇化"均是"伪城镇化"的集中体现,其显著特征是城市面积的快速扩展,以及高楼大厦的无处不在,但却毫无人气。李培林就此分析:"'土地城市化'出现热潮,更多是反映了土地财政的强大刺激,而不是统筹城乡发展、城乡一体化和新农村建设的真实需求。要警惕把'城乡一体化'变成'城乡一样化',警惕在'土地城市化'中严重损害农民利益。"[22]显而易见,多年来社会学者对盲目"造城运动"的自觉抵制及思想理论上的批驳,已成为新型城镇化理论建构的重要思想资源。

**(二)对城镇化转型发展中社会现象和社会问题的深入探讨**

1.从社会建设视角审视城镇化发展,并在对其中社会矛盾和问题归因分析的基础上,提出应对思路和措施。

社会学以研究社会问题见长,社会学者通常被人们誉为"社会医生"。聪慧的社会学者恰如高明的医生一样,他们善于发现、深究和揭示社会问题的根本症结,从中寻求解决问题的有效方法和途径。经过长期艰辛的社会调查及理论探讨,著名社会学家陆学艺先生得出"进行社会体制改革,加快社会建设,调整社会结构的突破口是推进城市化"的重要结论。[23]在陆学艺先生看来,没有按新形势的要求改革社会体制和调整社会结构,就是社会矛盾和问题尤其是城镇化中的社会矛盾和问题难以解决的根本原因。基于"社会医生"的天职,陆学艺先生特别强调:"城镇化属于社会建设范畴,应该遵循社会建设的规律办事,要按照社会建设的方针、原则去实现。社会建设的原则,是坚持以人为本,坚持公平正义,保障人的基本权利,促进人的全面发展。"[24]应当说,这种见解抓住了破解城镇化发展中一系列社会难题的根本。对于城镇化进程中基本民生建设问题,社会学者更是给予特别关注。著名社会学家李培林将基本民生归纳为劳动就业、收入分配、住房与社会保障、教育和医疗卫生这样几个相互关联、相互支撑的重要领域,[25]他还点明"温饱是民生之始,就业是民生之本,教育是民生之要,收入分配是民生之源,社会保障是民生之依,社会安全是民生之盾"[26]。这类准确界定,揭示了解决基本民生需求是确保城镇化健康发展的关键所在。城市基础设施建设不到位、基本公共服务能力不适应、社会治理不得当等,也是严重影响城镇化健康转型发展的社会建设难题。对于这类难题,著名社会学家李强和他的研究团队进行深入探讨,从和谐发展视野将其成因归咎于城市高速发展所带来的城市自身的不协调、城市巨变引发的农村中的不协调和城乡之间的不协调,并且从强化城市规划中的社会规划的视角,提出关注城市空间的社会性,保障健康、安全和住房的基本生活质量,营造宜居的人文生活环境等应对举措。[27]

2.从社会冲突、社会风险视角分析城市快速扩张与农村发展不兼容现象的表征及成因,并且揭示其不良后果的严重危害性。

近些年来,我国城市快速扩张与农村发展的不兼容现象逐渐浮出水面,并且其巨大风险及不良后果日益显现。基于推动科学发展和促进社会和谐的学术立场,社会学者纷纷从学理上对此进行探讨。

在樊平看来,"在快速城镇化压力下,征地并村几成运动,成为社会矛盾突出的焦点,而在以土地权益流转和土地用途转换为核心的土地收益分配中,利益相关者对于村内占用资源和城市占用农村资源有强烈的排斥感和集体反抗能力,这已经直接影响到中国农村的社会整合和社会秩序"[28]。李培林认为,没有处理好城乡关系和忽略城乡统筹发展,是酿成"城市病""乡村病"表征及"城乡一样化"现象的重要成因;[29]李强认为以政府为主导的城镇化推进方式其人为驱动的因素比较突出,由于违背城镇化发展规律,它在超常规的速度发展中当然会产生问题;[30]宣晓伟认为,"城乡分割、人地分割的城镇化模式最大弊病,是以一种人所共见、人所共知的方式大规模和长时段地造成社会不同群体间的利益分化且固化,导致整个社会的紧张和断裂"[31];周雪光认为中国城镇化过程以政府为主导,而各地政府成为利益主体,追求其财政收入最大化和政绩最大化目标,由此而来,城市化过程中形成的社会群体间的利益分化、日常生活中的多方面诉求,现代通信技术所提供的多渠道表达方式等,与现行官僚体制的权威关系和指令传递机制存在不兼容,这难免要造成磕磕碰碰甚至引发各种摩擦和紧张局面。[32]王春光认为,在"撤并村庄"的过程中,政府将行政触角伸向市场、社会各个角落,干预市场和百姓生活,扭曲甚至取代了市场和社会运行逻辑,塑造了一个行政社会形态[33]。在社会学者看来,偏重于经济指标的干部选拔机制和政绩考核体系,"土地财政"等因素的消极影响,不仅造成诸多中小城镇发育不良,而且致使不少新型农村社区建设出现严重偏差。此外,他们还敏锐地感受到城乡二元结构及城市三元结构、农村转移人口融入城市难以及与其相对应的农村"三留守"问题,均是由城市快速扩张与农村发展不兼容而带来的不良后果。社会学者的分析和思考,对于遏制城镇化进程中"工具理性"的盲目冲动及确立城镇化发展的正确价值取向,其理论穿透力非同一般,其文化成效不容小视。

3.从制度安排、社会分层、社会融入等视角,对农民工市民化进展迟缓这一难题进行社会学分析和思考。

农民工市民化本是城镇化进程中顺理成章的事情,但由于久拖不决反而成了一大社会难题,以至于中央在中央城镇化工作会议中特别强调:"从目前我国城镇化发展要求来看,主要任务是解决已经转移到城镇就业的农业转移人口落户问题,努力提高农民工融入城镇的素质和能力。"[34]拿著名社会学家郑杭生的话来说,也就是要解决"经济接纳、社会拒入"[35]这一让新生代农民工在城市生活面临巨大困境的社会难题。截至2013年年底,我国城镇化率已达53.73%[36],然而,诚如申兵所说的那样,"城市人口比重不断提高,只反映了城市化的'量',但还不足以反映城市化的'质'。只有农村迁移人口能够在城市较为稳定地就业和生活,在生活方式、生活水平和社会地位上成为城市居民,才反映了城市化的本质"[37]。然而,对于大多数农业转移人口来说,至今他们的这一转变尚未完成。

依照社会学者的看法,实现农村转移人口的"市民梦""创业梦"和"安居梦"依然存在以下障碍:一是城市三大人口群体即本地农民、本地市民和外来流动人口形成了一种具有三元化特征的社会结构或者说社会利益格局;[38]二是户籍制度接纳并不等于社会融入,尤其是对新生代农民工来说,这里的不融入是"双边不融入",既不能融入城市,也不能融入农村;[39]三是社会阶层固化导致农民工贫困的代际传递,上亿新生代农民工面临整体收入偏低、劳动合同执行不规范、社会保障水平偏低等问题;[40]四是农民工群体在思想文化和社会心理方面融入城市生活变得比其他方面的融入更加困难;五是城乡关系失衡及调整乏力,致使农民工市民化之路充满坎坷、荆棘,农民工身份转变深受社会资源和机会配置不公平、潜在社会排斥、社会阶层固化等不良因素的侵扰。[41]社会学者对农民工市民化问题的分析和思考,揭示社会结构不合理、社会体制不健全、社会关系不融洽、社会政策制定不得当等因素,对农村转移人口融入城市难具有温室效应、增促效应及叠加效应。

4.从辩证统一、兼容互补、和谐发展等视角,深刻论述城乡一体协调融合发展的必要性和重要性,精心谋划、深入推进这一发展。

城乡一体协调融合发展是新型城镇化的重要标志,它集中体现了城镇化转型发展的正确价值取向、人文意蕴及城镇化道路的中国特色。按照马克思主义社会学思想,城镇化发展要经历城乡分离、城乡对立最终走向城乡融合,融合变革的根本路径在于改造农业和转变农民[42]。改革开放以来,我国社会学者在深入研究城镇化转型发展中,继承和发展了这一重要思想。

费孝通认为:"我们是把工业送进农村,或送到离村很近的镇上,把生活各方面的现代化也送进了农民的家里。"[43]李培林主张,"缩小城乡差异和发展城乡一体化,应该是比城市化率更重要的标示城市化发展阶段和发展水平的指标","所谓城乡一体化和新农村建设,就是要在使农民能够享有市民的生活品质和公共服务的同时,农村还能够保持田园风光"[44]。李强确信我国未来的城市化并不会雷同于世界上其他国家的城市化,而会是具有中国特色的城市化,而且强调城市与农村的一体化,走城乡一体化发展的道路,恐怕还是我们最佳的选择。[45]项继权提出,我国城镇化的根本问题及实质是农村经济社会发展和转型问题,必须将城镇化的发展置于城乡一体化的新格局下进行推进,破除城乡二元化的户籍管理体制和二元化的城乡土地产权制度。[46]这些社会学者对于城乡一体协调融合发展理念的笃信和坚守,源自他们对我国城镇化发展规律及特点的深思熟虑。此外,经过多年研究,笔者认为在精心谋划如何深入推进城乡一体协调融合发展这一方面,社会学者也做出其应有贡献:其一,提出新型城镇化应以发展中小城市作为核心战略目标,以有利于消除城乡隔阂和对立、建立新型城乡关系和全面提升城乡一体化水平;其二,提出地方优良文化资源的有效保护是城乡一体化的重要标识;其三,提出从乡村向城镇的过渡型社区的社会治理问题;其四,提出在生态建设方面实现城乡协调互补的共生共荣效应。

## 三、新型城镇化社会学理论建构的显著特色

### (一)注重实际调研和强调社会效应,凸显社会学经世致用功能

1.在城镇化研究中发挥社会学调查的优势。

社会学调查,是指在社会学理论指导下,运用社会学的研究程序和方法,进行资料的汇集和整理,从而得出较为科学的认识和具体工作建议的一套实践活动,其使用的方法通常有客观观察法、典型调查法、统计调查法、文献分析法、问卷法。[47]城镇化研究涉及政治、经济、文化、社会、生态诸领域的多重内容,其复杂性、艰巨性和曲折性非同一般。在城镇化研究中,若欲搜集和整理较为全面、系统、翔实、精确的研究资料及数据,社会学调查必不可少。例如,社会学家李培林等著述的《当代中国城市化及其影响》,以2011年中国综合社会调查(CGSS2011)的第一手数据为基础。这次调查的主题是城市化,其范围涉及国内29个省的100个县,其得出的主要结论如城市化将成为中国未来发展的强大动力、中国城市化滞后于工业化将可能是一种长期状态、进城农民工融入城市将是一个漫长过程等,对于人们深刻理解城市化进程及自觉促进城市化健康发展,意义和作用甚大。再如,社会学家李强等著述的《城市化进程中的重大社会问题及其对策研究》和《多元城镇化与中国发展》,均以全国范围内大量定量或定性的社会调查作为坚实基础,这类颇具系统工程性质的社会调研涉及城市化的方方面面,其得出的主要结论如走城乡一体化发展道路是我国最佳选择、城市化与社会结构转型交互影响、我国城镇化的突出特征是政府主导且主要有七种推进模式等,为城镇化理论研究者及实际工作者提供了不可多得的借鉴。与其他学科的调研有所不同,社会学调查从设计到实施,始终紧紧围绕个人与社会的关系、社会结构转型、社会矛盾和冲突的调适等社会学基本问题、核心问

题及特殊问题而展开。换句话说,社会学调查更为关心人的全面发展和社会的良性运行。这种特点在城镇化建设的调研活动中当然也毫不例外。

2.为全面、客观地衡量城镇化发展质量创设社会指标。

社会指标是衡量社会运行和发展过程的综合的质量和数量的标准,常用的社会指标有描述性指标和评价性指标、观察性指标和计划性指标等。社会指标体系是指为综合反映和说明社会或某一方面社会状况而设计的一组具有内在联系的社会指标,其建立方式主要有根据官方机构的相应分类而建立的规划性社会指标体系,根据社会目标建立的社会指标体系,根据某种理论建立起来的社会指标体系。[48]社会指标的设计及社会指标体系的建立与社会学理论和方法的运用密切相关,在某种意义上,似乎可以说它们都是社会学理论和方法创造性运用的产物。尤其是对于现阶段新型城镇化建设来说,社会指标的设计及社会指标体系的建立更是具有特别重要的意义。这是因为在以往用单一的GDP经济指标作为衡量发展成效唯一标准的惯性思维主导下,社会指标的设计及社会指标体系建立中的民生属性或和谐发展效应,往往在城镇化建设中被人们有意地或无意地忽略,以致"一好遮百丑",不断攀升的城镇化率掩盖了其快速推进中日益凸显的社会矛盾和问题。如此,必然会影响人们对城镇化理论和实践认识的全面性、深刻性和复杂性,致使城镇化不能沿着正确的方向和轨道前行。故此,李强和他的研究团队在《城市化进程中的重大社会问题及其对策研究》中,特别强调需要将社会关注引入传统的城市规划研究中,既包括对社会群体的特征属性、真实需求的深入探知,也包括相关社会研究技术方法的扩展。[49]显而易见,这种基于社会学立场和观点的创意,对于实现我国城镇化速度与城镇化质量的协调,以及对于有效化解城镇化进程中的各种社会矛盾和问题,具有重要的理论意义和实践价值。

(二)强化"文化自觉"和"理论自觉"意识,展示社会学理论建构的独特风采

1.以独到的社会分析矫正单一经济思维的偏差。

在以往的城镇化研究中,一直存在着重经济思维轻社会思维、重经济效益轻社会效益、重物质技术含量轻文化心理秉性等偏执之处。究其症结,无非是以GDP崇拜作为显著标志的传统发展观在作祟。对于城镇化研究,社会学界一开始就注重经济思维与社会思维的兼容性和互补性,竭力避免单一经济思维

的偏执性。在这方面,费孝通先生无疑是最杰出的表率。早在20世纪30年代,他就将社会学家的人文情怀注入经济理性之中,期盼能弘扬中国乡村中农工互补的传统,促使乡土工业焕发生机和活力,进而开拓出一条不以牺牲农村农业农民为代价的平和的现代化之路。到了20世纪80年代,他更是融浓郁的民生情怀与科学发展的战略和策略为一体,看重农村乡镇工业自身变革潜力及农民自身现代化的历史原创性,为走出一条中国特色的乡村城镇化道路而摇旗呐喊。现在看来,兼顾经济效益和社会效益的以发展小城镇为主导的城镇化战略策略,在当时是适应我国经济社会发展规律和特点的正确选择。这一正确选择在改革开放起步时期为缓解人口对环境资源的巨大压力起到重要作用,并且为以后我国经济社会的良性运行和健康发展打下牢固基础。自然,与大中城市相比,小城镇的聚集经济效益较弱,故此,在20世纪90年代之后小城镇受到冷遇。与此同时,大中城市尤其是大城市在"民工潮"和"土地财政"的双重推动下,开始了外延式扩张性发展。其结果是城乡差距不断扩大,"城市病"和"乡村病"并发,社会问题丛生,文化特色消失,环境生态令人担忧。事实证明:单一经济思维及其实用主义理性倾向,并不能引导城镇化建设走上健康有序发展的科学大道,而社会思维与经济思维的融合以及社会效益与经济效益的统一,对于走出一条新型城镇化之路,则是不可或缺的制胜法宝。

2.在新型城镇化理论创新和发展中彰显社会学的显著特色。

社会运行、社会转型、社会互构、社会断裂等是郑杭生、陆学艺、孙立平等著名社会学家基于我国现代化建设实践的理论创造。这类理论创造富有中国特色,充分体现了我国社会学家所具有的"文化自觉"和"理论自觉"。社会资本、社会排斥、风险社会、城市社会空间结构等理念,则是国外社会学家在社会发展和社会生活研究中的理论创造,可以为我国社会学者所借鉴和参照,用于深入探讨国内社会发展中的各种社会现象和社会问题。在城镇化研究中,依据上述理论和方法,我国社会学者致力于新型城镇化的社会学理论建构,向世人展示了社会学的以下显著特色:

其一,张扬原创性,以高度的"文化自觉"和"理论自觉"积极探索中国特色城镇化之路,其首创的理论话语发人深省,譬如"小城镇、大问题""城镇化引领国家新成长阶段""实现农民、农民工的城镇化"等。我国社会学者竭力主张新型城镇化不仅仅是人口空间地理位置的移动和居住环境、就业方式及生活条件的改变,而且是人的社会本质及文化性格的改变。就此而论,社会学的最大贡献就是以统筹城乡一体融合发展的构思从根本上消解了传统与现代的不可通融性,从而有可能通过城乡文明的交融互补,形塑新型现代性的文化类型。

其二,坚持"以我为主",以强化社会思维为主导,深刻认识新型城镇化的本质体现是社会关系建构而不是物质技术形态建构。我国社会学者看到,在两种建构的形神关系中,社会关系建构是核心,是决定新型城镇化价值内涵及基本走向的要素。因此,他们主张在新型城镇化理论创新的过程中,不仅要运用经济思维观察其物质技术形态建构之"形",而且要善用社会思维揭示其社会关系建构之"神",以便不断充实、完善和发展这一理论体系。

其三,突出问题意识,以建设性的反思批判精神客观审视城市化进程中的社会矛盾、问题及风险并给予理论概括,譬如"阶层固化""社会结构转型""另一只看不见的手""城市三元社会结构及其利益格局"等。快速城市化与农村发展的不兼容诱发诸多社会问题,城镇化与社会结构转型的交互影响和作用滋生不少社会失衡现象。正是这些问题和现象激发了社会学者的思想想象力和理论创造欲,促使他们就城镇化进程中的社会建设问题进行前瞻性理论思考及探求应对策略。譬如他们提出了"确保'底线公平'""重视'底层精英'""从精英思维转向理性妥协思维""城乡一体化与同城化齐举并进"等观点。

其四,凸显学科的经世致用功能,竭诚服务于推动城镇化健康发展。一是以在城镇化进程中更好实现经济社会协调发展为主旨,围绕深化社会体制改革各项目标任务,探讨在促进城市社会现代化过程中如何形成"政府、市场、社会"的三维合力。二是以促进城乡社会发展一体化为主线,围绕社会学核心问题即社会结构转型问题,探讨城镇化与新农村建设协调推进中在基本民生建设、社会事业改革创新、公共基础设施建设和公共服务供给等方面资源和机会的公平、合理配置问题。三是以有效化解农民工融入城市难及切实保障城市弱势群体权益为主题,围绕以更好保障和改善民生为重点的社会建设要务,探讨城镇化与社会结构转型同步互构过程中的个体身份、社区关联、区隔与分化、权利诉求等社会问题。四是以创新社会治理体制为着力点,围绕提高社会治理能力和水平的各项目标任务,探讨在城镇化进程中如何解放和增强社会活力、降低社会治理成本等理论问题。

其五,着力于理论穿透,以社会运行、社会转型和社会互构等综合视角,将城镇化看成引起深刻社会变革的行动与结构的互动过程,揭示传统城镇化思维的两歧性和直线性,揭示农民工融入城市社会难的实质是由社会结构建构不合理所决定的社会资源和机会配置的不公平。从社会学视角看,新型城镇化就是要以科学方式有效化解城乡二元结构之痼疾及城市三元社会结构之弊端,此乃优化城乡社会结构及完善城乡社会关系的和谐发展之路。在社会学者看来,推进城乡发展一体化是新型城镇化的关键性标志,而在其进程中促使城乡社会结构合理建构及社会资源和机会公平配置,则是其中心任务。

其六,强调社会效益,以高度的思想警觉和理论担当,积极回应城镇化进程中有违民愿、有失公正、有损民生的思想行为及理论倾向的挑战。在城镇化发展道路选择之争从偏重于城镇规模效应向注重城镇发展质量的转变中,由于社会学者对幸福民生与社会和谐的特别关注,与其他学科相比,在思想创意和理论创新上社会学发挥了更为重要的作用。

其七,阐明新型城镇化的真谛,揭示新型城镇化的生机和活力在于以人的发展作为核心价值取向,而旧式城镇化难以为继的主因则在于见物不见人、忽略人的发展。就努力实现人的城镇化而言,我国社会学者紧紧围绕个体行动与社会结构的关系这一社会学基本问题及社会结构转型这一核心命题,致力于在城镇化进程中人的现代化与社会现代化的同步发展。

其八,倡导交融互补,以宽宏的思想包容和有机的理论融会,积极借鉴和吸纳各学科研究的理论和方法及其有益成果。在城镇化研究中,社会学工作者需要充分发挥自身的社会学想象力。所谓社会学想象力,也就是对社会生活状况、社会事件内幕及社会发展态势的洞察能力及判断能力。这种能力将哲学的慎思明辨、经济学的一丝不苟、历史学的老成持重、政治学的审时度势、法律学的严明公正、心理学的感同身受融会贯通,使社会学者世事洞明和人情练达,在实际研究工作中受益匪浅。正是得益于与其他学科的学术交流、碰撞和沟通,在城镇化研究中社会学者才能得心应手地对城镇化建设的"中国经验",进行思想概括和理论提升。

**参考文献：**

[1]陈甬军.中国城市化道路新论[M].北京:商务印书馆,2009:42.

[2]国家统计局.2013年国民经济和社会发展统计公报[N].人民日报,2014-02-24。

[3]冯奎.迎接新一轮城镇化发展黄金期[J].经济要参,2014(1).

[4][16][22][29][44]李培林,等.当前中国城市化及其影响[M].北京:社会科学文献出版社,2013:4,14,13,11-14,6、291.

[5]陈甬军,景普秋,等.中国城镇化道路新论[M].北京:商务印书馆,2009:8.

[6][10][11][30][39]李强,等.多元城镇化与中国发展 战略及推进模式研究[M].北京:社会科学文献出版社,2013:247-248,17-19,3-4,3,307-326.

[7]冯奎.迎接新一轮城镇化发展黄金期[J].经济要参,2014(1).

[8]新华社.中央城镇化工作会议公报[N].人民日报,2013-12-14.

[9][43]费孝通.中国城镇化道路[M].呼和浩特:内蒙古人民出版社,2010:128、271,128.

[12]沈关宝.《小城镇,大问题》与当前城镇化发展[J].社会学研究,2014(1).

[13]王方.发展中小城市是推进新型城镇化的关键[J].城乡建设,2014(1).

[14]冯奎.如何理解城镇化发展的"温度"与"速度"?[J].中国发展观察,2014(1).

[15]迟福林.让农民工成为历史[N].南方日报,2011-03-06.

[17]王仁贵.优化中国城市路径[J].瞭望,2010(39).

[18]倪邦文.城市化与受伤的城市文化[J].读书,2009(5).

[19]王春光.农村流动人口的"半城市化"问题研究[J].社会学研究,2006(5).

[20]文军.被市民化及其问题[J].华东师范大学学报,2012(4).

[21]梁平.三分之二农业户籍人口不愿转为非农户口[N].中国青年报,2014-04-17.

[23]陆学艺.当代中国社会结构[M].北京:社会科学文献出版社,2010:5.

[24]陆学艺.遵循社会建设原则 积极稳妥推进城镇化[J].北京工业大学学

报,2013(10).

[25]汝信,陆学艺,李培林.2011年中国社会形势分析与预测[M].北京:社会科学文献出版社,2011:165.

[26]李培林.当代中国民生[M].北京:社会科学文献出版社,2010:1.

[27][45][49]李强.城市化进程中的重大社会问题及其对策研究[M].北京:经济科学出版社,2009:6-11、319-348,11,320.

[28]樊平.我国当前的农村社会形势与农民阶层[M]//汝信,陆学艺,李培林.2011年中国社会形势分析与预测.北京:社会科学文献出版社,2011:261,271.

[31]宣晓伟.新型城镇化的逻辑[N].21世纪经济报道,2013-03-02.

[32]周雪光.社会建设之我见:趋势、挑战与契机[J].社会,2013(3).

[33]王春光.城市化中的"撤并村庄"与行政社会的实践逻辑[J].社会学研究,2013(1).

[34]新华社.中央城镇化工作会议在北京举行[N].人民日报,2013-12-15.

[35]郑杭生.农民工市民化是当代中国社会学的重要课题[J].广州公共管理评论,2013(1).

[36]国家统计局.2013年国民经济和社会发展统计公报[N].人民日报,2014-02-24.

[37]申兵.对我国城市化阶段特征的重新认识[J].宏观经济管理,2012(6).

[38]郑杭生.城乡一体化与同城化齐举并进[J].红旗文稿,2013(20).

[40]张鸿雁.中国新型城镇化理论与实践创新[J].社会学研究,2013(3).

[41]李怀玉.新生代农民工市民化过程分析[J].理论动态,2014(09).

[42]何磊,曹钢,杨晓.马克思主义经典作家的城镇化思想及启示[J].中共天津市委党校学报,2011(1).

[46]项继权.城镇化的"中国问题"及其解决之道[J].华中师范大学学报,2011(1).

[47][48]郑杭生.社会学概论新修[M].北京:中国人民大学出版社,2003:17,18.

(原载《学术界》2014年第9期)

# 南水北调对中原城镇生态文明建设的综合效应研究

## 一、背景

### (一)机遇和挑战

#### 1.机遇

河南省是南水北调中线工程的核心水源地和受水区,是中线工程建设的主战场,是沿线各省市中渠道最长、投资最大、计划用水量最大、施工难度最大、任务最重的省份。南水北调中线工程在河南省境内全长731公里,占中线工程总长的57%。据统计,南水北调分配河南省年用水量37.69亿立方米,约占年调水总量95亿立方米的40%。河南段布置渠首大坝、大型隧洞、渡槽、桥梁、倒虹吸等1254座,平均每公里1.7座。此外,据了解,河南省南水北调配套工程通过39个分水口门,分别向本省南阳、漯河、周口、许昌、郑州、焦作、新乡、濮阳、鹤壁、安阳等11个市34个县(市、区)的83座水厂供水,输水线路总长约1000公里,概算总投资150.2亿元,受益城市42个,直接受益人口2000多万。其中,总干渠穿越焦作市主城区以及郑州、南阳等城市规划区。这些城市既是南水北调的贡献者,又是其受益者。从生态文化的角度看,水是一个地方的市区及集镇兴旺发达且健康发展不可或缺的重要元素。来自丹江口水库的浩瀚江水从中原这些城镇地区中穿梭而行,不仅大大改善了它们的自然生态,使诸多市区及集镇空气变得湿润而清新,而且潜移默化地改变城镇社会人文生态,其中包括健全城镇居民的社会心态,增强其责任心和自豪感,增添其心情愉悦感,提升其行为举止文明度。水是生命之源,也是人类生产生活之依托,而对于诸多市区及集镇来说,水更是其赖以良性运行及健康发展的福祉所在。正是南水北调的幸福之水,为中原城镇朝向更高目标、更高水准的发展,带来了底气、灵气、秀气、豪气,换句话来说,南水北调灵韵之水脉,必将孕育和培养未来中原城镇建设和发展之新文脉,以至成为塑造中原城镇新型生态文明形态的精气神。面对如此大好机遇,南水北调中线工程河南段沿途之重要省辖市的政府及其职能部门,理应宣传教育和引导其属地居民养成热爱生命之源、卫护生命之源及文明用水、合理用水的现代意识及行为习惯,为塑造中原城镇新型生态文明做出其应有贡献。

2.挑战

南水北调工程是世界上最大的一项跨流域的调水工程,其中线工程输水总干渠自丹江口水库陶岔渠首取水,流经河南境内南阳、平顶山、许昌、郑州、新乡、焦作、鹤壁、安阳这8个省辖市,流过里程为731公里,占中线干渠全长的近五分之三。为了确保南水北调中线一期工程的顺利实施,丹江口库区移民总数达34.5万人,其中河南移民16.4万人,"四年任务,两年完成",其迁移规模和速度在世界水利工程移民史上是前所未有的。[1]

2014年12月12日14时32分,丹江口水库陶岔渠首闸门开启,甘甜的汉江水涌流而出,沿千里干渠一路北上:举世瞩目的南水北调中线一期工程正式通水!在中国,北方水资源总可获取量仅是南方的六分之一,水资源不足最严重的是长江以北地区,特别是淮河、海河和黄河地区。[2]南水北调中线一期工程的建成及通水,在一定程度上改变了此种状况。一方面,南水北调中线工程的建成及通水,为地处长江以北的河南的经济发展、水资源保障、优化生态环境等带来重要影响。另一方面,它也向河南地方政府及其职能部门的管理能力和水平、向干渠流经地居民的日常生活素质、干渠沿线护理人员的业务素质及能力等,提出更高要求。换句话说,南水北调中线工程河南段之管理工作及沿途市区、集镇的生态文明建设,在新的护水和用水条件下,将会面临着一些消极因素或不确定因素的干扰和挑战,需要有关方面从容而又创造性地予以应对。谭维克、刘林等学者在《2012中国城市管理报告》中认为生态环境管理、民生为核心管理、人文生态管理,已成为城市建设管理的重要组成部分和各级城市政府城市管理的重要目标。[3]显而易见,对于正处于工业化和城镇化加速发展阶段的河南来说,如何结合做好南水北调中线工程干渠的维护、利用和管理工作,在工业化和城镇化加快发展进程中努力追寻"自然—社会—人文和谐"的城市生态文明,其责任重大且其任务艰巨。

(二)成绩和问题

凡事皆有其两重性,就南水北调中线工程河南段之维护和管理工作及沿途市区、集镇的生态文明建设而论,当然也毫不例外。一方面,其成效显著,给予河南经济社会全面协调可持续发展强有力的支持,但另一方面,其有待妥善解决的问题也不少,会在一定程度上对中原城镇生态文明建设产生消极影响和作用。

1.成绩

首先,南水北调中线一期工程的建成及通水,为河南诸多市区及集镇的经济社会发展提供了较为丰富的水资源保障。过去,水资源缺乏乃是制约河南经济社会发展的重要因素之一,尤其是在新乡、焦作、鹤壁、安阳等豫北城镇,这种制约表现得尤为突出。在这些地方,原有的河流较小且水量不足,地下水的开发也受到有限存量及较高成本的限制,日益增大的生产用水和生活用水的迫切需求难以得到及时而又充分的满足。尤其是在豫北城镇,原有的许多天然河道由于种种原因已成为排污通道,甚至连一些公园内的人工湖不是干涸就是臭气熏天。

南水北调中线工程干渠通水后,在很大程度上改变了这种不良状况。拿新乡市来说,南水北调通水后,新乡市每年可获得4亿立方米优质水,相当于新乡市当地水资源量的24%。根据有关部门测算,2020年以前,新乡市用水将有富余,2020—2025年供水将基本达到平衡。如今,不仅原有天然河水的质量得到改善,而且公园的人工湖也重获新生,迎来了鸟语花香。原来生态环境条件较差的新乡尚且如此,至于其他豫北城镇则可想而知。

其次,在一定程度上改善了河南诸多市区及集镇的生态环境。南水北调中线工程干渠的建设,带动其河南段宽广平原地带的净化、绿化及美化。南水北调中线工程实施前,沿途诸多市区及集镇受害于工业污染或生活污染,垃圾随处可见,污水四处流淌,绿色植被日渐减少,大风来临时则灰尘漫天飞扬,刮得人睁不开眼睛。南水北调中线工程实施中,沿途各级地方政府采取各种措施有效治理了各类污染,并且普遍建成大面积和高质量的绿化带,合理安排和精心筑建了隔离带。这样做不仅充分保证了干渠本身输水的洁净、清爽和甜润,而且大大改善了其周边地区的生态环境。例如,焦作城区段干渠是南水北调中线工程中唯一一段穿越城市建成区的干渠,它穿越焦作中心城区达8.4公里,干渠控制宽度120米,隔离带两侧各100米为城市景观绿化带。放眼望去,堪称清水走廊、绿色走廊和生态走廊,如今它已成为焦作市区一道亮丽的风景线。

最后,增强了南水北调中线工程河南段沿途居民的环保意识,并且提高了其文明生活素质。生态文明建设包括对良好自然生态的维护和营造,以及对人自身生态文明素质的培养和提升,其内在要求是以有形的硬件建设与无形的软件建设密切结合的方式来开展活动。近些年来,南水北调中线工程河南段沿途地方政府将普及生态文化和提高生态文明意识融入当地经济社会发展全过程及各方面,并且紧紧围绕对干渠的爱护和善用,在宣传、教育和引导干渠所经地方居民在践履绿色生活方式、防范环境污染、建设美丽市区和乡镇等方面,做了大量工作且取得了一定成效。如今,得益于贯穿始终的南水北调干渠这一生态文明建设红线,青山碧水正浸染着广袤的中原大地,绿色发展已踏响时代强音,环保意识已深入沿途居民心灵,天蓝、地绿、水净、风清的生态环境已成为他们内心孜孜以求的美好期盼。

2.问题

一是快速城镇化的严重干扰。一方面,快速城镇化驱使地方政府忙于发展经济的谋划及运作,因此无暇顾及包括干渠水资源维护和使用在内的日常工作和具体事务,以致干渠的良性运行缺乏持之以恒的有效保障及更大的提升空间;另一方面,盲目的大拆大建及有些企业违规生产所导致的空气污染或污水胡乱排放,势必造成干渠周边空间地理环境生态的恶化,最终也会影响到干渠水资源的正常维护和合理使用。

二是地方不良生活习惯的负面影响。在南水北调中线干渠流经河南境内的8个省辖市的市区及其供水配套工程所惠及的11个中等城市和24个县城,不乏有一些地方的居民存在着不符合文明生活规则的陋习,如随意焚烧秸秆和垃圾,在婚庆丧葬或乔迁新居时过度燃放烟花炮竹,在日常生活中随意丢弃杂物及纵容小孩或宠物随意大小便,等等。这些不良习惯及行为的累积会对环境恶化造成叠加效应,不利于改善和提高干渠流经地的生态环境质量,甚至会直接或间接地影响到干渠水资源的正常维护和合理使用。

三是护理人员队伍建设的相对滞后。南水北调中线干渠流经河南境内诸多市区和集镇,这意味着诸多的分水口相应地需要素质较高的护理人员加以维护和管理。然而,现实情况是在干渠护理人员中,具有专业知识及技能的精兵强将较少,而从"4050人员"中临时挑选的一般护理者则较多。此外,立足现实、着眼未来,绵延数千里之长的干渠沿线的维护和管理,亟待动员和组织全社会力量积极参与。除通过宣传、教育和引导来增强干渠沿途居民环保意识且提高其素质及能力之外,尚需动员和组织一支比较庞大的志愿者队伍进行有益于生态文明建设的社会活动。然而,就其发展现状来说,在这两方面的进展均有较大不足之处。

## 二、南水北调对中原城镇生态文明建设的主要效应分析

### (一)自然与人文平衡效应

人类是自然界的产物。人来自自然界这一客观事实决定了人永远不可能摆脱自然界,而只能够与生于斯、养于斯的自然界和睦共处。中共中央和国务院印发的《生态文明体制改革总体方案》明确指出:"清新空气、清洁水源、美丽山川、肥沃土地、生物多样性是人类生存必需的生态环境,坚持发展是第一要务,必须保护森林、草原、河流、湖泊、湿地、海洋等自然生态。"[4]这段富有哲理的话语表明:生态包括自然生态和社会生态,自然生态是社会生态的基础、前提和依托,社会生态则是自然生态的延伸、提升和保障;它们原本是你中有我、我中有你的有机统一体,相互依存、相互作用、相互促进。也就是说,在整个生态文明建设中,自然生态因素与社会人文因素缺一不可,应当将"绿水青山就是金山银山"的理念、自然价值和自然资本的理念、空间平衡的理念、生命共同体的理念融为一体,以取得最佳成效。多年来,尊重自然、顺应自然、呵护自然、善待自然的南水北调工程即是如此,在它顺利实施的全过程中,充分体现了发展和保护内在统一、相互促进的关系,达到了自然生态因素与社会人文因素协调平衡、交融互动的良效。

### (二)物态与心态融会效应

正确处理人与自然的关系是实现我国新时期科学发展、和谐发展以及可持续发展的基本前提和必然选择。不过,若要正确处理人与自然的关系,首先需

要实现人自身的和谐发展,也就是要将人从人对物的依赖关系中提升出来,确立人与自然之间交互主体的伦理关系。很难设想在工具理性的支配下、在GDP至上的思想主宰下,人类会摆脱贪婪物欲的困扰,保持物态与心态的平衡,达到物态与心态的融合,实现人自身的和谐发展及全面发展,进而实现人与自然的和谐发展。在人自身的和谐方面,自古以来我国就具有崇尚"心理本体"的优良文化传统,在"天人合一""民胞物与"类型的伦理认知中,凝聚着古代先哲对心与物这一主客体关系充满洞察力、穿透力和前瞻性的睿智。在南水北调工程的建设中,正是受益于这类睿智的启发指导,有关地方和部门首先从端正思想入手,宣传教育和引导人们自觉克服盲目性、单向性、工具性及狭隘利益的影响和作用,真正做到科学性、合理性、人文性这三者的统一,让工程成为名副其实的环保工程、民生工程、幸福工程和长效工程。数年前,曾有人在网上妄议南水北调工程,指责它破坏了生态平衡。现在看来,这种牵强附会的论调纯属无稽之谈,因为它片面地、机械地看待人与自然的关系,以致陷入物本主义的思维误区,看不到在处理人与自然的关系时人并不是消极无为的,相反,人能够以自身物态与心态的高度融合,去积极地、主动地、创造性地实现人与自然的和谐发展。可以说,在举世无双的南水北调工程中,人自身物态与心态的融会贯通正是工程得以顺利实施的根本保证。

### (三)人际谐和效应

人际关系是指在人们物质和精神交往过程中产生、发展和建立起来的人与人之间的关系。它是社会关系的一种具体体现,是人与人之间依靠某种媒介,通过个体交往形成的信息和情感、能量和物质、思想和行为交流的有机渠道,具有注重人际合作状况、个体之间心理关系等特性,反映人与人之间的心理距离,以及个体或群体寻求满足需要的心理状况。[5]从渠首到渠尾,南水北调千里干渠流淌的不仅是人与自然和谐相处的美妙音符,而且是人际之间的谐和情调。"君住长江头,我住长江尾,日日思君不见君,共饮长江水。"北宋词人李之仪九百多年前洋溢着脉脉动人情愫的这首词,或许用于表达今天同饮长江最大支流汉江水的干渠沿途居民之间团结合作的深厚情谊,依然显得是那样的贴切。很难设想,假如没有"无私奉献、勇于担当,顾全大局、舍家为国"的南水北调移民精神,干渠开工不会如此顺当,假如没有"精诚团结、齐心协力,攻坚克难、合作共赢"的南水北调工程建设情怀,干渠维护和治理不会如此令人满意。此外,这条洁净而又美丽的千里干渠,酷似沿途居民心灵中的"神奇运河",它已将湖北人、河南人、河北人、北京人及天津人的心紧紧地系在一起,让他们同甘共苦,彼此牵挂、相互支持。

**(四)经济与社会协调效应**

近年来,在致力于中原崛起的努力奋斗过程中,河南人一直强调和恪守中原经济区建设"不以牺牲生态和环境为代价"这一前提。南水北调中线工程的建成,无疑为更好地坚守这一前提创造出难得机遇和良好条件。无可置疑,在河南境内的千里干渠,将直接或间接地带动中原地区的经济发展。例如,总干渠所经过的若干乡镇将依托总干渠重新进行规划,以新的发展思路调整城镇布局,加速农村人口向城镇转移,带动城镇经济发展。再例如,由于总干渠从一些旅游景点侧翼经过,这些景点可以依托南水北调干渠这条清水及其绿化带和景观带拓宽旅游区域,扩大旅游项目,带动旅游业发展。当然,依托干渠所取得的经济效益总是与其所彰显的生态效益和社会效益相互协调且相得益彰。例如,焦作市结合南水北调工程和城市商业文化等功能而形成四大居住片区。各片区以南水北调景观带以及道路体系分隔,尽可能增强居住片区与商业以及景观体系之间的联系,找寻安静、舒适的居住环境与充满活力的城市生活之间的结合点。再例如,南阳市在南水北调中线干渠两侧按照100米宽的标准规划造林,重要部位、重要节点高标准绿化,至正式通水前,干渠沿线共完成造林32891.7亩,造林合格率达97.7%,成为南阳生态建设的精品和亮点工程。南水北调中线工程的建成及合理利用启发河南人:山清水秀但贫穷落后不是美丽中原,强大富裕而环境污染同样不是美丽中原。将生态文明建设融入中原经济区建设的各方面和全过程,南水北调中线工程的建成及合理利用,可谓是开了一个好头。

# 三、思考与建议

党的十八大报告明确提出:"把生态文明建设放在突出地位,融入经济建设、政治建设、文化建设、社会建设各方面和全过程。"[6]生态文明建设是形成和发展资源节约型、环境友好型社会的必由之路,它关系人民福祉,关乎民族未来。南水北调中线工程干渠河南段的建成及通水堪称中原生态文明建设的神来之笔,其增强沿途地方发展的平衡性、协调性、可持续性,提高当地生态系统的稳定性,改善周边生产生活环境,为"四个河南"①建设做出了巨大贡献。然而,从长计议,其维护及治理也将面临一些消极因素或不确定因素的影响和作用,需要未雨绸缪,积极应对。例如,近年来,由于空气质量恶化、水污染治理不力等问题,河南先后有安阳、驻马店、郑州、南阳4个省辖市被环保部约谈。此外,由于同样原因,平顶山、新乡、焦作、三门峡这4个省辖市也被省环保厅约谈。尽管之后经过整改,这类消极现象有所改观,但许多网民将其戏称为"约谈蓝"或"整改水",言下之意是重压之下的突击效果未必能够持久。值得注意的是在被省级以及以上环保部门约谈的8个省辖市中,就有6个市属于南水北调干渠流经之地。由于环境污染问题具有关联性、叠加性、扩散性等,它势必会影响到南水北调中线工程干渠河南段的健康维护和良性运行。有鉴于此,笔者认为,作为一个负责任的人口和资源大省,河南有必要从下述方面对此加以及时应对和积极防范:

其一,在水源地制定地方性水源保护条例,依法保护生态环境,依法治理水质污染,同时,呼吁受水区大力支持水源地经济社会健康发展和良性运行,为水源水质的长期保护奠定牢固基础。

其二,在干渠流经之市区或集镇,地方政府及职能部门每年应拿出一定时间和精力,运用多种当地居民喜闻乐见的形式,广泛而又深入地开展有关爱水护水的宣传教育活动,以增强公众的生态和环境保护意识,转变其不良生活习惯。

其三,在"十三五"规划的制定和实施中,应将南水北调中线一期工程干渠的维护、利用和管理与新型城镇化建设有机结合,倡导和鼓励各级地方政府及其职能部门以富有创意的思路及举措,为形成和发展"自然—社会—人文和谐"的城镇生态文明,创造必要条件。

其四,加强干渠护理人员队伍建设,支持社会力量积极参与干渠的维护和管理。在现有条件下,有关部门应采取培训、考核、奖惩等形式不断提高干渠护理人员的工作能力及业务水平。同时,干渠沿途政府及有关部门还应采取得力措施,鼓励或奖励社会志愿者积极从事有利于干渠维护和管理的各项活动。

其五,以各种形式就南水北调干渠的维护和管理,定期向全社会公布其实

---

① "四个河南"是指富强河南、平安河南、文明河南、美丽河南。

际状况及相关数据。国外学者茨马拉克·沙利兹主张:"向公众披露水质信息和展开相关的社区咨询能够改善反馈,有助于更好的监管。"[7]笔者认为此种主张不无道理,因此,建议在各级地方政府的年度工作报告,各地每年的国民经济和社会发展公报,各地每年出版的经济、社会、城市蓝皮书等重要文献中,以及在由环保部门举办的新闻发布会、社区咨询会或听证会等场合,均应积极提供涉及这方面内容的资料和数据。

**参考文献:**

[1]唐红丽."南水"即将"北调"[N].中国社会科学报,2014-10-29.

[2]唐磊,鲁哲.海外学者视野中的中国城市化问题[M].北京:中国社会科学出版社,2013:332.

[3]谭维克,刘林.中国城市管理报告:追寻自然、社会、人文和谐的城市生态文明(2012版)[M].北京:社会科学文献出版社,2013.

[4]中共中央、国务院.生态文明体制改革总体方案[N].光明日报,2015-09-22.

[5]邓伟志.社会学辞典[M].上海辞书出版社,2009.

[6]本书编写组.中国特色社会主义学习读本[M].北京:国家行政学院出版社,2012:354.

[7]唐磊,鲁哲.海外学者视野中的中国城市化问题[M].北京:中国社会科学出版社,2013:343.

(原载《中国名城》2016年第3期)

二 爱情婚姻家庭研究

# 第三者插足的主要社会原因

为什么近年来第三者插足有增多的趋势呢？怎样认识这一问题，并且确定对策呢？这就是本文所想谈的内容。

所谓第三者插足，是指一异性明知另一异性是有夫之妇，或有妇之夫，而故意与之建立两性情感上的或其他方面的联系。它与通奸有所区别。通奸的主要目的不在于情感方面，而在于性的互相占有。第三者插足中的第三者与当事人，有的却不存在性的关系，而只是感情上的纠缠。第三者插足造成的夫妻感情隔阂要比通奸而造成的感情隔阂容易弥合，原因在于思想上的距离比行动上的距离容易接受。但是从表面看，往往是通奸者一方只要妻子或丈夫不抓住事实并提出与之离婚，他（她）还是愿意维持原来的家庭的。而被第三者插足的一方，一般都强调与原配偶感情彻底破裂，要求解除婚姻关系。一般说来，通奸的必定有第三者，有第三者的并非一定有通奸行为。认定这一点，对于司法判决和民事调解都是有意义的。

第三者插足是婚姻纠纷中的一个组成部分。婚姻纠纷是受社会生活中的政治、经济、文化、艺术、法律、道德、风俗等多种因素影响的，所以第三者插足的社会原因不是单一的，必须用综合的观点去分析它。

首先，生产力的发展、物质生活水平的提高与第三者插足的增多与减少有着密切的关系。在古代（中世纪），尽管当时的统治阶级颁布了一系列严酷的法律，并从道德、风俗上对女性做了种种繁文缛节的限制，但是通奸却层出不穷，对付通奸就像对付死亡一样，没有任何药物可治。小农经济、文化的不发达、宗教迷信的幻象，决定了当时的婚姻关系对当事人双方都是不自由的。对于女性来说，这种情况尤甚。她们没有独立的经济地位，一生总仰靠他人为生，更谈不上对自己婚姻的决定权与选择权。严酷的事实只给她们规定两条路：或者是与自己并不相爱的人厮守一辈子，或者是突破当时的法律与道德桎梏而为社会所不容。要想消灭通奸和卖淫,就必须以有爱的婚姻代替无爱的婚姻,达到高度的灵与肉的结合,而这取决于生产力的极大发展,科学文化的昌明繁盛,道德上的高水准,妇女经济地位、文化水平的提高。社会主义社会给人类提供了这种可能。新中国成立三十多年来,妇女地位已日益提高,婚姻、家庭关系的主流是健康的,旧中国那种男女关系混乱的现象已基本绝迹。总的趋势是,随着现在和将来经济、文化的发展,家庭的结构和功能也将发生变化,生育、抚养等功能将逐步减少,感情上的需要及联系将不断增加。从这点上讲,婚姻纠纷中的第三者插足现象将会逐步减少。当然,对某一地区做调查可能会出现这样的情况:大城市第三者插足现象比中小城市多,城市区比农业区多,经济发达、临近铁路地区比经济落后、交通不便地区多。据不完全统计,比如河南郑州市金水区1984年第三者插足数为61起,占郑州市总数的27.11%;而郊区13起,占郑州市总数的5.78%;市属中牟县仅7起,占郑州市总数的3.11%。如何认识这一问题呢？我们应当看到,事物的本质往往被假象掩藏。一是被调查的这些被插足者,他们的婚姻纠纷多是过去历史的遗留问题。比如通过对郑州市225起第三者插足的调查,被插足的家庭夫妇双方的年龄多在31.84岁至38.95岁之间,20岁至30岁的少,40岁至60岁的也少,这说明第三者插足的增多不是近年来生产力发展、物质生活水平提高的结果,而是原有矛盾的暴露。在前些年政治不稳定、经济停滞的情况下,他们之间没有产生真正的爱情,就草率建立了家庭。随着时间的延续,矛盾便慢慢暴露了。

　　二是从严格的科学含义上讲,爱情与婚姻在家庭的框架内不一定能达到统一。从家庭起源及发展史上来讲,人类第一种家庭形式——群婚制,是在生产力水平极其低下的情况下,人们出于抵御自然灾害和谋生的需要,不得不采取的家庭形式。需要和方便支配着此种家庭,而绝无所谓感情因素。对偶婚家庭是和母权制时期相适应的,母性氏族是有血统关系亲族的一个经济的和社会的联合体。对偶婚家庭的实质是与野蛮时代早期相适应的原始共产主义经济。一夫一妻制家庭的实质是父亲把其财产遗留给他的子女,这也是受经济关系支配和决定的。由此可见,经济—家庭,这是一对孪生姐妹,形影相伴,不容分离。单从感情上是说不明白家庭职能的产生和发展的。这并非否定家庭关系内有感情存在,但顶多只能把它看作一种由经济基础决定的文化表征。从社会主义社会的家庭来看,无论在城市,还是农村,家庭都受社会主义所有制、按劳分配、人与人之间的交往关系的支配。这从文化教育、人口出生、日常生活消费、婚丧嫁娶、抚幼赡老等活动中都可看出,哪有能抛开这一切的所谓的"感情"呢?因此,我们充其量只能把感情看作这些经济关系在家庭生活中的文化显现。由于家庭的本质只能是经济关系而不会是别的关系,爱情与婚姻的统一性现阶段在家庭的框架内就不一定能获得充分体现,与此同时,第三者插足现象的产生也就不足为奇。

三是经济落后、交通不便的地区虽然在婚姻纠纷中第三者插足数较少,但这不是上述条件的产物,这里面与传统的风俗习惯和宗教色彩有关。还应当看到,农村一些地区在虐待生女孩的母亲、歧视女婴、贩卖妇女等方面高于城市,在恶性犯罪方面(强奸、流氓行为)的问题也不少。对物质生活与婚姻道德的关系,必须辩证地看。从暂时看,经济发达、文化繁盛、交通方便的地区第三者插足数是比较高的,但从长远看,随着婚姻中物质考虑和父母主张因素的逐步减少,人们对婚姻的选择和机会相应地会增多,结婚和离婚将会按照社会发展规律和自然规律来进行,第三者插足将会成为多余的历史陈迹。解决第三者插足问题,和解决其他问题一样,关键在于生产力的发展、物质的极大丰富和文化艺术的高度发达。可以这样说,生产力的低下、物质的匮乏、文化艺术的落后,是产生第三者插足的最根本的社会原因。

(原载《社会》1985 年第 3 期)

# 苏霍姆林斯基的家庭伦理思想

苏霍姆林斯基《家庭教育学》一书,以其透彻的实例、深邃的观察力,深入浅出地阐述了家庭伦理的思想,给我们以有益的教育和启迪。

他提倡家庭中爱的启蒙和教育,坚决反对对人的冷漠无情和麻木不仁。他断定对人漠不关心的人,不会有真正的个性,对人漠不关心会使心灵日趋空虚,必然导致道德堕落。在他的字里行间,处处闪耀着对人的尊重、对人的关心、对人的赞颂,体现着人道主义的巨大感化力量。他真挚地认为人的原则就是要以人的眼光来看待人,而心灵的麻痹,就是对人的冷酷无情;人的原则体现在家庭生活中就应当做到家庭成员之间细微、真诚、敏锐地体贴。总体而论,在苏霍姆林斯基看来,由于家庭本身意味着人的多重关系,即物质的社会关系、精神的社会关系、人自身生产的社会关系的综合,其幸福和美满尤其需要人们用智慧和情感去精心培育。具体来说,苏霍姆林斯基认为一是要爱戴地、尊敬地纪念死去的老人;二是丈夫要以刚强的、高尚的男人气度和眼光来看待做了母亲的妻子,并且认为上述这些就是家庭赖以支持的精神力量。

夫妻之间的真挚爱情是和睦家庭的基石,这是苏霍姆林斯基的一个重要思想。他认为不是所有的人都要做物理学家、数学家或其他专业领域的名家,而是所有的人都可能成为父母、丈夫或妻子,这是谁也回避不了的一个人生课题。教人以生活中的这些实际知识远比十分深奥的数理化知识重要。因此,对婚姻、家庭知识的藐视,不是无知,就是道德和精神发育水平的低下所致。他得出结论,想教育好孩子,首先就要真心地喜爱自己的妻子,因为在父母相依为命、相亲相爱着的环境中长大的孩子,必然心地温和善良,宁静而心灵健康,真诚地相信人的美好。在我们今天生活的社会环境中,实际上远不是每一个做父母的人都能当个好父亲、好母亲的。往往夫妻双方囿于自己的意见纠纷,小至吵闹,大至离婚,全不顾如此做会给幼小的心灵蒙上一层多么难以磨灭的阴影。为了孩子,父母应当彼此忍让,彼此和睦相处,苏霍姆林斯基的这些话是不无教益的。

他把家庭定义为人们多方面关系(即经济的、道德的、精神—心理的、美学的)的基层细胞,它的琴瑟和谐要靠审美教育、艺术教育、劳动教育的力量去培育。在劳动教育中,他主张用日常生活劳动的细节对人进行教育的智慧,这是其他任何东西代替不了的。因为人的劳动思想,像一条红线贯穿着他的成功与幸福,因为人们能在自己的劳动果实中看到自己的智慧及体力的创造力,这些也是其他任何东西代替不了的。他根据自己多年的实践及观察经验,把劳动教育作用归纳为几点:1.父母不断辛勤劳动的家庭将成为对孩子进行情感、道德教育的学校。2.家务劳动在家庭里是人们相互关系修养的基础。3.手脑并用的劳动更易于发展人们的创造性思想,培养高尚的情感。4.人在自己的劳动中创造自己并理解劳动的美。5.谁于早期童年时代能够在自己劳动中认识自己,谁就能真正获得人的高尚风格和品质。对于审美教育,苏霍姆林斯基相信它应寓于日常的生活实践中、对丰富的文化科学知识的追求中,而不能仅限于在球场、跳舞场、台球台子等文化娱乐场所的安置得当上,更不能寄希望于这样做青少年就会减少犯罪率。原因是,道德上的坚强意志力以及对坏事的抵抗力并不决定于跳舞场、台球台子等文化娱乐场所,而取决于明确的生活目的和高尚的、丰富的精神需求。他指出,增强家庭成员的审美感受、体验,最忌单调无味的活动,因为单调无味的活动对人美好感情及智力的发展是一种最可怕的障碍。他还指出,一位具有丰富精神世界的、有文化的、有广泛的社交兴趣的、有自尊心的、对丈夫的爱情始终不渝的、有严格要求和百折不挠精神的、对坏事不妥协和不容忍的母亲,在家庭中应该是道德和精神上的主宰和领导者,同时也是美的化身,这所具有的教育力量是有些东西无可比拟的。对于艺术教育,他也相当关注。他主张应利用一切可以利用的时间,带领孩子进入美好的自然界中。要使孩子看看花朵的盛开和凋谢,蜜蜂是怎样采蜜的,雪花又是怎么像神话中的巧匠所雕刻的那样。让他们迷恋地去观看那些在晨雾中耸立在他们面前的城市或村镇,观看那彩虹惊人的闪变和那波浪翻滚的金色麦苗。苏霍姆林斯基敏锐地感觉到,从一个孩子如何对待鸟、花、树木,可以看出这个孩子的道德,这个孩子对人的态度,由此提醒家长们注意从小培养孩子对实际生活中美好事物细微的感受力。

强调家庭成员之间的义务责任感,是苏霍姆林斯基家庭伦理思想的一大特色,他多次强调,有关人类愿望的文化修养问题应放在第一位。他提出一个人婚后是否善于生活,就是看一个人是否善于去爱、去尊敬和体贴他(她)身旁的人;能否善于掌握、控制自己的欲望,能否为了家庭的幸福,为了其他人而放弃自己部分愿望。他总结出人类的爱是心灵和肉体、智慧和思想、幸福和义务的结合,它把人带向喜悦和愉快,同时也带向最困难、最复杂、最重大的人类义务中去。他说爱的教育力量,就是指完成最完美的人的义务,爱就意味着用心灵去体会别人最细微的精神需要。他还坚信,义务感——这是人内心的审判者,激起天良的最重要的兴奋剂。义务感对天良来说,好比独木舟上的舵和桨。没有义务就没有天良,就没有高尚的人的原则。一个人如果在崇高的人的义务中没有自己的亲身体验,他就不会得到真正的人的幸福和生活的欢乐,不会感觉到自己的幸福有赖于他人的劳动,也就不会产生感激之情。

苏霍姆林斯基上述这些精心阐发的观点,对于建立和维护正常的家庭关系都是十分必要的。在实际生活中,每一个人都渴望有一个幸福的家庭,过着和睦的生活。但是,这些是不会从天上掉下来的,要靠人们辛勤的劳动汗水去浇灌。作为父母,怎样处理他们之间的关系,怎样处理好和子女的关系,怎样尽到对父母的责任,这些都不是一句空话能解决了的。读一读苏霍姆林斯基的《家长教育学》,对我们正确对待和处理好这些关系无疑是很有裨益的。

(原载《道德与文明》1985 年第 6 期)

# 爱情与家庭生活

## 一、爱情与婚姻

作为意识形态的一种表现,婚姻文化的产生和发展最终都要受制于整个经济社会的发展。然而,婚姻文化并不始终都是被动的因素,在一定的条件下,它对于家庭与社会的发展起着巨大的反作用。婚姻文化建设的首要任务就是巩固和发展爱情。因为,我们社会的基本价值准则要求婚姻应当以爱情为基础,爱情应当成为婚姻关系赖以确立和发展的基石。

要爱情专一,就必须推动爱情自身更新,这是由爱情的本性所决定的。爱情如不能更新,它就要死亡,专一就可能转化为非专一。因此,爱情专一与更新构成一对矛盾。社会主义社会对爱情生活的道德要求是专一和忠贞,但是实际生活中却有一些人不专一和不忠贞。这种理想与现实的矛盾来源于社会存在与社会意识的矛盾,它只能通过发展生产力、发展科学文化以及对人们进行高尚道德品质的教育去逐步解决。爱情的专一和更新与实际的社会生活进程一致,脱离社会生活的爱情既不可能持久,也不可能专一。

西方社会的性解放是社会各种不能解决的矛盾在婚姻、家庭等男女关系领域里的体现。从历史角度讲,它也是古罗马没落时期纵欲主义的翻版。我国是社会主义国家,我们每个人应有自己的恋爱方式、择偶标准及其婚姻生活准则。因此,爱情更新既要同从一而终划清界限,又要同性解放划清界限。性解放是社会关系完全商品化发展到一定阶段的必然产物,它向人类世代所追求的爱情价值观提出了挑战。性解放的理论基础即爱情的多元论,它完全否定了爱情的专一。在我国有的人更新爱情采取离婚的手段,但是这有别于西方社会那种不要婚姻或作为婚姻补充物的性解放。

爱情从花前月下转移至"平平淡淡才是真"的日常生活,它面临着巨大的考验。夫妻平等分担家务不只是一句口号或一种道德义务,它也是一种感情的内化。对于互相尊重人格、基于志同道合而结合的夫妻来说,分担家务不是一种负担,而是对于对方爱情的表示。人的思想体现在他的一连串的行为之中。在此意义上,我们可以说平等分担家务就是衡量爱情深度的标尺。当然也会有例外,比如有的妻子为了丈夫能成才或在工作上能有所成就,而包揽了大部分家务乃至全部家务。可是,这要由丈夫以别的方式来加倍偿付(如他必须在工作上成绩显著或者从经济上和情感上给予妻子追加安慰等)。这些不等于商业交换,却恰如马克思所说的:"人只能用爱来交换爱,只能用信任来交换信任。"[1]

应当说,这种拿工作、经济和情感等去慰藉对方家务的辛劳的做法,不仅适用于女性,而且也适用于男性。无论家务劳动社会化发展到多么高的程度,家务总要费去人们一定的时间和精力。在家务劳动社会化和机械化还没有完全成为现实之前,平等分担家务是使男女平等得以实现的重要保障。脱离生活的、想当然的浪漫爱情不能持久,因为爱情不仅意味着欢乐,也意味着责任和义务。爱情存在于实际生活中,人们对于爱情的体验需要生活的媒介。就此而论,家务劳动不仅具有家政和经济的意义,而且具有爱情的意义。人们不要把"开门七件事"看成琐琐碎碎,不足挂齿,须知它是家庭最基本的功能——消费功能的体现。一个正常的家庭如果这方面出了毛病,马上就会影响家庭的正常运转,随之波及夫妻的感情。

除了家庭琐事的考验,爱情还面临着婚外恋的挑战。婚外恋是婚姻纠纷的一个组成部分,而婚姻纠纷则受到社会政治、经济、文化、艺术、法律、道德、风俗等多种因素的影响。要想消除婚外恋,人们就必须以有爱的婚姻代替无爱的婚姻,达到高度的灵与肉的结合,而这最终取决于生产力的极大发展、科学文化的昌明繁盛、道德上的高水准以及妇女经济地位和文化水平的提高。有人可能会提出现在经济愈发达、文化愈繁盛、交通愈便利的地区婚外恋愈多的事实来反驳上述立论。笔者只想在这里讲明三点:其一,社会商品化趋势所夹杂的性混乱现象,与因为缺乏爱情或爱情转移所造成的婚外恋现象不可同日而语;其二,"婚姻不能听从已婚者的任性,相反地,已婚者的任性应该服从婚姻的本质"[2];其三,对于物质生活与婚姻道德的关系,人们必须辩证地看待。从长远观点看,从整个经济社会发展的总态势上看,随着婚姻中物质考虑和父母主张因素的逐步减少,人们对谈婚论嫁的自主性和能动性将得到增强,婚外恋也将有所减少。

成功的事业与美满的婚姻家庭生活是人生两大追求目标。一般讲来,以事业为主、婚姻家庭生活为辅的观点容易被人们接受,而那种为了事业放弃婚姻家庭生活的观点虽然令人敬重,却很难让大多数人效法。人生的主要目的在于事业上的奉献,这是确凿不移的真理。但是,一个人没有爱情生活,毕竟是人生憾事。有人或许会举出一些人才华横溢,对社会贡献甚大却终身未婚的事例。笔者认为这种现象有着种种特殊的原因。健全的理性、卓越的工作能力与幸福的婚姻家庭生活并不矛盾。

从生活中我们可以悟出:爱情是享受,也是牺牲、创造和追求,它是灵与肉、理想与现实、共性与个性的对立统一。建立在生物与社会学基础上的情爱必须通过婚姻家庭生活的验证。爱情与婚姻家庭生活的统一,实质上就是社会生活与婚姻家庭生活的统一,因为爱情是社会多种因子的结晶。未来人们会把爱情当作最大的社会价值去培育和珍视,而不会采取实用主义的态度去对待它。由此可见,未来的婚姻家庭生活将会更加"人化"而非更加"物化",人们将最终用理智和情感来驾驭经济因素。物质上的极大丰富并不会削弱爱情的社会价值。相反,它会使爱情以其从来没有过的魅力吸引着人们。

## 二、家庭生活方式与精神文明

随着现代化事业的发展,家庭生活在整个社会生活中发挥的作用日益增强。家庭生活方式分质和量两个方面。质是指家庭成员的生活情操、文化、艺术素养、气质和风度、爱憎观念、自我教育的自觉度等;量是指一定的家庭物质设施、消费和种类、具体的时间支配、家务支配、业余文体美爱好种类等。

分清这两个方面很重要,因为前者是它的内容,直接体现了家庭的精神文明度;后者则是它的形式。同样是家庭物质消费,有的人是大手大脚,脱离实际条件单纯去追求高档商品和现代化的物质享受,甚至图谋不轨、以身试法;有的人则是既不安贫、吝啬,也不挥霍浪费,科学、合理地支出,量入为出,略有赢余,利国利民。同样是家庭文化消费和业余爱好,有的人是不惜花费在古今中外对人类有价值的科学、文化艺术知识及体育活动上,从中获得有益的智慧的启迪、道德的教育、艺术的熏陶、体魄的健全,从而心胸开阔,精力充沛,热爱生活。有的人则是破费在购买色情、凶杀、各种荒诞、离奇小说上,甚至迷恋于黄色录像、歌曲、图画等低级趣味之中,花钱换来了心灵的污染。

可以从下列几个方面判定家庭生活方式是否质优:

一是是否注重培养共产主义精神。共产主义的伦理准则是把"各人为自己、上帝为大家"变为"人人为我、我为人人",人们逐渐能够从"我的"观念转变为"我们的"观念。社会主义社会的人们是同志、兄弟、朋友,无根本利害冲突。在家庭中,除了血缘关系产生的天然情感,还应有基于理想、志向一致的集体主义精神。在家庭成员的涉外关系中,也不应当允许对社会成员麻木不仁、漠不关心的行为存在。相反地应当呈现出人与人之间同情、宽容、乐于助人的情感。如果一个家庭不能够造就这样的精神气氛,这个家庭的生活方式就谈不上文明、健康、进步。

二是是否有利于青少年成长。呆板、吝啬、乏味、单调、守旧的家庭气氛对青少年的身心发育极其不利。这样的家庭一味尊崇家长权威,信奉"棒打出孝子",藐视道德情感教育及体、美两育,势必培养出道貌岸然的伪君子及唯唯诺诺的庸才。虚伪、争吵、酗酒、偷盗、低级情趣十足的家庭环境,对青少年成长有害,它使幼苗在初期阶段惨遭病虫害,罩上夭折的阴影。父母工作及生活作风正派,业余爱好广泛而高雅,加上哲理与情感相统一的个人修养,待人忠厚、诚挚的态度,疾恶如仇且乐于助人的个性,都会对子女产生良好的影响和感染。从某种意义上说,成人生活方式是下一代人生活的一面镜子,在潜移默化中,它既可以塑造出品学兼优的一代新人,也可以产生劣迹累累的不良青少年。

三是是否有利于家庭成员个性的丰富和发展。封建主义社会压抑人的个性,资本主义社会强调个性绝对自由,社会主义社会有别于这两者。它的生活准则是:提倡社会与个人的统一,严肃、紧张与活泼、团结的统一;提倡个人正确地认识社会,并正确地看待自己,在大集体的活动准则下充分地发挥个人自由。由于社会生产力的发展、物质生活水平的提高、闲暇时间的增多,人们的物质消费需求、文化智能需求、道德需求、审美需求、交往需求、创造需求会日益增长。满足人们这些合理和正当的要求,体现了社会主义的优越性,构成了今后社会主义追求的目标之一。基于上述各种要求,社会成员的创造性需求在社会实践的发展中显得越来越重要。人类的主观能动性不会满足于客观世界的给予,它要通过体力与脑力劳动不断地改造世界,以满足个人的多样化需求,给物的世界打上个人智力与体力的标记。科学的创造,表现为利用业余时间搞技术革新与发明,为社会增加物质财富;审美艺术的创造(业余时间的绘画、欣赏音乐、雕刻、摄影、书法、体育竞赛、舞蹈等活动),使业余时间的合理利用显现出人的多种多样的才能,使人得到自由而全面的发展。另外,美化环境,热爱大自然,显露出日常生活中人对美的意趣的创造,启发和激励人们按美的规律来自觉地塑造自身。如种植花草树木,造就了环境美,可以陶冶人的情操,促使人热爱生活、奋发工作;节假日携家人外出旅游,可以一睹祖国河山风光,陶冶爱国主义情操。业余生活的丰富多彩,丰富了社会成员的个性,培育了精神文明素质,锤炼了个人身体素质,更不用说为祖国的体育、艺术、科学培育了一批人才,为社会成员个性的丰富和发展开辟了广阔的天地。这里没有空虚、悲观、颓废、失望,没有对于金钱、声望的顾虑。社会主义家庭生活方式的实质就在于它的创造性。它塑造新人,创造和睦、友爱的家庭气氛;它创造科学和艺术,在自然界和社会生活中展现出家庭成员的智慧和力量,以人的德、智、体、美全面发展的成果造福于社会。

四是是否有利于家庭成员感情增进。家庭最基本的关系是父母子女的关系,其中又数夫妻关系为最主要,它是家庭稳固和发展的基石。家庭生活方式上产生的矛盾,不仅与夫妻双方的性格有关,它也最终体现在政治观点、生活观念的不一致上。家庭中不满意党、社会主义制度的人寥寥无几,可在改革与守旧问题上发生矛盾的绝非个别,它体现在生活观上,也会形成矛盾。一次正常的舞会或一次有益的艺术欣赏、社会交往不会危及家庭关系,而长久积郁的刻板、单调、压抑、守旧、争吵的家庭气氛,却孕育着危机的苗头。提倡文明、健康、进步的生活方式,是家庭关系最好的净化剂。这可以使人们正确地对待金钱和权力,牢固树立为社会和人民服务的观念,热爱工作、生活和艺术,成为主、客观一致,社会、个人一致,他人、自己一致的人。有了这样的基础,夫妻感情会与日增进,共同语言及共同乐趣自然会从无到有。

五是是否有利于培养科学的消费意识。近些年来,在离婚案件中,因经济矛盾导致家庭破裂的不算少数。究其根源,家庭的不合理消费也算一个。有些家庭不根据自己的实际收入,片面去追求高生活标准,无节制地购置高档商品,以致造成入不敷出,月月拮据,夫妻因此反目。家政管理是一门科学,它可以引导人们科学、合理地消费,杜绝家庭内不文明现象的滋生,巩固和发展家庭关系。普及家政、管理知识,不单是一个经济问题,也是一个重要的精神文明建设问题。

综上所述,家庭生活方式既有物质文明的内容,又有精神文明的内容。家庭生活方式有质的特殊性,即有别于生产方式发展规律的自己特有的发展规律。一定的家庭物质条件虽是必需的,是家庭生活方式赖以存在的基础,可家庭成员的文化素质、科学素质、道德水平、审美意识及能力,对于家庭的物质条件具有相对的独立性。在一定的条件下,它也会成为家庭生活方式的主导方面,决定家庭生活方式的质,左右它的发展方向。现实生活中,的确不乏物质生活条件一般而精神文明发达的家庭。虽然家庭精神因素目前受物质因素制约的程度还很强,但家庭精神因素在家庭的发展中将会愈益起作用(当然,最终不能完全超越物质因素的作用)。在家庭生活方式更新中,我们在注重物质文明建设的同时,务必不能松懈精神文明的建设。当家庭物质条件达到一定水准时,应把提高家庭成员的精神文明素质作为家庭生活方式的主导方面,以进一步促进家庭成员的劳动积极性,为社会和个人创造更多的物质财富。这应当是一个辩证的良性循环过程。

**参考文献:**

[1]马克思,恩格斯.马克思恩格斯全集:第42卷[M].中共中央马克思恩格斯列宁斯大林著作编译局,译.北京:人民出版社,1982:155.

[2]熊复.马克思恩格斯列宁斯大林论恋爱、婚姻和家庭[M].北京:红旗出版社,1982:26-27.

(原载中国婚姻家庭研究会会刊《婚姻与家庭》1987年第8期)

# 家庭题材文学作品中的文化价值取向

近代以来,以家庭问题为素材的文学创作去表现重大社会内容的作品屡见不鲜。从曹雪芹的《红楼梦》到巴金的《家》,以及后来的《子夜》《日出》《雷雨》,家庭的盛衰浮沉仿佛成了当时社会生活的晴雨表。不过,那时的家庭不是作为封建专制的象征,就是以金钱为纽带,离家出走成了那个时代家庭变革的基本主题。

中华人民共和国成立后,人们普遍地建立了民主、和睦、平等的新家庭。新家庭成了人们日常物质生活的基地、精神情感交流的媒介和闲暇活动的场合。从《李双双》到《甜蜜的事业》,排除极左时期一系列的政治因素的干扰,人们对家已经换上了一种含情脉脉的目光,那里面再也没有昔日的悲凉、沉重和冷峻。从文艺创作的角度讲,这是一个从家庭悲剧转向家庭喜剧的时代。

20世纪80年代,市场经济的发展犹如一柄看不见的魔杖搅动了家庭生活这一潭死水,使千千万万的男人和女人开始上演"家家有本难念的经"之类的室内剧或室外剧。

20世纪90年代,随着改革与开放进一步深入以及市场经济的繁荣,人们的婚姻与家庭生活又出现了许多新情况和新变化。这些新情况和新变化最及时地被反映在以家庭生活作为创作对象的文学作品中。

在近些年来一些敢于直面现实生活的、以婚姻与家庭为题材的文学作品中,总体上反映着以下几种矛盾:1.婚姻理想与现实生活的矛盾;2.利益与道德的矛盾;3.传统因袭与时代革新的矛盾。

在池莉的《烦恼人生》《不谈爱情》《太阳出世》三部曲中,体现着一个共同的意蕴,即理想的爱情、婚姻生活形态与现实生活形态之间的矛盾。上述三部小说通过主人公对生活的内心体验而完成了由理想王国向生存现实屈服的艰难的内在转换。当然这里面有痛苦和呻吟,但最后毕竟人的游移不定的思绪有了定格。就像《不谈爱情》中的庄建非,他在暴风骤雨般的家庭大战后无可奈何地自我总结:"过日子你就得负起丈夫的责任,注意妻子的喜怒哀乐,关怀她,迁就她,接受周围所有人的注视。与她搀搀扶扶、磕磕绊绊走向人生的终点。"这段话如果用哲学的语言加以改写就是:成功婚姻的要诀,不在于双方各方面的般配,而在于双方相互的心理相容性。那些有幸享受到银婚和金婚快乐的伴侣们大都是在婚后睁着一只眼又闭上一只眼的"装聋作哑"者。

一些人张口闭口"爱情",可是这种爱情缺乏持久的生活燃料的推动,难以经受住时间与环境变迁的双重磨炼,而那些在柴米油盐中凝聚的夫妻间的生活情分却在时间的长河中慢慢地流淌。《烦恼人生》中的主人公印家厚也曾做过不着边际的梦,但是,他并未真正地陷入虚幻的"梦境"之中。最终,他从个人不尽如人意的家庭生活中顿悟出一个平凡的有关婚姻的真理:"你遗憾老婆为什么不鲜亮一点吗?然而这世界上只有她一个人在送你和等你回来。"生活不断地昭示人们:在个人无法选择的生存环境下,在无人能够事先预测的生活难题面前,丈夫和妻子、男人与女人只有相互搀扶,相互支撑,风雨同舟,以执着的韧性和不熄的热情迎向坎坷的人生,才有可能闯过婚姻长河中的险滩,看到那落日的壮观景象。否则,婚姻的小舟将在头几个回合的风浪中倾覆。

这个时期的一些文艺作品反映了人们的婚姻与家庭在利益与道德的天平上更多的是向利益倾斜。在《离婚指南》中,杨波的妻子明知丈夫已经移情别恋,相互间的情缘已尽,可是,为了维护既得的婚姻与家庭利益,她还要强撑着把家庭主妇的角色扮演下去。对于杨波的妻子来说,离婚就是死亡,死亡就是离婚,即使以身相殉,她也要竭力去维护这桩爱情已经消失的婚姻。她的执拗,使人很容易联想起"从一而终"的祖训以及"婚姻就是女人的生命"的格言。没有爱情的婚姻是不道德的;可是,在世俗的眼光看来,离婚本身就是不道德的。当杨波把那本《离婚指南》抛得远远的,大声地向众人疾呼"这里面全是瞎话,全是骗人的东西"之际,他的心在流血。然而,他只能继续在婚姻的城堡之内,眼看着孩子手中那只失控的气球飘向无边无际的天空。他渴望心灵的自由,可是这种自由竟然是没有方向、没有目的的,前途十分渺茫。

关于家庭生活观念的传统因袭与现代革新之间的矛盾乃是文学作品中一个常讲常新的话题。早在20世纪初,那些不甘平庸的"娜拉们"和"觉慧们"就纷纷地冲出或逃出父亲的家、丈夫的家,走向他们心目中朦胧地向往或清晰地描绘出的那种崭新天地,犹如一群被关闭了很久的小鸟飞出了方寸之地的笼子。可是,在一阵风光和潇洒之后,由于寻觅不到理想的栖息之地,耐不住饥饿与寒冷的煎熬,这群小鸟又重新飞回笼子。20世纪40年代末,家庭的结构、功能及其观念形态随着整个社会大变革的狂飙起了翻天覆地的变化。家庭经过分离、调整、改造等社会性的手术后被重新组合,重新散发出它本身所具有的温馨。然而,二十年的政治风暴又打破了人们安安稳稳居家过日子的梦幻。对于不少人家来说,悲欢离合与孤独幽怨的情绪几乎成为他们家庭生活的精神特征。

20世纪90年代,随着社会经济的大腾飞,家财万贯、饱食终日、尽情享乐在一些人的心目中逐渐成为一幅美丽而又优雅的生活图景。这种人对自己精神上的萎缩变得习以为常,并且常常能用一些恰到好处的妙语加以自我调侃,从中获得一种虚幻的满足。

在20世纪末的中国,家族主义的魔影早已灰飞烟灭,大男子主义的神话也已日见消解,取而代之的是经济实用主义的"虚假个性表现"风靡于世,长盛不衰。昔日,家庭观念的时代革新靠的是不断地冲击家族主义的残渣余孽。一旦家族主义销声匿迹,人的个性发展就丧失了原有的作战对象。它只好以物质力量的人格化作为下一个对手。这就类似于一位棋坛高手打败了世界上所有的棋手后开始以电子计算机作为其新的对手一样。一些人之所以三番五次地离婚,并非为了追求什么永恒的爱情,只不过是为了以此证实与肯定自身的存在与活力。他们把离婚当成改变现实生活处境的手段。苏童在《末代爱情》一书的封面题词写道:"这是一个充满了爱情的世界,我们无奈地生活在其中,玩味他人也被他人玩味……"商业化所造成的物质力量就使得人的个性表现达到极致后走向了虚假化。草率结婚与任性离婚的无数事例让人们对于婚姻望而却步。人们经营这,经营那,唯独对于婚姻的经营不敢抱太高的奢望,甚至迟迟不敢跨进围城之内。

至于已经生活在围城之内的人们,则常常处于自相矛盾的状态。每天与自己的女人耳鬓厮磨,男人们会烦得要命,而一旦离开老婆,他又累得要死,当然,男人们不会长久地驻留于困惑之中,于是就有人发明了将传统因袭与现代革新合二为一并让它们和平共处的妙玩意:喜新不厌旧。在果然的小说《离家》中,那位丈夫把妻子玉洁当成他家常生活中必不可少的盐,却把情人泡泡比作调鲜

二 爱情婚姻家庭研究

的味精。作者试图劝告人们：夫妻间应当相互信任，不要让嫉妒的毒汁侵蚀家庭健康的肌体，但是这种信任和宽容以相互的忠诚为基础，容许对方社交自由并不等于放纵对方去眠花宿柳。看上去丈夫和妻子都可以拥有情人，仿佛是最公平和最圆满的解决方式，岂不知这样做与性爱的本性相悖。竭力去维持无爱的婚姻关系是不道德的，把爱留在婚姻内，在婚外寻找性满足同样不道德。懒得离婚比起那种以离婚为手段去解脱生活的困惑，去点燃新的生活追求是更大的懦弱。

余斗在小说《男人女人》中叙述了一个同样的故事：一个叫杜语的男人背叛了有恩于自己的妻子，投向另一个女人的怀抱。结局是一个女人发疯，另一个女人遭到痛打，至于那位自命不凡的男人，他则因处于两个女人的夹壁之中不能解脱而最后以身殉情。杜语很希望自己的身体能一分为二，一半给妻子凤，另一半给情人玲。他是一个当代的堂吉诃德，全身浸透了大男子英雄主义的梦呓，妄想重振昔日的雄风。

而在小说《一个只爱自己的男人》中，主人公袁和把妻子娴静看成自己的房子，将情人赵晖当作房外飘浮的绚丽的彩云。房子给他一份生活的踏实，彩云为他的生活增添万般的色彩。袁和心里想要彩云，却执意不肯离开房子半步。这种一厢情愿的、想鱼与熊掌兼而得之的性爱观既愚昧又自私，丝毫没有考虑到女性的需要，哪里能谈得上婚姻观念的革新？婚姻的建立与解体都应当以爱情为衡量标准，否则，它只能是虚假的观念更新——穿新鞋走老路。

在女作家蒋韵所著的《落日情节》中，郗童一生都无法摆脱母亲的阴影，无法走出哥哥和传统的阴影。这部小说隐喻了家庭与社会的传统无意识的力量对于一位女性自我意识的消融程度。郗童的自卑与自虐，实际上就是在传统的集体无意识的驱迫下心理畸变的结果，既令人同情又令人感叹。从理论上讲，家庭关系的进步与妇女自身解放的进程应当同步；然而，现实生活中总是涌现出不少这样或那样不尽如人意的事情。作为一名有志的女性，她不仅要与自身的惰性做斗争，而且要与家庭与社会环境中客观存在的种种陈腐观念抗争，她们的生存与发展比起男性们要显得更为艰难。所以，在女作家以家庭问题作为题材创作的作品中，都毫无例外地提出了这样一个问题：男子的妇女观的现代化问题。这是一个具有深刻现实意义的问题。只有男子的妇女观的现代化，才能为女性人才的脱颖而出创造良好的精神条件，同时也减少一些不必要的家庭悲剧。

我们可以就此推测:我国家庭关系的进一步发展,有待于女性自我解放和自我发展意识的增强及实现程度的进一步提高。因为,只有后者才能使家庭关系注入新的活力,增添新的因素,帮助人们彻底走出传统与现代交替循环的怪圈。

总之,近些年来以家庭问题为题材的文学作品中的文化价值取向的基本格调是健康的、向上的。它张扬人文精神,推动家庭关系的民主化,强调个性自决意识与社会协调意识的统一,以及将妇女解放和家庭关系的更新与发展相提并论。

自然,在一些以家庭生活为题材的文学作品中,也确实存在着一些不良的思想倾向。譬如宣扬家庭虚无主义,鼓励享乐主义的两性观以及宣扬玩世不恭、逃避现实的人生态度等。尤其可恶的是:在一些作品中竟然充斥着诲淫、诲盗、贬损女性自尊和人格等令人不堪入目的东西。所有这一切,都是由市场经济的两重性决定的。一方面,市场经济以摧枯拉朽之势摧毁了人们头脑中陈旧的家族意识,为他们个性的发展以及自身的解放创造了前所未有的机遇和条件;另一方面,金钱的力量和利益的驱使又使得一些人的人格物质化,导致他们家庭关系的畸变和女性观念的非人道化。看上去这仿佛是一种二律背反式的矛盾,其实这正是社会生活与家庭生活的题中应有之义。家庭在相当长的一个历史时期内既不可能消亡,也不可能总是固定于某一种模式或风格。它的发展前途是光明的,行进的道路却是曲折的。唯愿有更多的真正有利于家庭更新与发展的好作品问世。

(原载《河南社会科学》1996年第3期)

# "五四"新文化运动与中国爱情观的发展

"五四"新文化运动高扬科学与民主的伟大旗帜,以摧枯拉朽之势荡涤了封建主义的旧思想、旧文化、旧道德和旧习惯。在这场中国式的文艺复兴运动中,冲破封建意识的网罗、争取婚恋自由的思潮汇成席卷全国的热潮,其深远的影响为中国历史所罕见。经过"五四"新文化运动的洗礼,中国的两性关系从此面目一新。

## 一、"五四"新文化运动以前中国爱情观发展的特点

黑格尔认为,在古代中国,由于人们普遍缺乏个人主体性,作为一般范畴的爱情意识并不存在,个人的性爱都被通过婚姻同化在"家国一体"的社会结构中。美国爱情学家欧文·辛格也持同样的观点。在他看来:"在古代的东方哲学——印度教、佛教、儒家思想、道教和禅宗中,几乎不存在性爱传统。与此相应地,东方对爱的概念理解也没有什么发展……"[1]罗素甚至认为:"在中国,爱的情感是罕见的,从历史上看,这只是那些因邪恶的婢妾而误入歧途的昏君的特点。中国的传统文化反对一切浓厚的感情,认为一个人在任何情况下都应保持理智。"[2]

上述西方学者的观点固然在爱情文化上反映了一种傲慢自大的"欧洲中心论"的倾向,却也在一定程度上揭示出我国古代的爱情意识作为一般的社会概念无从确定。因为,在我国古代以至近代,论及爱情的文章和专著寥寥无几,有关爱情的理念不甚发达。

在古代中国人的两性关系中,性需求与爱情的问题一般说来并非结合个人和个人的知觉能提出与解决的。个人在择偶时都必须符合一定的社会角色;在

个人爱情的实践中,安身立命的色彩总是盖住终极关怀的色彩。即便在中国文化的"个人主义时期",如六朝、唐朝和明朝,在个人的性爱生活中也总是理智的成分大于情感的成分。中国人的爱情究竟到哪里去了呢?按照我国学者戴伟的看法:"它类化为天地、夫妇、阴阳、乾坤、上下等框架中去了。这就导致了中国的男女之情不轻易谈'爱',而朝两个方面倾斜:一个方面是家庭、婚姻、人伦、礼教,强调'恒''久',稳定家庭、传宗接代,纳入宗法制的大轨道中;另一方面是讲房中交合、养生采补,以至流入淫邪,形同游戏。这两个方面都避免谈到'爱'。"[3]

中华民族的哲学思辨注重实用,文化上关注个体道德心理与审美心理体验,语言上诗意化等特征,无不决定中国爱情具有本体意义上的感性化、认识结构上的艺术审美强势,以及表达方式上的含蓄、内向、模糊、赋予自然事物以人格化的情感等。具体说来,中国人的爱情意识是以情感逻辑的方式内存于语言文字中,它体现着一种带有浓郁道德心理与审美心理色彩的诗性智慧。换句话说,它并不是以带有纯粹思辨性质的专著和专论的形式出现的,而是大量存在于历史资料和文学艺术作品之中。内存于数千年大量的史料和文学作品中的中国人的爱情意识,张扬着一种诗性的浪漫。就此而论,中国爱情萌发于先秦时期,其后历经秦汉时期的英雄美人之恋和民间自由婚恋的古朴之风,魏晋南北朝时期淫逸世风中的女性情爱,隋、唐、五代开放氛围中的爱情风采,宋、元、明时期的名士与艺妓之爱和市井生活中的情爱奇葩,在清代奏出天理与人欲夹壁中的爱情悲歌,预示着现代情爱个性化意识的萌生。然而,由于各种主客观条件的限制,它始终没能上升为浪漫的理性。

在中国古代的诗歌、戏剧、小说、传奇等文学作品中,不乏表现爱的夸张、爱的梦幻、爱的疑虑、爱的苦衷及爱的悲歌的内容,但是其主题常是闺怨和弃妇,其格调充满凄婉悲忧和孤寂怨恨。在中国古代失意文人和艺妓的关系中,倒是表现着超出一般婚姻意义上的个人情爱关系,但这只是杜牧、元稹、柳宗元之辈在仕途失意之际寻求的情感寄托,他们在骨子里依然期盼自己能够成就功名富贵。然而,在中国传统社会的历史文化背景下,这一类的爱情遭遇及其在文学艺术上的表现,并不能构成真正哲学、伦理学、社会学和美学意义上的爱情思想形态,两性情爱关系的理念萌芽,在专制政治体制与宗法伦理道德观念的夹壁墙中根本无法生存。

由于缺乏爱情的酵素,中国古代的两性关系不是陷入淫佚世风的污秽,就是遭到虚伪礼教的禁锢,一直在对立的两极中运动。在漫长的中国封建社会,没有出现欧洲中世纪的骑士之爱,有的只是《梁祝》《牡丹亭》《红楼梦》之类的"梦幻式"爱情。这一类爱情在一系列妇规、闺训或者教坊青楼里的淫词艳曲的包围与夹击下,显得苍白而无力。缺乏主体性,缺乏人格的独立和自由,仅仅为了适应一定的社会角色而压抑自身的天性及其情感表现,这样就整个地体现了古代中国的婚姻精神,造成爱情与婚姻的长期分离。

中世纪时期的欧洲人认为,夫妻之间的性关系是一种神圣的宗教体验,古代中国人则认为是一种上以事宗庙,下以继后世的社会行为。虽然前者侧重的是终极关怀,后者侧重的是安身立命,但是两者在排斥两性关系的完整性——性与爱的统一上却完全一致。在中国古代,有关婚姻的典章制度以及家规、家训之类的道德书籍颇为健全和丰富,以至于形成了系统的道德理论体系。在意识形态与实际生活领域里排斥具有优雅和浪漫特征的两性情爱意识的结果,只能造成"举案齐眉"式的夫妻之爱。这种具有法的意义的伦理性的爱,长期作为爱情的替代品,在我国历史上甚至在当今的现实生活中,产生了很大的影响和作用。

在中国资本主义处于萌芽状态的明、清时期,出现了最早的城关市民阶层,代表这个阶层社会利益和思想倾向的文人们在自己的创作中表达了他们的人生理想和爱情意识。当时,在戏剧中有《牡丹亭》《桃花扇》《长生殿》,在小说中有《红楼梦》《聊斋志异》,在拟话本中有《三言二拍》《今古奇观》,在诗歌中则有《锁南枝》等。然而,这些封建末世文学形态的爱情萌芽意识十分脆弱,难以与现实生活中强大的封建礼教相抗衡。由封建的家族观念、两性观念、生活伦理观念所铸成的思想牢笼,依然在当时的实际生活中紧紧地束缚着人们的头脑,使他们在婚恋上谨守祖宗遗训和儒家经学教条,不敢越雷池半步。而在救亡图存、创建民国的斗争中,资产阶级民主派所要解决的当务之急是政权与民族解放问题,无暇顾及婚恋改革。因此,辛亥革命后,封建礼教仍然主宰着大众实际的婚恋生活,各种陈规旧习依然在广大城乡横行无忌。

黑格尔在谈及爱情的冲突时曾提及三种因素:一是荣誉和爱情的冲突;二是政治关系、对国家的爱、家庭职责之类永恒的实体性的力量与爱情的冲突;三是一些外在的情况和障碍,如事物的寻常演变、生活中散文性的事物等与爱情的冲突。[4]辛亥革命后,在军阀政治、买办经济、半殖民地半封建社会文化三位一体的特定历史环境条件下,黑格尔所揭示的上述三种冲突在"五四"前夕中国民众的实际生活中,已经达到了登峰造极的地步,一场文化革命的风暴已在所难免。

## 二、"五四"新文化运动对爱情的启蒙与推动

从严格的科学含义上讲,中国人真正能自由恋爱的时代发端于"五四"新文化运动。

辛亥革命虽然推翻帝制,赶跑了一个皇帝,却没有来得及清除人们头脑中的封建思想意识和伦理价值准则。由于旧民主主义革命的不彻底,由于封建意识形态的相对独立,由于中华民族精神性格的缺陷,那时广大民众就像不知道如何行使自己已获得的做人的权利一样,依然不知道怎样去争取个人的婚恋自由,甚至不懂得爱情究竟为何物。因此,在"五四"前夕的中国,婚恋与家庭领域就成为封建残余势力盘踞的最后一块领地。"五四"文学革命的锋芒首先指向千年一贯制的孔孟礼教及其所衍生的陈旧的男女婚恋关系,唤醒了大众潜意识中对于两性真挚情爱的渴求。"五四"新文化的狂飙摧毁了"家国同构"的社会框架,从其中拯救出个人的性爱。

走出家庭,投入社会改革的洪流,是"五四"时代青年们引以为豪的时尚。家族制度是封建社会制度的原型,构成其专制体制的基石;封建专制体制则通过家族制对个体施行思想教化和道德约束。可以说,中国是一个靠尊卑长幼的伦理纲常来维持的典型的家族型社会,旧式家长多半使用愚忠愚孝这一套封建礼教来禁锢青年的思想,拿"父母之命、媒妁之言"或"天作之合""前世姻缘"等说法去支配青年的肉体。在以伦理为本位的封建社会体系中,家族实际上成为社会权力的中继站与道德行为的监察所。个性,尤其是性爱个性之所以被视为洪水猛兽,为家族和社会所不能容忍,无非是因为它对于这种"家国一体"的社会管理体制构成了根本性的威胁。

"五四"新文化思潮所张扬的个性自由、婚恋自决意识以及美满的婚姻应是排除一切利害关系的灵与肉相结合的新观念,汇成一道对"家国同构"的理论基

石——孔孟礼教的强大冲击波。恋爱对于生命的意义,对于人生的价值,经过鲁迅、胡适、陈独秀、吴虞、周作人、汪静之等名人文士犀利文笔的刻画和渲染,点拨着无数青年男女迷惘的心灵,激励他们挣脱封建宗法关系的罗网,去争取个人的自由与幸福。尤其是鲁迅的一系列战斗檄文,对封建礼教的虚伪性、残忍性和欺骗性进行了入木三分的揭露和发人深省的剖析,唤醒了无数麻木的心灵。

"五四"新文化运动对于个人性爱的拯救是中国婚姻性爱史上的历史性转折,其规模、范围和影响均前无古人。即便在两性关系比较自由与开放的唐代,性爱自由仍然被限制在局部的范围,封建礼教从总体上依旧作为封建宗法制的基础而在人们的婚恋生活中发挥重要作用。"五四"时代则不同,"打倒孔家店"就是意味着要在全面摆脱封建专制思想文化统治的过程中,让两性关系来一次彻底的革故鼎新。这也就是当时在《新青年》等刊物上所登载的鼓动性文章,至今让人读来犹觉振聋发聩的原因所在。

"五四"新文化思潮发现并解放了妇女,为新的两性情爱关系的诞生打下基础。18世纪,是人的解放时代;19世纪和20世纪,则是妇女与儿童解放的时代。"五四"新文化思潮的代表们在中国历史上第一次全面地提出了妇女的地位及其解放,使妇女问题成为当时社会举目关注的热点。那时,有关妇女的经济独立、婚姻自由、离婚时的财产权以及贞操、独身、教育、禁娼、放足、童养媳等问题的思考与议论遍及各类报刊,真实地反映出当时的思想文化界对于妇女的生存、思想、情感状态以及人生追求的认识水平与理解程度。

由于妇女是传统礼教与家族制度下最大的受害者,"三从四德"和贞节牌坊就成为当时妇女界万箭齐发的目标。女性自我意识的觉醒,率先在一部分女青年知识分子中萌发。她们受新思潮的影响,纷纷走出禁锢自己身心发展的旧式大家庭,求经济独立,求精神发展,其中不乏有一些女杰以天下为己任,积极投身社会改革运动。通过冲破封建贞节观念对于女性的桎梏,倡导男女社交自由,推动教育开放"女禁","五四"新文化运动催化出在思维方式、生活方式、价值观念上完全不同于旧式淑女的新女性。这种新女性的出现,孕育着符合时代发展需要的、真正对等的爱情关系。她们不可能再去任由父母媒妁或天上月老的摆布,她们需要的也不再是提供自己衣食的丈夫,而是人生的知己和伴侣。

"五四"新文化思潮为我国爱情思想形态的形成与发展注入生机和活力。在"五四"之前,中国人基本上不具备个人的主体性意识,由鲁迅所揭示的阿Q类型的性格,实际上就是过去时代中国国民精神性格的缩影。在由封建专制文化所熏陶的个体麻木、僵化的精神状态下面,爱情缺乏其产生与发展所必需的基本条件。五四运动最伟大的历史功绩,就是猛烈地抨击了这种在专制政体和封建礼教的双重挤压下所形成的国民的奴隶性,唤醒了人们的自我尊严和人格意识,激励他们昂首挺胸地做人。这样的一代具有新思想、新文化、新道德的新人一经出现,就展示着中国两性关系全新的面貌,随着个体性爱自主意识的萌发和发展,符合新的社会形态的爱情理念渐趋形成。

"五四"之际,新文化启蒙者们对爱情问题的探讨,涉及废止订婚、禁止童养媳、男女社交自由、贞节批判、婚恋自由等方方面面的问题,形成了对封建伦理纲常的全面清算,"五四"之后,挟新文化思潮之余威,人们对爱情的认识朝深层发展,对于爱情的内涵、爱情的条件、爱情的社会性、爱情与人生、爱情与性、爱情更新、健康的爱与病态的爱等许多方面进行更深层次的分析,得出了全新意义的独到见解,在全社会初步形成具有社会形态的爱情理念。

可以说,"五四"时代本身已经成为中国爱情史上的一个分水岭。"五四"之前,中国的婚姻性爱关系基本上被封闭或同化于家国同构的社会体系中,人们虽有婚姻情分,却缺少个体性爱,整个社会难以形成带有理念色彩的爱情意识形态。"五四"之后,随着发端于个体主体意识的觉醒和家族意识与礼教信条樊篱的被冲破,爱情理念的初步社会形态在广大青年争取婚姻自由、追求爱情完美的斗争实践中逐渐形成。

## 三、"五四"新文化运动对爱情启蒙与推动的历史局限

"五四"新文化思潮的洪波涌起,是鸦片战争之后民族危机加重,中华志士仁人救亡图存、苦苦追求时代真理的高峰体现。这是一场对几千年封建思想文化和伦理纲常的总讨伐和总清算。破字当头,就需要有批判与自我批判的大无畏精神,需要有高屋建瓴的思想气魄和藐视一切的社会激情。当时,旧的东西虽然已经腐烂发臭,却依然盘根错节,根深蒂固。

然而,像封建礼教这样影响中国民众精神生活几千年的庞大思想体系,仅仅宣布其腐朽、过时还远远不够,只有韧性的战斗与深层次的解剖,才能从历史发展的意义上扬弃它。在"五四"新文化思潮的代表中,唯有鲁迅才真正地做到了这一点,因为他是一个清醒的、深刻的批判现实主义者。

大多数"五四"时期新思潮的代表们,他们本身是非常激进的理想主义者,恰如恩格斯曾对法国百科全书派所描绘的那样:"他们不承认任何外界的权威,不管这种权威是什么样的。宗教、自然观、社会、国家制度,一切都受到了最无情的批判;一切都必须在理性的法庭面前为自己的存在作辩护或者放弃存在的权利。"[5]但是,"五四"之后的社会状况与那些启蒙文人们对理想的憧憬相差太大,简直成为一幅令人极度失望的讽刺画:军阀混战,列强逞凶,内乱外侮,民不聊生;在两性关系方面更是令人悲哀,不仅旧的封建罪恶和恶习有增无减,而且文明的病毒如情杀、自杀、性病等也开始在都市中迅速蔓延。

对此理想与现实的巨大反差,有些"五四"的文化斗士先是迷惘、彷徨,之后竟然复归古典,转身朝拜自己曾经痛斥过的偶像,蛰居于象牙塔中尊孔读经;极少数不甘寂寞的情节恶劣者甚至依附于军阀或帝国主义,助纣为虐。在这种颓废思潮的影响下,有些青年也倦鸟知返,重新回到自己曾诅咒过的"罪恶"家庭,心甘情愿地当起了傀儡。以上虎头蛇尾的现象表明:只有超越一般社会进化论,上升为辩证唯物论,才能最终战胜封建礼教,否则历史将会一次又一次地重演。

"五四"新文化运动从本质上讲虽是一场唤起民众社会忧患意识与个人自由意识的反帝反封建的文化革命运动,但是其参加者多半是知识分子尤其是中青年知识分子,其影响范围仅局限于大、中城市。由于这场自上而下的意识形态领域的革命没有触及占人口绝大多数的农民,因此就根本不可能彻底清除封建思想文化的社会根基。"五四"之后,农村的封建宗法势力继续在"至圣先师"的名义下毒害着青年的思想,封建礼教继续在愚昧落后的民风民俗的包裹下支配着青年的肉体。"五四"新文化思潮虽极大地冲击了传统的贞节观和婚姻命定说,从"家国同构"的社会框架中拯救出个人的性爱,然而,这种拯救只局限于少数城市知识分子和城市平民,却留下了广大乡村民众的空白,使他们的婚恋依然受制于旧礼教。由于这种"后遗症"的影响,时至今日我们仍然能在中国农村青年男女的婚恋生活中,或多或少地看到封建礼教的"魔影"。

爱情的产生与发展固然依托于一定的社会经济关系及其政治制度,其本身却具有自己的特点和发展规律。"五四"时期新思潮的代言者们过于强调个人情爱的社会理想基础,却忽略了爱情的性爱特质,这就直接影响到以后的"兄妹式"爱情或"革命同志式"爱情。这种对于爱情认识的片面性也为以后爱情政治化的倾向埋下伏笔。在"文革"期间,把爱情关系等同于政治关系的简单逻辑盛行一时,它抹杀了爱情的丰富个性和多样性,对爱情的健康发展产生了恶劣影响和不良后果。此外,在"五四"时期,由于偏重于唤醒民众的社会忧患意识,也忽略了对性科学的宣传与普及,即便有鲁迅等有识之士的大声疾呼,却没能在社会上引起强烈反响。当时,也很少有人从培育文明的妇女观和爱情观进而提高中国国民的整体文明素质的角度,去认真思考性教育的问题。上述偏差,不仅直接影响到中国人爱情文明水准的提高,而且间接地影响到以后人口的增殖。

"五四"时期对于爱情的启蒙和推动,还在一定程度上存在着理论与实际相脱节的倾向。首先,当时一些呼吁婚恋自由和家庭革命的文化名人,他们的婚姻依然是旧式婚姻,甚至出于种种顾虑而无意全力去摆脱这种婚姻。如胡适、鲁迅等人就在不同的程度上存在着这种两难选择。此外,那时有一些青年男女,满口的新名词和新术语,却并没有真正理解其真实的内在含义,结果他们的婚恋不是新瓶装旧酒,成为中西合璧的"大杂烩",就是虎头蛇尾,成为聚也匆匆、散也匆匆的露水姻缘。

尽管由于种种历史原因,"五四"时期对于爱情的启蒙和推动做得并非尽善尽美,但是,"五四"新文化运动对于中国两性关系文明发展的划时代意义将永载史册,因为从"五四"时期开始,中国人才算真正迎来自己爱情史上的"春天"。

**参考文献:**

[1] 欧文·辛格.爱的本性——从柏拉图到路德:第1卷[M].高光杰,杨久清,王义奎,译.云南:云南人民出版社,1992:166.

[2] 罗素.婚姻革命[M].靳建国,译.北京:东方出版社,1988:81.

[3] 戴伟.中国婚姻性爱史稿[M].北京:东方出版社,1992:2.

[4]黑格尔.美学:第2卷[M].北京:商务印书馆,1979:330-331.

[5]恩格斯.社会主义从空想到科学的发展[M]//马克思恩格斯选集:第3卷.北京:人民出版社,1972:404.

(原载《中华女子学院山东分院学报》1999年第1期)

# 大众文化中的情爱错觉

## 一、大众文化的由来及其特性

大众文化从本质上讲是一种市场文化,急迫的精神心理需求和丰裕的经济效益两者一起造就了可观的消费者和生产者。在西方发达国家,大众文化实质上是一种体现着中产阶级趣味的文化。大众文化实际上是要宣扬经过组装,供人"消费"的生活方式,并且它是消费主义与享乐主义的混合物——娱乐道德观的直接体现。[1]本雅明在描绘现代主义的特征时写道:"一种持续不变的因素和一种相对、有限的因素共同创造了美。……后一种因素是由时代、时尚、道德和热情提供的。"[2]这段话在某种意义上也可以说是为大众文化下的注脚,因为大众文化正是以通俗、流动、新奇、超脱、外倾、轰动、同步、非理性化等现代主义原则去组织文化和统率消费者群体的。丹尼尔·贝尔使用"文化大众"这个词,并且把它与流行时尚的庸俗统治和中产阶级的享乐主义同提并论。在贝尔看来,现代主义重视的是现在或将来,绝非过去,而文化大众的心理倾向恰好与此相吻合。贝尔进一步指出文化大众这一阶层本身并不能创造文化,它却能在吸收的过程中传播和改变文化的性质。按照贝尔的观点,文化大众已经把文化变成了"势利鬼和时髦者的游戏",体现为"不受约束的自我"。显然,透过现代主义咄咄逼人的面纱,无论是作为"大众文化"的制造者,还是成为"文化大众"的消费者,其后面都有一只"看不见的手"——市场经济原则在操纵着。这就是说在资本主义条件下,大众文化外在的虚假的精神反叛并不能掩盖其内在的屈从资本主义利润原则的支配。而按照马尔库塞的观点,现代主义及其大众文化消费,在一定意义上已同资本主义社会相互认可。尤其是在两性关系领域内,大众文化通过宣扬放纵自我的性、色情和暴力,去诱使民众放弃对资本主义社会的政治要求,满足于那种对于享乐不懈追求的非个性化体验的虚无浪漫和玩世不恭之中。

在我国,大众文化的兴起及发展只不过是近十几年的事情。对于大众文化现象,吉林省委党校的一些专家将其定位为以消费性和娱乐性为主要特征的一种商业文化现象,并且指出它是在市场经济条件下应运而生,蕴含现代文化意识,成为社会主义初级阶段文化的有机组成部分。这些专家还着重指出,大众文化在适合大众消费的同时,由于它的商业追求,以娱乐消遣为主,不可避免地造成固定化消费模式,不仅把文化推向单调平庸,也会把大众推向单调平庸;有些人单纯为赚钱而迎合一些消费者的低级需求,诸如凶杀、暴力、色情、淫秽、封建迷信等文化垃圾也会寻机上市,这种负效应也不能不引起重视。这些专家最后提出,应把大众文化的意识形态意义与消费娱乐意义兼顾起来,把大众文化产品的经济效益与社会效益统一起来,提高大众文化的格调和品位,防止大众文化低俗化倾向。黑格尔在《法哲学原理》中写道:"凡是现实的都是合理的,凡是合理的都是现实的。"既然市场经济是我国社会主义发展不可逾越的历史阶段,那么大众文化的出现就有其历史必然性和合理性。问题在于我们如何正确认识大众文化本身所固有的两重性,进而因势利导,去充分发挥其应有的历史作用和社会效益,而限制其负面效应。我们国家具有以公有制为主体的社会经济体系,并且拥有以马克思主义理论为核心的社会主义精神文明建设体系;两大文明一起抓,势必能最大限度地避免资本主义片面的经济发展观、物质主义、享乐主义及其对大众文化消费的侵蚀和劣性作用。

虽然社会上具有将大众文化消费纳入精神文明建设工程的客观保障,然而大众文化的健康发展仍然需要个体主观的不懈努力——不断努力提高自身的文化素质及其精神需求层次。因为除正常的通俗性、娱乐性和广泛性之外,大众文化自身还具有排斥深刻、严肃、高雅等浅薄和平庸的一面。尤其是在我们这么一个具有几千年小农经济传统的国度里,小市民的文化心态和小城镇生活方式的流俗化极易附和大众文化中消极的一面。早在几十年前,鲁迅就对此种国民的劣根性有过精辟的分析:"中国国民性的堕落,我认为并不是因为顾家,他们也未尝为'家'设想。最大的病根,是眼光不远,加以'卑怯'与'贪婪',但这是历久养成的,一时不容易去掉。"[3]虽然我国早已砸烂半殖民地半封建社会的文化枷锁,在斗争和建设中构建了社会主义的新文化体系,然而数千年世俗文化传统中的小市民习气并非一朝一夕之功即可消除。在中国传统文化中,由于科学的理性精神不足,科技文化和科学意识的心理积淀不厚,很容易导致一些国民的文化性格在妄自尊大与卑怯萎靡两种极端之间摇摆。此外,由于我国没有经历资本主义充分发展的历史阶段,不少国民也缺乏现代人文精神的素养,以致对于腐朽文化的渗透和侵蚀缺乏免疫能力。

日常生活领域和两性关系领域随着市场经济向纵深发展,愈来愈成为大众媒体关注的对象以及文化评论和研究的目标。在西方社会,路易·阿尔图塞、斯图尔特·霍尔、托尼·贝内特、西奥多阿多诺等人对大众媒体与国家、个人的关系,消费与意识形态的关系进行了深入的探讨和阐释,西奥多阿多诺、尤尔根·哈贝马斯、列斐伏尔、阿格妮丝·赫勒、埃里希·弗洛姆、赫伯特·马尔库塞等人则对日常生活或两性关系领域特别的关心和重视,他们分别从文化产业批判、交往理论、日常生活批判、爱情的艺术化与科学化的角度论述了超越资本主义社会的意识形态(包括大众文化形态)的偏见和异化状态,达到个体自由而全面发展的必要性和重要性。在我国,早在20世纪80年代中期,就兴起了生活方式研究热和爱情学研究热,中经90年代经济转轨时期人们在日常生活与两性关系领域的具体实践,其中有许多经验和教训有待总结。20世纪90年代是经济大发展、人口大流动、思想观念大变化的年代,伴随着打工者阶层的形成,流行报纸、杂志的迅猛发展以及影视和音像文化的洪波涌起,源于都市的大众文化以现代传媒为载体,正在全国各地迅速扩散。李陀在《大众文化研究译丛》的序中指出:"虽然还远远不够富裕和发达,但中国社会已经开始进入大众消费时代,特别是大都市和沿海经济发展较快的地区,'物的体系'对人的包围已经形成,商品消费已经成为人们主要的生活形式,同时,大众文化如洪水般蔓延全国,广告、时装、流行歌曲不仅深入人的日常生活,而且成为亿万人形成自己道德和伦理观念的主要资源。"既然如此,从大众文化和日常生活入手去探讨人们的思想面貌,尤其是他们的情爱心理状态也就成为题中应有之义。

## 二、情感定式的盲点

"旧时王谢堂前燕，飞入寻常百姓家"，电视代替电影渗入千家万户，在中国只不过是二十余年的事情。本雅明当年在论及电影时曾写道："电影成了机械复制时代最强有力的发言人，它向最广大的群众传递形象和信息，正是在这样的传递过程中表现出强烈的社会意义，同时也敲响了'灵韵'的丧钟。"[4] 本雅明的"灵韵"，指的是个体对于艺术审美的那种带有贵族气质的"顿悟"式的意境和风韵，按照学者刘象愚的说法，它具有"神秘性、模糊性、独特性和不可接近性"。电视进入家庭后，真正地使人们不出门而全知天下事；尤其是现场直播，它带给人们的是一种身临其境的感觉。电视所覆盖的观众群体及其向他们传递的形象和信息，应当说是电影所根本无法比拟的。所以，电视对个体化文化气质的消解，对所谓"灵韵"的破坏也是电影望尘莫及的。电视文化较之书面文化，在表达方式上，它更具有形象化、通俗化、大众化等感性特征；而在其内容显现方面，也不像书面文字那样概念化和富有深度。电视这种信息传播方式极大地改变了人们的家庭生活方式。在电视机前长大的一代人，他们的喜怒哀乐、人生价值准则、情感交流能力等在潜移默化中受到电视的熏陶和感染；有些人甚至在待人接物和言行举止方面过于依赖电视这位启蒙老师的指教，最终缺乏个人的思想和情感话语，也没有个人真正的生活。电视把昔日大杂院里的邻里关系和古老的聊天方式清除出场，将隔代人之间的情感淡化处理，成为工业化社会无人情味的一位隐形制造者。如果说在机械化复制时代，电影只是在流水作业般的乏味性工作后为两性关系、家庭生活增添些许浪漫和喜庆色彩的话，那么电视在今天的信息化时代则完全成为构建家庭文化氛围的"支柱型产业"。它侵占了家庭成员的许多闲暇时间，甚至在日常生活情感方面施加于人们以深刻的影响。

电视连续剧，尤其是那些在电视黄金时间播出的冗长的连续剧，对于人们思想情感的影响和左右更为显著，它们简直成了衡量人们社会心理与个体心理情感价值取向的"温度计"或"晴雨表"。在美国有所谓专为家庭主妇阶层编撰的电视连续剧，俗称"肥皂剧"。有人专门研究"肥皂剧"，写下了专著，甚至为此下了精确的定义:"一部'肥皂剧'是一出连续的、虚构的电视戏剧节目,每周安排为多集连续剧,它的叙事由错综的情节线索组成,聚焦于某个特定社群中多个角色之间的关系。"[5]没完没了的"肥皂剧"的主要特征无非是公开曝光个人隐私、设计生父情节以及压抑或化解女性主义意识等。《午后的爱情与意识形态》一书的译者林鹤认为中国电视连续剧够得上西方"肥皂剧"标准的莫过于当年收视率极高的《渴望》,他的理由是这部电视连续剧的"情节基点就是一个'生父身份情节'——小芳的身世之谜;造成剧情纠葛的驱动因素也是剧中诸多角色间错综复杂的恩恩怨怨"[6]。此外,让林鹤震惊的是,连续剧《雍正王朝》"翻来翻去唱的仍是天子圣明臣罪当诛的老调"。他为此而深为忧虑:"看着这种镜头长大的孩子,可能有真正的站立意识吗?"[7]

林鹤的担忧很有道理,近几年我国电视连续剧的平庸化制作实在让人大伤胃口。且不论总有男人拖着一根又长又粗的大辫子在荧屏中摇来晃去,无休止地插科打诨和打情骂俏,就是续拍的古典名著《西游记》也是不伦不类,丧尽了原汁原味,让人心中很不是味儿。说实在的,电视剧的生产数量倒是越来越多,然而能播出并叫好的却越来越少。一是许多电视剧凭空捏造,因严重脱离实际生活而显得虚假乏味;二是冗长、累赘,就像王母娘娘的裹脚布,又酸又臭又长;三是装腔作势,离谱万里,让人禁不住浑身起鸡皮疙瘩。以上只是从观众对粗制滥造的电视剧表示反感的角度加以感性化的勾勒。倘若从道德与审美艺术的角度加以评点,问题自然更大更多。首先,它误导人们的婚恋价值取向趋向平庸化。有些室内情景剧,剧情俗不可耐,却尽在斗嘴皮子上下功夫。它们让人一阵哈哈大笑之后,于再思量中觉得甚无意思,反而从心中涌出被骗取了感情和浪费了时间的感觉。尤其是那些俊男靓女在豪华住宅和高档酒店灯红酒绿的背景下花天酒地和打情骂俏,外加三点式的脱衣镜头和床上戏,向人们兜售着中产阶级享乐主义的生活观和性爱观,于无形中取消了两性关系中的深刻性和完美性。其次,编排和虚拟爱情,无视生活自身内在的发展逻辑。有些电视剧故弄玄虚,在两性关系上做尽了偶然性的文章。同父异母或同母异父的兄妹之间的恋情,老将军与自己家中保姆之间的恋情、姐妹两人同时爱上一位男子以及两位好友同时爱上一对姐妹等,不一而足。故事的结局往往成为一种喜剧,大家在历经艰难和曲折后皆大欢喜,守旧者变成了文明人,被大家容纳和接受,最终成为一种中西合璧式观念的妥协。然而,爱情并非数学上的排列与组合,不能任人随心所欲地编排。爱的体验,只能在生活经历中自然地形成,而不能像编故事那样对号入座。编排的爱,只能反映人们生活性格的表层化特征,而不能触及人们思想性格和文化个性的深层。虽然鲜花和眼泪、陷阱和磨难、奇遇和巧合等应有尽有,但是编排和虚拟最终还是超不出"肥皂剧"类型的窠臼,露出它那小市民生活情调的马脚。最后,不少电视剧的表现手法流于一般化、老套路、老程式和老故事,让人感觉味同嚼蜡。例如,其一,萍水相逢而一见钟情,产生误会后各奔东西,之后一方有难另一方慷慨出手相助,又引起三角关系的矛盾,直至最后两个人终于克服重重阻力重归于好。其二,异性同事之间因频繁接触和相互了解而逐渐生情;遇一突发事件,妻子或丈夫不理解而异性同事却超凡脱俗,鼎力相助,终至两人迸发出激情而红杏出墙;然后,就是有声有色的三者之间的情感拉锯战;结局自然是出轨者在种种外在障碍面前知难而退,第三者或因良心的发现与出轨者握手言和,或另寻新爱而彻底忘却这一段生活中的插曲。其三,公司男老板爱上了美丽而又有才干、气宇不凡、应聘而来的女秘书或女助手,她因回报他的厚爱而为公司的发展殚精竭虑;老板的妻子因别人传话得知此事,她或威逼,或利诱,或故作可怜相,使出种种手法,终致情敌自动离开公司;后来,这位男老板因经营不善或遭商业对手暗算而面临绝境;接着,已经成为某公司决策者的他的情人闻讯后出手相救,使他摆脱困境;最后的结局也不外乎是男老板重燃旧情,而他的情人却高风亮节,再次主动退出,两个女人终于达到了理解与和解。其四,对夫妻虽然已离婚却由于住房紧张而不能离家,只好楚河汉界般地继续共居一室;在此期间,两个人又分别与其他异性产生瓜葛,可是,这种瓜葛却使双方产生曾经沧海难为水的感觉,觉得还是对方好;于是,又出现了戏剧性的变化,两个人分别打发了求婚者,拆除了心理上的"楚河汉界",重归于好。其五,在半边楼中的大杂院内,几户人家共用一套基本生活设施;因过从甚密,每户的个人隐私难以守护,于是各种故事,尤其是那种羞答答且离奇的情爱故事不断出现并且不断被曝光;由此,参谋、顾问、路见不平者和拔刀相助者接连登台表演,结局自然是在集体主义大家庭精神的呵护下,所有的情爱风波都静悄悄地被平息,有情人终成眷属。总之,上述之类的程式很多,这里只不过列举了最为典型的几种。

从这些电视剧叙事的结构和基本线索看,编剧和导演们所关注的无非是如何迎合观众单纯的消遣和娱乐的需求,并且充分考虑到他们的道德与审美心理趋向,如偏爱大团圆式的喜剧,不喜欢玉石俱焚、发人深省的悲剧以及渴望新奇和超脱现实的理想色彩剧情等。在一定程度上适当地满足观众的这种心理需要也是无可厚非的,然而,如果一味地以噱头、悬疑以及乌托邦之类的情节去取悦观众,势必会完全消解电视文化本身的主导意识形态功能。此外,单凭爱情的作秀去吊观众的文化消费胃口,也必然导致为了追求形式而牺牲内容,使那些具有深刻的社会政治、经济和文化背景的婚恋生活事例后面的理性意义和艺术价值,在那些琐屑而平庸、眼界狭隘的市民的私人话语里贬值。比如,在不少电视剧里很多事业成功的女性个人生活总是不妙:她们不是被丈夫的外遇气个半死,就是被丈夫扫地出门,作为单亲母亲而变成他人同情的对象,再不然就是嫁不出去而蓄意插足别人的家庭,成为不光彩的第三者。这样描绘实际上就等于暗示观众:女性的爱情美满与事业成功是鱼与熊掌不可兼得的;一个女人如果追求事业成功,那么她的婚姻永远只能是失败的。显然,这种传统的"女子无才便是德"的父权意识取消了"女性只有立足于社会,才能回旋于家庭"的深刻思想意义。显然,电视剧的非意识形态化是不可能的。不管它采用多少脸谱化、风格化、程序化的表演方式,无论它如何让大众喜闻乐见和笑口常开,其中总要表达出一定的意识形态的倾向性。电视剧的社会教化功能是客观存在的,我们不能以消遣和娱乐为借口有意或无意地掩饰这一点。洛弗尔在《意识形态与〈加冕街〉》一书中写道:"娱乐的首要作用并非传输理念。但是,即使最为感情充沛的娱乐也会制造出理念来,而这些理念当然可以从意识形态角度进行定位。"[8]问题是制造出什么样的理念,并且这些理念在社会上又产生什么样的影响和效果。1999年4月,中央电视台在一套黄金时间播出了十八集电视连续剧《牵手》,讲述了在现代都市生活背景下一对夫妻复杂的情感历程以及悲欢离合的婚姻故事,引起了许多观众心灵的震动。有一些报纸杂志当时据此预测,《牵手》的播出可能会掀起一个复婚热。周知,经过二十年改革开放的洗礼,离婚已经成为一种让人见怪不怪的现象,甚至有人开玩笑说:"过去朋友见面打招呼问吃了没有,现在一见面就问离掉没有。"既然大众传媒做出这种预测,可想而知其对大众心理的搅动如何。然而,靠一部电视剧的轰动效应去推测带来复婚热是不科学的。离婚或复婚率的高低是一个自然历史发展过程,它主要受社会经济发展及其观念变更的影响,而不取决于个体的主观意愿。尽管在一些复婚者中个人心理因素占一定比重,但根本的原因还是社会经济发展的客观态势和文化更新的客观逻辑。事实最后也证明,《牵手》的播出并没有能"一石激起千层浪",带来什么复婚的波澜和潮涌,充其量它只是溅起几朵小小的浪花,很快便平息下去。

总之,一些素质不高的、以婚恋与家庭生活为题材的电视剧文本多半通过虚拟或作秀的手法将人与人的关系演绎成为一种华而不实的生活中的游戏,于无形中消解了大众对于两性情爱的个性化心理体验,最终触发人们思想观念的无深度性和情感心理的疲软,从而助长了文化上的消费主义趋向。毋庸置疑,以编排时髦和离奇的婚恋故事作为热点话题的电视剧文本,其本质就是仅供人们娱乐和消遣之用。它侧重于以日常生活中私人话语的叙事风格向人们显示出两性关系的过程化特征,给人们提供的是多样化的文化套餐,从而激励人们主动参与其中,产生各式各样的猜想或梦幻。仅此而已,至于其余的,那全是观众自己的事。

## 三、浪漫的肤浅与肤浅的浪漫

作为思想意识层面的浪漫的爱,早已度过了它那黄金般的辉煌岁月。弗洛姆曾就浪漫之爱的盛衰沉浮写道:"在18世纪末叶理性时代行将结束之际,'浪漫'才作为涉及整个生活方式和爱情的重要概念降生于世。在19世纪的前数十年中,浪漫时代伴随着疯狂的放纵而浮华一时。随后,几乎一夜之间它让步于讲求物质主义的科学精神和工业革命。而且在哲学上,它再也没有重获昔日短暂拥有的辉煌。"[9]在现当代人的心目中,浪漫之爱已经成为与现实生活格格不入的东西,因为它只不过是在音乐、诗歌、小说、电影、美术等虚幻的自由世界中翱翔,个体内心那种丰富的爱的情感体验很难在理性的现实之邦中被认真对待。用弗洛姆的话来说,浪漫的爱只是一件精巧但却无法恒久的艺术品。然而,就是这样的一件艺术品,它也被近百年的现代主义思潮的文化鼓噪糟蹋得不成样子。

对于资本主义新教伦理和清教徒式的生活方式,现代主义具有非常革命的意义。它反对工业化社会中的理性和秩序等一切现实中的压抑,张扬个性的绝对自由和解放。然而,毫无约束的自我的过度放纵使得现代主义已经走向颓废和迷狂的末路。它已经失去当年"西班牙文化斗牛士"的风姿,堕落到自觉或不自觉地认同消费主义和享乐主义的资本主义生活原则,靠幻觉剂与虚无主义的精神自慰过活的地步。在两性关系领域内,现代主义通过性的随意和放纵,消解了浪漫之爱的所有光环,将其变得迂腐、粗鄙、世俗和无聊。现代主义对于爱情的去圣化过程与大众文化的形成与发展是同步的过程,在这一过程中通俗文学和流行音乐所起的作用是举足轻重的。通俗文学是消费性的、新颖的、廉价的、风趣的、机敏的和批量生产的,它不仅包括诗歌、小说、散文,也包含大量纪实报告文学、人物传记和民间故事等。在中国,自20世纪80年代以来,伴随着商品经济发展、人口流动化和城市化,通俗文学兴起并迅速发展,自由撰稿人阶层也应运而生。丹尼尔·贝尔一针见血地指出,不懂广告术不要指望能够理解现代通俗作家。的确,广告术的社会影响与通俗文学的社会影响是同一类型的,它们在改造城市人的生活观念方面也起着同样的作用。广告业的发达与大众消费的扩大成正比,自由撰稿人阶层的兴起同样与大众消费的兴衰有着内在的关联。在社会交往范围扩大和两性交往关系自由化的环境下,虚幻的、脱离现实的、自由的浪漫爱情故事仿佛已成为人们摆脱枯燥的工作和无聊的日常生活的工具。为了满足大众这种寻求刺激性娱乐和情感游戏的需求,通俗作家们使出浑身解数去编造五彩缤纷的情爱故事。

言情小说在通俗文学作品中占有相当的分量,它比其他题裁更能迎合大众内心的时髦冲动。那种风流韵事般的浪漫在生活中不难找到原型,而当代的浪漫则是完全的虚无缥缈,来无影,去无踪。琼瑶的小说大都渲染着这种类型的浪漫情调。拿《却上心头》来说,故事情节编排得相当离奇。一家"达远贸易行"的老板不但自己与女秘书结婚,而且还蓄意通过招聘女秘书的方式先后为自己的两个儿子物色媳妇。这种夺人所爱的行为激怒了黎之伟,因为老板萧彬的大儿媳妇正是他原来的女朋友。黎之伟为报复萧家,就把其中内幕告诉了萧家的又一个目标——女秘书夏迎蓝。知情后的夏迎蓝就与装扮成一名工人而实际上是老板二儿子的阿奇一刀两断。以后又经过种种曲折和反复,阿奇又与夏迎蓝和好,黎之伟则因获得了夏迎蓝女友的爱而不计前嫌,与萧家父子握手言和。在家族选美活动中居然能产生富有浪漫情趣的爱,并且这种爱能使阶层之间的情仇冰消雪融。这无疑是古代公子爱上美妙民间女郎故事的现代翻版,只不过借助李清照词句的意蕴陡添一些所谓现代浪漫的色彩。再则,这种浪漫与家族兴旺与婚姻美满十分吻合,没有丝毫叛逆性的姿态。书中这样写道:"迎蓝环室四顾,早忘了这是'萧家',忘了这是'豪门',只看到有种名叫'幸福'的气氛,正慢慢地扩散开来……"阿多诺认为"庸俗文艺作品的显著特征之一或许是它能激发起无中生有的情绪。这类作品将那些情绪连同整个审美现象一并中性化了。它作为艺术,无法或者也不想得到人们认真或严肃的对待","庸俗文艺作品是建立在虚假情绪的基础之上的"。[10]琼瑶的其他许多言情作品,也大都带有这些虚幻的色彩,其情节离奇罕至和曲折跌宕,她运用悬念、误解、意外等多种手法蓄意制造感情的旋涡,让年青的读者们堕入情爱理想主义的白日梦幻之中。琼瑶所编织的爱情世界给予人们以幸福的许诺,使他们在五彩缤纷的爱的光环下,忘却自身那些枯燥无聊的生活负担,满足于这种最为一般化的情爱娱乐与消遣的需要。在《月朦胧,鸟朦胧》中,裴欣桐原本与韦鹏飞是恩爱夫妻,但她在生下女儿后与别人私奔;就在韦鹏飞痛不欲生之际,善良聪慧的少女刘灵珊却主动投怀送抱于他。就在韦鹏飞与刘灵珊即将举行婚礼时,裴欣桐又突然出现。她不仅没有像人们预想的那样与韦鹏飞重叙旧好,反而为自己又找到了一位新恋人。琼瑶用幽婉柔美的文笔从世俗和卑琐的环境中开出诗幻般的爱的意境,深得少男少女的欢愉;同时,她又将外在都市的摩登和浪漫与内在大家闺秀式的矜持与温顺熔铸成理想型的女性人格气质,或者将外在的刚毅坚强和博学多才与内在的忠实可靠和体贴入微融汇为理想男子的丰满形象,也深得成年男女的厚爱。完美的女性,丰满的男性,奇特、新颖、迷离、多难而多向的情恋,所有这一切使得琼瑶的言情小说几乎风靡整个亚洲。然而,文化界人士对她的言情小说毁誉参半。杨立群认为:"她对真善美的热烈讴歌,对圣洁爱情的赞美和对人道主义的颂扬,是真诚感人的。与此同时,她也鞭挞了假恶丑,批判了封建包办婚姻、门第观念和享乐至上、拜金主义等腐朽的东西,因而她的小说也不乏认识价值和教育意义。"[11]也有人对此持有异议:"琼瑶的小说是一种廉价的童话,对于少男少女具有诱惑力,让孩子们去白日做梦,闭上眼睛好像什么都实现了。住在拥挤的房子内梦想着有一天有一个什么大款身份的白马王子来娶自己,和残酷的现实相距甚远……"[12]就其本质而论,琼瑶的言情作品依然属于程式化、平民化的大众性消遣与娱乐文化范围,只不过它比那些雕虫小技般的庸俗性作品具有更高的技巧,其封闭思维、忘却现实的情感功能更强以及市民美学的色彩更浓郁。阿多诺在其著作《启蒙的辩证法》一书中也曾指出:"文化产业的确包含着在那些使它接近于竞技的诸特征中比较好的特征的痕迹。"琼瑶的言情作品自然也具有这方面的因素,因为它通过构建海市蜃楼式的情爱理想世界,使人们赖以暂时逃脱喧嚣的世俗浊流,从而对市场物化因素产生了一定的对抗性,并且对利益型的婚恋模式具有一定的解毒作用。琼瑶的言情小说的确具有上述的两重性:一方面,它以其平易近人的大众化语言给人以深刻的印象,使人熟知情感游戏的一整套标准化规则;另一方面,它具有一定的个性情爱意识(在虚幻的世界里),以特殊的人情味儿对抗和消解着两性关系世界中的种种世俗化因素。

现代流行音乐最能体现现代主义的一般性特征,即因内在的情感冲动所引起的与外在的道德规范的不和谐性。有关大众尤其是青年大众对于流行音乐的狂热性崇拜,专家们的评论莫衷一是:有的人认为它必然会导致个体艺术鉴赏力的退化,有的人则认为这是现代音乐发展的必然趋向。不管怎样,专家们的评点本身就表明现代流行音乐具有两重性质。詹明信指出:"现代主义美学在某方面与独特的自我和私人身份、独特的人格和个性的概念根本相连,这些概念可望产生出它自身独特的世界景象,并且铸就它自身独特的、无以雷同的风格。"[13]在《纤夫的爱》《你看你看月亮的脸》《潇洒走一回》《花心》《迟到的爱》《爱有谁能说得清》《小芳》《只要你过得比我好》《我悄悄蒙上你的眼睛》《像雾像雨又像风》《我很丑,可是我很温柔》《心雨》《让我一次爱个够》《冬天里的一把火》《其实你不懂我的心》《无言的结局》《涛声依旧》等流行歌曲中,人们的确展示了具有不同风格的有关爱的欢乐、爱的哲理、爱的苦恼与困惑、爱的诙谐、爱的忧伤与痛苦、爱的思念与回顾,以及爱的缠绵或奔放等个体化品性。而在张信哲、张宇、张惠妹、容祖儿等歌星所灌唱的《忧郁症》《绝情》《怕冷》《不过少个人来爱》《曲终人散》《离爱出走》《爱,什么稀罕》《我可以抱你吗,爱人》《这分钟更爱你》《逃避你》等情爱歌曲中,爱情已经完全丧失了它理想化的、浪漫的格调,像被调弄的卡通片和玩偶一样露出了它那摇首弄姿的情感游戏的真实面目。在这一串更前卫、更先锋的流行音乐作品中,其对世俗的批判功能已经丧失殆尽,恰如阿多诺所认为的,现代流行音乐是文化产业的一种特产,这种所谓的"波普艺术"通常具有技术性包装的外表,显现出一种"伪自发性"和惺惺作态的形式。[14]在现今的"流星族"与"追星族"和"发烧友"的互动关系中,新颖、神秘、刺激本身就值得崇拜、模仿和效尤,不管它们是多么的貌似高雅和新潮,实质上却低俗和平庸。具体点讲,在情爱格调方面,"酷"的派头与"装嫩"的任性别无二致。然而,在新人类们最青睐的流行情爱歌曲中,不时透泄出一种像玩狗、玩猫、玩股票、玩电脑一样的玩爱情的时兴情调,其结果是使个体心理愈益缺失厚重感和充实感,而弥漫着疏离性和不安全感。诗人冯景元吟道:"没有人/再吟哦你的/圆缺/只有人唱/你代表谁的心。"这是对古典式浪漫被现代派浪漫置换的感慨。为了解读和标识新人类们爱的情怀,我们似乎也可以把这句诗置换为:没有人/再唱谁代表谁的心/只有人喊/我爱你。总之,当代流行音乐已经用"一天等于二十年"的速度达到了爱的非我化的"前沿",使爱情变成了摆脱痴念和执拗的免费的"公共午餐"。

## 四、虚幻与现实

传统心理学一般认为时装是有闲阶级借以逃离生活的倦怠和无聊,给千篇一律的生活增加兴致的方式。[15]然而,时至今日,时装早已从有闲阶级的专利品转化为社会各阶层共享的东西。传统的定义并不能说明为什么许多工作繁忙、收入并不富裕的脑力劳动者和体力劳动者也加入了时装爱好者的行列。其实,现今时装已经超越家庭消费的限定,成为人们窥视大众文化心理及其社会生活情绪的重要对象。时装本身标识着一种技术化的身体语言,这种语言既显露着独特的个性,又迎合着社会主流的爱好和趣味。换句话说,它既隐含着讥讽庄重、反叛正统的渗透功能,又孕育着认同经济和政治文化主题的辐射功能,这就是说时装所能展示的个体生活个性具有一定的社会限度。作为一种自我表现技术,时装所传递的文化信息与个体的性爱和情爱意识有着某种微妙的关联。伴随着商品经济应运而生的时装最初以对抗宫廷礼仪或刻板的日常生活习俗的面目出现。在1729年德·拉·萨勒所著的《礼仪与基督教礼貌守则》中,作者认为除了头和手,必须遮住身体的任何部位,这是礼貌及廉耻所需。触摸或者窥视另一个人,尤其是异性身上上帝禁止人们窥视的东西,那更是有违礼貌的。可想而知,在如此的清规戒律之下,贵族妇女在公开的社交场合,就只能穿那种由金属裙撑支撑的,有损身体健康的拖地的笨重长裙。这些在电影《希茜公主》中被揭示得相当清楚:骑马、穿自由式服装、自由恋爱,它们在希茜公主的眼中都是一回事,而拖地长裙、烦琐礼仪,以及枯燥、乏味的皇室婚姻生活,无疑成为希茜公主精神自由的枷锁。而作为平民男子,为了与心仪的贵族女子约会,他会千方百计地搞到一套像样而又得体的燕尾服,以示庄重和恭敬。市民社会的形成与市民阶层的崛起,使得宫廷礼仪转化为中产阶层的礼貌观念。于是,时装逐渐又演化为青年反叛者对抗中产阶层伦理准则和生活规范的工具。西方社会的嬉皮士和雅皮士们用自由得无边无沿的衣着消解了浪漫的爱情梦幻,用性感和性显示取而代之,衣饰整齐与举止端庄一样被看作是在异性交往中因循守旧的表现。然而,这种无拘无束的服饰的自我更新的变革意义是极其有限的。在高度工业化社会里,主体的个性表现终究超不出消费主义和享乐主义的窠臼。作为一种消费文化的象征,时装又是自觉或不自觉地认同工业生产机制及其意识形态的。

时装通过强调性别特征去显示标准的男性形象和理想的女性形象,使之与模式化的婚恋方式和家庭生活相对应。在衣着时尚中隐含着一种大众认同社会伦理及审美习俗的集体无意识。用阿多诺的话来说,即"在主体精神面对社会的客观性日渐虚弱无力的时代里,时尚便是主体精神亏空的见证"[16]。从当代时装中,已经折射不出以主体性为前提的个体自由恋爱意识。时装模特多半戴着生活的面具,她们普遍缺乏个人的真实生活,其中包括情爱生活。因此,美国名模泰勒在回忆中这样写道:"作为一个模特,我从未觉得我能控制自己的命运,从来不知道下一步会发生什么事。"[17]一方面,时装演示为人们提供了一个充满激情的梦幻世界,人们可以在其中尽情地设计理想的自我,不必为其无法兑现而苦恼和失落;另一方面,新潮的时装通过提供理想生活模式,使人们封闭思维、认同现实的合理性,使人们因盲目模仿而丧失自身的生活个性和创造性。某些当代时装,已经放弃了自身的文化对抗性和艺术创造性,以戏仿、拼凑、盗袭作为其基本运作方式,奉复古为最高艺术圭臬。这一类丧失个性深度的时装已经通过玩世不恭的身体技术和语言宣告自己是当代消费主义推销女郎的最佳角色。可想而知,在一种以流俗为高雅、视平庸和肤浅为深刻、拿花样翻新的游戏当成标新立异、把瞬间效应看作永恒价值的市场文化背景下,时装再也无法通过情调辉映或美感传递去影响和调动个体的情爱创意,因为在一切都被精美包装或自由挥发的氛围下,爱的原则性消失了,爱的物化与无主题、无思想的时装构成一个问题的两个方面。

**参考文献:**

[1]丹尼尔·贝尔.资本主义文化矛盾[M].赵一凡,蒲隆,任晓晋,译.北京:生活·读书·新知三联书店,1989.

[2]瓦尔特·本雅明.发达资本主义时代的抒情诗人:论波德莱尔[M].张旭乐,魏文生,译.北京:生活·读书·新知三联书店,1989:101.

[3]鲁迅.书信·致许寿裳[M]//鲁迅全集:第11卷.北京:人民文学出版社,1991.

[4]瓦尔特·本雅明.本雅明文选[M].陈永国,马海良,译.北京:中国社会科学出版社,1999:19.

[5][6][7][8]劳拉·斯·蒙福德.午后的爱情与意识形态[M].林鹤,译.北京:中央编译出版社,2000:2,3,5,144.

[9]罗伊·加恩.神奇的情感力量[M].陈大鹏,译.深圳:海天出版社,1999:348.

[10][14][16]阿多诺.美学理论[M].王柯平,译.成都:四川人民出版社,1998:529,4,531.

[11]杨立群.港台抒情文学精品Ⅱ:琼瑶卷[M].合肥:安徽文艺出版社,1992:Ⅱ-3.

[12]陈东林.毒品·艺术 琼瑶作品批判[M].长春:时代文艺出版社,2000:1-2.

[13]詹明信.晚期资本主义的文化逻辑[M].陈清侨,等,译.北京:生活·读书·新知三联书店,1997:402.

[15]中田裕久,松田义幸.生活文化的社会学[M].陈晖,程建林,译.北京:东方出版社,1990.

[17]珍妮弗·克雷克.时装的面貌:时装的文化研究[M].舒允中,译.北京:中央编译出版社,2000:115.

(原载《南京社会科学》2001年第4期)

# 当代爱情心理变异的成因、特征及其消解

## 一、爱情心理的历史沿革

人类的爱情心理是文明时代的产物,标志着人类在两性关系方面已经摆脱野蛮时代原始、素朴和粗鲁的性质,给自身打上了一定的道德与审美的印记。自有文字记载之后,人类最早的有关自身爱情心理意念的记载分别出现在古代苏美尔人的《吉尔伽美什史诗》、古埃及人的爱情抒情诗、古代中国人的《诗经》、古希腊人的神话中。然而,这时人类的爱情心理意念还只是模糊、粗糙、简单化的两性情欲的反映,其中道德与审美的发展水准并不太高。在古希腊苏格拉底和柏拉图的精神恋爱理论中,他们已经釜底抽薪般地排除了自然性欲,把两性情爱提升到灵魂与肉体关系的本体论上。然而,在他们所关注的理念世界里,灵魂意识与心理被含混不清地搅在一起,个体心理,尤其是情爱心理并不具有独立存在的意义。因此,他们在对人们的情爱心理做分析和论证时只能从求真、求善、求美的超生物情感体验的抽象思辨角度,而不能从特殊的生物——社会心理角度去进行。这一任务是由古罗马诗人奥维德完成的,他在自己那本流传千古的《爱经》中以文学对抗哲学的形式直观地展示了两性间相互的情爱心理。奥维德从艺术审美的角度纵论两性情爱的生物——社会心理,堪称是他自己那个时代青年男女恋爱上的导师。然而,在奥维德精心地向青年男女们传授那些求爱的技巧或技艺时,其心理情感折射出来的哲理基调却是一种充满人类本性之光的客观而素朴的快乐主义。这种唯物性质的快乐基调由于其自然、平庸的一面而使个体对于异性的心理情感体验不能上升到带有强烈个性表现色

彩的心理激情和心理人格意识。换句话说,奥维德只是给予人们一种让他们在两性性爱交往中陷入迷恋状况的心理驱力,却没有能让他们产生情爱沟通时对热恋的高级情感体验。这也难怪,在古罗马时代,个人的自我性还是不很发达,个体内在的生活也不太丰富和复杂。虽然这一时期人们已经获得了一定的社会和心理自主性,并且能够根据一定程度的适宜的自我认识去规范自身的言行举止,但是作为高级精神文化特征的真正心理学意义上的"个人自我意识"仍有待于形成。生活在19世纪上半叶的法国作家司汤达,以他自身独特的自我心理情感体验对人的爱情心理进行了深刻的揭示和研究。

在爱情的类型方面,司汤达从情爱伦理与审美的角度将爱情分为激情之爱、情趣之爱、肉体之爱和虚荣之爱。他还提出爱情的"结晶说",第一次详细地阐述了有关爱情产生的一般心理机制,即从爱慕开始,经愉快的感受和期望而产生爱情,并且形成第一次结晶;然后,它再经过怀疑阶段的磨炼,重新焕发激情,达到第二次结晶。司汤达所提出的第一次结晶类似于心理学上的表象阶段,它使恋爱中的人产生一种愉快的心境;他所提出的第二次结晶已经上升到抽象的理念阶段,它使恋人的情感达到相当的深度,并且形成了一定的意志品质。司汤达的"结晶说"对于近代现代爱情心理学是一个很大的贡献,因为赖以有此人们才能形成对爱情感性认知阶段与理念形成阶段既相互区别又相互联系的清晰的概念。此外,他还具体研究了羞耻心和心理气质对个体情爱生活的影响,他甚至向人们提出迷恋不等于心灵的真实感觉、虚假的一见倾心难以承受时间的验证等有益的劝告,从而体现出他不愧为一位熟谙情爱心理的行家里手。在司汤达那本以人生哲理为骨架,以伦理美学、社会心理与个体心理分析做基调,以社会风情和个体生活经验为基本材料的爱情心理学专著《爱情论》中,浑厚的历史感与科学的现代意识兼而有之,竞相媲美。他远远超出奥维德的地方就是将后者那种游戏情爱的快乐色彩转换为表现崇高人生理想的爱情心理光环。博大精深的学识,洞察人性的悟性以及把握世态人情的技能,所有这一切都使得司汤达爱情心理"结晶说"不愧为现代爱情心理学的奠基之作。

弗洛伊德从医学研究的角度对人类爱情心理进行了精心的探讨。他在有关爱情心理的三篇论文中,以精神分析作为理论依据,对于两性爱情心理进行了独特的分析。在《男人对象选择的一个特殊类型》中,弗洛伊德详细地论证了女人的放荡性格往往成为某一类型男人爱恋的条件,并且他认为这种现象应追溯到恋母情结。或许这种事情在极少数人身上可能会发生,然而据此而把女人放荡的性格与男子的恋母情结联系起来,并且作为一些人的爱情条件和爱恋方式,未免有点牵强附会。从那些极其个别的性心理反常现象去推断爱情心理的发生机制,不可能得出完全符合科学的结论,因为后者虽然与性不无关系,却也受到社会文化等诸多因素的影响。在《阳痿——情欲生活中最常有的一种退化现象》中,弗洛伊德认为心理性阳痿的原因是由于温柔而执着的情与肉感的欲没有合流,即"对于他们真正爱的人却没有性欲,可以引发性欲的女人,他又不爱"[1]。从医学心理学的角度讲,这种情况常有,这种解释也合乎情理,因为性与爱的分离本来就会产生种种稀奇古怪的反常现象。然而在对性与爱相分离的根源进行剖析时,弗洛伊德却认为这是由于人类两大本能(性本能与自存本能)之间那永远难以妥协的相互抗衡所造成的。他甚至断言:"在文明人爱情生活中普遍存在的这一难题,其形成原因同心理性阳痿是大体一致的。这就是说,它同样源自于下面两个因素:儿童期的强烈乱伦固置和青春期向外发展(寻找外部性对象)时的受阻。"[2]弗洛伊德将两种不同类型的难题的形成原因混为一谈,是有失偏颇的。他完全用生物心理因素去解释爱情生活,实质上是否定了人所特有的社会文化心理因素对于两性关系的作用。在《处女的禁忌》中,弗洛伊德把女性的性冷淡归结为她幼年期的"阉割情结"或"恋父仇母情结"。其实,女性的性冷淡是家庭生活环境、社会文化背景、个体生理发育等多种因素交互作用的结果,不能被局限为某种特定因素的作用。从更深的心理层次上讲,不正确的性教育方式以及缺乏爱情因素的婚姻,都可能导致一些妇女在性生活中处于冷淡状态,而这些与她们幼年的"阉割情结"或"恋父情结"毫无干系。当然,弗洛伊德对爱情的心理分析也有许多可取之处。比如,他指出:当一个古老文明建立起的禁制被废弃时,"爱情便开始变得无价值,人生也变得空虚起来。渐渐地,人们便不得不重新发展出一种反向作用,以便挽救爱情的情感价值。正是根据这个道理,基督教文明中的禁欲倾向才大大提高了爱情的精神价值"[3]。这段话深刻地揭示了性与爱相互依存、相互作用以及相反相成的辩证统一关系。弗洛伊德从科学心理学的角度,论证了一定的人类文明发展总是要以对人类性本能的一定限制作为先决条件,表明了他反对性的自由放任的坚决态度。他的有关从性的升华中可以创造人类文明中最伟大和最奇妙的成就的观点也已被许多历史事实证明。这就是说,弗洛伊德对于两性爱情心理的分析虽然在形而上的本体论层次上不尽科学和完善,但是在社会认识层面上却具有一定的伦理与审美意义。尤其是弗洛伊德所揭示的潜意识对于人们爱情心理的隐性影响,如一见钟情、朝三暮四等,为我们综合社会文化因素去研究爱情产生和发展的心理机制,提供了很大的借鉴价值。弗洛伊德通过大量临床例证所揭示的性原欲与非性爱情理念的矛盾和冲突,即尘世的肉欲与超凡的精神之恋的分离,也为我们探讨特殊群体中人们爱情心理的变异,提供了全新的伦理视野和独特的审美角度。

弗洛姆的《爱的能力》是一本从心理学角度论述爱情的专著。弗洛姆依据人本主义的伦理与审美原则,不但接受而且在很大程度上改造了弗洛伊德的爱欲论。他深化了弗洛伊德"爱只是一种依附关系"的论点的内涵,并且扩展了其外延,从而揭示出成熟和健康的自爱是正常爱情心理机制形成的基础。弗洛姆通过对多维的爱、神经质的爱、占有式的爱、缺失性的孤独之爱、无性之爱以及过于理想化的爱等类型的透彻分析,论证了健康的心理人格是正常爱情心态形成的基本前提和保障。弗洛姆还对那些缺乏爱的能力的人或现象进行细微的心理分析,认为非爱、有条件的爱和不可靠的爱等消极情感因素使一些非成年人在以后的情爱生活中缺乏真正的、实际的爱的能力。这种分析虽然隐约地闪现着弗洛伊德爱欲论的影子,然而其中主要成分已经被加工、改造,被赋予社会伦理与审美文化因素的积极内涵。在对人类爱情心理的研究中,弗洛姆与弗洛伊德的最大不同之处就在于他对人类爱的前景抱有充分乐观的人本主义信念。他在构建自己爱情心理学的体系中,借鉴弗洛伊德爱欲论中某些科学主义的合理因素,并且抛弃其中泛性论的消极因素,从而使人本主义伦理学和审美观渗透于其中,最终形成了自身独特的情爱论。弗洛伊德曾发出一种悲观的预言:"要想使性本能欲求与文化要求达成妥协,那简直是痴心妄想。文化愈是高度发展,人类愈不能避免一定程度的苦难、牺牲和在遥远的未来的灭种威胁。"[4]这就是说,他认定性与爱、爱与婚姻的矛盾是人类所面临的一种不可解决的二律背反式的难题,它们将伴随着人类的产生、发展甚至有可能导致人类的灭亡。不超越科学独断主义的狭隘眼界,就不可能看到在人的自然本性与社会属性之间的对立只是在非常有限的范围内才具有绝对的意义,即"在构成人的本质时它们中何者是最关键的因素"这一认识论的范围内才有绝对的意义,超出这一范围,它们的对立无疑只具有相对的意义。正是由于看到了这些,弗洛姆才主张由性升华为爱,并且由此而更加关注如何从爱的理念转向爱的现实,即如何从对婚姻理念的依附转至对婚姻本身的依赖。换句话说,他也就是要把浪漫的爱发展至成熟的爱,将婚姻的契约变成婚姻中的爱情。弗洛姆认识到所有婚姻中的习惯性冲突和无意义争执的精神心理根源就是因为夫妻双方没有建立起一种纯私人性质的亲密的依附关系,即爱情的心理机制。只有建立起这种心理机制,才能把对婚姻契约的乏味而单调的技术性操作变成兴趣盎然的创意性协作,从而完成这一社会的杰作。所以,弗洛姆尤其关心如何培育人们爱的能力,以及如何通过这种能力去塑造婚姻中成熟的恒久之爱。他把认识与增强爱的能力视为在爱情与婚姻的矛盾统一关系中获得充分自由的先决条件和主要途径,并且将能够在婚姻中培育爱的人看成最幸福的情侣。他的结论是:"建立我们爱的能力的基础与其说是旦旦的誓言倒不如说是反复的行为。将我们的注意力从培养新的爱上转移至保存现有的爱心上或许对我们更加有利。"[5]可见,弗洛姆爱情心理学的宗旨就是要通过对爱情个体心理机制与婚姻社会机制的异质整合,创造出婚姻中的爱情,从而让人们在更高的层次上获得个人的身心自由。

马尔库塞与福柯对人类爱情心理的分析与论证都是以肯定弗洛伊德元心理学的性欲一元论作为前提的。他们借鉴弗洛伊德性压抑的观点,并分别从性爱哲学或性爱政治学的角度论述了性与爱的关联、差异以及爱的心理情感产生的根源、动力和目标指向等。在马尔库塞看来,人的历史就是人被压抑的历史。他从弗洛伊德"爱欲本能与死亡本能"对立的观点中引申出"压抑"与"现实原则"的概念,以此作为自己爱欲解放论的人类学基础,并且通过引入自己所独创的"额外压抑"和"操作原则"的概念,用以解释现代人精神心理的异化和论证彻底解放爱欲的必要性。马尔库塞力图通过文化对性欲的改善和性欲向爱情的升华去构建一种与社会分享关系相分离、并在重大方面与之相冲突的带有私人分享关系性质的新型爱情心理结构。显然,马尔库塞心目中的爱情是试图超越婚姻中的带有社会规范性的夫妻之情,去实现现代快乐主义的自由之爱。所以,在对爱情心理结构的阐述中,他侧重于对本体意义和审美价值的分析和论证,却有意或无意地排除伦理文化因素的影响和作用。通过对人类性史的回顾和探讨,福柯认为那种严厉苛刻并被严格执行的适度性爱原则早在古希腊时代就已确立,因为"不管是日常生活中,还是在理论讨论中,希腊人都把性行为作为一个伦理问题来考虑,认为性活动一定要适度"[6]。据此,福柯把古希腊人的性爱伦理学拟作一种生存美学,即把自由看作权力游戏的艺术。古希腊人对爱情自我约束和控制的爱情心理机制无疑与这种自我完善性质的性爱伦理学——生存美学有着共生的密切关联。通过"压抑"去界定性与权力的关系,福柯揭示了人类性爱心理随其性爱目标的不断转移而不断演化,最终受到现代规范伦理学的制约,即"性活动问题的焦点已不再是快感以及享用快感的美学,而是欲望和净化欲望的解释学"[7]。可见,他是将争取爱欲自由与消解现代社会规范和理性主体当成一回事了。不过,诗人顾城以自己在新西兰激流岛上的实践已经宣布了这种无视一切的"后现代性爱乌托邦"理想的破灭。

人本主义心理学家马斯洛在他那关于"自我实现"的研究中,蕴含着对两性爱情心理情感关系的真知灼见。具体说来,在"高峰体验""去圣化""再圣化""自居作用""超越""高原体验""丰满人性"等充满情感智慧的形象化用语中,无处不对应着对人类爱情心理的人性化把握与科学定位。马斯洛在他的著作中多次肯定"爱情成熟的时候"或"完美的性体验"也属于高峰体验,并且将此界定为来自那种由存在爱而获得的清晰性与来自亲密关系的体验。要达到爱情上的"高峰体验",马斯洛主张人们必须要经历一个从性的"去圣化"到"再圣化"的过程,即从自然的"性"到艺术化的"性"。在马斯洛看来,在高峰体验中,爱与性应当是存在价值与需要满足的合一;无爱之性或无性之爱都不可能达到高峰体验。所以,他主张既要倾听内在冲动的呼唤,又要赋予这种冲动以神圣的、永恒的、象征的意义,也就是要以尊敬的态度看女性和以尊敬所包含的一切意义看待所有女性。在爱情这一最能表现人性的方面,高峰体验类似于初恋或初婚的激情,高原体验则是金婚般的完美和辉煌。前者是短暂的一瞥,后者则是长久的凝视。马斯洛就此论道:"剧烈的情绪必然是极点的和暂时的,它必须让位给极乐的宁静,较平和的幸福,对至善清晰、深沉认知的内在喜悦。"[8]从对爱的高峰体验到对它的高原体验,无疑是个体从自我实现迈向自我完善的对现状的又一次超越。在这种超越中,自我与自私的意念在一定程度上已经不复存在。马斯洛把两性之间的爱视为人间最高的爱,将存在这种爱称为自居作用,并将趋向这种爱称作超越的一种形态。显然,从存在着有爱之性的自如状态的融合迈向有性之爱的状态,就是自我完善的爱对自我实现的爱的超越,最终达到了丰满人性的崇高境界。马斯洛将两性气质的异质整合当作形成完美的爱情心理机制的必要条件。他强调:"两性之间的和谐依赖于个人内部的和谐。……假如他能和他内部的女性和谐相处,他便能和他身外的女性和谐相处,更理解她们,减少对待她们的矛盾心情,甚至更赞美她们。"[9]可见,两性心理气质的异质整合包括两个方面:一方面是个体善待自己内部的异性气质,与其和谐相处;另一方面则是个体尊重外部的异性气质,与其互取互补。马斯洛对想象、幻想、色彩、诗、音乐、温柔、感伤、浪漫等类女性气质评价甚高,认为它们实际上意味着一切有创造性的活动,其中包括实现健康的爱情。他期待着人们能"中止以二歧式的方式思考问题,学会以一种整合的方式思考问题"[10]。说白了,这就是要把你中有我、我中有你的两性关系从具有内在精神心理价值的爱提升至外在终极实存的不朽之爱,在这种爱中感情的欢乐与理智的愉悦将完全合为一体,达到爱情的涅槃。

## 二、对个体爱情心理特征的历史分析和定位

人类的爱情心理是其伦理与审美意识的内化,它的发达程度与人类科学、哲学、艺术的发展成正比。从心理本体论的角度讲,古希腊人、中世纪的人、文艺复兴时期的人、工业时代的人以及信息时代的人,他们的爱情心理是各不相同的。古希腊时代的个人具有一定的、自我的"自在性"和"人格性",然而其哲理的反思和心理的内省能力较弱,其情感体验和动机的个体化程度也较低,其自然的人性还没有完全被提升为社会文化意义上的个体性。由于缺乏具有自己内心生活的、将伦理与审美意识内化的统一性,古希腊人的爱情心理具有自然、素朴、单纯、稳定化、明朗化、和谐化以及审美的直觉性和伦理的有限责任性的特点。从发生学的角度看,古希腊人的爱情心理自然是健全的,人类之性与人类之爱在这里一开始就被"接通",没有产生短路现象。然而,健全的却不可能是高级的,人类的爱情心理要向深层发展,就不能停留在这种初级的水平。

中世纪的人从本质上讲是无个体性的,个体性被人的泛化概念如家族、团体、国家等所淹没。阶梯式的身份制约使得每一个人只是作为社会整体的一分子而存在,他们按照一定的阶层生活范本和礼仪规则谨言慎行。对于上帝的敬畏和死亡的恐惧使中世纪的人的心理性格内倾化,注重与上帝精神交会时的心

理情感体验和日常行为的道德内省。然而,这并不证明中世纪的人具有心理个性,刻板的礼仪与修道院式的精神氛围使得他们的心理性格阶层化,气质与风度规范化。表现在婚姻选择上,对于中世纪的人来说,起决定作用的是家世的利益,而不是个人的爱情意愿。心理上个体感的缺乏也使得中世纪的人在两性关系方面乐于服从世俗的安排,而把内心高贵的、神圣的感情奉献给上帝或君主。在法国宫廷所出现的那种浪漫的骑士之爱,虽然突破了阶层的身份界限,却依然要在体验"热恋"时给自身罩上恭顺、效忠、服从之类等级道德的外衣。文艺复兴时期的人具有发达的自我意识、坚定的思想个性和鲜明的心理性格,用恩格斯的话来说,他们就是"在思维能力、热情和性格方面的巨人"。其实,具有新的时间感和生命价值感的人文主义者们也是爱情上的巨人。在但丁、薄伽丘、彼特拉克、莎士比亚等"生于忧患、死于安乐"的人文主义者的爱情经历和爱情作品中,风格的多样和内容的丰富足以表明这一时期他们爱情心理个性的完美与健全。在阿尔贝蒂所著的《论家庭》中,他把疯狂的情爱与完美的友谊相对立,再现出奥维德的性快乐主义与亚里士多德的性道德论的分歧。阿尔贝蒂最终的解决办法是主张用科学的、健全的理性去制约爱情这种本能的激情冲动:"是否陷入爱情取决于我们自己的自由意愿,是否抛弃爱情也取决于我们的理性,而盲目地追随它则是由于我们的极其愚蠢所至。"[11]阿尔贝蒂有关在爱情心理中情感与理智相冲突的论点及其化解方式预示了以后工业时代人们情爱观的雏形。然而,在这方面做得最好的还是莎士比亚,他笔下的情侣们个个都是高尚情操与健康肉欲相融合的典范,在他们身上再也看不到中世纪人们身上那种所谓高雅情感与低俗肉欲的对立和冲突。

历经文艺复兴与启蒙运动的双重洗礼,工业时代的人形成了现代心理学意义上的人格。从佩脱拉克的"自我"、切利尼的"自我"、蒙田的"自我"、卢梭的"自我"、康德的"自我",经费希特的"自我"、克尔凯郭尔的"自我"、叔本华的"自我"、尼采的"自我",再到卡夫卡的"自我"、弗洛伊德的"自我"、海德格尔的"自我"、萨特的"自我",大致上展现出工业化时代具有"自我意识"和"自我价值"的个体性形成、发展、膨胀以至于最后异化、衰落和消解的历史轨迹。工业化时代人的爱情心理机制的形成、发展和转化大致上与那种心理自我性的历史性展开保持同步。在心理自我性的形成与发展时期,早期工业化时代人的爱情心理显露出坦诚、细腻、多向、内省、激越、幻想等特征,这些在蒙田的《随笔录》、卢梭的《忏悔录》、歌德的《浮士德》中均到处可见。在心理自我性的膨胀时期，工业化鼎盛时期的人在爱情心理上显示出偏执、乖戾、自大、张狂、自恋、自虐等性与爱内在的分裂性特征，这些在叔本华、尼采、魏宁格等人对于女性不恭敬的论著，以及劳伦斯的性爱小说中也都可以找到其鲜明的痕迹。在心理自我性的异化时期，工业化末期的人在爱情心理上呈现出孤独、忧郁、彷徨、茫然、麻木、放纵、无所谓等特性，卡夫卡的"变形人"、卡内帝的"迷惘的人"、马尔库塞的"单维人"、怀特的"组织的人"、弗洛姆的"占有型的人"、萨特的"荒谬的人"等概念都在一定程度上揭示出人们爱情心理的异化只不过是伴随着个体自主性的丧失，人们普遍看重外在的物态价值，而轻视内在的精神价值的必然心理趋向。许多有识之士为此而大费周折，如弗洛姆和马斯洛想从人本主义伦理学和心理学角度，马尔库塞与韦克斯意欲从性社会学或性政治学的角度，列菲伏尔与赫勒想从重建日常生活意义的角度，阿多诺、詹明信和贝尔从对资本主义文化产业批判的角度，哈贝马斯则意欲从交往行为理论或实践的角度，去帮助人们摆脱思想道德上的物化和精神心理上的异化，重建内心真实的、健全的自我。然而，无论是自我实现的伦理学、社会学、心理学，还是自我完善的哲学、美学，最终都无法完全恢复那种原初意义上的、文艺复兴与启蒙时期的丰满的个人"主体性"，因为人类已经迈进信息化时代。

## 三、当代爱情心理变异的根源及其消解

我们已经生活在一个以电子计算机、卫星通信、生物工程、电子遥控为主要标志的高度信息化与技术化的社会。20世纪80年代，阿尔文·托夫勒的《第三次浪潮》、丹尼尔·贝尔的《后工业社会的来临》以及堺屋太一的《知识价值革命》等就成为这一新社会降临于世的宣言书。也正是在这前后，以福柯、德里达、利奥塔、拉康等当代哲人为领头羊的后现代主义思潮对文艺复兴时期以来的人文主义传统和科学理性发起了思想反叛和话语颠覆，那种以自我意识、自我价值、自我实现和自我完善作为主要标志的精神主体性和理想人格自然也在解构和消解之列。纵然有一些跪在地上造反的味道，即便"批判的武器"也不能避免制造出一些美丽而精彩的垃圾，那些解构与消解对于社会文化心理和个体

文化心理的影响却是不容忽视的。处于新世纪经济全球化和文化多样化的社会文化背景下,由于技术与人性、理性与感性的矛盾日益加重,当代人的爱情心理结构趋向复杂化,呈现出随意性、间断性、非个体性、不确定性以及无深度的泛感性化等。

随意性来自外在客观的生存和生活环境与内在主体的精神和心理意向的交互作用。对于一些人来说,与自己性格、气质相投合的异性很多,交往的机遇也会很多;对象和场合的境遇性变幻酝酿出浪漫化的心境,驱动个体不断寻求即兴的情感辉映,并且激励他在此瞬时体验中不断获得对自身的积极情绪的肯定。这就类似于一位喝惯了某品牌汽水的消费者一样,每逢遭遇干渴的境地,他都会不加思索地买下这种牌子的汽水解渴。可见,随遇性并不完全随遇,其中包含对外在情爱环境的习惯性应激反应,这也可以说是一种自在状态的情爱心理约定。

间断性意味着性与爱的周期性中断,也可以说是一种外在身体的"自我"与内在心理的"自我"的变态性分离。个体与同一异性在不同的时间和场景相遇,其相互关系的认知具有差异,性的情绪体验和爱的情感体悟可能会交替出现。繁杂的交往,信息的泛滥以及道德与审美的技术化和生活情感的表演化,所有这一切都会导致人们的心理性格多重性。这种心理性格多重性就造成个体在两性交往关系中时而受到潜意识中的感性知觉的支配,时而受到潜意识中的个别意象的影响,时而受到意识层的认识结构的控制。上述无中心、发散性的特征就造成了当代人情爱心理意识流的不时间断,呈现出期望与应做之间的冲突和矛盾。

非个体化倾向在当代人的爱情心理意向歧变中显得尤为显著。大众文化心理的影响是产生这种歧变的外在客观因素。"大众情人"就是市场与物的体系这只"看不见的手"躲在幕后炒作而成的,它潜移默化地操纵人们日常精神消费的行为,其对个体心理投射的能量是巨大的。"大众情人"形象为人们的择偶提供了一个公认的、一般的情感价值取向和审美心理观照。日常生活是乏味的、无序的、缺失的,"大众情人"形象却是浪漫的、有序的、完美的。这种反差越大,个体心理对这种形象的内化程度就越强,久而久之个体对情爱关系的心理体验就趋向非个体化,即无情感深度的泛化状态。个体深层心理活动情感倾向性的弱化则是爱情心理非个体化倾向萌生的内在主观因素。人际交往关系的交换色彩、艺术审美作品的制作化以及人自身所处生态环境的技术化和生活环境的物化,这一类因素逐渐消解"一次性""不可再生性"的人文概念,对个体心态中的情感倾向性和稳固性产生弱化或肢解的作用。爱情心理情感本来是具有强烈倾向性的、持久的情感,比如个体单恋的情感往往伴随人的一生,再如有的人情感趋向两极化,爱恨交加,即所谓"爱有多深,恨也有多深"。然而,技术化与物化已经消解了人的这些自然的、原初的情感深度,将个体丰富的情感体验和多样性表达置于一般范式化的危境。

不确定性是当代人爱情心态变异的一种主要特征。人的心理过程是在时间和空间中完成的,可是当代人的时空观与以往时代的人的时空观是有差异的。中世纪时期人的时间概念具有单维性,即直线性、不可逆转性,就如李白《春夜宴从弟桃花园序》所吟诵的"天地者,万物之逆旅;光阴者,百代之过客"或孔子所感叹的"逝者如斯夫"之类。对个体生命短暂和有限的感觉推动中世纪的人通过在思想上将个体与上帝融合为一体或者通过柏拉图式的精神恋爱去寻求个体生命的永恒。堺屋太一指出:"中世纪的时代特征,一言以蔽之,就是'物质匮乏而时间过剩'。"[12]的确,中世纪是悠闲的时代,既有一年到头懒散怠惰的有闲贵族,也有享有漫长冬闲的农民。不过,中世纪的时间过剩是指自然时间的过剩,个体的社会时间和心理时间并不过剩。婚丧嫁娶、人际交往,以及宗教活动的烦琐礼仪等,使得人们的社会时间被虚掷,心理时间也没得到有价值的利用。中世纪的婚姻生活虽是夫妻间终日耳鬓厮磨,而心理情感交流的时间却很少。中世纪人们对于空间的理解十分愚昧,他们相信地球是宇宙的中心,太阳和星星都围绕着地球转。中世纪人的心理想象空间也很狭窄,即便是吴承恩笔下的孙行者一个跟头十万八千里,也达不到光速。此外,最佳的抒情比喻只能是"人比黄花瘦",而绝不可能是人比原子或中子轻。中世纪人的时空观使他们的情爱心理具有确定性和明朗化,"爱你到永远"就是"海枯石烂不变心"般的永恒和绝对的心理定位,绝不含混。当代人的时间观是多维度的。人们既有"觉今是而昨非"的流动感,也有"活着的"已死了,死了的却"活着"的对比观照感,以及因时差而形成的非同步感。爱因斯坦的相对论与海森堡的测不准原理给予人们一种弹性的时间与空间观念,让他们对时间与空间的认识角度从绝对转向相对。时间与空间的相对概念引导当代人更加追求生活的质量和生命的价值,人的高级需求的增多也使有些个体有可能不再把爱情追求当作人生不可或缺的情感价值坐标。当代人的心理情感空间和心理想象空间较之过去时代无可比拟地扩大了,过去的村社意识、国家民族意识已经转变为人类的群体意识和全球意识。与此相应地,个体情爱心理的活动范围也极大地被扩充。有些人在情爱生活中开始注重过程而不在乎结果,对于他们,独一无二的爱情对象似乎已经消失,外在的、客观的情爱价值已被"运动就是一切"的、内在的、主观的情感体验所遮盖。所谓无深度的泛感性化指的是个体爱情心理的情感浓度被稀释,心理情感动力由虚假的浪漫所提供,爱情的小舟在技术化的心理浪潮中起伏。这也就是说浪漫不再是一种人性的自然流露和表现,而是一种由技术化的精心制作而产生的一种貌似亲密无间或心醉神迷的人为状态。这种人为状态并不能驱逐婚内或婚外的寂寞和孤独,甚至可能使人们在游戏过后分外感到寂寞和孤独,譬如那些痴迷于电视速配或电脑网恋的人们就是如此。

马克思说过:"人们的观念、观点和概念,一句话,人们的意识,随着人们的生活条件、人们的社会关系、人们的社会存在的改变而改变。"[13]人们心态环境的改造,其中包括情爱心态的改变大概也是如此。技术与人性的对立和矛盾是一种客观的现实存在,它有其物质化的心理表现形式——消费性人格与神经质人格,正是这种心理人格变异破坏了正常的生活秩序并且毁掉了生活的意义。我国精神文明建设的一个重要目标就是要在现代化建设过程中,通过塑造有理想、有道德、有文化、有纪律的理想人格去抵制那种"经济人"或"单向人"的畸形人格。具有这种"四有"理想人格的社会新人将能够通过自身物质与精神两方面的平衡而协调的发展,通过对技术理性与人文精神的自觉融合,以及通过对积极的生活态度的培养与健全的生活方式的创建去消解技术与人性、理性与感性的对立和冲突。他们将永远保持身心协调的健康人格,以积极向上的精神姿态去造福于社会和他人。也只有这种类型的人才能避免爱情心理的异化,永远把爱情当作人类最重要的文化价值去珍视,在实现有意义的人生的同时也实现对爱的追求。

**参考文献：**

[1][2][3][4]弗洛伊德.性爱与文明[M].滕守尧,译.合肥:安徽文艺出版社,1996:226,224,226-227,229.

[5]弗洛姆.爱的能力[M].深圳:海天出版社,1999:476.

[6][7]米歇尔·福柯.性史[M].姬旭升,译.西宁:青海人民出版社,1999:373,377.

[8][9][10]马斯洛.人性能达的境界[M].林方,译.昆明:云南人民出版社,1987:44,161-162,163.

[11]阿尔贝蒂.论家庭[M].梁天,译.西安:西安出版社,1998:88.

[12]堺屋太一.知识价值革命[M].金泰相,译.沈阳:沈阳出版社,1999:111.

[13]马克思,恩格斯.马克思恩格斯论文学与艺术:上[M].桂林:广西师范学院,1978:97.

（原载《中州学刊》2002年第1期）

# 论青年与爱情文明建设

## 一、青年在爱情文明建设中的地位与作用

青年时期是人生最美好的时期。在这一时期，人的精力最为旺盛，对事物的探求欲最为强烈，而且思想活跃，少有传统因袭的负担，类似于一张白纸，好绘最新最美的图画。爱情是人类精神文明的结晶，它体现着青春的美、道德的善和情感的真，成为历代青年矢志不渝追寻的人生基本价值之一。

歌德说过："青年男子谁个不善钟情？妙龄女子谁个不善怀春？"自古以来，青年人与爱情结下不解之缘。他们敢想、敢说、敢干，爱情海洋的弄潮儿非他们莫属。最美妙的情诗、最动人的情爱小说、最热情澎湃的情书和情话大都作为他们青春的见证而具有永不磨灭的魅力。歌德、雪莱、拜伦、海涅、雨果、贝多芬、普希金、裴多菲、徐志摩、郁达夫、郭沫若等中外文化名人，他们因为把自己青春的热情、对爱的追求及其欢乐和忧思融会于自己的作品而名扬千古。青年是爱情文明大厦的奠基者。无论在西方启蒙时期的浪漫运动中，还是在中国的"五四"时代，青年们都率先向不文明、不道德、腐朽与落后的两性观念发难，以破字当头的勇气和荡涤一切污泥浊水的魄力，提升爱情的新境界，开拓两性关系的新天地。歌德的《少年维特之烦恼》和巴金的《家》《春》《秋》在他们各自的国度和时代，就像威力无穷的"精神原子弹"，炸毁了封建的"思想城堡"，让爱情从千年的精神藩篱中解放出来。他们于豆蔻年华之际所显示出的情感智慧和艺术力量，给予后来者继续攀登爱情高峰以无穷无尽的动力。

青年是爱情文明建设的生力军。他们继往开来，敢于超越世俗和平庸，不

断翻新。他们像《钢铁是怎样炼成的》《刑场上的婚礼》《青春之歌》和《高山下的花环》之中的主人翁,实现了人生信念与情爱理想的完美结合,把爱情推向崇高。他们以《青春万岁》和《百炼成钢》中建设新生活的热情奏响了充满团结、友谊和理想的情爱颂歌,使爱情保持昂扬向上的精神格调。他们以《被爱情遗忘的角落》《爱,是不能忘记的》《人生》《渴望》《牵手》等书中描绘的生活上的变故和坎坷,反思爱情途中的困惑和迷惘,深化了爱情的哲理。他们以边缘化的创造性姿态去营造新的让人怦然心动的浪漫氛围,并以此逃避或对抗爱的物化,企盼爱情重新鼓起风帆。青年是爱情更新的推动力。新的时代赋予青年以新的思维、新的道德与审美境界和新的情感表达方式,因为生活条件与生活方式的变更正推动青年去创造爱情的新内容、新形式和新语言。在这种意义上,爱情的希望和明天永远属于青年。因为青年最有可能不趋同、不从众,不固守前人已有的结论,以独辟蹊径的探索去避免生活的重复和雷同,从而走出传统习惯的怪圈,显示出思想的独创性和生活的独特性。正由于是独辟蹊径的探索,青年人无法避免失误,他们也有可能陷入一些误区。然而,失败是成功之母;再说青年还年轻,他们拥有犯错误的时间资本,最有可能从错误中汲取经验和教训,迎来爱情的新春天。江山代有青年出,各领风骚数十年。新世纪的青年大多数能够在恋爱中以寻求志同道合和情趣相投为目的。在选择配偶时,他们能够冲破传统的门户之见和身份意识,注重个人的品行和才华;在婚姻价值取向上,他们能够超凡脱俗,展现时代的风采;在事业与爱情的完美结合方面,他们也有可能做得比前辈们更好。总之,当代爱情的精神高度、文化内涵、道德与审美情趣等需要依托新的精神冲动与激情迸发,而这些有待于新世纪新的文化背景下具有新的思想含量、情感智慧和生活体味的年轻有为之人去创意。只有他们才最有可能打破已有的爱情格局,为人类爱情生活提供更加出色的、能展示出新世纪精神特征和生活面貌的艺术标本。

## 二、问题与思考

甘瓜苦蒂,物无全美。青年人当然也有他们自身的弱点,譬如生活阅历的短暂与文化积累的肤浅,有可能造成他们思想的困惑与情感的失落。尤其在当今改革开放的市场经济大潮下,一些青年人很容易由思想认识上的偏颇导致自己生活实践中的失误。从哲学伦理学的角度分析,现代一些青年在自己的婚恋生活中大致存在着以下错误的价值取向:

一是恋爱的多元化。有些青年相信人的本性就是多情的,他们将爱情的变化和发展与爱情的持久和专一对立起来,抹杀了从一而终与忠贞不渝的界限。他们或拿爱情当游戏,搞多角恋爱,或视婚姻为累赘,随意同居,以浮躁、轻浮、放任的行为去肢解婚恋的一体化。有这种倾向的人或恋爱至上,一失恋成千古恨,或因缺乏道德自律与情感自制而寻求刺激,陷入婚外情泥淖,或盲目追逐时尚,有悖心灵之约,其结果都是在虚假的、表面上的暂时性满足中既害人又害己。

二是择偶标准的功利性。有些青年在选择配偶时见物不见人,见利不见情,以金钱、美色、权势等实用和实惠因素作为缔结与维系婚姻的纽带。有这种倾向的人或从众趋同,缺乏个性表现,或求全责备,缺少宽容大度,或早恋早婚,后遗问题严重,其结果无非是婚后利害关系稍有变化,无谓的争吵、家庭暴力、婚外情等接踵而来,家庭变成火药桶。

三是婚姻价值的平庸化。有些青年对于婚姻的认识层面相当肤浅,既具有追求实惠的特别需求,又带有传统的陈旧痕迹。极个别女青年视自身的美丽为无价的存折,依然停留在"嫁汉嫁汉,穿衣吃饭"的传统认识水准,无法将美貌提升为高贵,而有些男青年则单纯追求姑娘们漂亮的外貌或温顺的性格,拒绝她们的聪明才智,从而使自己的婚姻缺乏生机和活力。有这种倾向的人们眼睛只盯着爱情的"硬件",顾不上看一眼爱情的"软件",或为了世故虚荣而抛弃爱的真挚和深沉。这种现代利己主义与传统惰性心态的结合,势必使婚恋者变得精神狭隘,俗不可耐,栖居于家庭方寸之地而不愿将爱洒满人间。

对于陷入以上三种思想认识误区的少数青年来说,两性关系的对等性、丰富性和创造性已经遭到灰色心灵的重创,在他们身上爱情的色泽在淡化,婚姻的历程在缩短,家庭的价值被亵渎,两性分享关系对于人生的意义被取消,"由误解而成婚,因了解而分手"仿佛成为他们不断演绎的故事。

有鉴于此,我们有必要进一步对某些青年在婚恋中的错误价值取向及由此而诱发的问题所赖以产生的主客观因素加以理性思考与社会分析:

**(一)社会转轨时期所存在的某些物质生活与精神生活的失衡因素**

在从传统的计划经济体制转向现代市场经济体制的整个过程中,人们的法制观念和契约意识逐步确立,个人的主体性得到充分的体现,由此而带来了我国人民道德观念和道德实践方面积极的、革命性的变化。然而,在鱼龙混杂、泥沙俱下的经济、社会转轨时期,市场经济活动具有功利性与道德性的内在矛盾,等价交换规律也存在着自身的伦理缺陷(经济合理性与道德合理性的分离)。一旦伦理道德建设跟不上市场经济的发展,带有极端个人主义特征的"单一经济人"就会破土而出。"他除了钱什么也没有",这句大众流行的语言曾经很形象地描绘了一些人物质生活与精神生活的失衡状态。过度片面的发展使这种人蜕变为赚钱或花钱的机器,成为丧失社会理想和道德责任感的"经济动物"。在两性关系领域内,这种物质生活与精神生活的失衡表现得尤为突出。对于金钱与爱情,不乏有人从内心认定两者是完全可以画等号的。此类糊涂的认识不仅将两性关系简单化地归结为金钱与美貌的等价交换关系,而且完全丢弃了个体在道德上自我完善和个性上全面发展的高级需求。这种丢弃无疑是以小聪明取代了大聪明。德国学者科斯洛夫斯基认为:"不受限制的对利润和利益的追求导致吝啬、贪婪和人类行为目标的财富的损失的转变。仅仅通过市场成果,也即通过具有需求意义的支付意愿的成功参与来协调生产和社会的状况分配,会导致在控制生产和分配生活机会时的过分的主观主义,会导致对有着本质意义的生活目标的忽视。"[1]市场经济的内在驱动力就是个体的发财致富欲,按照恩格斯的说法,这种"卑劣的贪欲"在一定程度上促进了社会的发展。然而,这种对于经济利益的无限追逐欲,也使得人们的需求趋向单一和平庸。这种单一和平庸势必导致人们婚恋生活的枯燥和乏味,引起性与爱、爱与义务的分离。从哲学的高度看,人们在婚恋生活中丧失生活情趣,片面追逐感官享受,也是他们的社会属性与自然属性相分离,生活手段与生活目标相混淆的、人类的本质被异化的特殊体现。

**(二)科技高速发展对于人们精神心理尤其是社会心理的变异性影响**

通信、交通、电脑、生物遗传工程等科学技术持续的迅速发展为人类提供了新的手段去减少饥饿、贫穷和疾病,同时它也极大地改变了人类家庭的物质构成及其生活方式。但是,科学技术既能造福于人类,也能给人类的生存带来威胁。导致人类家园荒芜的环境污染、毒品滥用和艾滋病毒等,构成了生物、社会污染的畸形交会,于无形中摧毁了人们生活的意义。上述科学与伦理的冲突现在已为世人所瞩目,这种巨大的冲突无疑会引发道德享乐主义与道德义务主义之间的论争。实质上,物质上的贪婪与思想上的疲软是一个问题的两个方面,现代富贵病与人格异化只是一墙之隔。因为心病终须心药医,心灵的冷漠只有用能体现人类生存意义的爱与希望和理想的结晶这一剂良药去根治。无数事实提示:科技高速发展并不能自然而然地为人们创造出一种高度人性化的生态与社会心理环境。人们的生理需求、心理与社会需求、审美与道德需求三者高度的有机的统一,有待于他们以积极向上的生活态度去创造出高情感,其中自然也包括真挚的、深沉的两性之爱。尤其值得注意的是,在婚恋领域内,一些平庸的、肤浅的、无聊的人正在打着时髦而美丽的"科学招牌"去愚弄青年。所谓电子测姻缘、科学看手相观察爱情以及10元钱便可买得爱情秘诀之类的欺世盗名之举,通过各种渠道渗入并影响着青年的婚恋生活。都市化社会生活中人际关系的隔膜、疏离、冷漠以及个体发展机遇的不可捉摸性等,都为这一类"现代迷信"的滋生和蔓延提供了一定的气候和条件。

**(三)外来文化和生活方式中某些不健康因素与封建残余意识的综合影响**

在对外开放的社会环境中,西方发达国家的先进技术、资金和商品大量地涌入我国;与此同时,他们的文化形态、生活方式和价值准则也逐渐地渗入我国人民的日常生活。外来文化和生活方式中的一些积极因素,如科学的理性精神、社会公德意识、个性发展意识等当然有利于推动我国的经济与社会的协调发展以及文化进步。然而,在西方的拜金主义、享乐主义、极端个人主义历史背景下所滋生的嬉皮士和雅皮士文化及其生活方式,对于我国少数青年却有着不良的影响。

这种文化诱使一些青年放弃崇高、背离道德去片面地追逐感官刺激和瞬间的、极致的所谓"心灵体验"。在"跟着感觉走""潇洒走一回""不必问什么""过把瘾就死""懒得结婚"等这些流行话语中,充斥着一种空乏、无聊和玩世不恭的道德虚无意识。在这一类所谓"超前"意识的鼓噪和支配下,一些青少年缺乏人生理想、丧失社会责任感和正义感,逐步走向平庸、浅薄和颓废。在婚恋生活方面,一些青少年的认知理性和道德理性被享乐至上和消费人生的狂澜所湮灭。他们以先锋自居,热衷于"试婚",随意放纵自己的情欲,却美其名曰"疯狂地做爱,轻松地分手"。岂不知这一类精神与肉体分离的行为,恰恰是一些西方青年走向虚无、颓废乃至毁灭的开端。封建意识残余在青年婚恋生活中则通过另一些形式表现出来。在两性性关系中固守双重道德标准,在择偶时屈从传统习俗,在夫妻相处时表现出大男子主义等,都无非是封建主义的两性观和婚姻观在现实生活中的真实写照。至于极个别丈夫对妻子大打出手,或者强迫妻子过性生活等,就不仅是道德败坏,而且也是触犯法律的严重问题。凡此种种,"新潮"的性爱观与世俗的性爱观的"土洋结合",让一些涉世不深的青年处于性与爱相分离的困惑与迷离状态之中。

**(四)青年在择偶期间所处的特定生活环境、个人条件以及自身特殊生理与心理因素的综合作用和影响**

身处当代经济大发展、人口大流动、观念大变革社会中的青年人思想活跃,创造力旺盛,充满探求新生活的活力和精力。然而,青年人经验不足,遇事容易情绪化以及做事缺乏恒心和毅力等易犯的毛病往往干扰了他们个人的发展。浮躁是整个社会转轨变型时期的通病,这一点在青年人身上表现得尤为明显。有一些走南闯北、特立独行的青年人往往在遇到一些挫折后就灰心丧气,极少数人甚至自暴自弃,沉溺于酒色与毒品之中。在婚恋方面,一些青年人更容易走极端,表现出恋爱至上,个别人甚至会因失恋而意志消沉,甚至自绝于社会。青春期是人生特定的时期。它可能构成一个人最美好的回忆,也可能造成一个人痛苦不堪的经历。青春期是求知欲最旺盛的时期,青年对于大千世界中的新现象和新事物充满好奇心和新鲜感,凡事都想跃跃欲试。那些具有分辨能力、方向正确的青年尝试者能够顺应社会和时代发展的潮流,成为优良传统的继承者,时代精华的创造者。那些辨析能力较差的青年却往往因自己盲目的赏新猎奇而误入歧途。那些表面上"新奇"、实质上腐朽的文化形态,充满着"神秘性"和"刺激性",其中的享乐主义和虚无主义等消极和颓废的因素极易诱使一些青年入迷,进而使他们出现生理和心理活动的失常。青春期是个体的世界观尚未定型、思想较为单纯的时期。青年人充满幻想,热情往往压倒理性,容易接受那些貌似"新潮"的婚恋观,如"段落式"爱情及其副产品多角恋、试婚、婚外性等。青春期也是使青少年成为合格社会成员的必由之路,即按照社会的一系列道德规范和法律规范以及理想模式去学习和接受社会主流文化,成为"四有"新人的过程。极端个人主义和享乐主义却扭曲了极少数青少年的心灵,诱惑他们从羡慕到效仿和接受反社会的、畸形的、庸俗的文化类型。

## （五）文化断层的负面效应

跨入 21 世纪后，在 80 年代出生的青少年将陆续进入婚恋期。这预示着以后我国的婚恋问题将更加趋于现代性和复杂性。众所周知，这一代青少年绝大部分是独生子女，他们承受的关爱太多，经受的生活磨炼太少。"吃苦是本钱"，然而生逢太平盛世的这些当年的"小皇帝""小公主"们基本上是口中含着蜜汁长大的。那些年届知天命之年的父母，当年上山下乡，吃过不少苦头，不愿再委屈自己的孩子。他们时时关照孩子，处处袒护孩子，甚至越俎代庖，以至酿成了一种奇特的"忽略老辈、奉献子女"的家庭文化现象。我国人民一贯具有不畏权势、不慕金钱而追求爱情的生活理想以及坚贞专一、至死不渝的道德情操，更具有舍小爱为大爱、舍小家为国家的高尚情感和崇高境界。对于这些，有些青少年缺乏一定的了解，或者即使有所闻，也对此缺乏深刻的理解。对于传统文化（其中包括革命传统）的精华，这一代青少年知之甚少，他们是坐在电视机旁看着卡通片长大的。他们的父母，由于受"文革"的影响，对于传统文化与现代文化关系的把握本身就存在着问题，故此也不能很好地承担起文化传递的责任。婚恋关系是社会关系的缩影，一个合群的、善于与他人和谐相处的人，在处理与异性的关系时也能做得到游刃有余。这一代青少年自幼在家内"天马行空，独往独来"，缺乏对兄弟姐妹情谊的体验。这就预示着他们将来在处理与异性关系时，也难免出现这样或那样的问题。通过以上思考与分析，我们似乎可以得出这种结论：恋爱与婚姻虽然不是人生的唯一目标，却是人生的重要组成部分；它具有丰富的生活内涵和文化外延，直接影响到青年人精神生活的社会定格和个体质量。因此，青年人在婚恋生活中不能仅仅局限于跟着感觉走，还应当进一步通过对爱的思考去增强自身爱的行动自觉性和科学性，从而消除自发性和盲目性。

# 三、矛盾与对策

在改革与开放的新时代，得力于经济繁荣与文化进步的强劲推动，大多数青年能够在婚恋中做到自由自主和自律自爱，并且能够将自身的婚恋与建功立业、促进祖国腾飞结合起来。应当说，这是青年婚恋生活中的主旋律。然而，由于拜金主义、享乐主义与封建意识残余的综合影响和作用,少数青年在处理婚恋问题时也存在着一些不文明和不健康的思想倾向和行为趋向。尤其是在近些年来"早恋、同性恋、婚外恋、试婚潮、情人潮、离婚潮"这"三恋三潮"洪波的冲击下,极少数青年丧失批判意识、独立思考能力和社会责任感。极少数人爱情"下岗"与感情"出租"的现象不可小视,因为任何事物都是从小到大,以量的积累而勃发才引起质变。

在20世纪的90年代,作为社会细胞的中国婚姻与家庭受到内外冲击,它在经济转轨变型与文化脱胎换骨的双重挤压下,呈现出一些失范的迹象,其主要标志是自1995年全国离婚总数突破百万大关后,离婚率一直渐次上升。毋庸讳言,青年婚变在整个离婚大军中格外引人注目,一是它人数居多,二是"恋爱快、结婚快、离婚快"的"三快"婚姻多。就婚外情而言,中年人有了婚外情,不到万不得已的地步,绝对不轻言一个离字,他们有方方面面的思考。青年人则没有这么多的顾虑,一旦有人让自己怦然心动,老人、孩子等外界影响均不在话下。这是某些青年人的风格,同时又是他们容易冲动和任性的表现。此外,在夫妇冲突时因缺乏忍耐和退让而贸然离异者中,青年人也为数居多。

青年婚变的深层原因,就是在一定的经济发展水准与文化背景交互作用下,引起婚姻关系发生实质性变化的那些社会客观因素,如经济活动家庭化、人口流动化、生活方式的变更、都市化过程中人际关系的开放性与随意性、东西方文化交流、社会舆论氛围的宽松与大众传播工具的多元导向等。在上述因素的作用下,现代婚姻无疑已成为一种新型的契约关系。这种关系体现着一种双向对等性的互助与合作,即两个具有独立经济地位和独立人格的异性通过法律手续明确彼此的情爱关系,并且愿意彼此分享与互助各自的生活。尤其在两性性格与气质异质整合的角色位移过程中,夫妻关系容易呈现出某种松散易碎性。青年人的婚变具有追求婚姻完美的心理、喜新厌旧心理、追求素质平衡的心理、追求人格平等的心理、爱情竞争无婚界的心理、玩世不恭的心理、嫌贫爱富的心理、跳板心理、报复心理、怀旧心理、超脱心理、理智与情感矛盾的心理等。其中有些心理是积极、进步、健康的,体现着婚恋关系变革过程中的生机和活力,有一些心理则是消极、颓废、不健康的,表露出现代婚姻关系的某种异化倾向,对此应当进行有效疏导和化解。在青年婚变时,有时往往几种心理交织在一起发生综合作用,这时人们对此就应当分别加以具体分析和具体对待。

青年婚变的特征表现为突发性、多发性、复杂性、群体性、性别倾向性等。在文艺圈、商人圈以及打工者群落和下岗职工群落的青年较易发生婚变。此外，由青年妇女首先提出离婚的数量渐次增多，产生了堪与传统社会"休妻"相映照的现代"休夫"现象。青年婚姻的不稳定性除反映婚姻在自身的内在矛盾运动中力求变更与革新的一面之外，它还由于产生一些社会或个人遗留问题而具有消极的一面。在一座座家庭的断垣残壁下，一朵朵有望含苞怒放的蓓蕾枯萎了。成天陷入情感纠葛之中，一而再，再而三地变换对象，一位青年不仅不能潜心于自己的事业发展，甚至会染上某种精神疾患。在新世纪，对人类的生存与发展构成更大威胁的不是艾滋病，而是精神抑郁症。不断的婚变及其爱的情感失落将是形成此种疾患的重要诱因。在婚外情中，青年女性容易受到伤害，无论是作为插足别人的第三者，还是作为被别人介入的第一者，她们都难免受到某种心理伤害，一些人甚至会因此而成为精神上无家可归的漂泊者。尤其严重的是，外遇事件所造成的那种情感错觉，幻觉乃至痴迷状态常常易于使某些青年人理智失控，做出一些超出社会理性和人性规范的过激举动，直接影响社会安定与团结。因此，社会不能听任青年婚变的自发性，而应当通过爱情的道德与审美教育，提高青年爱情文明的水准。社会的改革与发展不应当仅仅局限于产业结构、所有制关系以及法权关系等方面的调整和更新，也应包含婚恋与家庭等人与人之间伦理关系的调适、更新和完善。社会有关部门应当关注青年群体的精神文化生活，帮助他们科学理解和正确发挥恋爱、婚姻、家庭的意义、职能和作用，正确处理爱情与婚姻、爱情与事业、爱情与生活理想的关系，正确对待失恋、婚外情或婚变，以便引导他们走出种种的情感误区。

从哲学的高度看，青年人自身应当科学理解爱情的社会性与个性的对立统一关系，正确处理这一对婚恋生活中的基本矛盾。爱情是一个具有无穷无尽丰富内容的矛盾统一体，它的延续、深化和发展的奥秘存在于人们自身生活条件与其观念形态多重触角的交互影响与作用之中。爱情的社会性与其个性就是这一矛盾体的两个方面。爱情的个性使一个男人对一个女人的爱具有纯粹的情感色彩，其表达方式大胆、直率和泼辣，体现着一种爱得明明白白、实实在在、痛痛快快甚至死去活来的狂热的高峰体验。爱情的社会性则使人们最私密的性爱情感社会化，使它成为社会多种因素的结晶。爱情的个性呈现出人与人之间最自然的关系，调动起两性之间强烈的激情，而爱情的社会性则折射出一系列社会关系因素或物质与精神因素对于人的自然情感的历史与文化限定,以使人的理智与情感保持和谐。自古以来,爱情的个性与社会性就存在着矛盾,其具体表现为恋爱与婚姻、性爱与情爱以及婚姻与性爱的差异与冲突。唐玄宗一开始"不爱江山爱美人",为了个人情爱置国泰民安于不顾,忽略了爱情的社会性;但是最后他在面临要皇冠还是要美人的生死抉择中,只好忍痛牺牲个人的情爱,开始正视制约这种个体化情感的社会因素。不仅如此,近代、现代的许多名人乃至伟人,都曾陷入爱情的个性与社会性的矛盾旋涡之中,如孙中山、鲁迅、郭沫若、徐悲鸿、徐志摩等。爱情的产生与发展虽然取决于个体的生理和精神心理状态,它却又受制于整个社会生活环境,因为作为个体内心秘密的爱情同时又显示了人类的生存意义和生命价值。在个体的生命追求与人类的生存意义之间有矛盾也有统一。当爱情与亲情、友情、阶级或阶层情感乃至民族情感和国家情感,甚至还有宗教情感和政治信仰等发生矛盾之际,折磨人的抉择往往搞得人身心憔悴。为了返国抗日,郭沫若忍痛作别了妻子安娜及其儿女;在革命战争年代,许多革命战士自觉地让爱情这种儿女私情服从革命大业。在当今现代化建设时期,爱情的个性与社会性也不可能完全吻合。这就要求婚恋者在个人利益与社会利益、他人利益发生矛盾和冲突时,能够以集体主义或人道主义的原则妥善地加以对待和处理。比如,当一位青年已觉察到自己陷入三角恋爱关系时,他是采取《人生》中高加林那样的态度,抑或是采取像《怎么办》中的罗普霍夫式的方式,这实在是对一个人爱情文明素质的一种严格考验。再如,当一位青年所热恋的对象因伤而被毁容后,他以什么样的姿态去对待相互的关系,也成为对这位当事人爱情文明水准的一种严格的测试。日本哲学家今道友信说过:"人是为不懈的爱而挑战的存在,是通过爱而预感超越的存在。"[2]可见,爱情不仅是通过分享物质与精神生活去实现两个自由、独立的主体的个性价值,它也是一种彼此生命的承诺、依托和融汇。前者是挑战人生的存在,后者则作为超越生命的存在,即超越了恒常的人类世俗价值。在爱情的个性与社会性的对立统一关系中内含着这种挑战人生与超越人生的哲理。对于有些青年人来说,他们在把握爱情自由与道德自律或情感自爱的关系时容易失衡,其主要表现为他们爱的勇气与爱的能力存有较大的反差,往往是以充满期望的爱的个性去攻关,而在受阻于各种内、外在障碍后败北,一副虎头蛇尾的模样。所以,爱情不仅是一件私人珍藏的艺术品,单凭个人的兴趣和热情,它也要求助于社会大众的审美能力和标准,使自身成为公共的精神财富。爱情的个性是为了爱而爱,而爱情的社会性则使这种爱泛化,防止它忽略别的人生要义。显而易见,青年人要正确处理自身的婚恋问题,就必须在把握这一人性与文明的对立统一关系中精心地打造每一方寸。

从社会学的角度分析,有些青年人往往不能很好地把握和明了浪漫理想与现实婚恋生活的关系。青年人婚前的恋爱往往带有理想化的浪漫色彩,这当然是必需的,也是必要的,因为舍此就不能提供产生热恋激情的燃料。不过,爱情的七色阳光不可能只有一种表现形态,婚后生活的琐碎和浩繁固然在销蚀爱的浪漫情怀,但却让爱情在相濡以沫之中逐渐变得厚重和深沉。童年的纯朴和天真总是让人怀念,可是人们并不拒绝成熟。按照弗洛姆的看法,婚前的浪漫的爱只是一件精巧却无法恒久的艺术品,婚后的爱情则有可能恒久,因为前者是一种幼稚的自恋,后者才具有爱的成熟性。弗洛姆的结论是:"除非人们学会用更成熟的方式理解爱人的欲求、关心爱人的愿望来代替这种自恋,否则他们将无法迈入长久维持彼此关系的路途。"[3]"浪漫的阶段赋予了我们很多的财富。经过精心的选择和提炼,我们能够为婚姻生活增添无穷的魅力。"[4]这就是说,婚前的浪漫与婚后的成熟也是一个既有差异也有关联的矛盾统一体。激情大于理性的青年对于这种差异和关联并不是都能看得明白,有些人即便是口头上承认,他也会在实践中出现偏差。有些受过古今中外浪漫主义文学浸染与熏陶的青年由于缺少生活暴风雨的洗礼和人生挫折的锤炼而把浪漫之爱看得那样完美、完善,像雨后的长虹,美丽万端而又一尘不染。在他们的眼中,婚姻却是那样的世俗、枯燥、无聊和乏味,甚至由吵闹与争斗而充满积怨。书本知识的空洞加上生活观察的片面使得他们对于婚姻不寒而栗,从而迷信"婚姻是爱情的坟墓"这种陈词滥调,徜徉于恋爱的海洋里而拒绝登上婚姻之岸。其实,不少言情作家们的生活并非如此,他们并非终日"栖息"在自己所精心编织的美丽花环中,在创作时他们虽然插上幻想的翅膀,任凭自己的情愫自由自在地翱翔,却在实际生活中听从理性的指导并遵循常识的安排。张爱玲是这样,当代的一些知名作家如王蒙、张洁、叶文玲等也是这样,至于像池莉、张欣等爱情批判现实主义者则更是如此。对于他们,超越现实的创作是个人精神生活的需要,而关注与尊重现实,则是人生存与发展的需要,问题在于如何认识、如何结合和如何补充。纵观人类历史,爱情原本起源于婚姻,并且在一夫一妻制的框架内得以一定程度的发展;反过来,婚姻却又约束爱情的"任性",给予它种种的历史限定,于是对它过度的压抑使卖淫和通奸在私有经济条件下成为婚姻的补充。历史就是这样走过来的。在原始自由性交的时代没有爱情,我们能设想人类未来能有无婚姻的所谓纯粹的爱情吗?有天才有地,有痛苦才有欢乐。爱情与婚姻本是你中有我,我中有你,对立着的两方面,一旦一方不存在,另一方就无从谈起。这些或许是婚姻在婚外情的重磅轰击下依然林立的"社会街市",或许是一些文化名人在历经情爱沧桑之后依然视在婚姻内获得爱情为健全和完满的根本原因所在。爱情与婚姻,这一表现两性自然与社会关系的内容与形式虽然相互扯皮数千年,但是在一定的条件下它们也可以相互转化。当然,被自己所心造的爱之幻影所迷惑的青年人还是极少数。大多数人在婚恋这一人生最好的教科书的昭示下,依然能够在将勇气与智慧、给予与获得、权利与责任相结合的过程中,去消除种种偏见的痼疾,去拨开种种新潮的迷雾,从容地观瞻两性情爱关系的原色调。

总之,在爱情文明建设中,我国青年肩负着承继传统、张扬现代、创造未来的使命。掌握科学的世界观,树立正确的人生观,以民族文化作为精神支柱,拿外域文化为营养补充,把握住这些,他们就能够青出于蓝而胜于蓝。


**参考文献:**

[1]P.科斯洛夫斯基.资本主义的伦理学[M].王彤,译.北京:中国社会科学出版社,1996:59.

[2]今道友信.关于爱和美的哲学思考[M].王永丽,周浙平,译.北京:生活·读书·新知三联书店,1997:97.

[3][4]罗伊·加恩.神奇的情感力量[M].陈大鹏,译.深圳:海天出版社,1999:369,372.


(原载《伦理学研究》2003年第6期)

# 论爱情伦理的建构和爱情伦理教育的意义

爱情是一种高贵且值得珍惜的人类文化资源,它体现着生命的力度、人性的深刻和生活的灿烂。爱情不仅是花前月下的浪漫和温馨,而且也意味着责任和义务。真正的爱情是理性与情感的统一。缺失伦理的润泽,爱情的小苗就难以长成参天大树。有人认为爱情既是自私的又是不可理喻的,这种说法将爱情的私密性与爱情的价值取向、爱情的丰富性与爱情的道德认知混为一谈,因而带有很大的随意性。那些滥用爱的权利以及淡化爱情道德内蕴力的言谈举止,只能滋长两性关系中那种不断地寻求新奇、刺激和享乐的非道德倾向。经验告诉人们:爱情类似于陈年老酒,伴随其伦理效应的增强,它的味道也就愈加醇厚。爱情伦理包括婚前求爱伦理和婚后维爱伦理。爱情伦理的基本原则是个性与社会性的统一。爱情伦理的道德规范是平等互爱、忠贞专一、宽容大度、健康纯洁和沟通分享。实施爱情伦理教育,对于加强家庭美德建设、提高女性素质、促进青少年健康成长,均具有重要意义。

## 一、爱情伦理的建构

爱情伦理学是一门研究两性之间情爱关系道德的学问。虽然两性间的情爱关系以性生理属性作为自然基础,但是,其实质却体现着一种社会文化关系。超越粗俗、肉欲、物化、实利地看待两性关系,是爱情伦理赖以构建的思想前提。因为,爱情的产生是人类道德进步的结果,首先是性道德进步的结果。在社会发展过程中,人类已经不断地摆脱两性关系中粗鲁和简陋的成分,更多地呈现出由道德与审美带来的优雅、浪漫和高尚的一面。爱情的巩固和发展需要高度的精神上的一致和心理上的和谐。任何物质上的算计和功利方面的考虑将会损害这种一致与和谐。当然,爱情并非不食人间烟火,两性情爱生活也需要一定的物质生活条件的辅助,但是,后者永远只是附件,它绝不能成为男女关系的主导方面。

　　爱情伦理包括婚前的求爱伦理与婚后的维爱伦理。那种重视婚前求爱伦理、轻视婚后维爱伦理的错误倾向是有悖于爱情伦理的全面性的。爱情伦理与婚姻伦理既有联系又有区别。爱情是婚姻的基础,婚姻是爱情的延续、充实和发展。从爱情与婚姻一体化的角度看,没有爱情的婚姻与婚外的爱情在伦理上均是不健全的、不正常的社会现象。就维护两性关系的健全与完善这一点来说,爱情伦理与婚姻伦理具有内在的关联,而就爱情与婚姻各自的功能来看,爱情伦理与婚姻伦理则在调节两性关系的范围、方式、途径等方面具有一定的差异。爱情是一种特殊的人类的本质属性,它主要表现为以心理体验和精神感受为核心、以审美幻想为媒介、以道德意志和生活激情为动力的一种文化意识,展示着人们对于两性关系主观理想化的一面;婚姻则是以社会生活结构关系为核心、以心理相容为中介、以法律和伦理道德为双重规约而长期凝聚的一种生活智慧和文化经验,它主要体现着一种客观现实的社会关系。鉴于此,爱情不一定导致婚姻,婚姻也不一定成为爱情的结果;在爱情与婚姻分离的状态下,伦理道德在调节它们时就会在评价对象和评价标准上存在着一定的差异。一般来说,婚姻伦理调整两性关系的范围要大于爱情伦理,因为它更多地关注两性关系的社会属性,比如人们在离婚时就涉及孩子、老人等方面的问题,并且婚姻伦理与法律规范的联系也比爱情伦理更为直接和密切,因为它涉及经济、性、教育、生活方式乃至民族习俗等许多因素。爱情伦理是一种情感伦理,它需要当事人以高尚的伦理人格和道德情操去维系和发展双方的情爱关系。也就是说,它具有内在的心因性,主要靠自律发挥作用;婚姻伦理则是一种责任伦理,它要求当事人以高度的理性、自觉的责任心和义务感去履行自己对婚姻的社会职责。也就是说,它具有外在的实体性,依靠他律与自律的结合来发挥作用。婚姻是遵循社会习俗并被社会法律所具体规范的人类个体的两性结合形式,它的根本属性体现为人与人之间的一种特殊的社会关系和社会行为;爱情则是生物性与社会关系、生理因素与心理因素、物质与意识的辩证统一体,它的根本属性表现为以性爱选择性作为基础的两性之间的精神交往和心理文化行为。爱情侧重于个性文化表现,婚姻则侧重于社会文化约定;虽然它们之间存在着如此的文化差异,然而这种差异并非是一座万里长城,在社会文化整合的意义上,它们可以通过互动和互补去加以沟通和融合。爱情是婚姻的底色,婚姻则是它自己与爱情的复合色。爱情充实着婚姻,婚姻则扩展着爱情。通过爱的艺术激活婚姻并经过婚姻去磨合和深化爱情,这应当成为一个问题的两个方面。换句话说,它表现为通过爱情的自主行为去实现爱情与婚姻的共生需求,进而达到个性与社会性、情感与理智的高度统一。

爱情伦理的基本原则是个性与社会性的统一。一方面,爱情是被一个独一无二的异性所吸引,蕴含着对一个包括肉体和心灵在内的完整的理想中的个体的渴望;另一方面,人类爱情的观念和社会心理内涵是由特定的社会文明发展程度所决定的,相爱的人们不仅在生理上相互吸引,而且在精神上也相互影响,他们在谈情说爱中折射出某种社会的思想、情感和愿望。缺失爱情的个性,爱情将会被色欲、经济、实用性所包围,丧失自身所特有的审美魅力及道德感召力。因为,爱情是一种高贵而值得珍惜的美妙的人类情感资源,它体现着生命的力度、人性的深刻和生活的灿烂。那些缺乏爱的自主和自为意识、被世俗观念和现实利益牵着鼻子走的人,永远也不可能感受到两性关系的深刻和完美,更难以在爱的极致中获得对自己人生意义的高峰体验。同样,忽略爱情的社会性,忽视人的丰富多彩的精神文化需求和广泛的社会生活需求,局限于两人世界的狭小生活圈子,爱情也会蜕化、变质和走样,更会因陷入生理狂欢和情感作秀而缺乏内在的生机和活力。最为危险的是一些人放弃积极的生活态度,滥用爱的自由权利,在性流与物流的浪潮中漫无边际地漂荡,最终造成了自身爱情情感资源的流失和枯竭。只有将爱情的个性与社会性有机地结合起来,人们才能最大限度地发挥爱情伦理在推动两性关系平等、和谐发展以及促进人的全面发展中的巨大效能。因为,在男人对女人的关系中,我们可以最清楚地看到人的自然的行为在何种程度上成了人的行为,人具有的需要在何种程度上成了人的需要,作为个人的存在,在何种程度上同时又是社会存在物。[1]

爱情的道德规范主要有平等互爱、忠贞专一、宽容大度、健康纯洁和沟通分享这么几条。人们正是以这些规范为准则,依照社会评价和自我评价的方式,对他人或自己在爱情生活中的道德行为做出善恶褒贬的评论和判定。

平等互爱是男女之间爱情赖以产生和发展的前提。缺乏相互尊重和平等相待,就不能在男女之间产生真正自由自主的爱情,相反,它只能滋生恩赐式的廉价之爱或奴役式的变态之爱。相爱的双方在恋爱中彼此尊重对方的人格,也就是对各自人身价值的尊重。西方文学名著《简·爱》中的女主人公简·爱正是通过对人与人之间自由平等关系的不懈追求,才获得了真正的爱情。爱情是不可以强求的,"剃头担子一头热"也不可能产生真正的爱情。互爱体现着男女关系中的对等性。这种对等性是社会关系文明化和现代文化精神深入人心的集中反映;换句话说,两性平等、和谐的发展以及文明、进步的妇女观的普及乃是现代爱情萌发的真正源泉。在这种意义上,我们可以说从平等互爱的道德要求中自然而然地就引申出男女之间的志同道合与情趣相投。

忠贞专一是爱情赖以形成与健康发展的客观伦理要求。"性爱按其本性来说就是排他的。"[2]这种排他性要求男女双方在恋爱期间和婚后长期的爱情生活中,彼此之间信守爱的承诺,在灵与肉两方面均忠实于对方。不过,这种忠贞专一与封建社会强加于女性身上的"从一而终"的道德要求是完全不同的。一是这种忠贞专一本身具有性别对等性,它诉诸男女双方内在的道德自觉;二是如果在相处的过程中当事人双方确实觉得彼此缺乏共同点,难以维系和发展感情,他们完全可以及时地中止恋爱关系;三是不仅要在婚前彼此对对方保持肉体与心灵的纯洁,而且在婚后共同生活中,夫妻双方也要不断地更新爱情内容,做到恩爱如初。爱情从花前月下移至平平淡淡才是真的日常生活,它面临着巨大的考验。要爱情专一,就必须推动爱情自身更新;这是由爱情的本性所决定的。爱情如不能更新,它就要死亡,专一就可能转化为非专一。因此,爱情专一与更新构成一对辩证统一的矛盾关系,它与经济、政治、文化等实际的社会生活进程相一致。我们不仅要靠爱情与义务的统一去维系婚姻,而且要靠爱情的更新与发展去完善婚姻。

宽容大度是相爱者双方所应具备的最起码的交往和相处中的道德素质。宽容大度即气度恢宏,它不仅是一个人的修身之本,还是一个人体悟爱情真谛的必备条件。以爱情为借口,阻碍对方在事业上的努力和追求,这种做法谈不上宽容大度;嫉妒对方在其他异性旁显示出诱人的魅力,干扰对方参加正当的社交活动,甚至无端怀疑对方与他人有染,对对方保持高度的防范心理,这些行为更算不上宽容大度。嫉妒是一种个体渴求独占性爱对象的心理,这种心理往往带有自私的占有性质。由于两性之间的情感总是同相互占有和亲近相联系,所以人们就难以完全避免随着眷恋而来的嫉妒心。然而,真正的爱情总是将一个人的嫉妒心限制在最有分寸、最为隐晦和委婉的地步,最大限度地减少由它带给双方的烦恼。过分的嫉妒会使人陷入破坏性的、复杂的、负面感情心理状态,最终会成为爱情的刽子手,给自己和他人带来损害和痛苦。失恋也是考验一个人在情爱生活中是否具有宽容大度品行的客观尺度。在恋爱过程中,一方由于另一方提出中断恋爱关系而忌恨对方,甚至使用污秽的言语去侮辱对方,或者采取过激的方式去损害对方的身体和威胁对方的人身安全,这一类卑劣的行为本身就足以说明当事人根本就不配获得高贵而美好的爱情。那些因失恋而颓废、气馁,甚至因此反目成仇、蓄意报复对方的人,只能被叫作缺乏丰满人性的没出息的"自然人";而那些失恋不失志、以"爱不成,友谊在"的豁达气度去善待对方的人,才称得上真正社会文化意义上的大写的文明人。历史经验与现实生活已经反复地证明:那些经过失恋的洗礼后更加宽厚仁爱、更为精神健全的人才最有资格同时也最有希望在新的生活中获得爱情。

精神纯洁健康是男女双方在爱情生活中应有的优良道德品质,也是人们区别与评判爱情真假的重要标准。对于爱情抱着美好心灵、真挚感情和严肃态度的人,他既不会因为对方与自己在金钱、门第、地位等方面的差距而轻易地放弃爱情,也不会由于时间的推移或环境的改变而减弱或转移爱情。尤其是当对方遭到不幸时,他更能忠贞不渝地去体贴和爱护对方,表现出对对方爱情始终如一的道德本色。我国人民自古以来就讴歌不畏权势、不慕金钱而追求爱情的高尚道德情操,鄙视婚恋中嫌贫爱富、见异思迁的非道德行为。在两性情爱关系中,唯有以健康纯洁作为伦理道德的支点,并且赋予个体以人格的尊严、责任心和意志力,才能使两性之爱的情感变得浑厚、深沉、质朴,像陈年的醇酒一样芬芳。健康纯洁的爱情也是塑造身心健全、精神丰盈的现代人的重要因素。凡是认真地阅读过川端康成的成名作《伊豆的舞女》的人,无不感到在其中贯穿着一股纯情浪漫、优雅而又幽婉的心灵清泉,读罢不禁让人觉得与作者一样,充满被洗净身心的愉悦。丰富爱情生活中纯洁健康的伦理内涵并且培育对两性关系纯洁健康的审美态度,这是千百年来人们爱情伦理智慧与审美情趣的结晶。虽然社会在发展、时代在变迁,但是,反映人民意愿和要求的"爱情应当纯洁健康"的道德与审美标准却永远不会过时。这是因为作为真善美结晶的爱情,它永远是人类在精神上提升自身的基本途径。

沟通、分享之所以被看作爱情道德规范之一,这是因为社会的发展和文明的进步。人类的爱情生活属于哈贝马斯所界定的"生活世界"、列菲伏尔所批判的"日常生活领域"、吉登斯所审视的"个人生活的纯粹关系世界"——总而言之,它是属于被传统社会政治及其意识形态所轻视的私人生活领域。然而,由于现代性以及社会高度现代化的缘故,这一领域对于人类自身健康发展的作用日益凸显,它已成为哲学思考的对象,如哈贝马斯提出"商谈伦理"、列菲伏尔提出"让日常生活变成艺术品"、吉登斯提出"亲密关系的变革",他们均将个人生活的伦理问题看作关系到现代社会能否健康发展的生活政治问题。爱情的巩固与发展取决于两性之间精神心理沟通和情感的交流,这种沟通和交流说到底体现了个人生活伦理的内在要求。相爱者通过经常性的沟通去分享彼此的生活,增进彼此的情感,保持爱情之花永不枯萎。可见,沟通、分享体现了爱情的内在伦理禀性;一旦它们消失,爱情也就岌岌可危。吉登斯曾就此论道:"两性间的携手并进或分道扬镳取决于纯粹关系的约定程度和能否永久实施。"[3]因此,一个人拒绝与对方进行沟通、分享,他就是在拒绝爱情,就是在对自己曾经爱过的人实施"精神冷暴力"。这种冷漠的行为有悖于爱的初衷和爱情生活的内在伦理要求。

## 二、爱情伦理教育的意义

生活在一个商品化和技术化的时代,我们的日常生活环境都被五颜六色的商品和无孔不入的技术渗透其中。只有在闲暇外出旅游之际,我们才能得以逃脱这一切,投身于青山绿水的大自然怀抱里,重享那种质朴的情感体验。商品化和技术化虽方便了我们的生活,却减弱了我们对于生活原色的情感体验。人类的本性趋向于通过爱展示自身的本质力量和丰富的伦理内涵,然而,神通广大的技术与丰富多彩的商品却一起向人类的爱恋之心发出了强劲有力的挑战。它们试图联手将爱情消解为一种不再需要做出辛勤努力,也不再需要付出巨大奉献的轻松的惬意的人生游戏。这样,人类的爱情就不再具有道德殉教者的伦理风骨和表现人生希望的、崇高的人格光辉。有些人已经抛弃对爱情的目的性追求,仅仅把它当作一种在性的结合中获得愉悦的手段。一旦性的吸引力随着时间的推移和场所的变更而消失,他们的情感就会像泄了气的皮球一样干瘪。

面对无孔不入的商业化和技术化对人类本真属性的野蛮侵蚀,曾获得过诺贝尔文学奖的著名作家奥克塔维奥·帕斯认为异化篡夺了我们的真我,使我们陷入对意识形态体系的偶像崇拜和拜物的状态中,从而遗忘了爱情;政治吸收了色欲并转化了它,使它不再表现为激情而是表现为一种权力,从而在赢得合法性的同时丧失了精神性;道德的松弛在给我们带来自由解放的同时也带来了堕落腐败的可能,金钱和广告的势力又劫夺了我们的自由,用冷酷的市场规律和机械复制的技术将色欲蚀变为庞大的色情产业,使爱情堕落为奴役。[4]

爱情的堕落是现代性异变的产物。在物质财富达到相对丰裕、物质享受达到相对饱和的状态之后,人们对于高级精神需求的渴求,尤其是对于作为人类基本价值和精神支柱——爱的情感体验的渴求就变得十分迫切。然而,工具理性与生活价值变异所造成的工作狂和消费狂现象却日益销蚀着两性交往中的伦理底蕴,使人们的情感日益物化,陷入心理迷惘和精神空虚。日本美学家今道友信认为在技术关联的运动性社会中,能够证实永恒之爱的东西在我们这个时代已无法找到,不朽之爱的基础瓦解了,使人们在心理上产生了一种强烈的无常之感。[5]正是这种无常之感使一些人对爱的永恒与不朽产生怀疑,他们不再自觉地守护爱情伦理,而是以一种相对主义的道德价值观去对待自己的恋爱、婚姻与家庭生活,并且一些人的恋爱意向已不再朝寻求爱的支撑点——那种内蕴的、超感官的、无形的思想认同和精神心理默契倾斜,他们往往被那些花里胡哨的新潮与哗众取宠的时风世相迷住双眼,为了形式而牺牲内容。这些人既无意于通过倾心、深沉而又持久的相爱去品味生存的含义,也无能力通过更新与发展爱情去领略生命的异彩。更堪忧的是,形形色色的伪爱,如"滥性的爱""透支的爱""做作的爱""虚荣的爱""愚昧的爱""功利的爱""倦怠的爱""便捷的爱",它们已经带来了许多让人惨不忍睹的个人生活悲剧和严重的社会后果——酗酒、吸毒、偷盗、施暴、毁容、绑架、骗财、骗奸、纵火、自虐、自杀、情杀、杀亲等。

增强人们的爱情伦理意识,这是提高婚姻质量、防范两性关系歧变,进而达到家庭和谐与社会安定的主要途径。爱情就像美丽的花卉,需要用伦理道德的土壤去精心栽培。从某种意义上讲,因为情所困、为情所伤而产生的形形色色的家庭与社会问题,无非是社会处于急剧发展与变化过程中由于人际关系淡薄,个体间心理疏离感、不信任感、不安全感的增加所引起的个人生活丧失完整性的一种具体体现。所以,爱情伦理的构建在现代化条件下有益于个体人格素质的提高和道德良知的恢复。爱情伦理激励着人们在生活中求知求美,在事业中求异创新,并且赋予个体以博大的泛爱情怀,焕发个体飞扬的生命价值异彩。在相爱的人们身上,爱情可以折射出人类社会自身的文明程度、科学与艺术的内涵以及人自身的生存质量。一个具有高度爱情文明素养的人,同时他也可以称得上知书达礼、好学上进和通达人情世故之人。

丰富爱情的伦理内涵及弘扬爱情的道德价值,对于当前我国人民正在进行的家庭美德建设具有重要的现实意义。一般来说,美满的婚姻与家庭生活是健全的爱情生活的自然延伸。反过来说,现实社会中种种婚姻家庭生活问题的出现,莫不与人们爱情生活中出现的异变现象有关。爱情、亲情、友情,从人类文化的本源看,它们具有同质性和互惠性,三者的统一合成一种完美的人性。虽然在特定的环境和特殊的条件下,这三者之间也会出现矛盾和发生冲突,但从人类社会发展的总态势看,它们的融会贯通总是在更高的精神层次上提升着人类基本的文化类属性。瓦西列夫在《情爱论》的序言中写道:"爱情把生命蛋白质的诞生同社会关系、心理秘密和存在的无限性联系在一起。"[6]可见,爱情与婚姻家庭生活和社会生活以及人的自我发展和自我完善有着千丝万缕的联系。诚挚的爱情伦理情感是家庭美德建设的精神原动力。现代家庭之所以成为"精神心理共同体",首先来自夫妻之间的爱、亲子之间的爱和兄弟姐妹之间的爱。正是这些爱带动了整个婚姻家庭关系中的道德民主化,养成了家庭成员之间相互尊重、相互关怀、相互眷念的道德心理气氛和相互激励、相互鞭策、相互学习的道德进取精神。

加强爱情伦理教育对于女性素质及其地位的进一步提高非常重要。旧时代,女性被剥夺了爱情自由,她们只能被动地等待男性的求爱,而不能充分地表达自己爱情的心愿。在传统社会,两性关系中不道德行为的受害者往往是女性;她们既是薄幸郎始乱终弃的牺牲品,也是无爱的旧式婚姻制度的殉葬品。在男女两性携手并进的现代,男性的全面发展在某种意义上,愈益依托于女性的整体发展。伴随着文明、进步的妇女观的深入人心,爱情伦理的性别对等性从来没有像今天这样在两性情爱关系中获得充分的体现。一方面,现代新女性在改革与开放中所锤炼出的新素质已被融入两性爱情生活;另一方面,爱情中的女性色彩校正着男性对于爱情伦理的片面理解,从而推动爱情趋向完善并走向新的文化高度。

　　加强爱情伦理教育也是促进青少年健康成长的一个十分重要的方面。首先,父母是孩子在爱情方面的第一任老师,他们从父母相互间的一言一行和一举一动中去学习如何对待爱情。夫妻之间的真挚爱情是家庭和睦的基石,也是培育子女具有丰富的爱的伦理情感的先决条件。孩子们爱的心灵塑造在很大程度上取决于夫妻间爱情纯真的程度。如果这种"爱情"如过眼云烟、走马灯似的更换,那么孩子们就会受到这种所谓"爱的病毒"感染,他们在自己日后的情感生活中也会趋向于轻浮、冷漠无情和玩世不恭。只有那种相互尊重人格,视对方欢乐为欢乐、痛苦为痛苦的情侣,他们才会齐心协力地培养孩子尊重人、关心人的良好品质,从而能与异性友好相处,在将来获得幸福的爱情和美满的婚姻。其次,从青少年自身来说,培育他们健康的爱情伦理意识,有益于他们正确地对待和处理与异性复杂的情感交往关系问题。由于当代青少年性生理发育的过早成熟,他们过早地开始了与异性的交往。然而,社会上的拜金主义、享乐主义和极端个人主义的思潮,以及网络上的信息污染无不对青少年正确的异性观和恋爱观的确立产生负面影响。在这种负面影响下,一些青少年迷恋上网吧、拍拖异性,而他们本身却根本分不清本能的色欲与崇高的爱情的界限。甚至有一些青少年在"爱情是自私的"错误观点的主宰下,陷入"多角恋爱"的陷阱,因为与他人争夺恋人而走上了违法犯罪的道路。可见,对于青少年来说,加强对他们的爱情伦理教育是一个不容回避的重要的现实问题,家长、学校和社会在这方面均担负着不可推卸的责任。我们应当引导青少年分清友谊与爱情的界限,把他们的主要精力吸引到有益于身心健康的学习和文体活动中,并且通过给他们提供健康的精神食粮以及激励他们的创造性需求,防止他们在消费主义生活方式的诱惑下,因思想情感上的不成熟而陷入早恋。我们也应当将对青少年的世界观、人生观、价值观的教育与对他们的心理健康教育有机地结合起来,帮助他们树立正确的异性观、审美观和恋爱观。

**参考文献:**

[1]马克思.1844年经济学—哲学手稿[M].刘丕坤,译.北京:人民出版社,1979.

[2]恩格斯.家庭、私有制和国家的起源[M].中共中央马克思恩格斯列宁斯大林著作编译局,译.北京:人民出版社,1972:78.

[3]安东尼·吉登斯.亲密关系的变革:现代社会中的性、爱和爱欲[M].陈永国,汪民安,等,译.北京:社会科学文献出版社,2001:199-200.

[4]奥克塔维奥·帕斯.双重火焰——爱与欲[M].蒋显璟,等,译.北京:东方出版社,1998.

[5]今道友信.关于爱和美的哲学思考[M].王永丽,周浙平,译.北京:生活·读书·新知三联书店,1997:8-9.

[6]瓦西列夫.情爱论[M].赵永穆,等,译.北京:生活·读书·新知三联书店,1984:1-2.

(原载《社会科学评论》2007年第3期)

# 营造幸福婚姻的文化路径

婚姻幸福是家庭和谐的必要前提,没有和睦相处的夫妻关系,家庭的和谐乃至整个社会的安定就无从谈起。营造幸福婚姻的意义不仅在于使夫妻双方的生活个性获得高度满足,而且在于通过这种满足去获得对日常生活关系的积极创造,进而推动家庭和谐与社会稳定。要抵达这一理想目标,离不开对文化路径的正确选择。

## 一、营造幸福婚姻必须要有风险意识

幸福是相对于不幸福来说的,要获得幸福婚姻,就必须要想方设法地规避、化解乃至消除那些容易导致婚姻危机的不平和因素,也即营造幸福婚姻必须要有风险意识。风险社会的概念是由德国社会学家贝克1992年在《风险社会:朝向一种新的现代性》一书中提出的,后被英国社会学家吉登斯等学者认同和补充而发展成为反思性现代化的理论基石。这种理论认为人类当今生活在一个人为不确定性的世界,这种不确定性的出现导因于全球化的冲击、日常生活和个人生活的变化以及后传统社会的出现。[1]目前,我国虽尚处于现代化的进程中,但由于这种现代化不可能脱离全球化的国际大背景,以及需要遵循国家决策层已确立的科学发展观和构建和谐社会的价值取向,国外社会学家的风险社会理论依然值得借鉴。当前,我国正处于人均国民生产总值达到一千美元后的矛盾凸显期。从社会方面来看,城乡、区域、经济社会发展很不平衡,人口资源环境压力加大,就业、社会保障、收入分配、教育、医疗、住房、安全生产、社会治安等方面关系群众切身利益的问题比较突出;体制机制尚不完善,民主法制还不健全;一些社会成员诚信缺失、道德失范,一些领导干部的素质、能力和作风与新形势新任务的要求还不适应。所有以上这些社会生活因素,不可能不对人们的婚姻家庭生活产生影响。就婚姻家庭关系本身而论,它既面临科技发展、外来文化及生活方式的挑战,又承受着社会生活内部变化的压力;与此同时,"婚外遇"、婚内暴力以及由婚姻解体所引发的未成年人身心健康发展受阻等问题也在形成社会公害。的确,在一个变化如此迅速、各种不确定性骤增的当代社会,由于婚姻观念、功能及影响婚姻生活的各种外部环境因素在不断变化,婚姻的运行与发展比以往面临着更大的风险性。因此,面对社会转型期各种不确定因素,婚姻当事人必须要有风险意识,敢于正视婚姻生活中的矛盾和冲突,并且善于在化解、消除这种矛盾和冲突的过程中促进婚姻的健全与家庭的安康。

## 二、营造幸福婚姻必须要以实现社会公正为必要条件

实现社会公正是构建社会主义和谐社会的基本条件,也是营造幸福婚姻的必要条件。婚姻矛盾是社会矛盾的显现,诸如收入差距扩大、司法不公正、性别不平等现象凸显,就业困难、医药费昂贵、社会保障水平低、社会风气不正及社会治安混乱等消极因素必然会反映到夫妻生活中来,侵蚀婚姻健康的肌体。客观地讲,人们不可能在社会矛盾日趋加剧的情况下,还拥有一个安康、和睦、温馨、文明的婚姻家庭生活氛围。故此,《中共中央关于构建社会主义和谐社会若干重大问题的决定》特别强调:"构建社会主义和谐社会是一个不断化解社会矛盾的持续过程。我们要始终保持清醒头脑,居安思危,深刻认识我国发展的阶段性特征,科学分析影响社会和谐的矛盾和问题及其产生的原因,更加积极主动地正视矛盾、化解矛盾,最大限度地增加和谐因素,最大限度地减少不和谐因素,不断促进社会和谐。"[2]

婚姻家庭和谐是社会和谐的基础性工程,社会和谐则是婚姻家庭和谐的扩展和提升。我们应当看到:只有在社会生活中普遍地实行了公平正义的实际举措,在婚姻家庭生活中才能达到人人享有民主与平等的权利。婚姻家庭生活中的矛盾和冲突无非是社会上阶层分化、性别分化及人际关系实利化的折射,要消除这些矛盾和冲突,人们必须要创设能最大限度地实现社会公正的外部环

境。一方面,应通过加强各种制度建设,保障社会公正,为营造幸福婚姻创造必要条件;另一方面,则应通过婚姻调适来促进家庭生活和谐度并以此带动整个社会生活和谐度的提高。当然,营造幸福婚姻与构建和谐社会是一种互为条件、互相促进的良性互动关系。随着婚姻家庭功能的正确发挥,它们在化解或消除社会矛盾和冲突中的巨大作用也能得到充分的发挥和体现。

## 三、营造幸福婚姻必须要以性别平等为核心价值取向

在衡量婚姻是否美满和幸福时,性别平等应当被作为首要标准。之所以如此,这是由现代婚姻的基本特性决定的。婚姻是为社会所认可的男女两性个体间确立夫妻关系的嫁娶仪式,其本质是依从道德风俗且被法律所规范的人类个体的两性结合形式。一般来说,婚姻是家庭赖以建立的基础,正是由于婚姻的确定而引出了家庭关系及一连串的亲戚关系。从此意义上说,婚姻不仅是两位异性个体之间的私事,而且是与维系社会生活秩序的正常运行密切相关的群体性惯习,或者说是体现着特殊社会关系的社会常规行为。在传统父权制条件下,由于婚姻具有不可离异性(只是对女性而言),家庭生活以亲子关系为中心,而在现代民主社会,由于婚姻已从昔日的"生育合作社"和"经济共同体"转变为今天"心灵的栖园",夫妻关系已成为家庭生活的中心。换句话说,夫妻关系的健全与否直接关系到家庭的维系与发展。与传统文化语境下以男主女从、夫唱妇随为基础的倡导夫妻关系和睦的要求不同,现代夫妻关系的和睦建立于性别平等的基础之上。此种新型的婚姻文明属于一种"两性同体"的文明,需要丈夫和妻子在平等、协调发展的基础上共同作业。然而,由于传统文化心理积淀之惰性的潜在影响和巨大作用,不乏有一些男性固守传统性别角色及行为方式,这种拒绝随时代发展而改变自身传统习惯的做法无疑对维系婚姻家庭生活的和谐构成了危害。此外,罗尔斯曾说过:"即使社会提供了(按照它以前被规定的意义的)公平机会,家庭似乎也会在个人中间造成不平等的机会。那么应当取消家庭吗?由于平等机会观念自身的原因以及人们赋予它的首要地位,这个观念会走到这个方向上。"[3]在现代西方社会,由于制度安排、劳动性别分工等历史条件的限制,一些妇女为了

争取在婚姻家庭与社会生活中的性别平等地位,不得不以离异、同居、不育乃至独身等特殊手段与传统婚姻家庭、社会体制及意识形态抗争。而在我国,由于社会主流意识形态始终如一地倡导性别平等,并且在政府决策层面上将男女平等确定为基本国策,实现性别平等与保持婚姻家庭生活的融洽之间就具有了高度的一致性和互补性。尽管如此,由于传统性别观念及习惯势力的潜在作祟,至今婚姻家庭生活中的性别不平等现象依然在一定范围内和一定程度上存在,以致成为人们获得婚姻幸福的内在障碍。尤其是在社会转型期妇女在业率的降低、妇女劳动的边缘化、妇女参政层次的下降、妇女受教育水平的相对较低,以及妇女在社会弱势群体中所占比例较大等性别差距必定会对妇女在婚姻家庭生活中的地位产生负面影响,在较大程度上干扰着平等、民主、和睦的婚姻家庭关系的形成与发展。因此,我们应充分意识到:生活在现实婚姻家庭生活中的人不是中性的,他们在各种主客观因素的交互作用下必然会表现出某种性别差异性,而最好的处理方式莫过于在坚持以性别平等为核心价值取向的前提下使这种性别差异能保持在合理的限度之内。在传统与现代交替、夫妻关系筹码加重的婚姻家庭发展新时期,舍此而不能有效地应对因性别角色转变滞后、夫妻权利失衡等文化失调而造成的婚姻家庭生活危机。

## 四、营造幸福婚姻必须要以建设新型婚姻文化作为思想支撑

经济关系和人口再生产关系构成婚姻家庭中的物质关系,经济关系是婚姻的物质基础,人口再生产关系则是其中的自然基础。建立在婚姻家庭物质构成基础之上的思想文化关系即婚姻家庭的上层建筑和观念形态(包括思维习惯、价值取向、情感心理、审美个性等)在一定条件下决定婚姻家庭发展的方向和质量。婚姻家庭文化是婚姻家庭生活的精神体现,其中婚姻文化的提高更是夫妻关系文明化的集中反映。故此,营造幸福婚姻必须要以建设新型婚姻文化作为思想支撑。人们对自身日常生活关系的积极创造与精心维护,已成为现代婚姻赖以良性运行的核心要素,而这种积极创造与精心维护来自人们对进一步提高婚姻质量的高度文化自觉。首先,通过贯彻科学发展观和宣传和谐社会的理念

去形成适合新型婚姻文化发育的群众心理和社会氛围,为营造幸福婚姻提供正确的思想指导和有益的智力支持。

其次,要教育中青年夫妻全面理解与正确发挥婚姻家庭的职能及作用。通常情况下,婚姻出现问题且持续不能消除,反映出夫妻双方婚前对婚姻家庭职能及作用的认识不到位,以致他们婚后在处理夫妻关系方面能力的欠缺和不足。尤其是对20世纪80年代以来出生的年轻夫妻来说,他们特立独行、我行我素的强烈个性显然与婚姻家庭职能及作用本身所要求的宽厚隐忍、顾全大局、求同存异等社会性特质相悖,以至于因此产生了一些草率结婚、仓促离婚的婚姻变异现象。这就要求在教育人们全面理解与正确发挥婚姻家庭职能及作用的过程中,引导人们自觉消除思想盲点和心理认知障碍,努力将自身的丰满个性有机地融入婚姻家庭发展的客观需求之中。

最后,要提高夫妻之间的心理相容性。目前,我国离婚率呈现逐年上升的趋势,这除了社会处于转型期、生活节奏加快、竞争压力大、道德责任感衰退、女性独立意识逐渐增强等客观原因,还与夫妻双方不善于交流和沟通等主观因素有关。在以往的大家庭中,夫妻间一旦有摩擦,家人及时劝说和调解,对于矛盾缓解有很大帮助,如今多是两人世界或三口之家,居住环境也由相互熟识的家属院、大杂院,变为邻居间交往甚少的新型社区,夫妻双方出现矛盾后,如果不主动透露,很难有人发现并及时介入调解。在婚姻家庭的安全和稳固受到前所未有的考验的情况下,夫妻间的沟通和包容显得非常重要。这就要求夫妻双方共同努力克服嫉妒情结、虚荣心理,以及由生活琐事矛盾引出的情感厌倦等不良因素对于婚姻感情纽带的破坏,并且通过培育理解、默契、宽容大度、幽默风趣等积极心理情绪,在道德与审美需求、娱乐需求、交往与学习需求等方面力求达到思想共识和心理互补。

**参考文献:**

[1]安东尼·吉登斯.超越左与右——激进政治的未来[M].李惠斌,杨雪冬,译.北京:社会科学文献出版社,2003.

[2]本书编写组.构建社会主义和谐社会党员干部读本[M].北京:红旗出版社,

2006:201.

[3]约翰·罗尔斯.正义论[M].何怀宏,等,译.北京:中国社会科学出版社,1988:498.

(原载《中州学刊》2007年第6期)

# 儒学、基督教与婚爱文化

在人类文化发展史上,婚爱文化是人类文化的重要组成部分。曾分别作为东亚社会和欧美社会主流意识形态的儒学和基督教,它们对于人类婚爱文化的影响和作用,既有其相通的一面,又有各自不同的个性特征。儒学和基督教均对人类一夫一妻制婚姻的建立和巩固起到较大的促进作用,并且它们均对人类爱情产生一定的影响和作用。基督教以"诛心"式的禁欲扭曲两性婚爱的完整性,而儒学则以对自然性爱的宽容奠定了两性婚爱的心理审美化基础。基督教文化背景下人们对于两性爱情的探求带有理性主义的特征,而在儒家文化背景下人们对于两性爱情的追求则被打上情感伦理及意象美学的印记。换句话说,西方爱的传统是在爱情中实现人生,而中国人爱的习惯则是在人生中获得爱情。

## 一、儒学和基督教对人类婚爱文化影响和作用的相通之处

首先,儒学和基督教均对人类一夫一妻制婚姻的建立和巩固起到了较大的促进作用。

基督教文化的要素是抑制肉身的幸福,所看重的是精神和灵魂的财富。基督教初兴时期便限制近亲结婚及限制离婚和重婚的自由。在教会看来,白头偕老的结合是值得裁可的唯一婚姻类型。婚姻在教会举行的风俗在公元9世纪时就已盛行于罗马,至中世纪时便普及欧洲大陆。圣保罗认为要避免淫邪,就得让男有家,女有室。若不能自持,就应当让他们嫁娶,因为与其欲火难堪,就不如结婚。[1]可见,基督教不得已而赞同婚姻的原意是为了规约两性间的性行为,使之不至于对社会风尚产生不良影响。基督教视婚姻的本质是一种具有法

的意义的伦理性的爱,作为爱的源泉的上帝不但是爱的客体,也是对万物施爱的主体。人们对上帝的爱与上帝对人们的爱都具有超越生活经验层次的理想化特征。基督徒心目中的上帝既然是至善至美的、万能的,那么它自然也可以成为他们理想化婚爱的新型楷模和象征。在罗马埃斯基里努斯山丘上发现的舍根都斯和普罗杰塔夫妇的珠宝匣,现藏于大英博物馆。匣子为镀金银匣,显然是结婚礼物,上刻"舍根都斯和普罗杰塔,愿你们能生活在基督精神之中"。[2]这句话揭示出当时人们夫妻关系的宗教属性,即夫妻之间应把相互的性爱融会到对万能的上帝之爱中,而性爱的圣化则是联结夫妻关系最强有力的精神纽带。在中世纪,传统的一夫一妻制关系建立时的一致同意性和建立后的不可离异性都是在基督的名义下得到实现的。基督教对待肉体的态度、节欲的理想等也都内化为一夫一妻制内的贞洁观念。在一定的意义上,这种内化对于遏制由古罗马末期人们的放浪形骸而造成的两性关系庸俗化倾向发挥了很好的作用。由此而论,也可以说符合基督教理想的、浸润着基督教精神的两性关系的理想化模式,毕竟为以后两性婚爱关系的再建创设了一个更高的文化前提。

"有天地然后有万物,有万物然后有男女,有男女然后有夫妇,有夫妇然后有父子,有父子然后有君臣,有君臣然后有上下,有上下然后礼仪有所错。夫妇之道不可以不久也。故受之以《恒》。《恒》者,久也。"[3]早在夏、商、周时期,以父权家族为本位的婚育文化理念就已初具雏形。"昏礼者,将合两性之好,上以事宗庙,而下以继后世也……成男女之别,而立夫妇之义也。夫妇有义,而后父子有亲,父子有亲而后君臣有正。故曰,昏礼者,礼之本也。""君子之道,造端乎夫妻,及其至也,察乎天地。""天地合,而后万物兴焉。夫昏礼,万世之始也。取于异姓,所以附远厚别也"[4]。以后,经儒家的传承与发展又逐步形成了系统的婚姻观念及一整套完备的婚姻礼仪。先秦儒家思想中的注重人伦秩序及心理情感体验、诉诸道德人性自觉等因素对于消除人类两性关系的原始和粗野,促成相对专一,含有一定道德与审美心理色彩的性爱和婚姻观具有一定的历史进步作用。在当时经孔子删改和修订的《诗经》中就有不少提倡夫妻忠贞不渝的诗篇,它们表明一夫一妻制当时已经初步确立,以方便和需要为基础的群婚遗风及性道德习俗已基本上被终止。"饮食男女,人之大欲存焉。""男女有别,然后父子亲。父子亲,然后义生。义生,然后礼作。礼作,然后万物安。无别无义,禽兽之道也。"[5]与基督教将其对待肉体的态度、节欲的理想等内化为婚姻内的贞洁观念类同,先秦儒学并没有否定两性性爱的自然合理性,它只是竭力将这种自然性爱纳入婚姻的社会轨道而使之获得理智和伦理的意义。在儒家思想的主导下,中国古代有关婚姻的典章制度颇为健全,并且家规、家训之类的道德书籍颇为丰富,以致形成了自成一体的东方型婚姻家庭文化。与靠基督教裁可的婚姻曾扭转了古罗马末期世风颓废和民德堕落的局面一样,靠儒学倡导的"父母之命,媒妁之言"建构而成的婚姻也荡涤了先秦时期愚昧落后的性爱习俗,对于结束野蛮时代两性关系的自发而无序的状况起到了良好作用。

其次,儒学和基督教均对人类爱情产生了一定的影响和作用。爱情是真善美的结晶,又是人性的同义语。就全人类而论,人性是共通的。因此,各国家、各民族的爱情只有表现形式的不同,并无实质性的差别。基督教对性爱概念的理解与柏拉图及其追随者的理念很相近——灵魂就是对最崇高善的探求;这种割裂感性与理性关系的探求,对于人类爱情的形成与发展是一柄双刃剑。一方面,它通过强化性与爱的对立,在宗教理想化的情感体验中提升了人类两性关系的精神价值;另一方面,它在促使两性关系神性化或神秘化的过程中屏蔽了人们对于爱情的执着追求。但丁的伟大作品《神曲》就是宗教情感与爱情情感的化合物,其中既充满了关于肉体堕落与灵魂拯救的基督教中创世纪的格调,又包含对情爱对象贝亚德理想化的心理憧憬。通过对多种文献资料的比较、分析和评述,爱学家欧文·辛格认为在西方世界中,通过占统治地位的历史,基督教已随着它那个时代的理性思潮发生了变化。从中世纪以来,很多这样的思潮由人道主义和自然主义的证明所决定。这些证明不需要否认中世纪的概念是有益的这个事实。超过任何先验的教义,中世纪基督教认识到作为最高理想的人的爱。对于愿望来说,它给予性爱传统一个人格化的对象,如果不是给予一个人的话,它用鼓励人去仿效爱的对象的方法加强了人对爱的意志。[6]可见,欧文·辛格充分肯定了基督教爱的概念对于人类文化其中包括爱情文化发展的思想传承意义,他在向人们展示基督教爱的哲学内部矛盾运动的过程中,提示人们注意从优雅式的爱到浪漫式的爱的类型正是这一过程的必然产物。从行吟诗人的新柏拉图主义试图转向自然主义的性爱而遭到镇压,到但丁的在博爱综合中让优雅的性爱情感屈从于宗教情感,再至文艺复兴时期古希腊的性爱传统与路德新教的上帝对人之爱的相混合,尽管中途坎坷不平,优雅之爱的春芽还是逐渐成长为孕育着浪漫之爱果实的参天大树。而从优雅式的爱到浪漫式的爱正是人们在对古希腊文化与基督教文化的不断整合及持续扬弃中,逐步形成现代理性主义文化及其爱情价值观的过程。我们的确应当承认:在特定的历史阶段,基督教通过对自然人性的压抑,在一定程度上遏制与净化了人自身漫溢的本能冲动,使两性关系中的羞涩、眷恋、柔情、美感、道德力度等细腻化的心理要素得以滋生和发育,为人类最终将自然性爱从宗教桎梏中解放出来,进而实现灵与肉的统一创造了必要的条件。

在古代中国,儒学主张在婚姻中以亲情为基础去实现个人的性爱,亲子关系是家庭生活的中心和维系夫妇情感的纽带。尤其是儒学长期以来用夫妻之情代替爱情,试图将两性关系中的社会理性因素与个人性爱因素结合起来。虽然这种结合的结果更多的是用社会之理压抑了个人之爱,但是无可置疑也的确有少数幸运者获得了较为完美的结合。由于受构成中国文化主要要素的儒家文化的影响和作用,中国式的爱情主要表现为婚姻中的夫妻之情,而以婚姻外的爱情作为其必要的补充,儒学对于中国式爱情的产生和发展具有两重性质,即前期儒学以夫妻之情抵御淫逸世风,后期儒学以贞节观念回绝现代爱情。如果说在中国封建乱世如魏晋南北朝时期的淫逸世风下,儒学对女性的贞节意识还能起到某些解毒的作用,那么在中国封建末世的礼教禁锢下,女性的贞节观念则完全纵容了男性的不忠和淫乱。宋代之前,社会对于女性贞节的要求并不十分严格。唐朝的公主可以自由择婿,也可以自由改嫁;汉代的卓文君是个寡妇,却可以再婚。先秦儒学对于性的态度也是较为自然和宽容的。孔子认为"饮食男女,人之大欲存焉",孟子认为"男女居室,人之大伦也"。[7]汉代的梁鸿与孟光,因举案齐眉被奉为夫妻生活的楷模;西晋时期的王戎,其妻经常主动吻他,一时被传为夫妻情爱的佳话。可见,在宋代之前,性爱并没有被视为洪水猛兽,并且在不触犯封建体制的前提下,人们也可以拥有一定的情爱自由。然而,宋明理学的确立,成为广大女性的紧箍咒。"贞节"二字,融会封建妇教文化的全部能量,浪费了无数女性的青春或生命。一个子虚乌有的"理"字,不仅分离了爱情与婚姻,也通过"贞节"制造了许多无性的婚姻。宋明理学对于爱情的最大危害就在于它抽去了爱情赖以产生的自然人性基础,将两性关系变成了一种准宗教——礼教。礼教在内容上与爱对立,在形式上与性对立,从而使婚姻变成了一种神圣的社会性宗教。然而,理学的肆虐并未能完全使民间社会中青梅竹马、两小无猜式的爱情窒息,即便这一类爱情最终仍要被纳入宗法制的轨道,被赋以人伦和"礼"的形式。与古代基督教文化背景下的欧洲相比,婚外情在古代中国较少,这主要是因为儒学所默认的妻妾制的存在。在婚姻中得不到情感满足的中、上层男子,可以通过纳妾去获得补充,即便这样做也往往打着传宗接代的幌子。此外,仕途失意的儒士与艺伎的交往也作为对婚姻的补充与夫妻之情并行不悖;由于中国古代闺训、女诫、妇规等发达的儒家妇教文化的影响,中、上层妇女对于自身不理想婚姻的反叛也不多见。总之,由于儒学的影响和作用,即便内存于数千年大量的史料和文学资料中的中国人的爱情意识不乏张扬着一种诗性的浪漫,但它始终没能上升为浪漫的理性。

## 二、儒学和基督教对人类婚爱文化影响和作用的迥异之处

首先,基督教以"诛心"式的禁欲扭曲了两性婚爱的完整性,而儒学则以对自然性爱的宽容奠定了两性婚爱的心理审美化基础。基督教的精神教化功能与世俗指导功能存在着不可克服的内在矛盾,由此而决定了它对待人类两性关系的心物二元论倾向。基督教对爱的概念虽然包括性爱与上帝对人的爱,然而,这两种爱在基督徒的实际婚姻生活中却无法真正地统一起来。基督教的夫妻理想是贞节和节欲的清教精神,然而,这与夫妻生活中的人情味相抵牾。虽然所谓在婚姻内的禁欲多半属于自欺欺人之谈,然而,有关亚当和夏娃的人类原罪说又要求这样做以便使人在婚姻中保持基督本色。公元 2 世纪的罗马法学家莫代斯丁为婚姻所下的定义是:"一男一女的结合,整个一生合二而一,共同享有神权和人权。"[8]这一经典话语提前应和了基督教的婚姻理想,以致中世纪的基督教宣教者可以不易一字地拿来使用。尽管他们的高谈阔论动人心弦,但是,神权和人权、心灵与肉体在基督徒的实际婚姻生活中却很难达到和谐与统一。在漫长的中世纪,神权的神圣化往往取代了人权的世俗化,肉体的贞洁也往往与心灵的贞洁对立。基督教认为人类的原罪就是夏娃偷吃了性的禁果,所以教父及教徒们对性基本上持否定的态度。尽管为了人类的繁衍,基督教被迫容忍婚姻的存在,但是教会却始终没有停止婚姻之内禁欲主义的宣传。对于基督徒来说,人类的性行为只是为了延续人种的不得已而为之的肮脏行为,绝非为了赏心悦目的享乐而存在。格利高里·德·杜尔主教曾高度赞扬一位少

女:"她在新婚的当天晚上,哭哭啼啼,终于得到其丈夫的誓言,永保她的女儿身。"[9] 鼎盛时期的基督教文化就是如此地培养起人们对自然性欲的羞耻、恐惧、难堪和负罪的感觉,这种在中世纪普遍存在的"缄默的禁忌"造成了人们极大的心理压抑,有些人甚至为此而发生了心理或行为的变态。在中古欧洲,社会上流行一种"梦魔"的怪现象。女子遇到的男梦魔称为incubus,男子遇到的女梦魔称为succubus,梦魔会在夜间侵入室内和人性交。[10] 从现代心理学的角度看,这种情景实际上是人在长期禁欲后出现的性幻觉——色欲幻想。可见,基督教式的禁欲带来的并不是灵魂的无纷扰,而实在是对上帝的亵渎。基督教禁欲主义割裂精神与肉体、意识与物质的关系,它的禁欲说教实质上就是教唆人仇视自己的肉身,以自然而健康的情欲为假想敌,迫使人以自己作践自己的心理自虐方式去磨炼神圣的宗教情感,以礼拜超自然力量的上帝。乔治·桑就此论道:"把精神和肉体分离,其结果是必然要建立修道院和妓院的。"[11] 把人类爱情从精神与肉体的二律背反式矛盾中解脱出来,为人的感情的世界和世俗欢乐的价值恢复名誉,有待于以人文与科学思想的联手打破心物二元论的基督教精神魔咒,文艺复兴和启蒙时代的欧洲人正是如此做的。

在古代中国,爱情的指谓与儒学的仁爱学说有着密切的关系。据刘廷元考据,唐朝经学家孔颖达主编的《五经正义》之一《礼记正义》中最先使用"爱情"一词。孔颖达在《礼记正义·乐本篇》中写道:"若外境亲属死亡,心起爱情。爱情在心,则声和柔也。"由此刘廷元认为,在中国,"爱情"一词最早指的是人的怜爱之情。[12] 显然,爱情在这里只是象征着人的精神、心理、情绪,或者表达了调节一定的社会人伦关系的伦理意义,它显然不是特指两性之间的那种隐秘的、具有极高伦理与审美价值的心理情感关系。此外,刘廷元还认为:尽管"爱"和"情"如《诗经》中的"怀春"、《战国策》中的"通"以及文学作品中的"情""春情"和"恩爱""欢爱"等,都曾用来指男女之间的爱慕之情,但却不能构成一个新的合成词——爱情。"爱"和"情"都被限制在既定的圈子里而展示不开。[13] 可见,在中国历史上,作为哲理认知的爱与作为表达人性的情,也是处于断裂而长久不能统一的状态。比如,中国古代女性可以为一个"情"字去轻生,却从不从个体存在的本体意义上思索这个"情"字是否具有值得自己付出生命代价的意义和价值。不过,与西方基督教文化不同,中国人对于爱的哲理认知方式不是诉诸对于个体存在及生存意义的苦思,而是通过对人伦关系及人性情感的伦理与审美体验去进行精神感悟。所以,中国人的爱情理想是把社会人伦关系中"仁爱"的伦理精神与两性关系中性的审美情趣有机地交融,进而在婚姻中实现夫妻之情爱。儒学主张中庸,讲究中和,提倡人要与自然保持和谐。这种对待自然欲望较为宽容和开通的态度,决定了中国人不需要通过基督教那种极端禁欲主义去发展精神爱恋的价值,他们的性爱传统是在"男大当婚,女大当嫁"的社会文化背景下通过郎才女貌式、牛郎织女式或青梅竹马式的平静、稳定、现实的爱恋,进入理想的家庭生活。所以,在《西厢记》的结尾处才有那句"愿普天下有情的都成了眷属"的呼喊;所以,柏拉图式的精神恋爱只能产生在西方,而夫妻恩爱则为中国人所憧憬。在中国民间的爱情故事里,梦里游春也好,化蝶也好,都是为不能成就夫妻携手的婚姻结合而遗憾和哀叹;这里所着重要表现的只不过是一种对理想性爱关系受阻的道德与审美心理之情感宣泄。中国人有特别丰富的性爱和情爱词汇,如连理枝、并蒂莲、合欢树、比翼鸟、双鸳鸯、比目鱼、同心结、交杯酒、云雨之欢、鱼水和谐等,以及海誓山盟、情投意合、如胶似漆、藕断丝连、一见钟情、情人眼里出西施、海枯石烂不变心等,均是对两性性爱和谐状态的一种被艺术审美化了的隐喻。然而,所有这些想象力丰富的词汇,在以儒学为主导的社会文化背景下,如果最终不能被纳入"白头偕老"的婚姻结局,均只能是瞬间的或短暂的阶段性体验,而称不上天长地久的、理想人生的价值体现。

其次,基督教文化背景下人们对于两性爱情的探求带有理性主义的特征,而在儒家文化背景下人们对于两性爱情的追求则被打上情感伦理及意象美学的印记。换句话说,西方爱的传统是在爱情中实现人生,而中国人爱的习惯则是在人生中获得爱情。中、西方人对于爱情认知上的差异源自他们哲学思维方式的不同。对于西方人来说,真理即一种反映了客观存在的真实的知识,相应地作为爱情的真善美就成为人们对生命的一种真实的体验,由此人们可以走向完善和完美的上帝或真理。而真理在中国人的心目中作为具体的事实而存在,概念化的理念形态对于东方人只是在与实际生活密切相关的道德与审美认识的范围内才具有意义,因此,他们的爱情缺乏本体意义上的终极关怀性。换句话说,西方人的爱情更多地展现出一种理性的优雅,而中国人的爱情较多地表露出一种感性的浪漫。西方爱的理性主义传统源自古希腊柏拉图的爱情理想主义。在柏拉图看来,爱是人性最原初的冲动,它的本性就是求善。虽然柏拉图承认万事万物的产生及发展动机是由性爱所引起的,但是他认为停留在这种自然状态中的人类还谈不上爱,人类必须超越自然性爱,把自身有性的欲望转化为对无性的真善美的不懈求索。从自然性爱出发,中途却以否定肉体欲望作为进入爱的神圣殿堂的先决条件,最终证明了性是片面的、虚幻的外形,而爱才是人对自身完整、完美和完善状态的追求,是人性之真正所在;柏拉图在两性关系方面的这种心物二元论对于西方爱情哲学的发展影响深远。在欧洲中世纪的基督教之爱中,柏拉图的爱情理想主义被包容并综合于其中。基督教社会文化背景下所产生的骑士之爱,其精神实质是优雅的柏拉图爱情论的翻版,它以宗教信仰方式施行的禁欲主义极大地提高了异性恋爱的精神文化价值。此外,基督教文化开初对于婚姻的矛盾态度也在一定程度上显露出柏拉图爱的心物二元论的内在矛盾,这种矛盾以后通过路德的将宗教世俗化的努力虽有所缓和,但在高度工业化及后工业时代却又由于人们的性放纵而陷入心灵与肉体的新的矛盾运动之中。儒学哲理思辨的注重实用、儒家文化的关注个体道德心理与审美心理体验、表述语言的格言化特征等,决定了中国人的爱情意识是以情感逻辑的方式内存于语言文字中,并且它表达方式的含蓄、内向、模糊、赋予自然事物以人格化的情感等,体现着一种带有浓郁道德心理与审美心理色彩的诗性智慧。儒学主张"天人合一",儒家文化的本质是一种以人与人的关系为核心的伦理本位文化;反映到两性关系上,中国人的个体心理是希望能在婚姻中实现爱情,而这与家国同构、家国一体的社会机制及社会心理又是吻合的。

  由于基督教文化和科学主义的双重影响,西方伦理学注重对客观事实的描述和科学规范的建立,却较为忽略对于人性本身的感性体悟。反映在爱情方面,西方人在对爱的道德与审美方式上注重客观性,把爱当作理性认知的结果,而中国人则对爱的道德与审美持感性、直观、发散性思维的静观态度,将爱当成一种主观心理体验的产物。对于中国人来说,爱情是基于性美感、升华性美感并且能够超越身体欲望的一种特殊道德与审美情感的感性化合物;而对于西方人来说,爱作为一种肯定的创造渴望之动因,趋向把肉欲维纳斯打造为精神维纳斯,形成完善而又完美的形而上理念。深受儒家生活伦理影响的中国人视爱情为个体对心仪异性情感的不断的感性体悟,他们既遵循"发乎情而止乎礼"的性爱伦理传统,也讲究两性关系的中和之美。在某种意义上,也可以说中国人的爱情是心因性的,因为它具有以"文学去对抗哲学"的超然的情感智慧和特殊的心理审美价值。西方人爱的感情是服从理性意识的个体化活动的表现,他们为了恋爱而恋爱,绝不会单纯为了结婚而恋爱;对于中国人来说,婚姻比爱情更实在,可以先结婚再恋爱,在婚姻中营造或实现爱情。对于爱情的伦理意义,西方人多从个人主体生命价值的视角去衡量,生命的"可贵"与爱情的"价高"一体化,爱与个体生存的本体意义水乳交融,显示出一副终极关怀的姿态;中国人则从社会群体本位的角度来衡量,夫妻和睦与家庭生活美满一体化,表现着一种安身立命的形象。西方人的爱情审美是高度精神人格化的,中国人的爱情审美则是心理顿悟型的;前者侧重于对异性人格美的精神升华和颂扬,后者则倾向于对异性形体美的心理品味和体悟。中国人满足于在爱情中消遣人生,西方人则期待能在爱情中实现人生;在中国人这里,两性情欲具有文学的审美意义,而在西方人这里,则具有理性认知的科学价值。在儒家文化的长期浸润下,中国人爱花,爱风景,喜诗词歌赋和琴棋书画,这种诗性化的智慧与民族的温和性格体现在情爱关系中,就形成了心灵感受型的爱情道德与审美情趣,其具体指向是寻求稳定和谐的两性生活,以及婚姻家庭生活中平淡幽静的中和之美。而在西方基督教文化传统中,崇尚理性、重视实验和分类、视生活本身为生命艺术的思维方式和价值取向反映在两性关系上,就表现为人们对待爱情道德与审美的理性态度。不像中国人那样习惯于从生活伦理的视角去审视爱情,西方人主要从对真切情感的精神升华这一面去理解它,力图通过一种纯粹的情感关系所折射出的爱情独特品格和巨大力度去获得生活的信念和动力。说到底,儒家文化氛围中中国式的爱情及其伦理与审美表现意在安身立命,而基督教文化背景下西方式的爱情及其道德与审美价值取向则归于终极关怀。

**参考文献:**

[1]顾素尔.家族制度史[M].黄石,译.上海:上海文艺出版社,1989.

[2][8][9]安·比尔基埃.家庭史:第1卷 遥远的世界,古老的世界[M].袁树仁,姚静,肖桂,译.北京:生活·读书·新知三联书店,1998:436,434,437.

[3][4][5][7]孔丘,等.四书五经[M].北京:线装书局,2007:94,183、3、132,127、132,50.

[6]欧文·辛格.爱的本性:从柏拉图到路德[M].高光杰,杨久清,王义奎,译.昆明:云南人民出版社,1992.

[10]刘达临.世界古代性文化[M].上海:上海三联书店,1998.

[11]奋力,勇毅,革光,等.灵与肉的述说:西方爱情箴言选[M].哈尔滨:北方文艺出版社,1992.

[12][13]刘廷元."爱情"词源小议[J].道德与文明,1989(1).

(原载《齐鲁学刊》2008年第1期)

# 提高家庭美德建设成效的思考与建议

当前,我国家庭美德建设中存在的主要问题是理论研究滞后、宣传教育空泛以及实践中的群众参与程度不足。我们应建立一支高素质的从事家庭美德建设的理论队伍和宣教队伍,通过提高家庭美德宣传教育的成效,拓宽及丰富家庭美德建设的外延和内涵等有效措施,进一步加强家庭美德建设。

## 一、问题的提出

在2001年9月颁布并实施的《公民道德建设实施纲要》中,中共中央提出:"家庭美德是每个公民在家庭生活中应该遵循的行为准则……要大力倡导以尊老爱幼、男女平等、夫妻和睦、勤俭持家、邻里团结为主要内容的家庭美德,鼓励人们在家庭里做一个好成员。"[1] 7年多来,由妇联牵头并由宣传、教科文卫等部门协同在全国城乡社区普遍开展的家庭美德建设已取得一定的成效。通过"美德在农家""学习型家庭""平安和谐家庭""廉洁诚信家庭""健康家庭""环保节约型家庭""五好文明家庭"和"争做合格家长、培养合格人才"等家庭美德实践活动,很多家庭的不良习惯如赌博酗酒、铺张浪费、不懂礼貌、不讲卫生、无意义的争吵等得到了有效改善。然而,在各种复杂因素的影响及客观条件的限制下,家庭美德建设也存在着自身的缺陷。譬如,面临全球化背景下不同文化的碰撞和磨合,城市化过程中家庭结构、功能、关系的变化,市场化过程中的阶层分化、性别分化、媒介的商业化、人际关系的物化,信息化过程中家庭活动的独立性、选择性、多样性、差异性和开放性等因素的强劲挑战,已有的家庭美德建设措施不能有效地予以应对。与此同时,离婚率居高不下、家庭解体、单亲家庭增多、非婚生子、同性恋、家庭暴力等现象在我国也依然存在。

很多家庭问题的专家都对家庭道德建设问题提出了自己的看法。周燕燕认为,改革开放以来,中国家庭发展一直面临着三种难题:家庭道德评价失范,由简单、明朗、统一变为模棱两可、多元视角;家庭道德选择矛盾,出现了婚姻自由与家庭稳定、人本化与功利化、感情与义务的两难困惑;家庭道德调控机制弱化,舆论监督乏力与个人自律匮缺。现阶段的家庭道德建设由于对上述这些挑战缺乏有效的应对而陷入困境。李桂梅认为现代家庭伦理精神的建构必须坚持自由和责任相统一的观点,超越中国传统的家庭本位价值观和西方传统的个人本位价值观,建立个人和家庭双重价值取向的伦理精神,而这些对于目前我们正在进行的家庭美德建设来说仍是尚未完成的任务。[2]吴俊和郭志民认为在我国,传统家庭道德正在解体,现代家庭道德尚未形成,后现代家庭道德又在滋生和蔓延,在整合这三种伦理资源,实现传统、现代与后现代的"视野融合"并帮助人们走出家庭伦理生活面临的道德困境方面,家庭伦理学研究肩负着重要的历史使命。[3]邬小平认为,在新的道德观念挑战传统道德,多元文化交会的亚道德现象丛生的新情况下,我国家庭道德建设面临着观念欠缺、水平偏低、差距拉大等问题。[4]李春茹认为,鉴于家庭在深刻变迁中也出现了负面效应,提出了重构具有中国特色的家庭伦理道德体系、寻求新的家庭伦理道德准则、追求家庭内部伦理道德的新整合、建立必要和恰当的道德约束机制等新课题。[5]诚如以上学者所言,现阶段我国家庭道德建设或家庭美德建设无论在理论上还是在实践中均面临着一些亟待解决的现实难题。

家庭美德建设是社会主义道德建设的重要组成部分,也是社会公德、职业道德以及未成年人思想道德建设的基础和起点。搞好家庭美德建设不仅是家庭自身发展和完善的需要,而且也是构建和谐社会的必要条件。为充分发挥家庭伦理道德的调适功能以建立民主、平等、和睦的家庭关系,笔者拟首先对现阶段我国家庭美德建设成效欠佳的原因进行探讨,然后,就如何进一步提高家庭美德建设的成效提出建议。

## 二、现阶段我国家庭美德建设成效欠佳的原因

当前我国家庭美德建设成效欠佳源于理论创新滞后、宣传教育空泛化以及

实践中的群众参与程度不足。这三者之间具有内在的关联,它们相互加强,对新时期我国家庭美德建设活动产生消极的影响,减弱了其应有的社会效应。

理论创新滞后主要表现为在家庭结构、功能发生重要变化,曾经用来调控家庭成员关系的伦理原则及道德规范亟待更新之际,一些研究者依然在理论上墨守成规,他们无视时代精神风貌,看不到社会结构变化、社会关系更新以及社会文化变迁对现代人婚姻家庭关系产生的巨大影响和所起的关键作用。因此,在论及新形势下,即在推动科学发展和促进社会和谐的新的社会文化背景下的家庭美德建设时,他们必然缺乏新的思想和新的语言。因此,造成理论创新滞后的主要原因是研究者脱离实际而形成的思维方式的僵化。家庭美德必须浸润和落实在老百姓日常的具体生活中,才能确保自身无限的生机和活力。蛰居于象牙之塔,脱离鲜活的实践,对家庭问题的理论研究就会缺乏针对性和前瞻性,研究者也难以将家庭美德建设的经验提升至科学的理论形态。因为,单凭主观想象和概念推理,研究者绝不可能准确地把握新时期家庭结构、功能、关系和伦理观念变化的脉络,其研究结论也会由于刻板定式和陈旧语言的束缚而缺乏创见。只有深入实际,把大众所普遍关心的问题作为家庭美德建设理论研究的切入点,并且注意到它与整个经济和社会发展中出现的各种伦理道德问题的衔接,研究者才能视野开阔、思维敏捷和新意迭出。所谓思维方式僵化,就是一些研究者被两歧式的思维方式所障目,既无视中国家庭的过去、现在和未来的历史延续性,也忽略中国家庭发展的特定环境和自身特点。他们意识不到中国人的家庭观念和家庭行为对于市场经济发展的反作用力,甚至难以理喻百年来中国现代化进程对于新型婚姻家庭关系形成的推动作用。在有些人的研究中,他们固执地将个体独立性与家庭亲和性、妇女发展与家庭和谐、家庭稳定与社会发展水火不容地对立起来。按照这些人视家庭现代化为家庭西方化的研究逻辑,我国的家庭美德建设就会因为缺乏民族精神底蕴而丧失其文化效用,或者由于各种花里胡哨的因素的渗透和掺杂而使自身变得面目全非。

宣传教育空泛化主要表现为在家庭美德的宣传教育活动中部分宣教工作者视野偏狭、方式呆板、思想肤浅和语言枯燥,以致使宣传教育本身因缺乏广度、深度、力度而最终流于形式。视野偏狭是指有些人就家庭美德讲家庭美德,看不到它与社会的政治、经济、文化以及地理环境、风土人情、生活方式等多方面的有机关联;方式呆板是指有些宣教工作者无视家庭美德活动的主题在不断深化,内容在不断丰富,手段在不断更新,仍然依样画葫芦,跳不出老套路和旧框框;思想肤浅是指有些宣教工作者拘泥于旧的思维方式,不能够与时俱进地去反映家庭生活的时代特点,体现家庭文明的时代要求,把握家庭发展的变动态势;语言枯燥则是指在家庭美德宣教活动中有些宣教工作者拘泥于本本和条条,以单向、乏味的道德说教替代有声有色的双向交流和心灵沟通。导致宣传教育空泛化的根本原因是一些宣教工作者对家庭美德中的人文特质认识不足。家庭美德既规范伦理,又蕴含着与人的类属性和真情感有着内在关联的关怀伦理因素,它具有使人自我完善和自我满足的精神文化特质。无视这一点,必然导致在家庭美德宣教活动中人们在思想上缺乏求实创新精神,习惯于在实践中单纯依赖行政手段。这种做法不仅使这一活动本身缺乏后劲,而且也挫伤群众的道德主体性。在这类倾向的支配下,一些宣教工作者视群众为单纯的受教育对象,他们既不愿意走家串户,也无意于对疑难问题做深入思考和认真分析。他们仅仅满足于开会宣讲或电视点评之类浮在表面的活动方式,以至于看上去热闹非凡,却解决不了实际问题。

家庭美德建设活动群众参与程度不足主要表现为在自上而下的宣传家庭美德及创建五好文明家庭、平安家庭等活动中,大多数群众缺乏自觉、主动、积极参与的热情。造成此种现象的主要原因是片面发展观的负面影响和大众传媒的价值误导。在改革开放的实践过程中,中国人已深刻地认识到,除了作为客体的物质技术层面的现代化,还应该有一个与之对应的作为主体的精神心理层面的现代化即人自身的现代化。人自身的现代化是人类对市场经济内在的伦理缺陷进行充分反思的产物,它反映了现代人以人为主体去调控市场经济的自发性和盲目性的迫切愿望。西方资本主义发展过程中由于物的关系对个人的统治和偶然性对个性的压抑所产生的"单面人"[6]"非生产型人格"[7]的人性异化与善的缺失现象,已为西方有识之士所清醒地认识并加以犀利地剖析。他们深刻地揭示了以工具理性为思想根基的发展主义对于人与自然、人与人之间关系的历史性危害。正是在吸取西方现代化的历史教训和总结我国改革开放成功经验的基础上,中国共产党提出了"五个统筹""五个坚持"[8];意在校正传统的片面发展观,确立以人为本的全面、协调、可持续的科学发展观。然而,在我国一些地方和单位,至今依然有某些主要决策者没能摆脱片面发展观的束缚。在他们眼里,只要经济发展了,就能一好遮百丑。在片面发展观及唯GDP政绩观的支配下,家庭美德建设难以得到有些地方和单位的领导者的重视和正确估价。大众传播媒介的价值误导也是严重干扰群众积极参与家庭美德建设的消极因素。媒介的商业化环境向现代人的人格素质和理性良知提出了严峻的挑战,其主要表现就是虚假的信息泛滥成灾,消费主义的道德价值观招摇过市。由于传媒在有关婚恋家庭生活节目的制作中片面地追逐新奇性、突发性及所谓震撼力、轰动效应、调侃风味,那些具有深刻的社会政治、经济和文化背景的婚姻家庭生活事件后面的深层原因及其规律和特点往往被人们所忽略。在商业利润的主宰下,不乏有一些大众传媒用貌似新潮实则庸俗不堪的精神垃圾去扰乱人们对于婚姻家庭职能、作用及价值的正确理解。这些精神垃圾经过高科技的技术化处理和五颜六色的文化包装,往往具有很大的欺骗性和蛊惑性。

## 三、提高我国家庭美德建设成效的建议

我们是在比较复杂的社会环境中进行家庭美德建设的,既面临科技发展的挑战,又承受着社会生活内部变化的压力。这就要求我们超越将经济与道德、科技与人文、个人与社会对立起来的两歧式思维,以兼容的思路在市场经济与社会主义结合的实践中进行道德创新,即按照与新型现代性相适应的思想道德的建构标准,去加强家庭美德建设。为提高我国家庭美德建设的成效,笔者特提出以下建议。

**(一)提升家庭美德建设的思想文化境界**

树立以人为本,全面、协调、可持续的科学发展观是家庭美德建设得以顺利进行和健康发展的思想先导和文化基础。在物质文明、精神文明、政治文明、生态文明齐头并进的社会发展格局中,家庭美德建设成效的强弱在很大程度上取决于人们能否运用科学的发展观去观察、分析和解决与经济、社会发展密不可分的家庭这一初级群体的发展问题。家庭是社会的细胞,和谐的家庭则是和谐社会的缩影。贯彻科学发展观和宣传和谐社会的理念,将有利于形成适合家庭美德发育的群众心理和社会氛围。

**(二)抓住各种棘手问题,实现家庭道德建设的理论创新**

家庭美德实质上就是要培养夫妻爱情、长幼亲情、邻里友情,正确对待和处

理家庭问题和邻里关系。一般来说,家庭美德建设的焦点是家庭暴力问题,难点是婚外恋问题,重点是夫妻关系的沟通与协调,盲点是流动人口的家庭问题,薄弱点是家庭教育及家风问题。正是在研究与解决这些棘手的婚姻家庭问题的实际过程中,家庭伦理学才能实现自身的理论创新。

### (三)拓宽家庭美德建设的外延

将家庭美德建设与反腐倡廉、生态环保、树文明新风、创建学习型社区及构建文明、健康的生活方式等结合起来,寻求婚姻家庭生活中新的道德生长点。

随着改革与开放的不断深入和扩大,家庭美德建设的范围也要不断地向外部社会生活扩展和延伸。比如,我们要注意对不同结构的家庭的文化表现和网络信息化时代家庭人际关系和家庭教育所面临的新问题进行探讨,特别要注意研究人们对家庭环境保护、家庭医疗保健、心理调适、精神追求和文化生活的迫切需求。只有这样,我们才能更进一步地提高家庭成员素质,提高婚姻家庭生活质量,进而提高整个社会的文明程度。形势的发展也要求我们在工作载体和工作形式上不断创新,不仅要创造新的载体,而且要寻求新途径和新方法。只有如此,我们才能大幅度地提高家庭美德建设的群众参与程度。

### (四)丰富家庭美德建设的内涵

将博爱与感通融入尊老爱幼,将共识与分享融入男女平等,将沟通与协商融入夫妻和睦,将科学与合理融入勤俭持家,将同情与宽容融入邻里团结。家庭美德理念是实践理性与认知理性、德性伦理与知性伦理有机融合的结晶。家庭美德建设应善于将不同时代的道德文化精粹融会贯通:博爱展示普适伦理情怀,感通蕴含长幼之间的认同;共识是志同道合,分享是相互的承诺和扶持;沟通象征着如切如磋的心灵交会,协商蕴含着尊重和合作;科学和合理使勤俭持家具有时代气息,同情和宽容则使邻里团结充满现代特色。可见,在家庭美德建设中,大力弘扬和培育民族文化精神与求实创新地把握时代进步精神本是同一个问题的两个方面。

### (五)全面认识家庭美德,提高宣传教育成效

宣传工作者应该在深刻理解家庭美德的实质、特性并在认真遵循其形成的规律的基础上,提高家庭美德宣传教育的成效。家庭美德的实质是和谐,这一核心的伦理理念始终贯穿于家庭美德诸规范之中。在本体含义上,家庭伦理关系的和谐应是交互主体性的,而不应是单向主体性或无主体性的;从道德认识的角度来看,这种和谐是代际、性别、邻里之间交叠共识的表征,并且是实然与

应然、人格与角色兼容关系的体现。家庭美德具有内生性(生成个体道德特质的基于爱情和亲情的内在伦理禀性)、外倾性(向社会公德和职业道德的扩展)、同一性(德与福、理与情、知与行的一致)、对等性(权利与义务、自由与责任、自律与他律的对应)、交融性(历史与现实、个体与整体、特殊性与普遍性的交会)。由于家庭美德在个体与个体、个体与家庭、家庭与社会的交往互动中形成,因此对家庭美德的宣传和教育有一个社会引导与个体自觉结合的长期思想文化养成的渐进过程,这一过程显示了作为人类共通的伦理道德要求的内化与外显的交互作用。我们今天所提倡的家庭美德,既有民族文化传统中的家庭伦理道德理念的合理成分,又有革命传统道德中的家庭美德规范和改革开放新时期新生的家庭伦理道德因素。为了达到对家庭美德的全面认识并充分发挥其调适人际关系的职能,深刻理解家庭美德的实质、特性并认真遵循家庭美德的生成规律,理应成为宣教工作者必备的工作素质。

**参考文献:**

[1]公民道德建设实施纲要[M].北京:学习出版社,2001:11.

[2]李桂梅.现代家庭伦理精神建构的思考——兼论自由与责任[J].道德与文明,2004(02).

[3]吴俊,郭志民.家庭伦理传统的嬗变与当代价值——第4届海峡两岸伦理学研讨会综论[J].伦理学研究,2005(1).

[4]邬小平.浅谈我国的家庭道德建设[J].前沿,2003(1).

[5]李春茹.社会转型时期家庭伦理道德的构建探析[J].探索,2003(2).

[6]程志民,江怡.当代西方哲学新词典[M].长春:吉林人民出版社,2003:43.

[7]李鹏程.当代西方文化研究新词典[M].长春:吉林人民出版社,2003:381.

[8]中共中央关于完善社会主义市场经济体制若干问题的决定[M].北京:人民出版社,2003.

(原载《中州学刊》2009年第2期)

# 家庭暴力的主要原因、认识误区、伦理分析及应对措施

## 一、家庭暴力产生的主要原因

1."男尊女卑"的传统生活意识,对爱情、婚姻与家庭职能和意义的错误理解,对家庭变化与社会变迁过程中消极因素的盲目认同,以及缺乏现代法制观念和人权意识,这些构成了现代家庭暴力不断发生的思想文化原因。从文化上追根溯源,家庭暴力现象与传统的性别偏见和性别歧视不无关联,甚至得到了受传统文化影响较大的妇女的认同。在虐待妻子合理、虐待丈夫大逆不道的文化背景和两性性别角色传统行为模式的熏染下,无论是在社会身份、经济能力、文化水平方面高于还是低于妻子的丈夫,他均有可能在家中对妻子大打出手。爱情与亲情堪称构建和谐的婚姻家庭关系的核心要素,因为它们是塑造一个人思想性格、道德情操和心理个性最原初的、不可缺少的文化资源。缺乏或丧失对爱情与亲情这种人类情感的伦理体验是家庭暴力产生的最深层的原因。很难设想一个珍惜爱情和看重亲情的人会与家庭暴力有染,会对自己最亲近的人大打出手,也很难设想当一个人打算结婚成家之际,他事先就将配偶或子女拟定为自己施暴的对象。家庭暴力行为是后天习得的,而不是先天就有的;它是在各种复杂因素的影响下,婚姻家庭生活中夫妻、亲子之间情感淡化的必然结果。在我国社会关系及家庭关系发生重大变化的转型期,家庭暴力的产生既与市场竞争、社会分层、家庭结构和功能的变化、家庭内部关系上的性别倾斜和代际倾斜等客观情况有关,也与历史文化心理积淀及社会变迁与家庭发展过程中人们的思想观念和精神心理变化等主观因素相连。就后者而论,传统家长制意

识、性别不平等观念,以及现代享乐主义、极端利己主义思潮的不良伦理影响,它们已屏蔽了作为人的本真属性的爱情与亲情,成为诱发家庭暴力的社会文化根源。法制观念淡薄直接导致家庭暴力的产生。有些丈夫认为打老婆属于自家私事,不犯法,谁也管不了,而有些妻子则不懂得法律,更谈不上如何运用法律武器来有效地保护自己。夫妻婚前感情基础差则有可能成为家庭暴力产生的内隐性根源,因为在"利益型婚姻"或"凑合型婚姻"中,当矛盾产生时,当事人往往缺乏以协商和沟通的方式去解决冲突的愿望和诚意,他们只是习惯于唇枪舌剑或拳脚相加。因此,这些类型的家庭中暴力发生率较高。

2.物质生活的贫困和由于经济结构的调整而出现的下岗或失业现象是家庭暴力凸显的现实经济原因。一些家庭由"穷吵"而逐渐发展为"穷打";一些夫妻双双下岗,失去了经济来源,而面对困境,有的丈夫不能正确对待这一现实,他们不去努力为重新就业创造条件,却拿殴打妻子发泄心中不满,殊不知下岗的妻子也有苦恼和烦闷,她又去向谁发泄不满呢。更何况打人是属于侵犯妇女人权的行为。研究这类暴力,我们能发现其中折射出社会性别的不平等意识与社会经济因素之间复杂的交互关系。从妇女的自身素质状况看,依附型的心理和懦弱型的性格是酿成家庭暴力不断升级的重要因素。一些妇女在"家丑不可外扬"的虚荣心理支配下和"为了孩子"的精神寄托的支撑下,以及对于丈夫改恶从善的侥幸心理的自我欺骗下,对于丈夫的施暴一而再再而三地采取隐忍和委曲求全的态度,最终愈发助长了对方的嚣张气焰。由于目前家庭暴力仍然属于"告才处理"的案件,她们的所作所为于无形之中给家庭暴力的恶行提供了一层保护网,使得司法无法介入其中。妇女心理个性的这些弱点既可能出现在一些在经济上处于依附地位的家庭妇女或低收入妇女身上,也可能发生在个人的经济能力较强、文化水平也较高而精神心理却走不出传统窠臼的女性身上。较之后者,那些在经济上依赖男性的受害者往往有着更大的无奈,因为孩子、老人、家庭都是她们不得不前思后量的因素,离婚对于她们来说并非是最佳的选择。如果没有经济上的自强自立,纵然是官司打赢了,她们又能如何呢?

3.心理人格障碍这一潜在的、不易被人们所承认的缺陷正日益成为家庭暴力的一个重要成因。从医学心理学的角度讲,人格障碍分为偏执型、分裂型、社交不良型、情绪不稳型、表演型、强迫型、焦虑型、依赖型。人格障碍在社会心理学上又被称为"病态人格"或"人格变态",通常指一个人人格的某些特点过分突出,影响了本人或周围人生活的和谐,因而引起别人的注目或认为必须被处理。具有人格障碍的男性,往往社会与家庭责任感淡薄、心胸狭窄、嫉妒心强,而具有人格障碍的女性则往往在经济上或人格上过分依附于男方,容易患上"受虐综合征"。有这种丈夫,一旦妻子的收入超过他或社会地位高于他,他就会嫉妒和猜疑妻子,并用暴力来宣泄;也有这样的女性,丈夫经常对她施暴,她能一忍再忍,而当丈夫往死里打她,让她绝望时,她却走向另一个极端,以暴制暴,甚至杀死对方。

4.不良生活方式历来就是诱发家庭暴力的一大社会成因。在外来文化与生活方式中的消极因素日益渗透并与传统生活方式中不良因素的融合中,这种情况变得更加严重。赌博、酗酒、嫖娼乃至吸毒,这些旧社会的生活毒素在新的历史环境条件下又开始死灰复燃,并与西方生活方式中的腐朽因素融合在一起,成为现代家庭暴力的重要诱因。据驻马店市妇联调查显示,该市家庭暴力的主要起因是男方赌博、酗酒、不干家务活、乱搞婚外性关系等不良生活习气。这些不良的生活恶习容易使已婚男性心理畸变,而当女方对他苦苦劝阻时,就可能遭到他的施暴。这种蛮横无理的施暴极有可能引起无错一方采取以暴制暴的方式进行过激的反抗,最终酿成惨案。个别丈夫在有了婚外情后,为了逼迫妻子与自己离婚以便另结新欢,就采取暴力手段对待妻子,殊不知这样做往往适得其反,他的野蛮行为必定会激起妻子的报复心理,使她很有可能在情绪失控时不择手段地以暴制暴。

5.家庭暴力不能得到及时的遏制以至于愈演愈烈的状况也有其法律方面的原因:一是立法不完整,缺乏专门反家庭暴力的法律,并且在婚姻法、妇女法等涉及家庭暴力的现有法律中对家庭暴力规范得不够具体,致使有关部门在处理家庭暴力案件时无法可依;二是执法的力度不够,有关家庭暴力的案件多属"民不告官不究",有的则是告而不理或理而不力,以致施暴人不能受到应有的惩罚;三是法律在程序上赋予受害者尤其是女性受害者的权利不够充分,致使这些人在遭遇家庭暴力时缺乏应有的救助途径,不能获得来自社会各方面的及时救助;四是法律的宣传教育开展得不够广泛和深入,以致有些人,甚至有一些基层组织的负责人误将家庭暴力这一违法犯罪行为视为由生活琐事引起的家庭纠纷,并以"清官难断家务事"为借口拒绝干预。

6.从某种意义上讲,家庭暴力是由个体人格素质在不良环境影响下发生异变的文化失调现象所引发的"家庭功能紊乱"。城市中享乐生活的喧嚣、不良信息的污染、生活节奏的加快、社会竞争的加剧等引起人们生活与工作压力的加大,这一切已使人们的"心理自我"处于极度焦虑状态,极易引发一部分人的思想麻木和情感冷漠,最终导致他们缺乏以自我反省、自我完善的方式去调适婚姻家庭关系的能力。报纸、杂志、电影、电视中有关暴力行为的渲染性报道或露骨的情景展示,以及社会上客观存在的一些暴力行为和动辄拳脚相加的暴戾风气,均对人的精神心理健康产生不良影响。一些思想道德素质和心理素质较差的人难以抗拒这种不良影响,久而久之就习惯于把实施家庭暴力作为缓解心理压力的手段。

## 二、家庭暴力的认识误区

认识误区之一:社会有关部门和公众往往把注意力集中在身体暴力上,却容易忽略精神暴力和性暴力的严重危害。有一些人甚至包括个别专家学者认为,在家庭生活中所有不能平等对待妇女的一切精神的歧视和虐待行为均不能被当作暴力,并且他们认为在婚姻内丈夫违背妻子意志强行发生性关系的行为也不应当被当成违法犯罪行为,否则,就会将家庭暴力的概念宽泛化。这种认识是极其糊涂而又十分错误的。情感上的虐待和心理上的鄙视给受害者带来的精神痛苦并不亚于身体暴力给她带来的肉体痛苦。恶意谩骂、语言上的侮辱和欺凌及各种隐性的精神心理伤害虽没有直接造成严重的人身伤害,但是,它们潜移默化的刺激却可以使一个人精神失常乃至走上自杀的道路。应该说,这种精神上的"冷暴力"比直接的身体暴力在手法上更隐蔽、更狡诈,方式上更高明、更残忍,潜在的危害性也更大,它类似于蓄意的"谋杀"和俗语中所说的"软刀子杀人不见血"。婚姻内的性暴力也是这样。来自自己最亲近人的、违反本人意志的强暴行为在精神心理上对被奸人的危害并不亚于来自陌生人的性施暴。因为,这种行为本身更为卑鄙、更为野蛮和粗野,它使夫妻关系变得毫无人道和文化价值,已经逾越了伦理底线,成为对人身权利的侵犯行为。这种侵犯行为往往使受害妻子的内心孤寂以致产生性格扭曲等心理疾病,甚至会导致自残、自杀等恶性事件。

认识误区之二:社会有关部门和公众往往把反家庭暴力的重点放在事后如何对号入座式的惩处上,却没有特别地考虑将其放在初期的、普遍性的预防上,尤其是没有充分考虑到怎样去着力影响社会改变对妇女和儿童的态度,以及在构成亲密关系人之间的暴力发生前就采取最为有效的预防措施。所谓影响社会改变对妇女和儿童的态度,就是要将性别平等意识与人格平等意识融入家庭与社会生活,为妇女和儿童的生存与发展创造良好的环境条件;所谓采取最为有效的预防措施,也就是经常引导人们正确理解和正常发挥婚姻家庭的职能和作用,以珍惜爱情和看重亲情为基础,去提高公众婚姻家庭生活的质量,使不良生活方式及其劣性的行为习惯远离人们的婚姻与家庭生活环境。

认识误区之三:社会有关部门和公众将家庭暴力仅仅界定在正式的婚姻之内,对于恋爱约会期间的暴力,以及大量的、没有正式登记的事实婚姻中的暴力却熟视无睹。近些年来,随着城市流动人口的增多,在许多城市青年中,未婚同居已成为一种很流行的两性生活方式,但是,这种生活方式不可能得到社会主流文化及其婚姻家庭法律体制的承认,相应地,同居生活中所发生的暴力往往不能得到及时而有效的预防性保护和有力的遏制,直至酿成大案和要案,才被有关部门当作社会治安中的严重刑事犯罪处置。事实上,根据国外许多社会学家和法学家的研究,非婚同居是比正式婚姻还具有高度危险性的暴力环境。例如,美国杨百翰大学教授林华德根据美国的一份研究报告估计:恶性暴力事件在未婚同居者中发生的可能性是结婚人群的5倍。中国的国情虽与国外发达国家有所不同,但在未婚同居者已经出现并且逐渐有所增多这一点上却是类同的。据我们对《大河报》2004年有关恋爱婚姻家庭问题的新闻报道的跟踪研究,该报全年共报道家庭暴力冲突事件近300起,其中恋爱约会时期的暴力事件和未婚同居时期的暴力事件约占60%,而在致伤、致残、致死的恶性暴力惨案中,这一类暴力事件的比例竟高达75%左右。可见,非婚同居已成为两性关系中最具有危险性的居住安排。此外,那些已经实行分居但还没有办理正式离婚手续的夫妻之间也很容易发生暴力冲突,然而这一点却常常为人们所忽视,不愿为此去做深入细致的走访并采取预防性的伦理协调或法律救助。

认识误区之四:在反家庭暴力理论的构建上,人们存在着片面性和绝对化的倾向。往往是妇女学家眼中的家庭暴力、社会学家眼中的家庭暴力、法律专家眼中的家庭暴力、伦理学家眼中的家庭暴力、心理学家眼中的家族暴力和社会实际工作者眼中的家庭暴力表现出一定程度的、认识上的差异。实际上,每个学科的思想观点既含有部分真理,又带有某种局限性。只有将以上研究视角结合起来,去全面地、系统地、多层次地把握家庭暴力的性质、范围、原因、内涵、特征、发展态势等,我们才能准确地认识与理解家庭暴力这一现象,并想方设法地去对其加以遏制和消除。

认识误区之五:在对家庭暴力现状的估量上,存在着舆论宣传与理论研究的不一致现象。新闻媒体等大众传播工具为追求轰动效应,总是刻意夸大家庭暴力发生的数量,渲染家庭暴力情景的惨烈,使人们产生仿佛家庭暴力每时都有、无处不在的心理恐惧感,而一些理论研究者,则单纯地从"经济发展了,社会文明进步了,妇女地位也提高了,家庭暴力必定会越来越少"之类想当然的思维模式及其想当然的理论推断去安抚人心,使人在盲目乐观之际放松对社会上乃至自己身边的家庭暴力的警觉性。只有那些既实事求是,又注重理论修养的记者和具有理论联系实际的严谨学风的研究者才能给予家庭生活中实际存在的暴力现象以恰如其分的估量。

## 三、家庭暴力的伦理分析

家庭暴力不仅仅是法律问题,它同时也表现为伦理道德、心理健康、社会性别等问题。因此,解决家庭暴力问题需要从多重研究视角和采取多种实践途径,其中,伦理道德教育和感化的力量不容忽视。

爱情与亲情堪称构建和谐的婚姻家庭关系的核心要素,因为它们是塑造一个人思想性格、道德情操和心理个性最原初的、不可缺少的文化资源。缺乏或丧失对于爱情与亲情这种人类情感的原体验,是家庭暴力赖以产生的最深层的原因。很难设想一个珍惜爱情和看重亲情的人会与家庭暴力有染,对自己最亲近的人大打出手;也很难设想当一个人打算结婚成家之际,他事先就将配偶或子女拟定为自己施暴的对象。家庭暴力行为是后天习得的,而不是先天就有的;它是在各种复杂因素的影响下婚姻家庭生活中夫妻、亲子之间情感淡化、关系恶化的必然结果。在我国社会关系及家庭关系发生重大变化的转型期,家庭暴力的产生既与市场竞争、社会分层、家庭结构与功能的变化及家庭内部关系上的性别倾斜和代际倾斜等客观情况有关,也与历史文化心理积淀及社会变迁与家庭发展过程中人们的思想观念和精神心理变化等主观因素相连。尽管家庭暴力行为已逾越了伦理底线,属于法律处理的范围,但想根本解决此问题仍然有待于人们在婚姻家庭关系中消除传统家长制意识、性别不平等观念以及现代享乐主义、极端利己主义思潮的不良伦理影响,恢复作为人的本真属性的爱情与亲情。

爱情与亲情中蕴含着与人的类属性和真性情息息相关的情感伦理或关怀伦理因素,它们具有使人自我完善和自我满足的精神文化特质,并且充满让婚姻家庭关系得以和谐发展的强大文化内聚力和亲和力。正因为爱情与亲情浸润着使人之所以成其为人的道德良知和人格素养,它们才能成为当代家庭美德建设的重要依托。家庭美德理念是知性伦理与德性伦理、规范伦理与情感伦理有机融合的结晶,其情理交融的特性皆发端于能给予人以动力与责任的爱情和亲情。爱情使夫妻达到人生共识和生活分享,亲情则使父母子女、兄弟姐妹实现沟通与协商,它们是使暴力远离家庭的守护神。通过家庭美德建设,我们可以调动人性本身固有的向善和求美的倾向,从而使认同、承诺、谅解和扶持成为人们婚姻家庭生活的常态,而让施虐、施暴的苗头永远在人们心中熄灭。因此,我们应当将未成年人的道德人格孕育、幸福家庭生活氛围的创造以及对家庭人际冲突解决之道的寻求融入人们对爱情与亲情的理解和珍视之中,并且通过形成与保持文明、和谐、健康向上的家风,使人们对家庭暴力产生永久的免疫力。

家庭是社会的细胞,家庭人际关系的平等、和睦与否事关我国经济与社会的协调发展和社会主义和谐社会的构建。从近年来河南省妇联信访系统所接待的婚姻家庭案件来看,其中家庭暴力投诉约占三分之一,并且绝大部分暴力行为是针对妇女、儿童、老人等弱势者。另据前不久中国法学会反对家庭暴力网络研究中心对我国九县市的调查资料显示,这些县市三分之二的家庭中存在着对儿童的暴力,三分之一的家庭中存在着夫妻间的暴力。显然,家庭暴力已经对未成年人的健康成长、两性的平等与和谐发展、家庭稳定以及社会安定团结造成了不良影响和恶劣后果,亟待全社会加以解决。通过针对家庭暴力的专门立法、严格执法以及面向全民的法制宣传教育,去遏制家庭暴力势头和减少家庭施暴现象,十分必要;通过在全社会范围内进行社会性别意识教育,去改变传统文化对妇女的态度和提升妇女在各个领域的地位,为妇女的生存与发展创造良好的家庭与社会环境,这些对于减少和消除针对妇女的暴力,必不可少;对于那些患有精神心理疾病的施暴者实施心理疗法,消除他们的人格障碍,这类做法往往也能起到降低家庭暴力发生率的作用;动员全社会力量,通过社区干预、妇联干预、行政干预、公检法司干预、社团群团干预等措施,形成反家庭暴力的社会网络系统和建立与健全对受暴者的多层次、多机构的社会支持系统,这种应对方式当然更能对反家庭暴力起到事半功倍的成效。然而,上述一切方法和策略,均不能替代家庭伦理道德教育的根本性作用。因为,相对于其他暴力来说,家庭暴力是发生在特定环境条件下的特殊暴力形态,其根本性解决尤其需要对症下药式的特别措施,即通过家庭美德建设,去激发人们珍惜夫妻情爱和人伦之情,从而潜移默化地达到提高婚姻家庭生活质量,彻底消除家庭暴力隐患的效果。反家庭暴力的重心在于预防而不在于事后惩处。事实证明,通过积极开展"五好文明家庭""家庭文明工程""学习型家庭"等创建活动,去增强家庭内部团结和创造性活力,使家庭远离暴力,这种源头防暴的方式远比其他方式更有成效,同时也更有利于巩固和扩大反家庭暴力的社会成果。

全国妇联前主席顾秀莲曾指出,中国是世界上人口最多、家庭最多的发展中国家。中国政府未来将更加重视家庭的基础性地位和作用,促进个人、家庭、社会的良性互动和可持续发展。为了实现这一伟大目标,我们必须认真对待家庭暴力对我国家庭稳定与和谐发展的严峻挑战,善于利用各种资源,尤其是伦理资源,去创造民主、和谐、温馨、关爱的家庭生活环境,进而推动我国社会整体、公正、均衡地发展。

## 四、关于预防与制止家庭暴力的具体措施

第一,通过家庭美德建设,建立平等、民主、和谐的良好家庭人际关系,形成通情达理、健康向上的优良家风。家庭暴力不仅仅是法律问题,它同时也表现为伦理道德、心理健康、社会性别等问题。因此,解决家庭暴力问题需要从多重研究视角和采取多种实践途径,其中,伦理道德教育和情感感化的力量不容忽视。事实证明,通过积极开展"五好文明家庭""家庭文明工程""学习型家庭"等创建活动,去增强家庭内部的团结和创造性活力,从而使家庭远离暴力,这种

源头防暴的方式远比其他方式更有成效,同时也更有利于巩固和扩大反家庭暴力的社会成果。

第二,在思想教育方面,人们要走出"清官难断家务事""家丑不可外扬"之类的认识误区,把家庭暴力提高到"社会公害"和"亟待解决的社会问题"这一思想层面去认识。尤其是人们要全面认识和正确把握家庭暴力的对象和范围,既要坚决反对身体暴力、夫妻之间的暴力、亲子之间的暴力,也要着重于提防精神暴力及针对妇女和儿童的暴力。最为有效的反家庭暴力的方式应当是狠抓源头教育,例如,在中小学教材里添加有关反对性别歧视的内容及反暴力的内容。从儿童时期,家庭与社会就应教育男孩如何平等地接纳和文明地对待女孩,培养孩子们用非暴力方式去解决人际冲突的习惯和能力,并让男孩明白,真正的男子汉任何时候、任何情况下也不可以用粗野的暴力方式去对待女性。

第三,在心理健康教育方面,社会有关方面应当重视运用心理疗法,去建立与开展针对施暴者和受虐者的心理辅导服务。有关机构要善于运用"群体心理教育、家庭心理咨询、个体心理治疗"三结合的心理干预模式,去教育和引导公众自觉地维护自身的精神心理健康,提高自己在面对婚姻家庭生活矛盾时的心理自我调节能力。鉴于家庭暴力所具有的封闭性、隐蔽性、普遍性、多样性、连贯性、反复性的特点,社会有关部门尤其应充分发挥家庭心理辅导的作用,培养和使用大量的家庭心理辅导员专门对施暴者和受暴者施行辅导,让他们在一种安全、信任、关爱的环境中,学习夫妻间平等相待、和睦相处的方法,调动夫妻双方以主动、积极的姿态参与建立和谐的夫妻关系及家庭关系。心理辅导的重点应当是让双方充分了解到家庭暴力对于婚姻关系的危害性,以及夫妻沟通与协商的重要性,从而使双方学习与掌握应对婚姻生活冲突的非暴力方式和化解各类家庭矛盾的途径。

第四,建议由各地人大常委会制定专门性的反家庭暴力的地方性法规。反家庭暴力法应规定国家及地方设立反家庭暴力专门机构及其他相关部门的反家庭暴力职责和程序;规定基层组织、投诉站、预防和咨询中心、庇护机构、医护人员等社会救护职责;规定新闻媒体承担反家庭暴力宣传的义务,并规定对宣扬家庭暴力的大众传媒实施法律制裁。尤其是要加强对公安局、检察院、法院、司法局等部门人员的社会性别意识教育,从而提高办案的效率和质量。

第五,强化对家庭暴力实施干预的社区工作。在农村社区建立民事调解自治组织,在城市社区建立反家庭暴力信息网络及社区干预家庭暴力工作领导小组,并且发挥社区群团、社团组织在反家庭暴力活动中的作用。通过鼓励创建"零家庭暴力社区"的活动,为人们提供一种有利于工作与学习的安康、祥和的家庭与社会生态环境。社区应发动公众筹集反家庭暴力救济金,对居无定所、有病无钱医治的受害妇女提供生活救助,对无钱提起司法诉讼的受害妇女实施救助。

第六,坚持正确的舆论导向,形成反家庭暴力的社会共识。有关部门要充分利用大众传媒和各种先进传播手段,并与新闻媒体联手,抓家庭暴力的热点和难点,对侵害妇女、儿童、老人的家庭暴力事件,进行跟踪报道。对于有影响的家庭暴力大案和要案,应组织专题报道,形成宣传声势,从而起到推动问题的解决、教育群众和震慑犯罪的良好效果。尤其是要通过新闻传媒,广泛开展普法教育,在全社会营造自觉预防和抑制家庭暴力的舆论氛围。在宣传教育中,有关部门应当融法制教育、家庭美德教育、文明进步的妇女观教育等内容为一体,引导人们逐步走出传统观念的误区,自觉地抵制家庭暴力。特别是要通过宣传教育,引导那些文化程度较低、传统观念较强的女性提高自身素质,勇敢地拿起法律武器维护自己的合法权益。

第七,综合治理、齐抓共管,建立预防和制止家庭暴力的社会网络和组织体系。在省辖市一级设立专门的反家庭暴力的协调领导机构,由主抓政法的党政领导牵头,政法委负责,同时吸收综治办、宣传部、妇联、民政局、工会、公安局、检察院、法院、司法局等部门的领导参加,协调与统领反家庭暴力工作。遏制家庭暴力是一项巨大的系统工程,它不仅需要妇联组织继续发挥作用,还要依靠党政部门的重视和支持,以及发挥公检法司、医疗救护等各个职能部门的主体作用,形成社区干预、妇联干预、行政干预、公检法司干预、社团群团干预的反家庭暴力的社会网络系统,以及针对受暴者的多层次、多机构的社会支持系统。

(原载《学习论坛》2009年第9期)

# 新型城镇化要求提升家庭发展能力

在新型城镇化背景下给予家庭以人文关怀和社会支持,既是国家发展的重要战略,也是新时期社会公共政策服务的重要课题。目前,我国城乡家庭发展面临家庭生活选择多样化、家庭关系简约化、家庭问题复杂化、家庭人口老龄化、贫困家庭固态化、流动家庭边缘化等难题的纠结,以及家庭结构失衡、功能弱化、关系松散、环境制约等困境的挑战。因此,在我国已进入以城市社会为主体的发展新阶段,正确认识家庭发展的社会意义及提高家庭发展能力的现实价值,明确制定和实施以支持家庭发展为中心的社会政策导向和策略,建构以支持家庭发展为中心的社会政策体系,势在必行。

## 一、问题的提出

社会变迁是社会科学研究的永恒主题。目前,我国仍处于从农业社会向工业社会变迁的社会转型期。在这一时期,城镇化方兴未艾,伴随着越来越多的农村人口逐步演变为城镇人口,提高家庭发展能力也就自然而然地被提上整个国家经济社会发展的议事日程。此外,据有关专家论证,当前,我国人均 GDP 已超过 4000 美元,进入中等收入国家行列。在这个特定阶段,上学贵、看病贵、养老无保障、就业难、房价高等公共产品短缺,逐步成为经济和社会发展的突出矛盾。[1]显而易见,在公共产品服务短缺的社会背景下,提高家庭发展能力的公众需求显得尤为迫切。

国外学者早期对家庭及其社会支持的研究,在研究方法上受结构功能主义及行为分析学派的影响较深,多数是围绕日常生活、权利关系、生产和消费等主题展开,主要是回答家庭生活面临的实际问题,而在其应对策略上较少涉及社会政策层面。此后,由于家庭问题日益严重,促使西方国家的政府去关注家庭与社会的有机关联并制定相应的支持性政策,加上家庭研究方法的进步,其结果促成了涉及人口学、经济学、社会学、伦理学等多学科背景的有关家庭发展及其政策支持的理论创新,如比尔森的家庭与人口政策同一论、加里·贝克尔的家庭行为的经济分析、理查德森的家庭政策福利主导论、约瑟夫·尤金·斯蒂格利茨的家庭自供服务的社会价值论、安东尼·哈尔的城市生计的家庭社会网络支撑论、伊拉·伊斯门的家庭友善政策论、凯瑟琳·W.伯海德的"以妇女为中心"的家庭发展政策论、内尔·诺丁斯的将家庭关怀融入社会政策论。时至今日,在支持家庭发展的社会政策研究中,西方学者比较关注家庭福利政策、有益于家庭的工作政策、有利于儿童发展的家庭关怀政策。其对家庭政策的研究大致具有自由主义、保守主义和民主主义三种价值取向,并且在当前呈现出国家、市场、社会、性别等视角相交融的趋向。为解决家庭发展问题,西方学者已对此进行了长期的探索,对他们所拥有的严格理论基础和丰富实践经验,我们应当借鉴,但是,我们也应当立足和把握实际国情,在研究中彰显本土特色。

近些年来,国内学者从多重视角聚焦我国家庭变迁过程,探讨支持家庭发展的社会政策。就转型期家庭结构、功能及关系的变化引发人们对社会政策支持的客观需求这一点来说,学界基本达成共识。就支持家庭发展的社会政策侧重点来说,人口学者更为关注抚幼赡老(邬沧萍、田雪原等),社会学者更为关注家庭和谐关系的建构(郑杭生、徐安琪等),女性学学者更为关注性别发展指数(刘伯红、王金玲等)。而在事关家庭政策取向对家庭变迁的路径选择及模式表现上,国内学界有趋同论、本土化、家庭功能弱化论、家庭社会支持资源网络化等不同看法。总体而论,国内对支持家庭发展的社会政策的研究正处于探索阶段,尚未形成比较定型的思想范式或理论体系。具体来说,其特点是关注家庭问题与人口问题的密切关联,考察家庭变迁的人口学和社会学综合效应,分析家庭发展能力滞后的成因及后果,论证实施发展型家庭政策及以家庭为单位制定相关社会政策的必要性及可行性。其不足则是经验型分类研究较多,而原创型综合研究较少,以至在理论创新上比较滞后。此外,我国在实证研究与理论研究及宏观、中观、微观研究的结合方面比较薄弱,有待加强。

我国目前有4亿家庭。家庭是社会的细胞、人口发展的基地、社会和谐的基础。原国家人口和计划生育委员会主任李斌曾在一次研讨人口发展的国际性会议上强调指出,中国政府已将提高家庭发展能力纳入国家十二五规划的总体部署,并将其摆上以改善和保障民生为重点的社会建设的突出位置。他还强调要从优生优育、子女成才、抵御风险、生殖健康、家庭致富等方面,加快建立和完善提高家庭发展能力的政策体系。[2]家庭是社会的细胞,提高城乡家庭发展能力,将有利于使我国城市家庭适应社会转型期各种生存和发展的挑战,进一步增强其抵御风险的能力,有利于提高公众对家庭发展问题的认识,有利于为政府机构制定支持家庭发展的社会政策提供理论和实证研究方面的依据。

## 二、我国家庭发展面临的现实挑战:难题及困境

### (一)我国家庭发展面临的现实难题

胡锦涛总书记于2011年4月26日在主持中共中央政治局第二十八次集体学习讲话时指出,要"建立健全家庭发展政策,切实促进家庭和谐幸福,加大对孤儿监护人家庭、老年人家庭、残疾人家庭、留守人口家庭、流动人口家庭、受灾家庭以及其他特殊困难家庭的扶助力度"[3]。

由于各种复杂因素的影响和作用,就其总体而论,目前我国家庭发展能力尚不能适应全国家庭变迁的时代需求。一是在农村依然有一些家庭尚未脱贫致富,在生产生活方面依然存在着这样或那样的困难;在城镇也依然有一些依靠社会救助、社会福利等维持生活的贫困家庭。二是婚姻关系的稳定性有所下降和家庭的凝聚力有所淡化,在一定程度上削弱了家庭发展能力。三是流动家庭和留守家庭的大量涌现,使得独特的传统家庭教育功能在无形的时空阻隔中遭到重创。四是不少中低收入家庭在教育、住房、医疗、养老、物价等因素的作用下,不同程度地面临着心理压力,而如何提高这些家庭抗拒外在风险及压力的能力也终究会成为一个问题。五是在新型城镇化进程中,人们家庭文化观念更新的步履还相对滞后于家庭物质生活条件的变化。六是面对家庭发展进程中的各种变革性或变异性因素,如家庭生活选择多样化、家庭关系简约化、家庭问题复杂化、家庭人口老龄化的挑战,许多家庭尚缺乏应对这类挑战的知识、经验及技能。

### (二)我国家庭发展陷入的多重困境

1.结构失衡困境。第一,由家庭结构变迁带来的少子老龄化现象对传统养

老模式提出了挑战。一方面人口老龄化进程不断加快,使需要赡养的老年人口不断增加;另一方面生育率持续走低,使供养老年人口的子女人数日益减少。第二,家庭结构变迁向独生子女教育提出了挑战。面对越来越多的二代三人核心家庭或因流动而造成的留守家庭,孩子教育问题日益成为困扰父母的头等大事。第三,家庭户规模的持续小型化促使居民住房需求扩大化。研究人口问题的学者冯庆林就此认为:"以年轻人为主体的一代二人家庭及二代三人核心家庭群体,以追求自由、宽松的生活方式为目标,这就客观上造成住房市场需求旺盛,给经济社会生活带来深远的影响。"[4]第四,出生的男性性别比偏高有可能带来男性婚配困难、性犯罪增多、人口再生产障碍、妇女社会边缘化程度加重等严重社会问题。

2.功能弱化困境。家庭人口再生产及养老功能的衰弱趋势对于形塑合理的家庭结构具有负面效应。改革开放以来,在相关人口政策的推动下,家庭人口再生产功能日趋弱化。总体而论,这种弱化在很大程度上缓解了国家发展中的巨大人口数量压力,促进了人口资源环境之间的相互协调发展,其对经济社会发展之文明进步意义和价值是不言而喻的。不过,家庭人口再生产功能的过度弱化也容易引发家庭人口的老龄化,这就对合理的家庭结构及社会性别结构的形成,具有较大的负面效应。尤其是伴随家庭规模的小型化、家庭结构的核心化以及家庭类型的多样化,它会加快家庭养老功能的衰弱进程。在社会养老保障体系及服务能力尚不能完全跟上的情况下,家庭养老功能的过早或过度弱化将有可能给家庭与社会的协调、和谐发展带来一些严重问题。

3.关系松散困境。由于市场经济力量的分化和瓦解作用,我国家庭成员之间的相互联系及交往互动比起过去有所减弱。人们不仅是在物质方面的相互支持和帮助有所减少,而且在心理情感方面的交流和沟通也有所减弱。在整个社会转型期,家庭成员之间的心理凝聚力及契合度在某些变异性因素的冲击下,由于缺乏求同存异的包容性而逐渐衰弱。工作和生活的压力变大、生活节奏的加快、婚姻家庭日常生活矛盾的增多,所有这些因素均有可能导致人们朝向家庭外部环境去寻求心理情绪释放及精神情感解脱。家庭关系中朝向重幼轻老的倾斜、婚姻关系稳定性的减弱等逆向发展因素,对于增强家庭凝聚力具有较多的负面影响及不确定性;"啃老"或"虐老"现象对于每一个家庭代际关系的健康发展构成一种致命伤;由大规模人口流动导致的家庭分离状态对家庭关系的健康发展产生诸多不良影响。凡此种种消极因素无不降低人们对于家庭的归属感和信赖感,加重家庭关系松散化程度。

4.环境制约困境。近些年来,由于各种复杂因素的影响和作用,在社会阶层之间的向上流动的趋势大为减缓,而阶层之间的固化状态却逐渐显现。阶层固化现象对于缓解乃至消除不同阶层家庭之间的发展差距及社会隔阂,构成客观障碍。性别分化扩大男女发展差距,使得在家庭生活中建构平等、和谐发展的性别关系进而促进家庭性别角色的现代转变,变得异常艰难。城乡生活差别不仅表现在城乡居民家庭的收入差距及消费差异方面,而且体现在城乡居民家庭享受社会公共服务的非均等化方面。尽管城镇化进程不断加快,但在一个较长的时期内可以预见城乡家庭生活差别将持续存在,并且也将对城乡家庭发展的一体化进程产生阻挠作用。区域发展差距与历史背景、自然地理、人文风貌、现实政策支持等因素均有关联。在目前情况下,不同区域之间的发展差距必然会对不同区域的家庭之间的发展状况产生重要影响。此外,家庭发展还面临着诸多体制机制方面的障碍性因素的干扰,如忽略家庭发展的政绩考核制度及其指标体系、社会政策支持的乏力等。

## 三、加大对提高家庭发展能力的社会政策支持力度

家庭发展能力是其成员个人发展能力的总和,其中包括劳动致富、合理消费、学习创新、交流沟通、优生优育、抚幼赡老、传承文明、健康生活、资源整合、抵御风险等。现阶段,我国家庭发展面临婚姻关系稳定性下降、流动和留守家庭大量涌现、家庭成员心理压力不断增大等诸多现实难题,并且陷于结构失衡、功能弱化、关系松散、环境制约等多重困境。因此,在新型城镇化发展背景下,以强有力的社会政策支持激发家庭活力、发掘家庭资源、调整家庭发展策略势在必行。

**(一)正确认识家庭发展的社会意义及提高家庭发展能力的现实价值**

决定一个家庭发展能力的内在关键因素在于家庭凝聚力,即家庭成员对于家庭的心理认同感及价值趋同度,而决定其发展能力的外在关键因素则在于国家及政府能否制定和实施支持家庭发展的科学而又合理的社会政策。因此,一

方面,家庭成员应以积极的态度来应对家庭发展的挫折和家庭生活压力,有效抵御家庭发展中的各种风险及不确定因素;另一方面,政府应将家庭视角纳入经济社会发展的总体布局,将提高家庭发展能力作为推动经济社会协调发展和促进和谐社会建设的切入点和着力点,摆上以改善和保障民生为重点的社会建设的突出位置,从而使家庭尽快摆脱发展困境,进入健康发展的轨道。换句话说,摆脱家庭现实发展困境的根本出路在于提高家庭发展能力,而提高家庭发展能力的关键又在于制定和实施以支持家庭发展为中心的社会政策。

制定和实施以支持家庭发展为中心的社会政策旨在优化资源和机会在所有公民中的配置,在社会主义制度与市场经济有机结合的基础上不断提高全体家庭成员适应经济和社会变化的发展能力,使家庭兴旺发达和社会和谐稳定的局面得以形成。提高家庭发展能力重在实践且亟待通过社会政策创新予以支持。应大力探索以家庭为单位制定和实施有利于改善、保障和发展民生的各项社会政策。只有对上述各点具有比较清醒的认识,我们才能揭示造成目前家庭发展能力相对不足及社会政策支持比较薄弱的深层原因,并在此基础上就如何制定和实施以支持家庭发展为中心的社会政策提出具有导向性、针对性、实效性、可行性、前瞻性的建议。

**(二)明确制定和实施以支持家庭发展为中心的社会政策导向和策略**

第一,制定和实施以支持家庭发展为中心的社会政策在一定时期内应有所侧重,并且要针对不同类型家庭的不同需求区别对待,即充分考虑到由区域、城乡、阶层之间差异所造成的家庭之间的不同生活状况及发展条件。第二,制定和实施以支持家庭发展为中心的社会政策应具有性别视角,并且在其运作过程中,要考虑到怎样实现性别平等、和谐的发展与提高家庭发展能力的有机衔接。第三,在制定和实施以支持家庭发展为中心的社会政策时,应充分体现普惠型与特惠型密切结合的统筹特质。第四,在制定和实施以支持家庭发展为中心的社会政策时,应充分体现融发展意识于解决家庭民生问题之中的创造性和前瞻性,并且要全面了解民情、倾听民声、反映民愿、凸显公正、赋权增能。第五,打破传统思维定式,突破传统家庭政策模式,确定亟须健全和完善的家庭发展政策,明确国家、社会组织及家庭自身在振兴家庭中的角色与定位。第六,制定和实施以支持家庭发展为中心的社会政策与本土文化价值观和生活方式紧密联系,与"社会"发育的成熟度密切相关,与一定的经济社会发展战略高度吻合。

因此,在其制定和实施过程中必须充分考虑到这些因素且加以合理运用。第七,制定和实施以支持家庭发展为中心的社会政策要从宏观、中观、微观有机结合的角度通盘考虑,充分注意到在城乡之间、区域之间、阶层之间、性别之间、个体之间的差异性。第八,为有利于制定和实施以支持家庭发展为中心的社会政策,国家有必要在合适的时候成立人口与家庭发展规划委员会。

**(三)建构以支持家庭发展为中心的社会政策体系**

在加快新型城镇化的经济转型和社会变迁进程中,为推动经济繁荣昌盛、促进文化兴旺发达、维护社会和谐稳定、实现个人全面发展,笔者认为:借鉴国内外家庭福利政策经验,以家庭为单位制定和实施以改善、保障和发展民生为主要目标的社会政策势在必行。

一是要制定和实施旨在提高家庭成员就业数量、质量、创业能力及体现性别平等和社会公平的就业政策;二是要制定和实施确保家庭成员基本生活安然无虑且不断提高其福利待遇、激发其发展活力的社会保障政策;三是要制定和实施由政府引导和规范企业制定的有益于家庭的工作政策;四是要制定和实施提高家庭成员思想道德素质、科学文化水平、职业劳动技能及形塑其健全人格的教育与培训政策;五是要适时试行且逐步完善符合群众合理生育需求的生育政策;六是要制定和实施减缓中低收入家庭经济压力的税收政策;七是要制定和实施优待老龄群体、扶持养老机构、鼓励公众参与的社会养老政策;八是要制定和实施满足鳏寡孤独、老弱病残等弱势群体及"空巢""留守""流动""单亲"之类困境家庭生存与发展需求的社会救助政策;九是要制定和实施以强化家庭服务(包括家政料理、文化娱乐、身心保健等)为主要目标指向的社区建设政策;十是制定和实施以消除城乡差别、区域差距为指向的有利于人口流动和迁移的社会管理政策。


**参考文献:**

[1]迟福林,方栓喜.公共产品短缺时代的政府转型[J].上海大学学报,2011(4).

[2]李斌.中国—东盟人口与家庭发展论坛在南宁举行[N].广西日报,2011-

10-12.

[3]胡锦涛.胡锦涛要求做好六项人口工作[N].人民日报(海外版),2011-04-28.

[4]冯庆林.河南省人口发展现状与展望——基于第六次全国人口普查数据的分析[M]//刘道兴,牛苏林.2012年河南社会形势分析与预测.北京:社会科学文献出版社,2012:207.

(原载《中国国情国力》2014年第3期)

# 托夫勒婚恋家庭观的基本内涵、主要缺陷及借鉴价值

## 一、引言

美国未来学家托夫勒的名著《第三次浪潮》自1980年问世后，当即就在我国思想文化界产生了很大震动。在全面、深入地探讨科技与未来社会发展前景这样的宏大背景下，该著作在不少地方对婚恋、家庭、妇女之类问题进行了精彩的阐释。婚恋、家庭、妇女之类问题本是每一个人不可回避的事关人的全面发展的本源性问题。当前，我国正处于全面建成小康社会的收官阶段，改善婚姻质量、提高家庭发展能力、加快妇女发展步伐乃是其中的一个重要方面。此外，在经过数十载经济高速发展及社会变迁和转型的快步前行之后，我国社会决策层已经确立科学发展的新型现代性理念，其完整表述即融创新发展、协调发展、绿色发展、开放发展、共享发展为一体，致力于跨越旧式现代化的陷阱，实现包括人的现代化在内的全面的更高层次的社会主义现代化。当然，这一价值目标定位与婚恋、家庭、妇女等问题密切相关。他山之石，可以攻玉。鉴于托夫勒对婚恋、家庭、妇女等问题的阐释是在美国从工业社会向后工业社会转型的初期，那么今天其丰富的思想内涵，毫无疑问地也会对目前我国经济社会发展进入新时期时应对同类问题，具有一定的参考意义及价值。

## 二、托夫勒婚恋家庭观的基本内涵

诺贝尔奖获得者普里高津有关混沌产生有序、偶然和必然相综合的系统论

思想,构成托夫勒《第三次浪潮》的哲学基础。由此出发,他坚决反对机械的因果决定论,自觉运用系统分析方法去看待婚恋家庭与妇女问题,并且注重其相互反馈关系。

通过对离婚率增长与服务行业成正比的分析,托夫勒揭示了女性积极参与社会工作对家庭关系的巨大影响。难能可贵的是,他充分肯定家务劳动是十分重要的生产性劳动,并从中看到妇女主观活动中的客观性。在托夫勒看来,家庭生活变革、两性身份转变与女权运动本是相互作用和相得益彰的。他坚信当代妇女正致力于一场斗争,以改变工业革命确立的身份含义,并且打破那种单一的、居支配地位的男女关系模式,最终创造出婚恋与家庭形态的多样性。

托夫勒婚恋家庭观的核心观点,是科技革命将促使工作家庭一体化,进而提高婚姻质量,改善夫妻关系。他这样发问:假设15%的劳动力部分或全部在家庭工作,人们的私人关系和爱情生活将发生什么变化呢?[1]他的结论是:多数人将会觉得他们的婚姻亲近,从而使夫妻关系亲密,生活将因共同体验而大大丰富起来。托夫勒还设想,这种劳动方式的改变将引起夫妻间传统性别分工角色的改变,因而解决传统一夫一妻制下一种始终无法调和的矛盾——社会生产的客体性与家庭生活的主体性之间的矛盾。在对这种矛盾的具体分析中,托夫勒发现工业化社会中生产与消费的分裂,产生了注重客观性的工业化男人以及沉沦为主观性的家庭主妇。他从中自然而然地引申出一条结论,正是"男女这种劳动方式的分裂,在人的个性和精神生活中打下了一个楔子……加深了男女两性的分裂"[2]。

托夫勒清醒地意识到实际生活很少能像虚构的浪漫小说那样,依靠爱情就能生存,阶级阶层、社会地位、经济收入等在选择配偶时继续起着重要作用。不过,他从"第三次浪潮"中看见了希望,因为在智能经济条件下,一批掌握了电子技术与信息技术的、具有强烈生活个性的、可以对自己的身心自作主张的新女性,将有可能超越上述消极的世俗因素,去丰富爱情的新内容,即在性与心理的满足之外,再加上思维能力、工作品德、责任心、自制力等。

托夫勒以其未来学家的敏锐,注意到婚姻家庭问题与妇女问题的同一性。

按照他的看法,与男人同工同酬的、主观性与客观性兼具的、具有独特个人生活方式的新女性的出现,与家庭多样化形态的形成恰是相互对应的关系。由于看到美国大量的家庭破裂是工业化总危机的一部分,起因于生产与消费相脱节、金字塔式的政治经济体制与个性的不相容、人的主观与客观相分裂、社会矛盾与两性心理矛盾的相交织等因素,托夫勒力主对小家庭模式的衰落不必追究个人道德原因。他断言非群体化的家庭模式将有利于妇女的个性发展和事业成功,也有利于她们享受对等的情爱生活,因此,他认为这种模式可望得到激进的女权主义的支持。在托夫勒的眼中,新女权运动的兴起与小家庭模式的衰落同样不可避免。由此,他具体剖析了家庭模式的多样性如何削减了妇女用于生儿育女上的精力,如何塑造了乐于分担家务、照料和教育孩子的新男人类型,如何在更高的层次上恢复了家庭的功能如教育、感情交流等。他坚信,只有充分满足女权主义者进一步男女平权的要求,非群体化的家庭模式才能充分体现出自身的历史意义和社会价值。

应当看到,托夫勒的《第三次浪潮》这本名著,是在美国经历了所谓性革命和性解放浪潮之后的社会文化背景下问世的。20世纪60年代的性革命和性解放,将性成功地从美国传统教育和婚姻家庭中分离出来,使之成为当时万众瞩目的事情,并且推进了美国从传统的一夫一妻制向连续多偶制的演变。但是,其负面作用是由于爱被性所取代,性的放纵最终导致了人的情感压抑及人与人之间尤其是两性之间关系的异化和冷漠。此外,当年所谓的性革命与性解放,并没有从根本上改变女性作为男性欲望下的物化目标的实际处境。实际上,它致使女性因为自身性欲表现上的过分一般化、避孕失败所导致的流产、多次失败的婚姻等,产生了新的精神心理上的压抑。因此,这些不良影响和作用导致美国女权主义运动在20世纪七八十年代崛起,旨在追求妇女在社会生活及两性关系方面的高度自主或职责对等的权利。在凯特·米利特的《性的政治》、詹妮丝·芮德伟的《阅读罗曼司:妇女父权制和通俗文学》、葛罗莉亚·斯坦能的《内在革命:一本关于自尊的书》等数以百计的女性主义著作中,这类权利追求得到形象的社会描述或精湛的理论表现。基于对性革命、性解放负面效应及不良后果的反思,美国女权主义者对于婚恋和家庭关系持更加积极和开放性的姿态,倾向于要求整个婚姻家庭体制的彻底变革以及两性身份的根本转变。与此同时,她们的视点也从个人生活方面的反叛性压抑,转向关注经济变革、政治倾向和思想变动对于两性关系的影响。适逢其时,蕴含多种社会因素的、富有开放性、流动性、多向性的托夫勒婚恋家庭观念,无疑适应当时女权主义者那种对于两性关系对等性的要求,契合她们用爱去约束性,以便能为人类提供健全的、人道的和文明的新型性行为规范的意向。

从积极适应知识经济原则出发,托夫勒竭力主张应鼓励那些能从两种前景健康地看待世界的人,并且告诫人们要尽量避免单纯而片面的男性态度和女性态度。因为,他坚信只有主、客观性兼具并能充分体现人格丰富性和全面性的男人和女人,才称得上理智与情感高度统一的健全之人。托夫勒之所以不惜用大量篇幅去论述弹性工作制、电子大家庭、试管婴儿、堕胎自由等新生事物,其意无非是通过这类新生事物促进两性关系文明化,进而实现他培育健全之人的理想。没有工作方式与生活方式的多样化,没有家庭模式的非群体化,就没有妇女的进一步解放。托夫勒的这种结论,反映了他依靠科技进步去促进生产力发展、推动工作方式和生活方式转变,进而影响婚恋生活、两性关系、妇女发展的基本理念。

由于意识到道德准则一般比社会现实改变得慢,托夫勒提醒人们:由小家庭分化和解体而向多样化家庭形式的转化,将会使一些人,尤其是那些抱残守缺的妇女感到迷惘和痛苦。不过,他又乐观地估计,随着社会的基本建筑构件正在从家庭转变为单独的个人,大多数妇女将逐渐适应并欢迎这一变革的趋向。

把女权运动看作肢解小家庭模式以推动家庭进行根本变革的主要因素之一,这种观点贯穿托夫勒的整个思想体系。根据他的分析,女权主义者之所以提倡妇女对生活进行多样选择,提倡为了个人自身的发展而在两性关系方面突破传统的、单一的婚恋方式和家庭模式,这一切都与她们较多地具有整体主义意识、注重分享、抵制父权制或工业垄断式的片面思维密切关联。在历史地、具体地剖析了第二次浪潮文明的弊端之后,托夫勒发现在小家庭模式中,职业妇女由于不能在社会上与男子同工同酬而影响到自身的家庭地位,她们作为家庭主妇养儿育女和操持家务的价值被完全抹杀,仅仅被看作依附于主要养家人——丈夫的寄生虫。他还发现工作方式、法律和经济地位、家庭职责甚至于连性生活的变化,都在促进妇女趋向女性主义意识,致力于进一步改变自身的地位和行为方式。正是根据以上观察与分析,托夫勒认定妇女是工作方式转变、家庭生活变革以及性别身份革命的天然同盟军,因为这关乎她们的切身利益。

按照系统论的观点,托夫勒精心分析影响和作用于婚恋家庭生活与两性关系的各种社会因素,并试图从纷繁芜杂的无序的现象中引出某种规律。譬如,他把上百万美国家庭的破裂和不幸,既看作工业总危机的组成部分,也当成历史理性对现行道德准则的反叛性表现。他甚至从那些"礼崩乐坏"的现象中,看到了塑造新的生活性格、创造新的心理环境、确定新的生活秩序的萌芽。基于变革的立场,托夫勒寄希望科技革命能够拯救美国家庭危机,消除两性"战争",实现工作方式、生活方式、两性角色行为方式的协调互促。

## 三、托夫勒婚恋家庭观的主要缺陷

对于托夫勒的思想观点,我国著名学者邓伟志早有其独到的评论,他认为,托夫勒能够注意到科学技术对家庭的影响,能够注意到家庭道德对家庭的影响,这说明家庭的研究前提被托夫勒抓住了。[3]与此同时,邓伟志又指出托夫勒所提的"回家工作论"的不足之处:一是托夫勒"社会以家庭为中心"的观点不全面,他忽略了更多的生产依然需要人们走出家庭去从事;二是托夫勒竭力推崇的多种家庭形态没有区分主次;三是托夫勒没有看到艾滋病的出现已经给予同性恋行为以毁灭性的打击。

按照马克思主义的基本观点,生产力决定生产关系,经济基础决定上层建筑。显而易见,具有人口生产和再生产职能的家庭一开始就是由第一个历史活动物质资料的生产决定的,即由一定社会历史发展阶段的生产方式所决定。生产方式包括生产力和生产关系,这两者的辩证统一关系及其矛盾运动最终决定人类所采取的婚姻形式、家庭结构、功能及关系等。人类从群婚制向对偶婚制、再从对偶婚制向一夫一妻制的发展,无不印证了这一点。然而,通观《第三次浪潮》一书,托夫勒却有意或无意地忽略了资本主义生产方式及其内在矛盾对于美国婚恋家庭关系的决定性作用。托夫勒把生产力仅仅归结为科学技术,忽略了人是生产力中最重要的因素,并且他夸大科学技术对于转变人们工作方式及生活方式的作用,认为科学技术可以不通过生产关系变革而直接改变婚姻家庭关系。托夫勒将婚恋家庭问题仅归结为人们工作方式与家庭生活方式的矛盾所致,而不敢归结于资本主义生产关系的腐朽和落后所致。这就表明托夫勒对资本主义生产方式情有独钟,因而,他的基本思想观点具有科技决定论之嫌。

既然托夫勒无意于论及资本主义生产方式的内在矛盾是否导致社会革命，当然他也不会触及以财产私有制为基础、以一夫一妻为主要特征的小家庭模式（其中包括连续多偶现象）是否消亡的问题。事实上，托夫勒依然在为过时的小家庭模式保留地盘，认为它虽然已经丧失其主导地位，但依旧是后工业时代多种多样家庭模式中的一种。托夫勒也忌言人类家庭的消亡，他在自己的著作中谈及未来家庭走向时，只是用家庭形态多样化的言辞去搪塞读者。在这一点上，他远不如恩格斯彻底。恩格斯在其名著《家庭、私有制和国家的起源》中，并不刻意认定某一种两性结合形式的历史合法性，他只是基于历史唯物论的基本立场和观点，认为随着资本主义生产方式的终结和两性关系中物质因素的消除，那时的人们将会做出自己的选择，并造成关于个人行为的相应的社会舆论。女性学者凯特·米利特就此评论："恩格斯对性的革命的伟大贡献在于他对男权制婚姻和家庭的分析。不管他在解说这些制度的起源时碰到了何种困难，但他试图证明它们不是人类生活永恒的特征。""恩格斯分析后得出的激烈结论是，家庭——目前大家心目中的那种家庭——必须灭亡。"[4]毋庸置疑，恩格斯之所以在这个问题的分析上比托夫勒彻底，就在于他在观察与分析问题时始终坚持一切事物都有其产生、发展和灭亡的过程的唯物辩证法原则，而不像托夫勒那样在进行思维决断时，带有相对主义的折中调和色彩。虽然由于当时社会历史环境及发展条件的限制，恩格斯无法对家庭何时消亡做出精确的判断，但他并没有回避这一问题。在《家庭、私有制和国家的起源》第二节（家庭）的结尾，他转述人类学家摩尔根的话："如果承认家庭已经依次经过四种形式而现在正处于第五种形式中这一事实，那就要产生一个问题：这一形式在将来会不会永久存在？""如果一夫一妻制家庭在遥远的将来不能满足社会的需要，那就不能事先预言，它的后继者将具有什么性质了。"[5]显而易见，摩尔根和恩格斯有勇气提出家庭消亡问题并有待后人加以解决。这是因为他们已经超越了资本主义生产方式及其意识形态的局限性和狭隘性，能够从人类自身物质文明与精神文明辩证发展的视角去看待这一问题。虽然无法精确确定家庭何时消亡，但恩格斯在合理吸纳摩尔根研究成果的基础上，提出婚姻家庭制度总是伴随社会生产方式的发展而发展的科学论断，并且预言随着财产私有制的被消除，未来婚姻家庭生活的内容和形式将会发生根本性变化，两性关系的文明化程度将会大幅提高。换句话说，尽管恩格斯相信家庭像其他在人类历史上产生的事物一样,终究会消亡,但若按他的思维逻辑推论,这也只是发生在当家庭具备了消亡条件且家庭的存在已经失去其必然性和合理性之际。从社会主义向共产主义过渡,乃是一个相当长的人类历史发展阶段,在此阶段家庭依然有其存在和发展的必然性和合理性,尤其是在目前的社会主义条件下,我们依然应当遵循社会发展规律去积极发挥家庭的功能和作用。因为按照历史的辩证法,今天我们更好地建设和发展家庭,正是为明天家庭能够更加自然而然地消亡创造条件。

总之,在不触动资本主义社会制度的前提下,托夫勒大肆宣扬科技革命能够化解西方社会的家庭危机,但他恰恰忽略了这种危机正是这一制度的产物。此外,他也有意或无意地忽略了以卖淫、通奸、性乱等为补充的当代西方一夫一妻制,在科技高速发展的状况下,其瓦解和崩溃的步伐将伴随资本主义生产关系的日趋式微而日渐加快,而这种态势绝非用家庭形态多样化的托词所能掩盖。

## 四、托夫勒婚恋家庭观的借鉴价值

尽管托夫勒婚恋家庭观具有一定的缺陷,但我们还是应当肯定当年处于后工业社会思想前沿的他的一些见解,对于至今尚处于现代化过程中的我国婚姻家庭关系和两性关系的健康发展,仍然具有一定的启发作用及借鉴价值。

其一,托夫勒对于小家庭模式的合理肯定,有利于我们正确认识从传统大家庭向现代小家庭转变和发展的历史必然性,并且有利于我们正确评估其现代性价值。托夫勒曾充分肯定和高度评价了自工业革命以来形成和发展的小家庭模式的积极作用,即它对于父权制家庭及其压抑女性的观念形态的反叛和消解,以及它创造浪漫爱情、淡化家庭功能、推动女性参与社会活动的历史功绩。无独有偶,改革开放以来,伴随着社会变迁和转型,我国家庭的现代转变过程也呈现出托夫勒当年所描绘的那种状况。国家卫生计生委发布的2015年中国家庭发展报告显示:我国目前家庭规模小型化、家庭类型多样化状况已比较明显。现在是二人家庭、三人家庭是主体,由两代人组成的核心家庭占六成以上。同时,单人家庭、空巢家庭、丁克家庭也在不断地涌现。与此同时,近些年来我国婚恋状况也发生较大变化,从"高稳定,低质量"向"中稳定,中质量"转变,以感情为基础的婚姻逐渐增多。例如,徐安琪对上海、兰州城乡2200个样本的概率抽样调查结果显示:传统的"男高女低""男强女弱"的婚配模式已显著松动,年龄、婚史、收入等现实条件在择偶双方情投意合时也更少地成为阻力。[6]尤其是我国城乡妇女经济地位、社会地位和自身素质的提高,从根本上带动了人们婚姻质量的提高及家庭生活的变革。

其二,托夫勒对于小家庭模式局限性及其弊端的揭示,提醒我们应当创新支持家庭健康发展的社会政策,健全以夫妻之间、长幼之间良性互动为支撑的和谐家庭关系,建设以性别平等、和谐、同步发展为基石的现代家庭文化。在《第三次浪潮》一书中,托夫勒曾用一种不容置疑的口吻宣称,随着计算机革命的影响与信息产业的涌现,小家庭模式开始暴露出种种毛病,愈益显得不合时宜,它正在走向自己的反面。他使用形象化语言抨击这类不合时宜的毛病,譬如,工业化男人的骄横、两性身份和角色的僵化、青少年陷入没完没了的青春期、妇女陷入家庭主妇综合征或"E型女性"("Everything To Everyone" Women,此类女性希望自己面面俱到,成为对每个人来说都很重要的人)的心理状态、人们为了填补已丧失的生活秩序和意义而去吸毒或信仰宗教等。此外,通过对美国以往现代化过程的全景式扫描,托夫勒揭示生产与消费的分裂对工业标准化、专业化、同步化、集中化的滥用,个体人格受市场导向的支配而异化等因素,实乃产生新的性别歧视文化以及两性社会"争斗"或婚姻"战争"的根本原因。凡此种种,均能给予我们以有益的提醒,警示我们在家庭现代化过程中采取有效措施予以积极应对,尽量避免托夫勒所提及的上述家庭运行和发展中的异化现象。

其三,托夫勒有关科技革命带动工作方式转变和家庭生活方式变革进而深化夫妻情感和提高家庭生活质量的论述,对于现阶段我国家庭发展具有重要理论参考意义和社会实践价值。改革开放以来,我国职业女性一直承受着事业发展与家庭责任的双重负担,一部分女性甚至为此而辞职回家做起"全职太太"。然而,其不良后果不胜枚举。即便有一些比较能干的职业女性能够在一定程度上"立足职场,回旋家庭",但工作与家庭的矛盾带来的巨大压力,却也时常让她们忙得焦头烂额,显露出身心交瘁的疲态。如此境况之下,诚如托夫勒所言,借科技进步之力,夫妻双方或一方能够回家工作不失为一种良好的解决办法。目前,我国在"转方式、调结构、稳增长、惠民生"的过程中,高度重视依靠科技进步去创新发展的原动力作用。这就预示着托夫勒有关科技革命带动工作方式转变和家庭生活方式变革进而深化夫妻情感和提高家庭生活质量的论述，在不远的将来就要变成现实。结合实际国情正确理解和深刻把握他有关这类问题的观点，必将有利于早日化解至今人们仍久久不能排遣的工作与家庭的矛盾、压力和心理纠结。

**参考文献：**

[1][2]阿尔温·托夫勒.第三次浪潮[M].朱志焱,潘琪,张焱,译.北京:生活·读书·新知三联书店,1984:302,98.

[3]邓伟志.新技术革命与家庭[N].解放日报,1984-05-02.

[4]凯特·米利特.性的政治[M].钟良明,译.北京:社会科学文献出版社,1999:181、191.

[5]马克思,恩格斯.马克思恩格斯选集:第2卷[M].中共中央马克思恩格斯列宁斯大林著作编译局,译.北京:人民出版社,1972:79.

[6]徐安琪.浪漫爱的追求:渐行渐远？[J].社会科学,2010(9).

（原载《中华女子学院学报》2016年第1期）

# 女性在建设现代家庭伦理道德文化中的地位和作用

## 一、问题的提出

顾名思义,现代家庭伦理道德文化就是与传统家庭伦理道德文化相对应且具有现代性特质的家庭伦理道德文化。换言之,它是在传承我国家庭伦理道德优良传统且秉持其实质及精粹的基础上,于现代化建设的婚姻家庭生活实践中逐渐形成的,集中体现着国民的认知能力、价值取向、伦理智慧、道德情操、审美心态等精神风貌和人格素质,并且经高度凝聚而成为中华文明重要体现的一种心态文化类型。所谓心态,诚如费孝通先生所言:"心态是什么呢?……人的行为背后,决定行为的心理和意识状态,比普通所说的心理学的内容还要扩大一点,包括理性的价值判断和艺术欣赏。"[1]至于心态文化,张岱年先生则将其归结为由人类在社会实践和意识活动中长期蕴化出来的价值观念、审美情趣、思维方式等所构成。[2]家庭是社会的细胞,是组建社会的基本单位,它以婚姻、血缘和收养关系为基础。美满、幸福的家庭生活不仅需要房屋、家具、电器、网络等物质基础构成,在某种意义上讲,它更需要理念、情感、品德、才智等精神文化构成。由此可见,与物质层面的文化表现不同,精神心理层面的文化表现是决定社会制度安排、政策设计和人的行为的本源性文化。现代家庭伦理道德文化正是具有如此属性,它以家庭美德作为其核心价值取向,以调适家庭关系、规约家庭成员行为及培育优良家风作为其主要功能,对促进家庭良性运行和健康发展具有重要作用。

家庭的发展和变化,是社会变迁的重要方面。社会变迁决定着家庭的发展和变化,而家庭的发展和变化又成为社会变迁的缩影。改革开放以来,伴随经济大发展、人口大流动、社会大变革,我国家庭在其结构、功能、关系、生活方式、思想观念等方面发生巨大变化。一方面,我国家庭物质生活条件得到很大改善,家庭精神文化生活日益丰富,"平等、民主、团结、和睦"的家庭关系类型逐渐形成;另一方面,面临全球化背景下不同文化的碰撞和磨合,城市化过程中家庭结构、功能、关系及生活方式的变化,市场化过程中的阶层分化、性别分化、媒介的商业化、人际关系的物化,以及信息化过程中家庭活动的独立性、选择性、多样性、差异性和开放性等因素的强劲挑战,家庭矛盾和冲突也逐渐增多,致使家庭稳定性有所减弱,家庭生活文明度有所降低,家庭关系有所松散。作为构建和谐社会的一个重要方面,党和政府大力倡导"尊老爱幼、男女平等、夫妻和睦、勤俭持家、邻里团结"的家庭美德,并且号召民众自觉培育文明、和谐、健康、向上的良好家风。这些举措的主旨实际上是依据社会主义核心价值观,给予传统家庭伦理道德文化以现代性改造,促使其能够被创造性地转化、凝聚为现代化进程中的动力因素。由于在中国现代化建设中女性发展与家庭文明进步的一致性、共生性、互补互促性,在这一继往开来、除旧布新的过程中,阐明女性在建设现代家庭伦理道德文化中的地位且充分发挥其作用,就显得尤其重要。

关于家庭伦理道德文化的现代转变,学界一般持有三种观点:一种观点认为,改革开放以来,中国家庭发展一直面临着家庭道德评价失范、家庭道德调控机制弱化、家庭成员道德自律松懈等难题,传统家庭道德文化中的精华,对医治今天家庭道德领域存在的诸多问题有很好的功用和疗效,人们应在社会主义核心价值观的指导下,对百善孝为先、相敬如宾、崇德尚行、兄友弟恭、守望相助、勤俭持家等传统家庭道德文化进行现代诠释和价值提升,以遏制家庭生活领域的非道德主义趋向(罗国杰、王恒生、王丹宇等人观点)。另一种观点认为,由于传统家庭道德正在解体,现代家庭道德尚未形成,现阶段中国家庭发展正处于对婚姻自由与家庭稳定、人本化与功利化、感情与义务等两难选择的境地,因此,现代家庭伦理精神的建构必须坚持自由和责任相统一的观点,超越中国传统的家庭本位价值观和西方传统的个人本位价值观,建立个人和家庭双重价值取向的伦理精神,以重构具有中国特色的家庭伦理道德体系,寻求新的家庭伦理道德准则,追求家庭内部伦理道德的新整合(李桂梅、李春茹、王秀华等人观点)。还有一种观点认为:随着中国现代化进程的深入,传统家庭伦理中的基本面已经与现实的家庭伦理生活产生了不可调和的矛盾,既不能有效地引导和规范人们的现代家庭生活,也不能为社会的现代化目标提供相应的伦理依据,在某种程度上甚至拖了现代化的后腿,因此,只有用"以人为本"的新伦理代替"以家为本"的旧伦理,与社会现代化目标相适应的家庭伦理才能构建起来(高乐田、孙峰、王锋等人观点)。笔者认为:以上学者从不同角度的各抒己见虽均能自圆其说,但这些见解也均有意或无意地忽略了女性在建构现代家庭伦理道德文化中的地位和作用,而倘若缺乏对这种地位和作用的阐明,那就很难做到全面、深刻地把握家庭的现代转变。本文拟在这方面做一些粗浅的探讨。

## 二、女性在建设现代家庭伦理道德文化中的地位和作用分析

### (一)女性在建设现代家庭伦理道德文化中的地位分析

由社会变迁而引发的家庭在结构、功能、生活方式、思想观念等方面的变化,促使中国家庭关系已从往昔的以亲子为中心转变为当今的以夫妻为中心,与此相应地,婚姻也从昔日的"生育合作社"和"经济共同体"转变为今天的"心灵的栖园"。无可置疑,这类变化从客观上确立了女性在建设现代家庭伦理道德文化中与男性对等的地位。

现代家庭伦理道德文化具有两性对等的文化秉性,其建设需要两性在平等协商、互补互促基础上共同作业,就此来说,无论是"女性离场"还是"男性缺席",均属非正常现象。然而,在中国传统农业社会,尽管女性于家庭伦理道德文化建设中也发挥一定作用,但她们并不具有此种伦理道德文化建设上的交互主体地位。《礼记·礼运》中虽有"父慈子孝、兄良弟恭、夫义妇听、长惠幼顺、君仁臣忠"之类的对应性规范,但在当时的家长制条件下这只是一种形式上的、虚假的对等,因为究其实质它毕竟属于维护父权、夫权、君权之类尊卑贵贱等级关系的差序伦理,在人伦日用中通常难以实现真正的对等。例如,在传统中国社会,女孩自幼就要接受诸如《女诫》《女儿经》《女论语》《女四书》《女三字经》《闺训千字文》之类妇教文化的熏陶,其目的是要她们早早接受以儒家伦理道德思想为主体的传统家族文化的价值取向,成为恪守妇道、相夫教子的贤内助。这就表明:虽然女性在传统家庭伦理道德文化的形成和发展中也能起到这样或

那样的作用,但充其量她们所扮演的只是助手的角色,最终还是会被父权或夫权的光环所笼罩,依然缺乏自身独立的伦理主体地位。

改革开放以来的家庭生活实践已充分表明:在"尊老爱幼、男女平等、夫妻和睦、勤俭持家、邻里团结"这家庭美德五要素中,男女平等无疑是最为重要的基础性因素。抽掉了男女平等,人们就必定会在家庭生活中因缺乏尊重与互爱、共识与分享、沟通与交流、民主与协商、宽容与通达等现代性因素,而无法实现家庭优良传统与家庭鲜活现实的有机衔接。如今,随着时代变迁和社会文明进步,女性在社会生活的各个领域已与男性并驾齐驱,与其相应地,平等互尊、民主协商、和睦相处的夫妻关系得以形成和发展。这种夫妻关系的变革所起到的化学反应,已经在家政管理、家庭教育、家庭关系调适、家庭生活方式选择等方面得到比较充分的体现。其结果不仅使家庭面貌焕然一新,而且确立了在家庭伦理道德文化建设中女性与男性对等的地位。

现代家庭伦理道德文化既拥有传统底蕴,又显示时代特色。毫无疑义,我国家庭伦理道德文化的先进性、进步性、创造性,正在女性家庭生活实践中得到显著体现,因为这关乎她们的切身利益,事关她们的良性生存和健康发展。得益于社会变革与转型中女性解放和发展步伐的加快,在家庭这部现代生活机器运行过程中,浓郁的女性文化色彩逐渐展露其时代特征。女性过去被压抑的积极性和创造性开始迸发,她们以个人的不懈努力及精彩表现矫正传统男性对于家庭生活的片面理解,为家庭生活注入勃勃生机和不竭活力。女性在建构现代家庭伦理道德文化中与男性的对等地位,反映了时代进步对于家庭变革和发展的客观要求。在传统与现代交替、夫妻关系筹码加重的家庭发展新时期,两性思想文化的交流和心理情感的沟通,即人对自身生活关系的深刻反思和积极创造,已成为现代家庭赖以良性运行的核心要素,舍此就不能有效地应对因性别角色转变滞后、家庭权利失衡等文化失调现象而造成的家庭生活矛盾及冲突。女性在建构现代家庭伦理道德文化中与男性的对等地位,与她们自身的贡献相符。在传统家庭伦理道德文化的现代转换中,女性以自身的不懈努力和辛勤付出,有效消解了传统家族文化中重男轻女的价值取向及其文化阻滞力,使自己人生目标的定向及生活性格的形塑,既符合社会主义思想文化原则,又有利于建构"平等、民主、团结、和睦"的新型家庭关系。

## （二）女性在建设现代家庭伦理道德文化中的作用分析

中共十八大报告提出："加强社会公德、职业道德、家庭美德、个人品德教育，弘扬中华传统美德，弘扬时代新风。"[3]其中，家庭美德建设是形成和发展我国现代家庭伦理道德文化的中心环节及基本途径。在家庭美德建设中，女性从以下方面发挥着与男性同等重要的积极作用。

1.酵素作用

马克思曾经明确指出："每个了解一点历史的人也都知道，没有妇女的酵素就不可能有伟大的社会变革。"[4]与此类同，在社会变革中的家庭伦理道德文化的现代转变中，离开女性的酵素作用，也是不可能的。现阶段，我国女性整体素质及社会地位的提高已成为向现代家庭转变的助推器，她们的酵素作用贯穿于从择偶、生育到家政管理、家庭教育、家庭关系调适等家庭生活的各个方面，为现代家庭伦理道德文化的形成和发展，创造了必要条件。首先，现代女性择偶观念的转变，为我国婚姻家庭关系的更新与发展注入生机和活力，并且向其中添加了颇具魅力的女性色彩。大多数女性能够超越传统意识对自己谈婚论嫁的潜在影响，她们已倾向于将婚姻看作夫妻在生理与心理、精神与物质上交融、分享、互动的过程，能够在较大程度上自觉摆脱"门当户对、郎才女貌""男高女低，男强女弱"等世俗因素的束缚和干扰，大胆地行使个人的自主权，并且能够精心地发挥自身的文化创造性。其次，女性自我意识的增强，已成为家庭生育文明程度提高的必要条件。随着渴望在家庭和社会生活中均获得成功的女性的不断增多，她们不仅积极拥护计划生育这一基本国策，而且要求配偶与自己同心协力、科学合理地分担生儿育女的职责。再次，在勤俭持家、教育子女、养成文明生活方式、培育优良家风等方面，女性大都扮演穿针引线之引领者的角色。最后，在协调家庭人际关系，化解家庭生活矛盾，营造和谐、温馨家庭氛围等方面，女性的酵素作用更是表现得十分显著。

2.平衡作用

家庭本身意味着人的多重关系即物质的社会关系、精神的社会关系、人自身生产的社会关系的综合，其幸福和美满尤其需要人们用智慧和情感去精心培育。此外，生活在现实婚姻家庭生活中的人并非中性之人，他（她）们在各种主、客观因素的交互作用下必然会表现出某种性别差异性，而最好的处理方式选择，莫过于在坚持以性别平等为核心价值取向的前提下，能使这种性别差异保持在合理的限度之内,以便人们在个体独立性与家庭亲和性、工作与家庭、代际传承与代际更迭之间寻求平衡点。就此而论,女性的确发挥着不可替代的平衡作用。这种平衡作用,对于形成和发展现代家庭伦理道德文化十分重要。因为,改革开放以来,我国家庭的现代转变既面临社会急剧转型的外部环境挑战,又承受着家庭生活内部变化即由其结构失衡、功能弱化、关系松散等所形成的内在心理压力。尤其是现代社会职业竞争的加剧、生活节奏的加快、生活成本的加大、物质诱惑的加强等因素,给人们带来种种心理纠结及压力。以上这些反映在家庭生活中,就会不可避免地带来矛盾和冲突,需要运用无形的"伦理道德文化之手"予以调适。此种调适的过程,无非就是晓之以理、动之以情以"减压释负"的心态平衡过程,而能够充分发挥这种平衡作用的调适者,可以说是非女性莫属。

3.创新作用

经济社会需要创新发展,同样,家庭也需要创新发展。为了适时、有效地应对社会转型期诸如家庭生活选择多样化、家庭关系简约化、家庭问题复杂化、家庭人口老龄化、流动人口家庭化之类新情况的挑战,尤其需要通过家庭伦理道德文化创新,去营造适合家庭良性运行和健康发展的社会生态环境及心理氛围。一是要拓宽家庭美德建设的外延,将其与反腐倡廉、生态环保、树文明新风、创建平安社区和学习型社区、构建文明健康的生活方式等结合起来,寻求婚姻家庭生活中新的道德生长点。二是要丰富家庭美德建设的内涵,将互动与感通融入尊老爱幼,将共识与分享融入男女平等,将沟通与协商融入夫妻和睦,将科学与合理融入勤俭持家,将同情与宽容融入邻里团结。三是要提高家庭美德宣传教育的成效,在家庭生活实践中实现应然与实然、事理与情理、人格与角色的兼容互补。我们应当看到:在以上增促家庭发展之精气神的创新过程中,女性的作用显得非常突出。这是因为她们能够将女性文化与家庭文化有机结合,促进女性发展与家庭发展的交叠共识,致使新生的家庭伦理道德因素从中脱颖而出。尤其是在新型现代性替代旧式现代性的社会文明发展进程中,这种创新作用在大多数女性身上表现得格外明显。

## 三、发挥女性在建设现代家庭伦理道德文化中的作用的路径选择

发挥女性在建设现代家庭伦理道德文化中的重要作用,需要做出正确的路径选择,如此方能得心应手,事半功倍。就此而言,笔者从以下几点表达自己的看法:

### (一)建设现代家庭伦理道德文化应依循女性自身的心理特性

法国女性主义思想家西蒙娜·德·波伏瓦曾经说过,女性主义者对于人类文化最大的贡献还在于她们向人们揭示了妇女的生活经验,即被私有化男人所有意忽略的人类经验的整整一个领域。当妇女从事一项对人类有意义的事业时,她是能够像男人一样表现出积极肯干、讲求效率、沉默寡言、吃苦耐劳精神的。[5]无独有偶,马克思主义经典作家恩格斯也曾提到过,在他当时所在地的教育部门里,妇女的特点是:说得非常少,做得非常多,平均一个妇女的工作等于三个男人。[6]为何女性主义思想家和马克思主义创始人均如此评价女性能力和效率?这无非是因为女性具有细致、耐心、灵活、敏捷、情感丰富、善解人意等心理特性,而此类心理特性恰是建设现代家庭伦理道德文化所十分需要的。因此,社会要鼓励女性自觉依循她们在长期生活实践中磨砺出来的这种心理特性,去更富有成效地建设现代家庭伦理道德文化。

### (二)建设现代家庭伦理道德文化应发挥妇联及民间妇女团体的引领作用

妇联是党联系广大妇女的桥梁和纽带,具有其先进性和代表性。民间妇女团体是由妇女发起且得到政府有关部门认可的社会组织,具有进步性和公益性。长期以来,妇联"一手抓发展、一手抓维权",团结和引领广大妇女群众在积极参与现代化建设中建功立业。同样,民间妇女团体尤其是那些枢纽型的民间妇女团体,也在动员和组织妇女积极参与社区建设并在社区发展中做出了自己的贡献。家庭是社会的细胞,家庭的兴旺发达及幸福安康,奠定整个国家民族繁荣昌盛及和谐稳定的基础。建设现代家庭伦理道德文化,是促进家庭兴旺发达及幸福安康的思想保证。改革开放以来,文明家庭、和谐家庭、平安家庭、学习型家庭等方面的建设,一直是妇联工作的重要内容之一,同时,它们也是民间妇女团体为自己确定的社会工作中的重要任务之一。因此,在现代家庭伦理道

德文化建设中,我们理应充分发挥妇联及民间妇女团体的引领作用。

### (三)建设现代家庭伦理道德文化应寻找女性文化与家庭文化的结合点

女性文化是以性别平等作为其核心价值取向,以追求妇女解放和妇女发展作为其基本目标的一种文化表现形式。家庭文化是以家庭伦理道德建设作为其精神支撑及主要任务,以寻求家庭良性运行和健康发展作为其根本目的的一种文化表现形式。在实际生活中,由于性别角色与家庭角色的交叉和重叠,两者之间具有高度的相关性。一般来说,与女性解放和女性发展相关的事情,必然会在作为社会细胞的家庭生活中反映出来,例如,改革开放初期,社会上关于婚姻道德基础、择偶标准、"二保一"等问题的讨论就是如此。反过来说,家庭的良性运行和健康发展与否,也会在较大程度上对妇女解放和妇女发展产生影响,例如我国五四新文化运动时期兴起的家庭革命,就对当时的妇女解放和妇女发展产生了重要影响。因此,在建设以家庭美德作为其核心价值的我国现代家庭文化过程中,寻找其与女性文化的结合点,势在必行。

### (四)建设现代家庭伦理道德文化应寻求女性与男性良性互动的双赢点

在建设现代家庭伦理道德文化进程中,女性与男性犹如鸟之两翼,缺一不可。例如,在家庭道德教育活动中,就表现出夫妻共同作业的这种特点。一方面,作为严父,他要善于严格要求子女,督促子女能够依照合乎为人处世的伦理道德标准,去尽快地实现自身的社会化;另一方面,作为慈母,她要善于以关爱、体贴、宽容、同情等善良品质去感染和启发指导子女的伦理道德情商,使子女在身心两方面均能健康成长,并且引导子女能够按照人的现代化的标准,去更好地实现自身的全面发展。此外,在操持家务、照顾老人、亲朋来往或邻里交往等类活动中,均需要夫妻的共同作业。正是在这类共同作业过程中,丰富了夫妻生活,密切了夫妻关系,促进了性别平等,实现了家庭和谐。应当说,上述这类共同作业不啻家庭生活中女性与男性良性互动的双赢点,它们所产生的良效,已经在客观上推动了现代家庭伦理道德文化建设。由此可见,在建设现代家庭伦理道德文化中寻求女性与男性良性互动的双赢点,将有益于提高其建设的质量和效应,我们应当为此而付出更大努力。

**参考文献：**

[1]费孝通.略谈中国社会学[M]//费孝通全集:第十四卷(1992—1994).呼和浩特:内蒙古人民出版社,2009:244.

[2]张岱年,方克立.中国文化概论[M].北京:北京师范大学出版社,1994.

[3]胡锦涛.坚定不移沿着中国特色社会主义道路前进 为全面建成小康社会而奋斗——在中国共产党第十八次全国代表大会上的报告[M].北京:人民出版社,2012.

[4][6]中华人民共和国妇女联合会.马克思恩格斯列宁斯大林论妇女[M].北京:人民出版社,1978:59,70.

[5]西蒙娜·德·波伏瓦.第二性——女人[M].桑竹影,南珊,译.长沙:湖南文艺出版社,1986.

（原载《山东女子学院学报》2016年第1期）

# 三 妇女研究

# 论毛泽东妇女观的特色及其与现实生活的联系

作为一名叱咤风云的历史人物,毛泽东以其在政治、经济、军事、文化诸领域的卓越建树,推动中国整整前进了一个时代,彻底改变了中国的面貌。人们通常赞誉毛泽东为博古通今的历史学家、目标始终如一的政治家、机敏而深刻的哲学家、高超的军事家、浪漫而豪爽的诗人、别具一格的书法家等,却往往容易忽略他推动社会进步、促进男女平等的伟大历史作用。当今时代,进一步探索和挖掘毛泽东关于妇女问题的一系列精彩思想和观点,对于加速人的现代化,加快整个社会前进的步伐,具有深刻的现实意义和重大的实践价值。

毛泽东妇女思想的主要特色,就是以唯物史观为指导,直接地探讨了中国妇女的解放道路问题。早在 20 世纪 20 年代,伴随着五四运动的影响,妇女问题就引起社会各阶层尤其是知识阶层的广泛注目。但是,那时大家对妇女问题的兴趣点集中在婚姻、家庭问题上,很少有人把它与社会发展和社会制度体系的变革联系起来。即便是李大钊、鲁迅、瞿秋白、陈望道等人触及这个问题,并且从唯物史观的高度揭示了妇女受压迫的社会经济根源,得出了妇女解放的首义在于争取女子经济自立的结论,却没有人能够明确指出:中国妇女的解放道路在于她们积极而主动地投身于无产阶级领导的武装斗争,在取得民主革命的胜利中争得自身的自由。相反地,那时广大劳动妇女的革命热情和力量很容易被人们低估;那些对马克思主义采取抱残守缺的教条态度的人们往往看轻妇女运动,仅仅拿它当作整个社会革命运动的一种陪衬。正是毛泽东,高度地概括了中国妇女所受"四权"(政权、族权、神权、夫权)的压迫;主张妇女勇敢地参加农民运动,最明白无误地指出了家族主义、迷信观念和不正确的男女关系之破坏,乃是政治斗争和经济斗争胜利以后自然而然的结果。[1]毛泽东并没有以一种救世主的态度对待广大妇女尤其是劳动妇女,相反地,他极大地尊重她们的主动性和首创性,笃信"引而不发跃如也",坚持菩萨、烈女祠、节孝坊这些东西要由妇女群众自己去摧毁,反对由别人代庖。他认为"妇女是决定革命胜败的一个力量"[2],"全国妇女起来之日,就是中国革命胜利之时"[3],这类掷地作金石声的语言,充分表现了毛泽东对广大妇女自觉革命精神和历史主动性的信赖和赞赏。

毛泽东倡导男女利益兼顾的思路,巧妙地杜绝了女权主义或男权至上两种极端;它标志着毛泽东妇女思想的民族性特色。

毛泽东一直把妇女问题看作中国无产阶级革命运动的一部分,注重从实际国情出发,以阶级斗争的观点分析和指导妇女运动。虽然毛泽东坚信只有阶级的胜利,妇女才能得到真正的解放,[4]为了这种解放,他曾以毋庸置疑的口吻提道:"提高妇女在经济、生产上的作用,这是能取得男子同情的,这是与男子利益不冲突的。"[5]毛泽东十分注重男女同工同酬的问题,他在根据地时期多次提过此事,在中华人民共和国成立后仍然多次重申它。毛泽东所一贯尊重的女性是能与男子一起参加社会生产劳动、共同承担社会和家庭责任的社会物质财富和精神财富的创造者。

妇女经济地位与政治地位互相促进的思想,体现了毛泽东观察妇女问题时的独特的辩证风格。毛泽东始终认为妇女社会地位和家庭地位的提高并不是从天上掉下来的,而是源自她们在社会生产体系中的作用。他赞颂"中国的妇女是一种伟大的人力资源"[6],深信只要她们积极投身社会主义建设,她们的民主权利就会在这个过程中逐步得到提高。"农业也都机械化了的时候,才能真正实现男女平等",而"没有幸福院、托儿所,没有扫除文盲,没有进小学、中学、大学,妇女还不可能彻底解放"[7]。在毛泽东看来,妇女的经济地位和政治地位的改善,是她们参加社会生产和政治活动自然而然的结果,绝不靠任何人的恩赐和社会关系的"无休止的照顾",社会主义生产体系虽为妇女发展提供了客观依据,但是妇女也不能放弃自身的主动性;这种主动性需要妇女在努力争得经济自主的同时能带动她们政治觉悟的提高,而她们的政治才干又能使她们取得对实际事务更多的发言权或决策权。

强调妇女的个性发展与家庭解放一致的思想,是毛泽东妇女观中的一个辉煌的闪光点。"时代不同了,男女都一样。男同志能办到的事情,女同志也能办得到。"[8]在毛泽东这句名言的激励下,不知有多少女性飞上了蓝天,横越了大洋,深入到地下。毛泽东心目中的完善的女性是能文能武,"不爱红装爱武装"

的、飒爽英姿的新一代女性。毛泽东一贯强调和推崇妇女的创造性。他之所以赞赏花木兰、红色娘子军、刘胡兰等之类的女性,就是因为她们有志气,敢做男人不敢做的事。毛泽东曾尖锐地评论道:"林黛玉多愁善感,常好哭脸,她瘦弱多病……我们不需要这样的青年!"[9]他为什么厌倦林黛玉之类的女性呢?无非是因为她们缺少棱角,凡事逆来顺受,且身体状况不好。而在对《聊斋志异》中的《小谢》的评语中,他却饱含深情地写道:"一篇文章,反映了个性解放的强烈要求,人与人的关系应是民主的和平等的。"[10]

为了张扬妇女的个性和独立人格,毛泽东势必将他批判的锋芒直指旧的婚姻家庭体系。早在毛泽东创办《湘江评论》时期,他就发表过一篇关于家庭改革的文章,积极地主张寡妇再婚,愤怒地抨击对妇女贞节的不平等要求,并针锋相对地指出:"男子的贞节牌坊在哪里?"他在为长沙新娘赵玉贞在花轿中用剃刀自杀的事件所写的九篇论文和杂感中,集中火力抨击了父母包办婚姻制度和"月老牵丝"或"天作之合"的婚姻命定说。毛泽东那时总是对遭逢包办婚姻的不幸的女性寄予无限的同情,譬如他曾鼓励过蔡畅逃婚而走向革命,他也曾费时费力地帮助一名新民学会女会员摆脱了一桩包办婚姻。综观毛泽东早期的妇女思想,其中充满了现代人文精神的萌芽;因为那时毛泽东就已经确立了妇女应当是独立的人,除非妇女也解放,否则男子也得不到自由的观念。他强调妇女也是人这种观点并不简单,只因民主主义的妇女观是通向无产阶级妇女观的不可逾越的阶段。

延安时期,毛泽东继续鼓励妇女走出家庭。他在对《解放日报》所发表的一篇论家庭的文章的评论中,批评了"巩固家庭"的保守口号,指出旧式家庭的瓦解乃是土改、战争等一系列社会活动所造成的必然结果,它有利于妇女解放,符合社会发展和妇女自我发展的根本利益。中华人民共和国成立后,毛泽东"家庭解放"的思想以另外的形式出现。例如,他积极鼓励妇女走出灶台参加社会生产活动;他将勤俭持家、改革诸如红白喜事大操大办、封建迷信之类的旧的家庭生活习惯的希望寄托在广大妇女身上。

关心妇女的切身利益和特殊利益,展示出毛泽东思想中的高度文明性和科学内涵。民主革命时期,妇女的婚姻问题、生疮害病问题、生小孩子问题、读书识字问题等,一直牵动着毛泽东的思绪。毛泽东细微地注意到妇女运动与工人运动、青年运动、农民运动等社会运动有所不同的特殊性,他在许多文章中总是不厌其烦地提醒人们注意这个问题。20世纪60年代,毛泽东开始意识到人类本身生产的无政府和无计划状态的危害性;他看到计划生育对妇女自身发展的好处,开始把节制生育与尊重妇女权利与社会协调问题相提并论。按毛泽东的说法:"夫妇之间应该订出个家庭计划,规定一辈子生多少孩子。这种计划应该和国家的五年计划配合起来。"[11]毛泽东支持和劝导儿媳刘松林再婚的事例,在过去鲜为人知,现在它经有关书刊资料披露后,使许多人读后深为感动。它突出地显现了毛泽东尊重女性的平等、民主和科学的观念。无数事实表明,毛泽东无愧于一名妇女权利的提倡者和身体力行者;他用自己的思想和言行一直鼓励着广大女性勇敢地冲决封建伦理道德的网罗,为社会进步和人类文明做出更大的贡献!

我们当今处在一个改革和开放的时代,处于一个新旧体制交替的新的历史时期。如何在社会主义市场经济条件下将毛泽东妇女思想与妇女发展的问题有机地衔接起来,这是一个不容忽视的大问题。在社会主义商品经济条件下,占人口半数的妇女发挥的伟大作用较之民主革命时期更为突出。在整个第三产业中,妇女居于举足轻重的地位,一大批女企业家、科技人员等正在如雨后春笋般地脱颖而出。国际文化界早已有人预测妇女将是科技革命和后工业时代的骄子,她们的成长将直接地决定整个人类社会文明进步的程度。然而,人们也没有忘记,在我们国家里,仍然存在着轻视和侮辱妇女的社会现象,诸如就业方面的性别歧视、拐卖妇女儿童、强迫妇女卖淫、包办婚姻、买卖婚姻之类的现象时有发生。实践在呼唤着毛泽东有关妇女思想的指导。我们不可能超越毛泽东的妇女思想直接拿西方女权主义思想来指导现实的妇女运动。毛泽东的妇女思想并没有过时,它只是应当在新的历史条件下,在新的社会实践中加以充实、提高和发扬光大。

根据有三:其一,毛泽东的妇女思想是毛泽东将马克思主义理论与中国妇女长期求生存、求发展的社会革命实践相结合的产物,它构成了新时期妇女活动的精神源泉。正是毛泽东肯定了妇女在经济方面的伟大作用,没有她们,生产就不能进行。他的这些高见,为广大妇女去掉自卑感,以必胜的姿态投身于社会经济、政治和文化的改革大潮提供了取之不完、用之不竭的巨大精神力量。

其二,毛泽东呼吁女性独立人格,尊重女性首创精神的科学态度,有助于女性打破依赖思想,抛弃消极旁观和等待恩赐等保守观念,激励她们直接诉诸自身的力量争取自身的发展。试想,不少女性走南闯北做生意,停薪留职"下海"、捕"鱼",缺乏胆量和自信心能成功吗?

其三,毛泽东关于妇女"走出家庭"的思想,有利于妇女摆脱旧的婚姻、家庭关系的束缚,在社会进步的潮流中求得自身的提高和发展。事实证明,那种"头痛医头,脚痛医脚"的对于婚姻和家庭问题的保守疗法,是不能帮助人们建立起民主、和睦、平等、互助的新型家庭关系的。现代家庭应当变作男女双方为了一个共同的、有意义的生活目标而建立起的同盟。妇女只有把社会工作和个人事业始终放在第一位,才有可能不受陈旧婚姻、家庭观念的愚弄和摆布,永远不至于丧失自我和个性。

应当指出,毛泽东是从整体社会观念进步的角度去谈论男女平等问题的。他认为不能脱离整个时代的政治、经济、文化等社会大背景去空谈男女平等,故此他着重强调男女两性在参加实际社会活动中求得平等,反对那种脱离社会生活环境的卿卿我我和温情脉脉的不适宜的情绪。毛泽东并没有笼统地否定协调家庭关系的做法,他不过是希望人们能在适应社会变动的前提下去更新原有的家庭关系。他的方法论是以动求静,而不是相反。抽象地谈论男女平等,在概念上兜圈子,实际上就是对现实家庭关系中男女不平等现象的一种让步和退缩。因为形式上的男女平等掩盖着事实上的男女不平等的社会现象,有着一系列深刻的政治、经济、文化、风俗习惯等方面的根源,它需要人们直面严峻的现实生活,在解决矛盾的运动中去把握和更新家庭关系。

**参考文献:**

[1][2][3][11]中华人民共和国妇女联合会.毛泽东主席论妇女[M].北京:人民出版社,1978.

[4][5][6][7][8]中华人民共和国妇女联合会.毛泽东周恩来刘少奇朱德论妇女解放[M].北京:人民出版社,1988.

[9]贾思楠.毛泽东人际交往实录 1915—1976[M].南京:江苏文艺出版社,1989.

[10]龚育之,逄先知,石仲泉.毛泽东的读书生活[M].北京:生活·读书·新知三联书店,1986.

(原载《河南社会科学》1993 年第 6 期)

# 论西方女权主义思潮中的积极因素和消极因素

## 一、西方女权主义思潮的理论来源

压迫愈久,反抗愈烈,这是社会生活中普遍的辩证法。人类女性饱受陈旧社会制度、家族制度和传统观念的压迫和束缚达几千年之久,一旦她们把握住契机,其反抗的激越,不啻于火山的喷发。作为迎着工业革命的曙光而出现的西方女权主义思潮,就体现着这种震天撼地的力量。它代表着文明对野蛮、民主对专制的反抗,标志着人类一般意义上的进步思想。难道1905年肯奈女士和潘库斯特夫人闯入英国首相葛雷之演说会场的果敢行为不令那些跪在地上造反的旧式男人们自愧不如吗?难道1912—1913年间,英国女权主义组织大小25000次以上的集会,因此367名集会人员遭逮捕的英雄壮举,不让那些一贯政治上持温和态度的男人们也瞠目结舌吗?女权主义具有彻底的反传统精神,它向往着新的思维和视野、新的情愫和抱负、新的更广阔的社会生活天地。其中的道理再简单不过了,旧传统给予女性的只是恪守贞操、传宗接代、相夫教子、"无才便是德"的训斥及来世的许诺,妇女们丝毫也不能指望从其中得到某些对她们个性发展有益的东西。资产阶级的男子在取得政权之前,也曾英勇无畏过那么一段。但是,在稳操政权之后,为了反对人民这个"强壮而心怀恶意的小伙子",他们不声不响地丢掉了他们的自由思想,重新捡起了曾被他们踩在脚下的"宗教破烂货",与他们所曾深恶痛绝的体面人物们重新握手言欢。他们甚至反对与之并肩战斗过的女战友,在自己早期制定的法律中把女性打入另册,排除在人的行列之外。相比之下,资产阶级女权主义者对待旧传统的态度,确实要比资产阶级男子们坚决和彻底得多;她们没有后者那样遮遮掩掩、口是心非、前后不一的拙劣表现,因为她们不像后者那样为既得的经济利益、政治利益以及由传统习俗所赋予的种种利益所完全左右。于是乎,她们就自愿地结成群体,从女性自身的角度重新审视几千年的文化传统,利用一切机会参加社会政治活动,在后院里闹起了运动,令保守而一厢情愿的资产阶级男人们大伤脑筋而不知所措。

从理论来源上看,女权主义是科学主义和人文主义思潮的集大成者,它加强并深化着人类对自身更深刻的认识。早期的人文主义思想,首先启蒙和激励着一些贵族妇女,她们率先举办文化沙龙,利用自己的特殊身份向社会政治生活中渗透。这种行为有意或无意地提高了妇女的社会地位,并且强化了女性对社会生活的影响力。这里有出自佛罗伦萨的美第齐家庭的法国皇后卡特琳·德·美第齐,以及朗布耶侯爵夫人、坦辛夫人、罗兰夫人、莱斯皮娜斯小姐等许多上流社会的女性。当时,这些主持巴黎沙龙的女性高度重视人的实际能力,鼓动并保护着人文主义思潮;她们在来自欧洲各地的思想家、政治家、艺术家之间,不遗余力地牵线搭桥,在推动他们相互沟通的组织活动中表现出卓越的才干;罗兰夫人甚至为举办政治沙龙而英勇献身。人文主义思潮的政治表现——法国大革命虽然没有能解决妇女问题,但是却为近代和现代妇女运动的发展创造了一个新的历史环境和条件。在此意义上,似乎可以说当代女权主义思潮,实际上已成为古典人文主义思潮的遗嘱执行人。譬如,女权主义理论家西蒙娜·德·波伏瓦的名言:"女人不是天生的,而是变成的!"[1]其主要意思也就是说,女性之初本是一个独立的人,随着社会注意力向男性、恋爱和婚姻的转移而逐渐放弃了自我,变成了被动的客体。而要恢复女性的本来面目,就要从内容和实际上充分地重新确立女性的主体,也即恢复作为人的自主意识。如此看来,波伏瓦的警言妙语实在与卢梭的天赋人权论、1776年美国独立宣言和1791年法国的《女权宣言》的基本精神如出一辙,堪称它们的现代翻版,只不过带有更浓郁的性别色彩罢了。

至于科学主义,它与女权主义的产生和发展也存有千丝万缕的瓜葛。作为科学主义的物质承担者——工业革命,搬掉了横亘在女性解放大道上的拦路虎——小农业和手工业经济,为女权主义意识的滋生提供了丰沃的土壤。现代科学的长足进展,尤其是性心理学、性医学、性社会学的飞速发展,对于人类探索女性生理和心理的奥秘以至进一步深化对其类本质的认识,贡献出坚实的理论依据和实验数据。如果没有哈夫洛克·霭理士和弗洛伊德的性心理学,很难会有《第二性》中波伏瓦对于女人一生中生理和心理发展过程的那种细致入微的独到分析;即便精神分析学派被波伏瓦指责为没有解释为什么妇女属于另一个,或者被贝蒂·弗里丹斥责为应对女性陷入传统角色负责时,情况也是这样。凡事无开端即无结尾,一般的性心理学和社会学分析毕竟在这里充当了一个导引者的角色。的确,把女性作为一个屈从于男性的集体去考察,那是女权主义者的历史使命,不能以此去苛求于前人。凡是读过苏珊·格里芬的《自然女性》一书的人,必然为作者的优美的文笔所陶醉,但更让读者赞叹不已的还是笔者那俯拾即来的丰富的近代和现代自然科学知识。倘若舍弃后者,再优美的文笔也仅能让人感受到美文学的华丽韵味,却不能让人感受到女性是"自然观念的大自然"和"讲述大自然的大自然"的理性启迪。借助于科学知识的力量,女性才得以领悟她们历史性失落的更深层的缘由,同时使她们深刻认识到女性的彻底解放不仅应诉诸批判的武器,尤其应该诉诸武器的批判。

## 二、女权主义思潮中的积极因素

从社会发展的角度来看,女权主义是对现代工业社会中人的异化状态的反抗,也是对资产阶级社会虚伪道德的揭露和批判,它体现着人类理性对人的自由而全面发展的热情召唤;它向人民表露出资本主义生产关系和意识形态领域中具有一定革命性的教育因素。

通观《第二性》全文,其中对资产阶级两重道德的揭露,以及对妇女因备受社会、传统和家庭的压力而造成的心理和行为变态的现象的中肯分析比比皆是。在人工流产问题上,波伏瓦一针见血地指出资产阶级社会在某些问题上,显示出它是何等虚伪,例如人工流产被看作叛逆性的犯罪,甚至连提到这个词都认为是伤风败俗的。[2]她还用避孕知识在中产阶级中广为传播,他们家中有浴室,比较容易进行避孕,而工农家庭连自来水也没有的对比,去揭穿这种虚伪道德与实际生活的矛盾。这位女权主义者的犀利笔锋,直指私有化背景下的男人对待娼妓言行不一的态度。她辛辣地讽刺道:"妓女们用厌恶、怀疑的眼光看着这些平素谴责邪恶、私下耽于淫欲的道貌岸然的绅士们:……一个佩戴着荣誉勋章的绅士,当他蹂躏一个小姑娘的时候,他依然是受人尊敬的;他有他的弱点,但是谁又没有弱点呢?"[3]对于中产阶级私有化男人所推崇的模范丈夫,波伏瓦是这样挖苦的:"他一方面高声赞美那些忠实而贞洁的妻子,另一方面又要求邻居的妻子和他私通。"波伏瓦最为得心应手的,还要数她对于等级婚姻和金钱婚姻罪恶的入木三分的揭露。她抨击法国中产阶级的婚姻观,她认为母亲、年长的朋友,还有妇女杂志,教给少女如何追捕丈夫的艺术,就像用捕蝇纸捉苍蝇一样。"抓住"丈夫是一门艺术,"管住"丈夫却是一项职业,丢了这一份职业,实在是安危攸关的事情。[4]对于美国式的流行婚姻以及服务于这类婚姻的舆论导向,她也加以无情的嘲弄:年轻人,即便熟读二十本婚姻手册,也未必能使新婚的妻子爱他。对于资本主义状况下女性所蒙受的屈辱和因此而导致的心理变态现象,波伏瓦描述的笔调是深富同情心而又怒其不争的。她把女性为社交生活而精心地装扮称之为"装门面",她以揶揄的口吻写道:"在珠宝、荷叶边、亮晶晶的衣服小饰片、花朵、羽毛和假发下面,妇女变成了活的布娃娃,甚至肉体也陈列出来;好像纷纷开放的花朵……服装突出了她作为性的对象的特性,也突出了她的依赖性。"[5]对此,波伏瓦毫不掩饰地亮出了自己的观点:"妇女关于身体的吸引力,说明她接受了女性的角色……女人拒绝充当'性的对象',她就是否定社会,也许就是无政府主义者吧。"作者的真实含义是希望千千万万个女性成为后者而显示出自身真实的价值,而不要希冀成为前者而变为一张画、一座石膏像或一种充当替身的演员。对于不为常人所关心的妇女隐秘角落生活的心理发掘,乃是波伏瓦对于家庭主妇恶劣命运感慨系之的佐证。她认为一刻也不停地忙于击败灰尘、污垢等敌人,使主妇可能会出现心理变态,成为虐待狂和被虐待狂的结合。家里的确有数不清的琐碎事,当主妇们处于精神涣散和精神空虚的状态时,通过和周围一切东西的狂热斗争,可以使自己出现虐待狂和被虐待狂的混合发作。[6]她向读者揭示了女性洁癖症偏多这一奇怪现象的根源:把妇女禁锢在家庭这堵狭小的围墙之内,并强迫她们扮演"家庭女王"这一角色的社会环境。对于这种带有对生命和创造力的否定性质的、徒劳无益的家务劳动,波伏瓦所攻击的主要方向对准了男子作为主要养家人的身份;她认为正是它才使女性因经济上不能独立而陷于作为家庭奴隶的困境。无怪乎波伏瓦为此而愤愤不平地评述:女人在经济上的依赖性使她听命于男人;她只是男人生活中的一个因素,而男人却是她的整个存在。[7]

女权主义者在其著作中对于现代西方工业社会中人的异化状态的描述,以及对于女性作为人的自由而全面发展的渴望,完全能与马尔库塞、弗洛姆等哲人的思想相媲美。马尔库塞首创形容资本主义社会异化状态的"单面人"概念和反抗资本主义异化劳动的爱欲解放论,而弗洛姆则针对以最大利润和最高消费为首要准则的西方现代工业社会,提出了要在爱中实现人与人之间的统一的命题。与他们相比,女权主义者的论述更为具体、更为形象化,并且态度更为坚决。中产阶级私有化男人被置于充满公式化的、充满荒谬表情和无目的行为的宇宙中,他们因充当中间媒介和工具而丧失了自己的本质。在评论这类人时,波伏瓦习惯于使用幽默和风趣的语言:"中产阶级男人,他们像女人一样命中注定似的做着单调重复的日常工作……这些男性的雇员们、商人们、办公室职员们……在漫长的白天里,他都必须服从他的上司,必须穿着白领衬衣,以保护他的社会地位……当他们结算数目,或者把成箱的沙丁鱼折算为钱的时候,除抽象的数字以外,他手中一无所有。"[8]而在对中、上层阶级女性的异化状况的描绘中,波伏瓦实在掩饰不住她的愤慨:"她们毫不犹豫地牺牲她们作为人类一员的独立性;她们压抑所有的思想,所有的批评性判断,所有的发自真情的冲动;她们空虚而傲慢,她们激烈而低能。她们顽固而无知:这些使她们成为人类曾经产生过的最为无用的废物。"只有女权主义者才能对这种"高等女性"因社会环境使然而导致的异化状态,做出如此独到的分析和批判!至于对妇女的精神异化,女权主义者的分析更是深得要领。波伏瓦一投笔就抓住了妇女转向宗教的问题的根本:"宗教批准了妇女的自爱自恋,宗教给了她梦寐以求的导师、父亲、情人、神一般的监护人,宗教提供给她白日梦,宗教填补了她空虚的时间……为她的忍受找到了理由,从而确认了社会的等级次序。"[9]波伏瓦对宗教与妇女关系所下的结论,也是耐人寻味的。她就此写道:"必须要有一个给妇女的宗教,也必须要有一些妇女,一些'真正的妇女',才能使宗教永存。"[10]不仅如此,女权主义者并不仅仅满足于"要爱不要战争"的口号,以及一系列关于"爱的艺术"的争论。从女性的生活经验教训与社会发展、经济和科技发展的基本现实出发,她们的眼光更为远大,目标更加具体而实际。用贝蒂·弗里丹的话来讲,就是要做出努力,做出超越生物性、超出狭窄家庭范围的努力,参与创造未来;按波伏瓦的结论去做,就是要为自身的解放去工作。从一个依附于男人的单纯的消费者,变为一个物质资料和精神资料的生产者,最终成为一个全面发展着的自由人,这是女权主义者奋斗的最终目标,而这一目标与西方先进思想家基本的思想理论目标实在是不谋而合。

女权主义者对于人类文化最大的贡献还在于她们向人们揭示了妇女的生活经验,即被私有化男人所有意忽略的人类经验的整整一个领域。自从夏娃被逐出伊甸园,女性被投入厨房、育婴室和教堂以来,有谁批判性地审视过妇女的生活经验呢?除了女权主义者,可谓寥若晨星。在《第二性》一书中,对于妇女从事在社会看来非价值形态的家务劳动和其作为简单生育工具的状况,波伏瓦进行抽象的理论分析和归纳,并且从中得出一些科学结论。她证明了妇女在家中的工作并不可能给予她意志的自由或人身的自由,她的工作非但不能使她得到自由,反而使她依赖丈夫和孩子。虽然波伏瓦曾对妇女怀孕时或生育后的心理做过惟妙惟肖的描绘,但她总的倾向还是认为并不存在母爱的"天性";相反地,她认为母亲对孩子的态度取决于母亲总的处境及她对此的反应。波伏瓦之所以持如此观点,主要是因为她坚信耗费妇女大量时间和精力的家务劳动及其单方面的生育责任,总的来说并不利于妇女自由而全面的发展。虽然她用细腻的笔调叙述妇女从事家务时的心态,或者以温柔的口吻刻画妇女怀孕和生育,可是她在做理论归纳时其天平却总是倾向于作为人的女性,而冷淡作为女性的人。她斥责那些歌颂做家务乐趣的男女作家,那些人往往是自己很少做家务或根本没有做过家务的人;她以同样的笔触指责那些把怀孕、生育、哺乳当作快乐事和创造行为的妇女,说她们与其说是母亲,还不如说是一台生殖机器。她甚至断言妇女的肉体只能繁殖肉体,无法创造一个必须自我创造的存在。孩子只是她肉体的产品,但并不是她个人存在的产品,在母腹中的孩子,只不过是细胞的自然成长,是自然界的严酷规律,是无法自主的。[11]她的上述观点,对于传统舆论所大肆渲染的"神圣的母爱"和"贤妻良母"之类的观念,不啻带有叛逆性的、挑战性的姿态。对所谓女性的可怕的利口、饶舌、嫉妒、虚荣、扯谎、凶悍、泼辣,以及对于事情的单纯而表面的思考、对于一切流行的愚事的盲目爱慕等性格,波伏瓦令人佩服地证明这些并非是女性先天的恶癖,而是她们所处恶劣环境、所受错误的社会教育、所遭受的私有化男人的精神压迫等综合因素使然。针对私有化背景下的男人攻击女性的奴性、轻浮、实际、懒惰之论调,波伏瓦义正词严地给予驳斥,她认为对于讨厌女人的人来说,他们最感兴趣的话题就是女人的"道德败坏";但实际上女人的"道德败坏"并不是什么怪事,对于男人们公开拥护而私下又不承认的那些蛮横的道德原则,她们怎么能不在内心中加以怀疑?的确,对于婚姻就是一切,既无收入且无法律方面自我保护能力的妇女来说,她注定了只能是"不道德"的,如果连"道德败坏"这种防卫本能也丧失了的话,她会成什么样子呢?对妻子愚昧无知的主要根源,波伏瓦认为在于妻子不能接触丈夫所做的事,也没有追随丈夫工作所需要的经验和文化水平,未能参加从事那些在他眼里远比单调的日常事务更为重要的工作。当妇女从事一项对人类有意义的事业时,她是能够像男人一样表现出积极肯干、讲求效率、沉默寡言、吃苦耐劳的。[12]无独有偶,在《妇女与社会主义》一书中,倍倍尔就曾认为社会关系的压迫、偏颇、肤浅的教育和女性遗传性格的结合,以及私有化背景下的男人们自己的行为这三大因素,乃是酿成妇女一系列恶疾的根源。[13]

对于女性美的观念,女权主义者也有自己的独到见地。她们对于社会上流行的、为私有化背景下的男人所推崇的女性美形象,极尽讽刺和挖苦之能事。波伏瓦俏皮地嘲弄商业化女性:"好莱坞明星亮晶晶的指甲使她失去双手;高后跟、紧身胸衣、裙撑等非但没有体现女性身体的曲线,反而使她更弱不禁风……女人的肉体与鲜花、皮衣、珠宝、贝壳融为一体,服饰、丝绸、珍珠把她肉体及气味的动物性一同隐藏起来……抹口红、涂胭脂,使之成为一副固定的面具。"[14]那么,波伏瓦究竟欣赏什么样的女性美呢?她认为,一个女人,越年轻健康,她那崭新的、闪闪发光的肉体就越有永恒的新鲜感,就越不需要人工雕琢。毋庸置疑,波伏瓦欣赏的正是那种自然、清新、健康的美,拿她自己的话来说,就是女性身体要苗条而不是脂肪堆积,要强健、柔韧、有力地表现其卓越的健美;不是苍白得像温室里的花朵,而是像裸露在阳光中劳动者的身体一样,黑黑的。一言以蔽之,波伏瓦的女性美观点,就是要把挂在男性眼前的一幅妖服艳冶的时装美人画,换上一幅有光学和几何学原理的女像油画。这种看法与社会主义者倍倍尔所推崇的古希腊女性之"美"和"力",又是十分吻合的。

## 三、西方女权主义思潮中的消极因素

任何事物都是一分为二的。囿于社会的、历史的、阶级的、科学技术发展诸条件的局限性,女权主义的理论缺陷和行动错误也在所难免。女权主义的思想基础,原本是存在主义、新弗洛伊德主义、社会生物主义和无政府主义哲学观点的混合物。波伏瓦在《第二性》中讲:"女人不是天生,而是变成的。没有任何生理上、心理上或经济上的定命,能决定人类女性在社会中的地位;而是作为整体的文明,产生出这居于男性与无性之间的所谓女性;仅仅是因为他人的介入,一个人才会被造成这另一性别。"[15]猛一看上去,这段话似乎很完善,与社会进化论、精神分析学派、历史唯物论等所谓绝对性都划清了界限,甚至还有一些辩证思维的味道。然而,仔细地琢磨,它就很不对味。明眼的读者就能悟出这个命题在本体论上属于主观唯心主义性质,而在方法论上,则带有生物进化论或发生认识论的痕迹。

在人类社会,妇女从一开始就不是作为抽象的精神实体而独立存在,她们只是分别作为一定的、具体的社会关系的一分子而存在于氏族之中;正是原始公有经济决定了她在社会中受到尊敬的地位。即便像苏联学者谢苗诺夫在《婚姻和家庭的起源》一书中所说的那样,原始时代有过一个两合氏族群婚阶段,在那时同氏族内的人分成男人集团或女人集团就近分开居住。[16]但是,女人集团仍然受制于氏族公社这个经济的和社会的有机体,它不仅体现在生产和分配方面,而且也体现在男女关系方面。甚至连分开居住这一事实本身也是氏族为了自身健康发展所做出的本能反应,而不是有意酿成一个女性群体;原本女性发展史就是一部女性受制于生产关系形成与发展的历史。这是活生生的历史事实而绝非杜撰。古今中外妇女活动的资料证明:客观经济关系,首先是所有制关系乃是决定妇女命运的关键性力量,而绝非他人的单独介入;正是奴隶所有制和封建所有制关系决定了妇女作为家庭女仆的依附性地位,而资本主义所有制关系则命定了大多数妇女作为一般等价物商品的社会境遇。这种理论曾被波普所攻击,讥之为历史唯物主义经济决定论的所谓"贫困",而女权主义者也在力图摆脱这种"贫困"。女权主义者把妇女的初始存在当作一片空白,一块真正地没有受任何社会污染的"处女地",只是由于被外界异己力量投入到一定的境遇,才使她面目全非,成为今天按其本性不应有的这种样子。把妇女当作一种超社会关系的、超性别的、抽象的、独立存在着的实体,这是对人类本质的曲解,并且实在是一种理论上的想当然。这种观点把女性受压迫、受奴役的状况看作后天环境偶然选择的结果,无疑是对宿命论的一种驳斥。但是这种类似发生认识论的观点,这种带有浓厚存在主义味道的主观唯心论观点,只知其然而不知其所以然。它只能理解个体的存在,以及通过"自为"作为中介达到理解女性群体的存在,却不能理解社会的存在、社会客观物质关系的存在。因此,女权主义只把私有制的表征——男性作为主要养家人的身份当作主要攻击目标,而不将更主要的因素——决定男性主要养家人身份的因素即私有制本身当作射击的靶子。马尔库塞早就指出存在主义带有浓厚的德国唯心主义哲学色彩。[17]乍一看,其所谓自由主体不过是笛卡尔"我思故我在"的重新解释;然而,其发展所遵循的仍是德国哲学传统,康德、费希特、施蒂纳、黑格尔、海德格尔的影子在这里若隐若现。而在马克思看来,"人的实在"的思想是政治经济学批判和社会主义革命理论,不超越关于人的本体的、抽象的、玄奥的论争,就不可能达到它。然而,波伏瓦所设想的"女性的存在"就是先于人的本质的(超社会、超性别)自在存在,她认为这种玄奥的类属性能够通过自为创造本质或通过选择去改造本质。说自我意识能够反映并创造世界,这自然是一种辩证法,但是,说它能够超经验而存在,这难道不是一种唯心主义的呓语吗?马克思认为:"任何人类历史的第一个前提无疑是有生命的个人的存在。因此第一个需要确定的具体事实就是这些个人的肉体组织,以及受肉体组织制约的他们与自然界的关系。……任何历史记载都应当从这些自然基础以及它们在历史进程中由于人们的活动而发生的变更出发。……这里所说的个人不是他们自己或别人想象中的那种个人,而是现实中的个人。也就是说,这些个人是从事活动的、进行物质生产的,因而是在一定的物质的、不受他们任意支配的界限、前提和条件下能动地表现自己的。"[18]在另一篇著作中,马克思更加明确地就此进行补充和说明:"一切人类生存的第一个前提也就是一切历史的第一个前提,这个前提就是:人们为了能够'创造历史',必须能够生活。……第一个历史活动就是生产满足这些需要的资料,即生产物质生活本身。"[19]显而易见,马克思在这里所讲的人的存在,与波伏瓦所构想的人的存在是截然不同的。马克思的"人的存在"是自然存在与社会存在的有机统一,波伏瓦的"人的存在"是超自然、超社会的自由主体意识;马克思的"人的存在"是现实的、具体的、受社会历史必然性制约的具有主观能动性的人,而波伏瓦"人的存在"则是超验的、抽象的、自为的,在很大程度上受偶然性摆布的自我意识。按照马克思主义的观点,人的自由是对必然性的认识和改造,而波伏瓦《第二性》一书的中心思想则是:女性生来就是自由的,只是由于被偶然地抛入先天给定的"境遇",才成为不自由的所谓女性,唯有诉诸女性的自由主体意识,才能超越原来的"自我",创造"新我"。由此可见,马克思是一个生活决定意识的唯物主义者,而波伏瓦则是一名意识主宰生活的唯心主义者。此外,在对待历史唯物主义的态度上,波伏瓦也是颇为矛盾的。在反对庸俗唯物主义时,波伏瓦甚至借用历史唯物论的观点去驳斥。她颇怀好感地提到历史唯物主义阐明了一些最重要的原理,如人类不是动物,而是历史现实等,以此去论证她自己的"妇女不能仅仅被看作性有机体以及妇女的自我意识不是仅由她的性机能来表明"的观点。她进一步由此而发挥自己得出的"妇女的自我意识反映出由社会经济组织决定的社会状况,社会经济组织反过来又表明人类已经达到的进化阶段"的结论。此外,波伏瓦还大为赞赏恩格斯的"妇女史从根本上取决于科技史"的观点,以及倍倍尔的"妇女和无产者都同样遭受践踏"的观点。但是,作为存在主义者的波伏瓦,只是以唯心主义辩证法的本末倒置的观点,参与对庸俗唯物主义和社会生物主义的讨伐。她既颠倒了女性的自我意识与社会经济关系的关系,也曲解了恩格斯有关妇女发展的观点。众所周知,恩格斯《家庭、私有制和国家的起源》的基本观点,以摩尔根的科学成果为主要依据。恩格斯的真实观点其实是认为妇女发展史从根本上取决于直接生活的生产和再生产,而不是从根本上取决于科技史。这与摩尔根的生产、经济的发展决定家庭的产生和发展的观点,完全一脉相承。诚然,科学技术是一种既得的生产力,但这种生产力只有通过一定的社会组织的作用才能发挥出来,它实现的程度最终取决于一定物质生产方式的人的活动。在生产力要素中的"工具和人"中,人是最重要的因素,而人又存在于一定的社会生产关系之中。从社会进化论的角度,其实质也就是从历史唯心论的角度,波伏瓦推测恩格斯将妇女归结为"从根本上取决于科技史"的观点,这样做是完全违背恩格斯原意的杜撰行为。恩格斯虽然在《家庭、私有制和国家的起源》中充分肯定了科技发展对社会经济发展以至人自身发展的重大作用,但是,他从来没有将它拔高到超越社会经济关系的高度。波伏瓦还声称:"我们不可能从私有制导出妇女受压迫的结论……历史唯物主义忽视应当给予解释的事实:'利益'是联结人和财产的纽带;但'利益'——社会组织的源泉——的源泉在哪里?"[20]这句话只能表明,波伏瓦并不理解把一切社会发展的终极原因归结为生产力的发展状况,进而提高到生产关系的高度去认识的马克思主义常识,因而她丝毫不愿意承认社会利益的最高表现形式就是与社会发展方向一致的阶级的利益。当然,她更不愿意承认它的源泉就是因生产力发展和社会分工扩大而造就的先进阶级的社会存在,而正是这种社会存在致使先进的生产关系得以确立。更为可笑的是,波伏瓦竟然虔诚地相信奴役他人的现象是人类意识横行肆虐的结果,它总以客观的方式施行主观愿望。如此看来,她的见解与当年杜林认为鲁滨孙奴役星期五的原因在于暴力的看法如出一辙。既然杜林不能够解释暴力的根源,恐怕波伏瓦也难以说得清"人类意识之所以横行肆虐"的原因所在。

波伏瓦还十分不公平地指责恩格斯"试图把两性间的对抗归结为阶级冲突"[21]。翻遍《马克思恩格斯全集》,也难以找得到恩格斯简单地将两性间的对抗归结为阶级冲突的言论。恩格斯并没有抽象地去谈论所谓两性间的对抗,更没有臆造两性间的对抗必然导致阶级冲突。他只是向人们揭示:随着母权制的被推翻,剩余产品和私有制的出现,人类社会必然会分化为阶级,与此同时男女关系则必然受阶级关系的制约,即婚姻变成了不是以自然条件为基础,而是以经济条件为基础的个体婚制。用恩格斯的话来讲就是:"在历史上出现的最初的阶级对立,是同个体婚制下的夫妻间的对抗的发展同时发生的,而最初的阶级压迫是男性对女性的奴役同时发生的。"[22]请注意,在这里阶级压迫和两性冲突是同时发生的,它们之间是对等的并列关系,而非从属关系;它们的根源都在于私有的经济条件,即私有制。如果再重温一下恩格斯在《费尔巴哈与德国古典哲学的终结》一书中的论述,就更能看出恩格斯丝毫也无意将两性间的对抗简单地归结为阶级冲突。恩格斯写道:"人与人之间的,特别是两性之间的感情关系,是自有人类以来就存在的……这种宗教也许明天就会完全消失,但是爱情和友谊的实践并不会发生丝毫变化。"[23]恩格斯是承认两性之间的天然关系的,只不过他很遗憾地认为,在人们不得不生活于其中的,以阶级对立和阶级统治为基础的社会里,同他人交往时表现纯粹人类感情的可能性,已经被破坏得差不多了。

波伏瓦还攻击历史唯物主义只把男人和女人看作经济单元的所谓"神话"。她宣称:"在个人生活下面,如同在人类经济史下面一样,是一种存在主义基础,我们仅凭这一基础,就可以从整体上了解那种我们称之为人类的特殊生物。"[24]马克思主义者并没有把女人只看作经济单元,他们只是从有利于妇女自身解放和自我发展的角度出发,大量地动员妇女参加生产。在工作领域,马克思主义者并没有将妇女当作简单的生产劳动者；他们尤其关心妇女的政治觉悟和思想文化素质的提高。从社会主义一系列法律和条令对妇女劳动和妇女特殊利益的保护上，人们能得出社会主义并没有抹杀两性间生理和心理差异的结论。就意识形态领域而言，马克思主义创造人早就宣布他们希望未来的新社会，"在那里，每个人的自由发展是一切人的自由发展的条件"[25]。这里面难道有任何将女人只当作经济单元的成分吗？波伏瓦对历史唯物论的挑剔，表明她丝毫也不理解私有化绝不是一种个人的偶然行为，也不是一种个人主观意志的产物；它乃是个人所赖以生存的客观经济条件变更了的反映，它反映着一种铁的、历史发展的逻辑，它以个性的丧失和性的异化为代价推动着社会历史的发展。在《第二性》中，波伏瓦拿弗洛伊德的"人的生物体存在"去攻击马克思主义的"社会存在"概念，硬说马克思主义忽略妇女"性的身份"；同时她又借用历史唯物论的个别概念去反对精神分析学派的"性的滥觞"，企图为女性的自主意识保留地盘。这种社会历史观的混乱，必然导致她散布"意志、性和科技进步带来的物质可能性共同推动历史发展"的谬论。请看波伏瓦的最后结论："认识身体、性生活以及科技的来源，它们的存在才是具体的。肌肉群、男性生殖器、工具的价值，只有在价值世界中才能得到定义：它们是由存在者寻求超越的基本愿望决定的。"[26]好一个由存在者寻求超越的基本愿望，它岂不是个体的欲望和需求推动历史发展的同义语，这里难道不是露出了唯心主义的尾巴吗？！

由于女权主义者在思想理论上的不彻底性，反映在政治活动中，她们批判的锋芒并没有触及资本主义社会的实质，并没有超越一般民主主义的政治要求而希冀在所有制关系上来一个彻底的变更。女权主义在政治上的要求只注重形式，而忽略内容，只求占有一定名额的女性参政比例，而忽略政权本身对女性的基本态度。换言之，女权主义者把妇女参政问题并不当作制度的问题，而主要地归咎于社会舆论和文化传统对于两性认识方法上的不同。故此，她们只企图在现存的政治和社会结构以内进行温和、合法的改良，并不诉诸激越的革命手段。在1908年的宣言书中，英国妇女参政权联合会宣称："本会反对作政治运动时使用暴力，本会相信要达到妇女参政的目的，是只有采取合法的手段，以作合法的运动，本会以后仍坚执立宪主义的态度。"在西方国家，妇女参政运动初始阶段热情洋溢，但其后多半虎头蛇尾，至今成效甚微。1920年，美国联邦议会就通过了给予妇女以参政权的议决草案，但迄今没有出现过一位女总统，就是女部长之类也是寥若晨星。在1920—1970年间,美国仅有10名妇女曾经在参议院工作过,仅有3名妇女做过州长,仅有3%的法官是妇女。美国妇女甚至为争取一条男女权利平等的宪法修正案进行了几十年的努力,好不容易在1973年争取到了国会的通过,可是直到1987年仍因得不到必要的三分之二的州(38个州)的批准而不能生效。在20世纪70年代,美国女大学毕业生所得到的平均收入可能比一个小学毕业的男人的钱还要少。在英国,即便出现过女首相,但对妇女地位从整体上提高的影响力并不大,英国妇女在工作领域依然不能完全享受与男子同工同酬的待遇。在法国,据日本女性学者富士谷笃子在《女性学入门》一书中介绍,直到20世纪80年代,法国妇女的法律地位还低于男子;其表现是丈夫可以杀死与人通奸的妻子或奸夫,而妻子若杀死与人通奸的丈夫却要以杀人罪论处。实质上,西方女权主义者发起的女子参政运动,只是占妇女人数很少的中、上流阶级妇女的做官和当议员的运动,与广大劳动妇女的生活很少发生密切关系;它已经被历史证明了是一场不大不小的"政治闹剧"。由于女权主义者的理论出发点着重于对女性生理和心理以及价值观念的主观分析,着重于与传统文化和社会保守观念的决裂,以致完全忽略了对社会经济基础进行缜密而又细致的分析和研究。她们拿不出任何像样的经济理论和社会纲领,有的只是在哲学、心理学等领域内早已被人用腻了的空泛的"自由主体""自我意识"和"自我价值"等概念。因此,在政治变革中,女权主义者只能是随波逐流,而在经济变革中,她们也仅仅热衷于提倡生活方式的改造,而无意于生产方式的翻新;或者她们发出无穷的抱怨和抗议,甚至"为了一碗绿豆汤而被迫出卖掉自己的长子权"。正如知识分子不是一个单独的阶级,而是一个阶层,只能依附于某一个阶级一样,女权主义者本身也不可能构成一个完整且独立的集政治、经济、文化诸因素于一身的社会集团。它的基本社会理论和社会行动纲领只能从租借而来。它注定要成为某一个政治集团、经济派别或文化流派的传话筒,不是吗?法国的女权运动乃是法国大革命的产物,英国妇女参政运动是"民权主义"运动的副产物,美国的妇女运动由于解放黑奴运动的高涨而兴起;那种所谓纯粹的、独立的妇女运动不过是自欺欺人之谈。著名学者穆勒、傅立叶、倍倍尔、马克思、恩格斯、萨特、马斯洛、马尔库塞、弗洛姆、弗洛伊德、奈斯比特、托夫勒等,他们的思想观点对于女权主义者或多或少都产生了这样或那样的影响。事实上,写出《第二性》的波伏瓦信奉存在主义,创作《女性的奥秘》的贝蒂·弗里丹曾研究过形态心理学,而《自然女性》的作者苏珊·格里芬则是一个不折不扣的科学主义者和社会生物主义理论的追随者,也即带着自然主义哲学痕迹的进化论人道主义者。她们的思想并非无本之木和无源之水。

在文化建设上,女权主义者从新的思维、新的视野和新的发掘的角度对传统文化的反思和对女性文化的张扬,对整个人类文明发展的促进作用是巨大的。但是,它在强调"女"的一面的过程中,却丢掉了"人"的一面;它诉诸批判有余,致力于继承不多。甚至把许多人类共同的精神财富(自然也包括女性创造的在内)都划归于男性文化的范围内而一笔勾销;这未免有点儿轻率。譬如,对于伟大作家托尔斯泰的私生活以及他的伟大作品《战争与和平》的刻薄的评价,对于伟大的现实主义作家巴尔扎克的婚姻社会学思想的刻薄的嘲弄,这些充分反映了波伏瓦评价文学人物及其作品时,单纯地从极端的女性权力意识出发,而不是科学地从剖析具体的社会历史环境入手,去把握和分析典型人物及其思想。如果比较一下恩格斯对巴尔扎克、列宁对托尔斯泰的评价方式与波伏瓦对巴尔扎克和托尔斯泰评价方式的不同,就可以看出后者是多么的肤浅、牵强附会和主观臆断。对于许多优美的世界民间文学,如古希腊罗马神话故事、优美的安徒生童话故事、阿拉伯民间故事《一千零一夜》等,波伏瓦总是以符合不符合女性的自我意识作为唯一的评判标准,而不是持一种历史主义与现实主义相结合的观点去分析它们。一概地否定白雪公主、睡美人、灰姑娘、白马王子等文学形象,就等于把文化传统中的人民性与性别歧视混为一谈。如果按照波伏瓦的观点来评价中国四大古典文学作品,那么它们岂不是大都变成了性别歧视文学了吗?对过去的一切文化形式说个"不"字很容易,但是要取而代之谈何容易?不采取扬弃的方法而施行一概否定和一棍子打死的做法,它除了消减人们的生活热情,对单纯而又单纯的所谓"女性文化"敬而远之,当然是什么也得不到的。即便是歌德、劳伦斯、克劳代尔、布勒东这些知名的文化人,在波伏瓦的笔下,也都或多或少地犯上了制造"女性神话"的嫌疑。唯一的司汤达,之所以备受波伏瓦的垂青,仅仅因为女性在他眼中被简单地看作同样的人类,而司汤达作品《红与黑》中的深刻的现实主义意义,在她似乎觉得不值一提。

女权主义者基于存在主义的观点和方法对于女性生理和心理状态作为一个发展过程的描述,向人们展示了一个他们前所未闻的知识领域。只是令人遗憾的是,她们那种有意缩小甚至企图否认两性生理和心理差异的做法,却起到了相反的效果,即抹杀了女性自身的性别存在和性别价值。这与恩格斯在《英国工人阶级状况》一书中所描绘的那种"男人不成其为男人但又因不能真正地变成女人而抹杀了男性的性别价值"的状况颇为相似。女权主义者十分正确地抨击了私有化背景下的男人把女性当作泄欲和生育的工具、家务的奴仆、花瓶摆设等愚蠢和自私的行为,强调了女性作为人类之本质的尊严,但是,她们却因缺乏辩证思维的方法,矢口否认女性是人的存在与性别存在的统一体。实际上,女权主义的理想人格是女性男性化,而不是男女中性化;因为她们只强调男女间的对立因素,否认男女间的异质整合和统一。波伏瓦充满自信地写道:"如果妇女能成功地把自己当作主体,就会创造与男性生殖器同等的东西……给妇女下定义的并不是客观物体自身,而恰恰是她自己性感生活中对客观物体的感受。"[27]从她拒绝接受精神分析学的基本方法,批评了弗洛伊德理论不利于女性确立自身主体价值的这一面看,波伏瓦的确是生气勃勃的、真理在握的;但令人担忧的是,她的过激观点是否会给传统观念的维护者以口实,并且会给女性的生活实践带来一定的麻烦。君不见,在社会环境和传统观念的双重重压下,加上对波伏瓦"女性自强"观念的滥用,已经有不少美国女性变成了所谓"E 型女性"。她们实际上已经丧失正常人丰富而有意义的生活,变成了畸形地发展着的人。

**参考文献:**

[1]—[12][14][15][20][21][24][26][27]西蒙娜·德·波伏瓦.第二性——女人[M].桑竹影,南珊,译.长沙:湖南文艺出版社,1986.

[13]奥古斯特·倍倍尔.妇女与社会主义[M].沈端先,译.北京:生活·读书·新知三联书店,1955.

[16]谢苗诺夫.婚姻和家庭的起源[M].蔡俊生,译.北京:中国社会科学出版社,1983.

[17]赫伯特·马尔库塞.单面人[M].左晓斯,张宜生,肖滨,译.长沙:湖南人民出版社,1988.

[18][19][25]马克思,恩格斯.马克思恩格斯选集:第1卷[M].中共中央马克

思恩格斯列宁斯大林著作编译局,译.北京:人民出版社,1972.

[22][23]熊复.马克思恩格斯列宁斯大林论恋爱、婚姻和家庭[M].北京:红旗出版社,1982.

(原载《妇女学苑》1996年第3期)

# 社会性别分析的思想意义和实践价值

社会性别概念被引入我国女性学研究并逐渐渗入中国妇女生活,还是自1995年第四次世界妇女大会召开以来短期内的事。时间固然短,它的辐射面和影响力却很宽泛、很强烈。理论的普及范围往往取决于现实生活的需求程度。中国社会正处于转型期,在这一特定的历史时期,中国女性在生存与发展中面临着许多让人困惑的问题,如就业不平等、文化上受歧视以及因社会地位和家庭地位低落而引发的其他问题等。这些问题对两性平等及其和谐发展的负面影响甚大,严重地干扰了女性的进一步解放。实践呼唤理论的支持。在构建有中国特色的妇女解放理论体系的过程中,积极借鉴国外女性主义思想中的科学成分和合理因素是既必要又有益的,它有益于我们对当代中国妇女的生存与发展现状获得客观的、辩证的、全面的认识,做到系统而又深刻的把握。

## 一、社会性别概念的由来

### (一)性、性别和性别的自我概念

从解剖学的角度看,性是有关生殖和性欲的生物学术语。美国性学家海德认为,性是按照基因和性器官的不同将有机体分为雄性和雌性,或特指性的行为。[1]性别则主要是用于精神心理和社会意义的表达。美国学者昂格尔认为,性别是带有心理学意义和文化意义的概念,是一种社会标签,用来说明文化赋予每一性别的特征和个体给自己安排的与性有关的特质。[2]在英文中,性通常用sex表示,主要指人的生物属性,性别则一般用gender表示,侧重于人的社会属性。性与性别这两个词的区别对于西方现当代女性学研究来说十分重要,因为舍此而不能建立其学术和理论的核心概念——社会性别。在西方女性主义者的著作和文章中,社会性别与性别是同义语,均表示两性之间的以文化为基础的社会差异。作为生物构成的性是先天就有的,而作为社会构成的性别则是后天形成的。用法国女性主义者西蒙娜·德·波伏瓦的话来说:"女人不是天生的,而是变成的。"[3]爱波斯坦也曾认为:"除了性和生育功能外,男女生物上的差别对他/她们的行为和能力几乎没有影响;……社会权力的分配对男女所处不同社会状况的影响,要比他/她们与生俱有的生物性差异的影响大得多。"[4]可见,社会性别有别于人的生物学、解剖学意义上的两性特征,前者可以通过生活实践加以改造和改变,而后者一般来说很难变更。

按照现代社会心理学的观点,人的"自我"具有与其本身的生理有机体不同的特征,它不是与生俱来的,而是在人的社会化过程中出现并且不断地得到校正、补充和发展。个人在自身发展过程中所形成的关于自己相对稳定的看法即自我概念,它是个人"自我"的理念化,也即从感性认识向理性认识的一种飞跃。比如,一个人在做自我鉴定时,从他对自身各方面的评价中就折射出一种有关自我的概念。当然,这种自我概念可能符合实际,也可能不符合实际。性别的自我概念,它是指身为不同性别的个体在社会化过程中对自身性别角色的自我认同,这种自我认同具有相对稳定性,不易被改变。个体性别自我概念的形成往往受到他人或社会群体关于两性性别角色固定看法的深刻影响。例如,在中国传统社会,女孩子自幼便受到《女诫》《女儿经》《列女传》《女论语》等类妇教、闺训文化的熏陶,身边年长女性的言传身教也对她们起着很大的示范作用。在如此的环境和氛围中,她们只能形成"三从四德"之类淑女型的性别自我概念。美国学者乔治·赫伯特·米德在他的著作《心灵、自我与社会》中将自我划分为"主我"与"客我"。在他看来,"主我"是指一个人针对某种情境坚持自己的权利,说出自己新奇的也就是有创意的想法,而"客我"则是指一种循规蹈矩的、习惯性的个体,他遵循各种惯例和既定法则。按照这种划分,在中国古典文学名著《红楼梦》中,那位个性强烈的林黛玉的心理堪称"主我"型的,而慎言谨行的薛宝钗则属于"客我"型的。前者淡漠仕途经济,追求自由爱情,是一种叛逆的女性形象;后者却迷恋功名利禄,恪守妇规妇道,是一副刻板的"贤妻良母"面孔。性别的自我概念是在主观见之于客观的、社会与家庭生活实践的过程中后天形成的,因而它是动态的、可变的。个体在早期社会化中所形成的社会性别特征,有可能被成年后新的人生经历所改变。

### (二)社会性别的理论界定

社会性别是现当代西方女性主义理论体系中的主要范畴和核心概念。20世纪70年代初,西方女性主义学者开始构建社会性别概念。这一概念的要点在于,它认为造成性别不平等的主要因素不是男女的生理差异,而是男女之间由社会文化塑造的性别差异。社会性别概念是20世纪六七十年代风起云涌的西方女性主义运动的理论结晶。它不仅推动西方妇女运动的深入和扩大,而且极大地丰富了世界妇女运动的理论宝库,以致妇女研究在现当代西方社会又被人们称为社会性别研究。

在将社会性别概念提升至社会性别理论的过程中,有许多西方女性主义者做出了贡献。这里面有波伏瓦的"第二性"、海迪·哈特曼的"性别分工"、艾里斯·扬的"妇女边缘化"、卡罗·吉里根的"女性关爱伦理"、乔多萝的"性别认同"、盖尔·卢宾的"性/社会性别制度"、琼·凯利—加多的"性别的社会关系"、凯琳·萨克斯的"社会性成人"以及洛伯的"社会性别机制论"等。在这些学者看来,不平等的社会性别关系是劳动分工、社会状况、性基本概念、权力关系等多重因素交互作用的衍生物,它既在理念上,又在结构上反映着一种和支配与被支配有关的社会关系因素。蕴藏在社会结构中并由社会意识形态强化的这种不平等关系的延续,使得机遇、资源、权力、特权乃至责任被按性别,不平等地分配和一次又一次地再分配……

尽管自20世纪90年代以来,西方女性主义学派林立,在激烈交锋中不断推陈出新,但社会性别概念作为妇女运动理论基石的地位和作用却始终没有被动摇和被取消。相反,各式各样对社会性别概念的理论质疑和思想挑战,却更加丰富它的内涵,拓宽它的外延,尤其是将它置于阶级、种族、民族等相互的交叉网络关系中去考察,深化了人们对于妇女运动历史与现状的认识和理解。

## 二、社会性别分析的思想意义

社会性别分析在推动女性个体从"弱我"转化为"强我"的过程中起了十分重要的作用,它有益于增强女性间协商与合作的群体意识。女性改变自身实际生活现状的发展型渴望产生了对社会性别分析的迫切需求,而这种需求的实现在很大程度上又有赖于社会性别分析能否被创造性地运用到她们的实际生活中。

**(一)超越世俗偏见,确立女子自我意识**

像其他科学的思想方法一样,社会性别分析为女性正确认识个人主观世界和社会客观世界提供了一种有益的视角和有用的概念。

就个人主观世界而言,社会性别分析唤起女性"自我意识的觉醒",帮助她们走出"自我意识的空洞",推动她们确立独立而健全的人格,使她们能以独特的视角和独到的见解审视人生和看待社会,最终找到生活中适合自己的位置。

在女性形成自我意识的过程中,比起男性,她们往往要受到性别分化及其性别认同意识的负面影响。这是因为由传统文化所约定和规范的女性范型从根本上不利于女性自我意识的确立。许多女性正是在与这类固定而刻板的女性范型对抗和较量的过程中,才得以确立个人的自我意识,形成"自尊、自信、自立、自强"的健全人格。而那些墨守陈规或逆来顺受的女性,却往往在顺从和迎合那种世俗而又僵化的女性范型的过程中丢失了"自我",或者形成了虚假的"自我"。用女性学的语言来说这也就是形成了女性所特有的社会性别身份,致使她们在生活中自觉或不自觉地处处以第二性的心态和行为方式约束自己。中国的"贤妻良母"、日本的"教育妈妈"和"全职太太"以及以往西方的 3K 女性(以厨房、教堂、育婴室为生活基地的妇女)等由社会约定俗成的、固定化的社会性别角色,具有对妇女单向指派的伦理不公正性,并且这种单向指派容易将一性别对另一性别的潜在支配合法化,从而导致持续的社会性别的不平等。然而,由于它在一定程度上有利于社会秩序的稳定,却又得到主流文化的默认和赞赏,以致影响到大多数女性的角色定型和行为选择。可见,一位女性自我意识的形成脱离不了她所处的特定社会环境和具体的文化场景。这意味着社会性别本身就像种族和阶级的概念一样,它不单纯是一种个人角色,其本质体现着在人的具体活动和交往情景中的不平等的社会关系特质。这种社会关系特质在取消或者将女性自我意识虚拟化的过程中扮演着积极而活跃的主角。因此,女性以挑战自我为心理指向的自我意识形成的过程,就是改变被不公正的社会关系因素所异化的"非我"或"假我"形象,去寻找"真我"的过程。

社会性别分析的力量和作用正在这里：它使女性的个人主体意识不被刻板、保守的制度规约所拘禁，不被川流不息的矛盾信息所困惑，更不被陈规旧习所包裹的甜蜜的糖衣炮弹所腐蚀。总之，社会性别分析能推动广大女性超越世俗，为她们创造"新我"提供精神支持和智力滋养。

**（二）跨越社会障碍，创造女性时代新价值**

"自我确认""寻找自我"和"发现自我"的过程不单纯是一种内省的个体心理活动，它也是个体意识在与外界各种环境因素互动中思想的外化运动。我们经常可以碰到这样一些女性，她们性格稳健，遇事反应机敏又沉着，处理问题灵活而果断，交往热情，富有魅力，自主而又与人为善。不明真相的人常误以为她们身上本来就具有这样的天赋。然而，与她们深交的人却知道，多年前的她们也曾是思想禁锢和情感压抑的"女性气质过强者"，她们没有主见、多虑、好冲动、感情脆弱、情绪多变、过于关心自己的举止和仪表等。重大的生活变故和人生挫折改变了她们，使她们在强刺激下认识到过去生活的空洞和无聊，萌发了驱逐"旧我"再造"新我"的自我意识。她们不仅思考个人的生活意义，寻求自己的生活目标，而且在与社会性别偏见和制度性障碍实际抗争的过程中验证和进一步强化了对这种意义和目标的认定。失败的生活教育了她们，对自我的社会性别解剖点亮了她们，成功的抗争又进一步使她们的"自我"成熟。这一例子充分说明弱势女性挑战内心自我惯性与挑战外在社会偏见具有一致性，它们都从属于共同的目标——改变或摆脱原有的社会性别身份，重塑一个全新的自我。

不合理的政策规定与文化约束是阻碍女性进一步解放与发展的社会客观障碍。从总体上看，我国政府为中国妇女的进一步解放与发展提供了有力的社会制度保障。但是，中国是一个经济社会发展不平衡的国家。受此影响，城乡之间、地域之间、群体之间妇女地位的提高也处于不平衡状态。这就容易造成一些不合理的土政策规定，它们施行后的实际效应与宪法规定的男女平等的总体原则所期望达到的，有着较大的差异。比如，在城乡分割的二元社会管理体制下，农村进城打工妹的处境就是这样。这么一支庞大的女性群体，她们在就业、婚恋以及将来的子女入学等方面均受到一定的社会歧视。究其根源，她们原有的农民身份和性别身份在很大程度上制约了她们及其子女的自由发展。再比如，社会上所普遍通行的男60岁、女55岁退休的年龄界限，就是在受到传统性别观念的影响下制定的,因为它预先设定了在精力、体力乃至能力等方面的性别差异。还有,由改革的深化所带动的利益格局的调整在一些方面和一定程度上也加大了性别间的差异。弱势女性群体的出现与原有的社会性别差异因素有关,如社会生活中普遍存在的男高女低、男主女次等。改革政策的出台对男女两性使用了同一的尺度,从形式上看是平等的,但是其中没有也不可能考虑到女性家务劳动的价值、社会生育的价值及教育子女的价值等。相反,却有一些单位和企业,借改革的名义,采取威逼利诱的土政策,迫不及待地要把女职工"驱逐出境"。

比起不合理的政策规定,社会文化的约束对于妇女进一步解放与发展的负面影响更为严重,因为它是潜在的、无形的,由世俗所支撑并且得到大众传媒的赞助。第二期中国妇女社会地位抽样调查主要数据报告披露:农村女性文化程度为初中以上的比例是42.3%,比男性低20.8个百分点;58.8%的女性只有小学及以下文化程度,比男性高21.9个百分点;女性文盲率为13.6%,比男性高9.6个百分点。究其成因,主要是农村家庭对女性教育的期望值偏低,比如,在未能继续升学的女性中,父母不让上学的占36.8%,比男性高近9个百分点。这些表明,男女之间所遭遇的不同的生活机遇和文化对待在乡村较为封闭和落后的交往环境中,只能继续产生并扩大着社会性别差异,并且强化着被习俗认可的社会性别秩序。对于那些在人生旅程上刚刚启程的农村失学女童来说,如果没有什么特别的因素能改变她们现有处境的话,她们只能重演上一代文盲、半文盲女性的老故事。

通过以上分析,我们可以看到,中国女性进一步的解放与发展任重而道远。要使法律上的平等真正转变为事实上的平等,还有待于她们付出更大的努力,去扫除横亘在她们前进道路上的种种有形的或无形的社会障碍。

总之,学习与掌握社会性别分析方法并将其与其他科学的思想方法融会贯通,用以了解女性生存与发展的真实处境以及女性一系列现实问题产生的根源,这无疑对女性个人明确生活意义和确定生活目标,以及对女性群体强化自身的整体意识,进而制定自身进一步解放与发展的战略和策略,均具有很大的思想启迪意义。

## 三、社会性别分析的实践价值

在妇女地位依然存在着城乡差异、地区差异、人群差异乃至阶层差异的情况下,掌握社会性别的概念并运用社会性别分析的视角具有重要的实践价值。因为,妇女们可以以此去观察妇女现实的生存与发展环境,揭示现实生活中妇女问题的成因,监督和推动各级行政决策机构及各类企事业单位的决策层在制定有关政策时充分考虑到妇女的利益、愿望和要求。事实上,在现实生活中,妇女的利益、愿望和要求在一些场合和一定程度上被忽略了。

其一,劳动领域的性别分化,如农业劳动的女性化趋势、城镇就业中的女性低层次堆积现象、弱势群体中女性所占比例偏高的现象等,这些社会经济生活领域内的妇女边缘化倾向违背妇女日益高涨的经济独立的要求。

其二,女性在各级领导岗位上比例偏低、女性参政比例偏低以及女性参政的舆论环境较差等,这些社会政治生活领域内的女性受冷遇的现象有违女性不断增长的参政和议政的要求。

其三,全国文盲中女性比例偏高、高级职称中女性比例较低以及在主流学术界中女性话语居于边缘地位的现象有悖于妇女提高素质、争取文化发言权的愿望。

其四,女性在大众传媒中被物化、被商品化以及被客体化的趋向使妇女在文化建设参与方面的声音微弱,独立意志得不到表达,侵害了她们的精神利益及其全面发展的权益。

以上各点表明,阻碍妇女进一步解放与发展的不合理的制度性和政策性因素以及陈旧的社会性别秩序和规范绝不会自己消失,妇女必须立足于自身的力量,以社会性别分析的有益视角和敏锐眼光,以"四自"精神与社会性别意识相互交融的智慧和胆略,认清社会发展形势和自己所处的生存与发展环境,并且以自身的努力,去争取社会各方面的理解和支持,进而推动对带有社会性别偏见的各种社会政策和措施的改变。

我们应该看到,在整个城市化、市场化、人口流动化的社会发展大趋势中,阶层分化、城乡分化和性别分化是一个不以人们主观意志为转移的客观现象。

其中,由性别分化产生的矛盾和带来的问题不比前二者少并且总是与它们交叉地混杂在一起。要清醒和准确地认识女性在非农化过程中、城市产业结构调整过程中以及社会文化变迁过程中利益的流失和发展的滞后,就有必要将性别分化从阶层分化和城乡分化的缠绕中剥离出来,使其保持相对的、被观察和被分析的位置。这也就自然引申出社会性别分析对于分析和解决现实妇女问题的实际应用价值。只有积极地运用社会性别分析的视角,人们才能看清那些貌似公平而实际上却不合理的事情背后的男性优先的利益格局。这些利益格局被大众社会文化心理积淀中已定型的性别角色意识所默认,已经构成了一种潜在的规则,即凡事应当男先女后、男主女次。这种大众化的习惯心理定式比那些公开表现出来的、带有性别色彩的政策和规定更难改变。这种大众文化心理习惯的惰性也与中国长期存在的"二元"社会结构有着内在关联。这种"二元"社会结构不仅仅存在于经济方面,它也渗透到社会的政治和文化的各个方面。比如,中国的农业人口过多及其非农转移迟缓,使得一个完全意义上的中国社会的中间阶层至今没有形成,这也就是说中国缺乏作为市民社会的公众生活。人们就容易只要清官不信民主,或者是只有管理没有服务。"二元"社会结构及其管理模式不仅产生了"三农"问题,而且带来性别问题,因为性别等级是社会等级基础的基础。这样,通过社会性别分析,妇女们就可以认识到改变自己的社会性别身份与中国社会的民主化和现代化进程的一致性。

社会性别分析也有益于增强女性的团结,强化她们之间协商与合作的群体意识。女性共同的生活经验、生活处境和生活目标是社会性别分析在不同的女性群体中得到欢迎和回应的原因之所在。社会性别分析使她们意识到,社会性别身份的束缚和社会性别角色的压抑并不是个别的现象或单个人的行为,而是一种普遍的社会现象和社会行为。所以,个人要想完全地、彻底地摆脱社会性别身份的束缚,就必须主动地、积极地投入到整个女性群体寻求进一步解放与发展的共同奋斗中来。

总之,妇女改变自身实际生活现状的发展型渴望产生了对社会性别分析的迫切需求,这种需求的实现在很大程度上又有赖于社会性别分析能否被有效地、创造性地运用到她们的实际生活中去。当然,性别分析并不是唯一科学的思想方法,人们还应当结合其他已经被实践证明为科学的思维方法,去辩证地、综合地看待与研究妇女问题。

**参考文献：**

[1] JANET SHIBLEY HYDE. Understanding Human Sexuality. NewYork：MCGraw-hill.1979.

[2] UNGER,R·K. Toward a Redefinition of Sex and Gender. The American Psychologist,1979:1085-1094.

[3]西蒙娜·德·波伏瓦.女人是什么？[M].王友琴,邱希淳,等,译.北京:中国文联出版公司,1988:24.

[4]王政,杜芳琴.社会性别研究选译[M].北京:生活·读书·新知三联书店,1998:383.

（原载《中华女子学院山东分院学报》2002年第4期）

# 我国存在某些男女不平等现象的原因探析

近些年来,我国妇女劳动边缘化、妇女商品化、妇女合法权益受到侵犯等问题凸显。这些新问题的产生表明,现阶段我国妇女在政治、经济、文化、社会和家庭生活各个方面的地位仍与男子存在着一定的差异,法律上的男女平等在一定程度上还没有真正成为事实上的平等。现阶段男女不平等现象产生的原因是多方面的,在世界多极化、经济全球化和思想文化多元化的社会文化背景下,有必要探讨现阶段我国存在男女不平等现象的原因和实质,以进一步改善我国妇女生存与发展的环境。

## 一、现阶段产生男女不平等现象的主要原因

### (一)性别分工的大众文化心理积淀是现阶段男女不平等现象的历史根源

性别分工是以自然为基础的人类最早的社会分工。这种为了生育子女而自发的分工在一开始就"以缩影的形式包含了一切后来在社会及其国家中广泛发展起来的对立"[1]。阶级对立和男女对立在社会分工的基础上同时产生。在马克思和恩格斯看来,分工与私有制并无实质性区别,"一个是就活动而言,另一个是就活动的产品而言"[2]。故此,他们将妇女受压迫的根源归结为由分工推动所同时产生的父权制和私有制。在后来的社会主义实践中,马克思和恩格斯这一思想的原意被曲解,人们片面地强调私有制这种单一因素对于性别关系的影响,却忽略了父权家长制意识残余对于妇女生存与发展的负面影响和作用,甚至以革命的名义将其纳入社会主流文化的轨道。比如,苏联东欧传统社会主义体制中的政治家长制与日常生活领域中的性别差异及其矛盾有着内在的逻辑关系,而意识形态中的道德教条主义则与落后传统

文化中的父权家长制意识残余不谋而合,被同时运用于苏维埃国家社会主义的宣传和实践之中。从严格的意义上讲,东欧剧变后,那里大男子主义的抬头并非由私有化所直接导致,而是传统社会主义体制崩溃后父权家长制意识残余的惯性作用使然。

中国的父权家长制意识残余也曾在改革开放前的人民公社体制内通行无阻,并且被赋予相当的政治权威和标准的思想意义,在一定程度上支配着人们的社会生活和家庭生活。这种影响虽然历经改革和开放的冲击,依然顽强地存在着,因为在中国目前不发达的社会主义条件下,性别分工的大众文化心理积淀十分深厚,这一父权家长制意识残余已成为妇女发展道路上的拦路虎。二十年前,在中国舆论界曾发生过一场有关"二保一"的讨论,之后也曾有过妇女应不应该回家的争论。现在看来,当时争论中的失败者却在实际生活的演变中成为局部的胜利者,因为在一些家庭,传统性别秩序已经通过一部分女性的暂时性退让得以重建。从大范围看,在农村,妇女向非农产业转移要比男子迟缓得多,这使农业出现女性化趋向,许多留守农村的妇女自身的发展受到较大限制;在城市,青春女性职业使市场对性别的选择模式化,成为女性家庭角色的社会延续,女性参政阻力的增大和女性就业质量的下降则拉大了两性在社会生活方面的差距,并且对新型家庭生活关系的形成产生负面影响。

**(二)阶层分化是现阶段男女不平等现象的社会根源**

在社会中上层中妇女所占比例较小,而在社会中下层乃至底层中,妇女所占比例较大。这是因为就总体状况而言,妇女无论在对社会资源和经济资源,还是在对文化资源的拥有上,均与男子存在着较大的差异。现阶段妇女就业率的下降及其劳动的边缘化状态与当代中国社会阶层的分化有直接的关联,换句话说,贫富差距和性别差别的产生是现阶段一种共时性的社会同步现象。对于大多数妇女来说,她们必须同时应对两种挑战,既要反对自己在社会生活领域中所受到的歧视,也要反对自己在私人生活领域中所遭受的不平等对待。女性在社会困难群体中所占比例较大的事实表明:她们生存与发展的条件同时受到社会关系和自然关系的交替性限制,她们依然是需要社会救助与家庭扶持的社会群体。

### （三）现代科层制认同传统性别歧视意识是现阶段男女不平等现象的文化根源

传统性别歧视意识依附于根深蒂固的社会习俗而长期存在，且很快就被融入现代社会中的科层制，在现代社会建构中相互适应、相互配合和相互补充。从本质上看，现代社会中的科层制体现着冷冰冰、僵硬、带有男性权威的现代工业社会的等级秩序，也就是代表着"工业化男人"的世界。无数事实表明，现代科层制与传统性别歧视意识就维系或扩大性别不平等已达成默契，它进一步佐证了性别差异与社会差异构成一个问题的两个方面。西方女性主义者海迪·哈特曼曾认为妇女在劳动力市场中的处境同性别分工是家长制与资本主义体制长期互相作用的结果。[3]现代社会中的科层制认同传统性别歧视意识是一种带有规律性的历史现象，两者的联手注定要将妇女推向社会生活的边缘。性别分工与社会分层的严峻现实启迪妇女：自身权利的获得不能指望别人的恩赐，它只能凭借妇女自身艰苦卓绝的努力，在与偏见和不公正斗争的过程中去争取。因为，拥有"世袭领地"并且享受现实好处的男性绝不会拱手相让既得利益。这就像恩格斯在论及人类从杂婚制向个体婚制的过渡时讲过的那样："这个进步绝不可能发生在男子方面，这完全是由于男子从来不会想到甚至直到今天也不会想到要放弃事实上的群婚的便利。"[4]说到底，科技进步与经济发展不可能自动惠及妇女解放，后者需要诉诸社会变革基础上的女性的历史主动性。

### （四）资产阶级法权的存在及影响是现阶段男女不平等现象的伦理根源

现阶段在我国法律范围内所规定的男女平等的权利，依然被限定在一种形式主义的社会伦理框架内。所谓平等的权利，对于不同的性别来说在实际上并不平等。在现实的劳动力市场上，无论男女均要按自身的实力去竞争职业岗位，却不会考虑两性在个人素质方面由于历史起点不同所形成的差异，更不会考虑妇女因为生育职能和家务劳动的重负荷而造成的与男子的现实差异。要避免这种弊端，法权规定就应当用不同的尺度去对待具有实际差异的不同的性别群体。现阶段，我国男女两性在法律形式上平等而在实际生活中不平等的现象增多，加剧了社会公正与效率的冲突，影响到妇女的进一步解放和发展。这就要求人们正确地理解平等的概念，超越资产阶级法权的狭隘眼界，善于以社会主义的原则和策略给予妇女的生存与发展以实际的法律调节和伦理支持，从而遏制在经济转轨与社会转型这种特定历史时期性别身份的负向变动,防止性别关系的逆转。

**(五)传媒的商业化倾向是加剧现阶段男女不平等现象的不良舆论因素**

在把女性的容貌、性、生活方式当作卖点的资本主义商业机制和文化观念的影响下,不乏有一些传媒在美化生活的幌子下兜售庸俗、落后的妇女观,甚至为利益驱使而蓄意散布性别偏见。有些媒体不厌其烦地宣传贤妻良母,夸张母爱,以拔高女性的家庭形象去贬低她们的社会形象,甚至将有些高官腐化变质的原因单纯归咎于妖艳女性的诱导,隐含美女致祸的陈词滥调。传媒的商业化倾向与蕴含人文精神、关注女性内心世界的先进文化走向背道而驰,营造了一种曲解女性愿望和要求的不良舆论环境。在一些媒体看来,那些关于时装、化妆、玩乐、保养、烹饪之类的情趣,以及关于婚姻与家庭生活的苦乐和烦恼就是女性生活的全部内容,仿佛每位女性生来就是一架消费机器或一个家庭作业者。这些实际上是商业化媒介的一般思维逻辑和促销策略,充分表现了权力市场化与妇女商品化结伴而行的庸俗的文化消费需求。传媒的商业化倾向对于妇女思想和行为的负面影响莫过于淡化她们的高级精神需求,使她们缺乏社会理想和生活目标。

## 二、现阶段我国男女不平等现象的实质

究其实质,现阶段我国男女不平等现象并非私有制和阶级对立的产物,而是现代化进程中市场失灵与文化失调综合作用的表征。所谓市场失灵,在这里是一种对经济学术语的社会学借用,意指市场经济未能自动地促进男女之间的平等。至于文化失调,则是指在传统与现代的交替期由思想理论滞后于现实生活而引发的文化失范状态,也就是文化更新隐入了二律背反的矛盾旋涡。

就市场经济的本质而论,它并无"性差",这只"看不见的手"一直推动着性别的均质化过程,这些可拿西方国家普遍经历的性别角色的互动性转换作为佐证。然而,在发展中国家市场经济启动的初期,也就是在不甚发达的市场经济状态下,不可避免地存在着由市场失灵与文化失调的综合作用而凸显的性别不平等现象。妇女劳动边缘化和妇女商品化在权力市场化这种特定的社会文化

背景下远比自由市场经济条件下显得突出,它们反映了传统性别歧视意识残余对现代妇女地位提高的强大阻力。所谓"发展经济必须牺牲妇女""繁荣必须'娼'盛"等论调,是在市场经济发育不完全和法律机制不健全阶段,陈旧的传统性别歧视观念沉渣泛起,渗入市场机制并加强市场的盲目性和非理性的意识形态表现。

市场经济具有两重性。一方面,它调动起人的个体主体性、进取性和创造性,具有推动人类社会前进的经济合理性;另一方面,它又可以导致物的关系对个人的统治、偶然性对个性的压抑,具有伦理道德上的缺陷。尤其是在市场经济发展的初级阶段,传统性别歧视文化的惰性心态与现代利己主义的畸形结合,使妇女的生存与发展面临新的困难。鉴于市场经济属性的内在矛盾以及这种矛盾在西方早期资本主义发展中所造成的社会性危害的历史教训,有人提出"道德经济"的概念,希望在当代中国的市场经济发展中,人们能够运用先进文化尤其是伦理道德的力量去遏制和约束市场经济的自发性和盲目性,使之沿着符合人性发展的轨道运行。现代人对于市场经济内在的伦理缺陷已经具有充分的认识,并且具有调控市场经济的愿望和能力,有可能在继续发挥它的生机和活力的同时去限制乃至消除它对于人类发展的精神异化力量。显然,女性对于自身历史地位及其使命的清醒认识、女性素质的全面提高以及女性文化的成熟正是人类调控市场经济的愿望和能力的历史体现。新世纪,中国借助自身社会制度的完善,通过在社会发展中坚持男女平等原则,在社会发展决策中坚持将社会性别观念纳入主流,以及在女性文化建设中坚持"四自"精神与社会性别意识的有机融合,有可能实现经济与社会发展中的男女平等。

总之,现阶段我国的男女不平等现象是市场经济发展初期市场失灵和文化失调综合作用的特定现象,有别于前资本主义时期所同时出现的阶级对立和性别对立现象,它有望通过国家的制度安排与女性的自身努力这种互动方式去加以遏制和消除。

**参考文献:**

[1]马克思.摩尔根《古代社会》一书摘要[M].中国科学院历史研究所翻译组,

译.北京:人民出版社,1965:38.

[2]马克思,恩格斯.马克思恩格斯选集:第1卷[M].中共中央马克思恩格斯列宁斯大林著作编译局,译.北京:人民出版社,1972:37.

[3]李银河.妇女:最漫长的革命　当代西方女权主义理论精选[M].北京:生活·读书·新知三联书店,1997:46.

[4]马克思,恩格斯.马克思恩格斯选集:第4卷[M].中共中央马克思恩格斯列宁斯大林著作编译局,译.北京:人民出版社,1972:48.

(原载《中州学刊》2003年第1期)

# 给予孤寡老年女性以家庭式关怀

孤寡老年妇女问题是一个事关性别平等、人文关爱、社会公正、经济与社会和谐发展、社会文明进步的重要问题。我们应当贴近孤寡老年女性的生活实际,了解她们的愿望和要求,剖析她们问题产生的原因及其实质,并且在深刻理解与正确把握她们的思维方式、生活方式、价值取向、心理个性和社会需求的基础上,提出给予她们家庭式关怀的基本思路和具体举措。

在我国,孤寡老年妇女群体是一个最需要关爱而得不到适时关爱、最需要资助而得不到充足资助、最需要呵护而经常受到损害的、数以万计的、庞大的弱势群体。过去,她们为社会或家庭做出了贡献;现在,她们理当得到社会或家庭的回报。除了社会福利方面的救助与人文关怀,她们还需要来自各方面的物质支持和精神关怀,尤其是需要那种基于爱心和伦理情感的、家庭般的温情氛围的慰藉。当前,我国正在贯彻落实以人为本的科学发展观,构建社会主义和谐社会,按照与新型现代性所要求的伦理道德的建构标准和文化价值取向去做,我们一定能走出西方旧式现代化的陷阱,让孤寡老年妇女享受到和谐社会的安康,欢度幸福的晚年。

现阶段,由于经济与社会发展水平的制约和文化传统的延续,我国养老方式以家庭养老为主、社会养老为辅。然而,在传统社会向现代社会过渡的转型期,由于社会阶层分化、家庭结构和功能的变化、工具理性的扩张和个人中心主义的膨胀、家庭伦理道德教育功能松弛、家庭稳定性有所下降、人际关系的物化、代际关系的疏离等因素的综合作用和负面影响,这种以家庭养老为主的模式正在受到前所未有的冲击。这种情况不可避免地对我国孤寡老年妇女的现实生活境遇产生了不良影响。处于风烛残年的老龄孤寡妇女受到歧视,一些人以功利主义的态度看待她们,认为她们仅仅是消耗社会资源、对他人和社会没有价值的无用人,也有不少人认为解决她们的问题是社会的责任,与己无关。

受到我国人口老龄化和家庭养老危机冲击最大的是农村孤寡老年妇女。农村社会养老保障和社会福利水平的低下、农村家庭规模的趋小型化、传统家庭养老功能的弱化态势、农村医疗卫生和精神文化生活环境条件的落后、农业劳动女性化的态势等问题，使农村孤寡老年妇女不得不承受着物质生活的低保障和低水准、疾病的折磨和贫困的困扰、人格和尊严的丧失、心理的寂寞和精神的空虚。近些年来，在一些较富裕的地方，农村孤寡老年女性的不良境遇并没有随着农村经济发展水平的提高和生活方式的变化而得到改善，其主要原因为农村精神文明建设的不力导致物质生活与精神生活的失衡。近几年，农村老年人权益受侵犯的事件在各地有增多的态势，而在受虐待、遭打骂、被遗弃，甚至于被迫自杀的老年人中多数是丧偶、身体弱、不识字的农村老龄妇女。这种由淳朴民风凋蔽和传统美德式微所造成的农村生活秩序失范的状态，并没有因乡村居民法律意识的增强而得到矫正。其主要原因：一是丧偶的老年妇女多半自我保护意识淡薄，缺少为自己权利和尊严进行抗争的行动；二是乡村居民乃至干部将此类侵犯老年人权益的违法行为仅仅看作家庭私事而缺乏干预意识，他们息事宁人的态度往往滋长了这类不道德现象。

由于私人生活与公共生活的分离、人口流动与迁移的频繁、拥挤而又封闭的居住环境以及人情的淡漠等城市生活特性的作用，比起农村孤寡老年妇女，城市孤寡老年妇女虽说在生活的独立性方面较强，但她们在精神心理上的孤独感和失落感更为强烈。尤其是因为她们具有比农村孤寡老年妇女较高的文化水准，故此她们在精神生活方面的需求如对于亲情、友情乃至爱情的渴望，比起后者也更高。再过几年，自20世纪80年代以来独身的女性将陆续进入老龄期。一位女性只在婚姻与养育子女上寻求人生的意义，她将会因以后子女的独立而感到无法证明自己的存在和精神价值降低；年龄愈老，她的这种感觉愈强烈。尤其是对于那些丧偶女性来说，丈夫的去世不仅使她失去了一位日常聊天的伴侣，而且使她日常的生活行为和与外界的联系遭到破坏，从而在很大程度上改变了她们的生活。假如她们没有能得到自己所期望的子女的回报，她们将由于失望而感到分外失落、烦恼和痛苦。然而，如果一位女性把人生的全部精力都投入到事业中而放弃了婚姻家庭生活，她也将在退休后的晚年由于世界重新将自己投入私人生活领域或由于缺乏天伦之乐而感到寂寞和孤独。

在看待孤寡老年妇女问题时，我们亟须消除一些人们习以为常的偏见，如在经济供养与生活照顾上认为她们是社会与家庭的包袱,漠视她们求知求乐的自我表现的渴求,甚至于否认她们对于爱的需求。孤寡老年女性具有作为人的基本需求,但在空巢家庭增多、代际分离趋势发展、人际关系淡漠的态势下,她们的这类合理需求很难得到满足,以至于她们中的一些人成为游离在社会中的抑郁症患者,甚至一些人由于缺少社会理解和家庭式关爱而不得不去向宗教寻求情感慰藉和精神寄托。从实质上看,她们地位的边缘化状况是在发展主义的支配下整个妇女群体被边缘化状态的显著体现,也是经济与社会发展中不和谐现象的重要表征。

孤寡老年妇女问题不仅仅是一个实行社会主义人道主义的道义问题,也是涉及社会性别、社会公正、社会文明进步等关系经济、社会、人能否协调发展的大问题。因此,我们要通过贯彻落实男女平等的基本国策去创造有益于所有女性生存与发展的环境条件,通过遵循以人为本、全面、协调、可持续的科学发展观去使所有人都能分享经济与社会发展的文明成果,通过宣传和谐社会的理念去培育人人相亲相爱、互帮互助的社会大家庭的群众心理和社会氛围,并且通过社会公民道德建设尤其是家庭美德建设,去消除由歧视孤寡老年妇女所带来的危害社会良性运行与协调发展的恶劣影响。

能否高度尊重孤寡老年妇女的人格尊严和生活意愿,这是衡量一个人人格素质高低和理性良知强弱的客观尺度。对于从事孤寡老年妇女工作的人员来说,仅仅有同情心和责任感是不够的,他们还需积极建立和发展与她们的主体间性,力求达到对她们的高度理解和深层沟通。以主体间性的人文关怀立场和交往互动的认知方式,去探讨与把握孤寡老年妇女的思维方式、生活方式、价值取向、心理个性和社会需求,这将使人们摆脱先入为主的刻板思维定式和陈旧观念的束缚,从而有助于人们在准确地揭示孤寡老年妇女问题的成因、特征及危害的基础上,提出给予她们以家庭式关怀的基本思路和具体举措。说到底,对孤寡老年妇女的人文关怀其实质就是对人类自身的终极关怀,换句话说,也就是人类自己对自己的拯救。因为,一个人的良性生存与健康发展乃是一切人良性生存与健康发展的前提。

对孤寡老年妇女的家庭式关怀有两种:一种是狭义的,指的是通过家庭美德建设去构建和谐的家庭关系,使丧偶的老年妇女能够在余生得到精神支持和生活照顾,享受天伦之乐;另一种是广义的,指的是通过整个社会精神文明建设去树立"人人为我、我为人人"的中华大家庭理念并创造关怀与尊重弱势群体的仁爱环境,如良好的城市社区环境与乡村村落环境。第一种关怀是发扬光大我国以儒学精神为主脉的优良文化传统,即已潜移默化地渗入中国民众日常生活方式和地方习俗的儒家文化的人文特质。如果我们剔除儒家文化中压制女性、压抑性爱的落后和非人道的成分,从抽象继承的角度去诠释其现代价值,那么我们就不难发现:儒家家庭伦理理念孕育出的人伦之情、天伦之乐——亲情、爱情,无疑会是一种珍贵的使人的生活变得美好的动力或资源;儒家家庭观念赖以形成的特质——姻缘、血缘,也"天理固然"地蕴含着对他人、社会的责任。这种"老吾老,以及人之老"般的推己及人的爱和关怀将有益于培育现代人"家庭是动力与责任"的道德理性,从而为社会主义和谐社会的构建打下良好的精神基础。第二种关怀主要是在反思旧式现代化、张扬新型现代性的大背景下,去营造一种适合博爱这一普适伦理理念发育的群众心理和社会氛围。早在两千多年前,我国古代先哲墨子就提出了不论富贵贫贱、不分亲疏远近的"兼相爱"的伦理主张,表现出"爱无差等"的博爱情怀。这类蕴含人的类属性和真性情的道德追求具有超越时代和生命时空的非凡意义和特殊价值,它今天仍然大有益于我国和谐社会的构建。

总之,为了促进妇女发展和社会文明进步,我们有必要以多种方式和途径去关注孤寡老年妇女的物质养老、精神追求、权益保护、生理与心理健康等方方面面的需求,以便让她们安度晚年,分享太平盛世的幸福生活。

(原载《中国社会导刊》2005年第6期)

# 马克思妇女人权伦理理念解析

马克思的妇女人权伦理理念既是对19世纪德国妇女生存、发展状况及境遇的一种理论的反响,又是对人类社会以往有关妇女解放与发展思想观念的高度理论概括。它确认男性与女性对等的、平等的自然主体地位,确认与尊重女性参与人类文明发展的社会主体地位。当今,马克思妇女人权伦理理念不仅对父系家族意识残余依然具有强大的思想批判功能,而且它能超越资产阶级抽象人道主义的狭隘眼界,对于实现妇女的彻底解放具有前瞻的科学指导意义,对于正在进行现代化的国家的妇女发展具有现实指导意义。

## 一、马克思妇女人权伦理理念产生的时代背景

马克思的妇女人权伦理理念发端于19世纪的德国。1848年革命之前的德国,乃是一个封建势力依然强盛和小市民习气十分浓厚的国度。德国当时正处于工业化初期,封建主义思想尤其是菲薄女性的大男子主义意识仍然十分浓厚。正是基于如此的社会思想基础,后来希特勒一上台就把妇女赶回家庭专事生儿育女和操持家务。在当时的社会氛围下,妇女的生存与发展可谓阻力重重。马克思人权伦理理念当时就是针对德国家庭与社会生活中藐视妇女人权的思想及行为习惯而有感而发。倘若从观念根基处追根溯源,法国空想社会主义者傅立叶的妇女解放思想直接萌发了马克思妇女人权伦理理念的幼芽。尤其是傅立叶的"妇女解放的程度是衡量普遍解放的天然标准"[1]的观点对马克思影响甚大,促使他在自己的著述中深入思考妇女在人类社会文明发展中的地位及价值。马克思妇女人权伦理理念的哲学基础是其人本主义,首先是自然人本主义,之后演变和提升为社会人本主义。马克思就此而论:"这种共产主义,

作为完成了的自然主义=人道主义,而作为完成了的人道主义=自然主义,它是人和自然界之间、人和人之间的矛盾的真正解决,是存在和本质、对象化和自我确证、自由和必然、个体和类之间的斗争的真正解决。"[2]从黑格尔到费尔巴哈,通过思想上的扬弃这一批判继承的过程,马克思创立了辩证唯物论和历史唯物论,从而在强大的科学认识工具的指导下,使其有关妇女人权的伦理理念达到了新的理论高度。

开始,马克思在《1844年经济学哲学手稿》这一早期著作中论及妇女问题,通过简洁而富有深意的语言表达了他对妇女人权的基本看法。后来,由于受到恩格斯的名著《英国工人阶级状况》的影响,马克思的妇女人权伦理理念开始与事关大多数妇女生存与发展的社会解放运动相联结。这种变化可从两个人合著的《神圣家族》《德意志意识形态》《共产党宣言》中见其一斑。再后来,在马克思的成熟著作如《资本论》《哥达纲领批判》《法兰西内战》及马克思与其亲朋好友的一些书信往来中,马克思的妇女人权伦理理念也进一步趋于成熟,成为马克思主义妇女解放理论的重要组成部分。总之,马克思的妇女人权伦理理念既是对19世纪德国妇女生存与发展状况及境遇的一种理论的反响,又是对人类社会以往有关妇女解放与发展思想观念的高度理论概括。

## 二、马克思妇女人权伦理理念的文化特征

### (一)确认男性与女性对等的、平等的自然主体地位

女性与男性虽在生理上具有自然差异性,但此种自然差异性乃是人之成其为人的必备条件。男性贡献精子,女性贡献卵细胞,从自然科学的角度看,其价值等同,并无高低贵贱之分。因此,男性与女性本应是"你中有我,我中有你"的融洽关系,是共同生存与平等、协调发展的互动关系。马克思指出:"把妇女当作共同淫欲的掳获物和婢女来对待,这表现了人在对待自身方面的无限的退化,因为这种关系的秘密在男人对妇女的关系上,以及在对直接的、自然的类关系的理解方式上,都毫不含糊地、确凿无疑地、明显地、露骨地表现出来。人对人的直接的、自然的、必然的关系是男人对妇女的关系。在这种自然的类关系中,人对自然的关系直接就是人对人的关系,正像人对人的关系直接就是人对

自然的关系,就是他自己的自然的规定。"[3]显而易见,马克思认为确认与尊重女性的自然性别角色,就是尊重人自身,就是人自身社会文明化的必备条件。现代激进女权主义者在此点上与马克思妇女人权伦理理念存有较大差异。她们认为马克思性别平等思想是不彻底的,因为它并不否认两性在自然生理属性方面的差异性,并且将因生儿育女功能而衍生的家庭生活领域的性别分工模式合理化,它只不过披上了一件革命需要的政治外衣。其实,这种质疑充其量只能是她们对于马克思妇女人权伦理理念的一种误读,并且表明她们拘泥于两歧式思维模式而对辩证思维方式一知半解。

### (二)确认与尊重女性参与人类文明发展的社会主体地位

女性与男性一样是具有社会文化意义上的大写的人。在工业化之前,这一观念在国家、社会乃至家庭生活中是不被人们所承认的。即便在工业化早期,妇女在人们的社会视野中仍未成为完整的社会对象,也仍未成为社会存在物并得以从事社会公共事务的活动载体。确认与尊重女性的社会主体地位虽是当时即工业化初期女性大量参加社会劳动的客观需要,但此种需要由于金钱、权力、习俗三者的结盟而无法在较大程度上予以满足。一方面,马克思看到了资本主义生产对于改变妇女在小生产经济条件下附属于男性及家庭的无主体地位的强大功效;另一方面,他也清醒地认识到女性的此种社会主体地位在无产与有产、劳动与资本相对立的人性被异化的条件下,只能是属于虚假的社会主体地位。

资本主义生产虽在较大程度上促进整个社会的性别均质化过程,但其超强而又无所不在的物化力量在颠覆传统性别角色分工的时候又将男女性别的自然差异完全抹杀,以致两性关系异化为"男人不成其男人,女人也不能真正地成其为女人"的反常状态。马克思在其《自白》中曾坦率地表露他最欣赏的"女性的优点是柔弱,男性的优点是刚强"[4]。由此可见,在他的心目中,确认与尊重女性的社会主体地位乃是与承认和尊重女性的自然主体地位相互关联而又融为一体的。历史已经证明:如果不是这样的话,将会危害人类自身的发展。例如,在"文革"期间,在当时家庭、学校、社会三者政治一体化的特定环境条件下,女性争当铁姑娘,与男人一样下矿井、点炮眼。这样做的结果不仅没有强化女性的社会主体地位,反而因损害她们的身心健康而影响了女性与男性对等的、平等的自然主体地位。

### （三）实现女性的双重主体地位与抵达人自由而全面的发展具有密切关联性

马克思认为男人对女人的关系表明"人的自然的行为在何种程度上成为人的行为，或者，人的本质在何种程度上对人来说成为自然的本质，他的人的本性在何种程度上对他来说成为自然。这种关系还表明，人具有的需要在何种程度上成为人的需要，他作为个人的存在何种程度上同时又是社会存在物。"[5]此段话语表明，在女性的双重主体地位实现的形式上，马克思主张保障妇女的基本人权与争取其自由发展的权利同步而行。妇女人权是人类一般人权的显著体现，其与一般人权是特殊与普遍的辩证统一关系。从某种意义上讲，没有特定的妇女人权的实现，也就没有所谓一般的人权，而反过来，争取作为一个人的基本权利，也就是作为实现妇女人权的必要前提。马克思在致路德维希·库格曼的信件中这样写道："没有妇女的酵素就不可能有伟大的社会变革。社会的进步可以用女性(丑的也包括在内)的社会地位来精确地衡量。"[6]其言下之意，欲抵达人自由而全面发展这一人类文明的理想境地，只有全面提高女性的地位和广泛发掘女性的巨大潜能而别无他途。

然而，父权制及其意识形态的影响并没有因前资本主义社会之社会形态的消逝而随之消失。在工业化社会的初、中期阶段，父权制及其意识形态残余与现代科层制相互认同且相互加强，形成了新的活动载体且集聚了新的力量，继续给现代妇女的发展以种种有形或无形的束缚和制约。深刻认识实现女性的双重主体地位与抵达人自由而全面发展的密切关联性，将有利于我们识别"陈旧传统"与"虚假现代"联袂上演的双簧戏，破解"双重负荷""出生性别比失衡"之类的难题，拨开"美女经济""贤妻良母"之类的迷雾，以保证女性发展的步伐始终在正确的轨道上前行。

## 三、马克思妇女人权伦理理念的当代价值

马克思妇女人权伦理理念从产生至今虽已历经一百六十余年，但在正处于社会转型期的当代中国，其基本的思想要素依然具有十分重要的社会文化价值。

首先,马克思妇女人权伦理理念对父系家族意识残余依然具有强大的思想批判功能。在我国,由于各种复杂因素的影响及作用,小生产的生产方式及其生活方式在一定范围及一定程度上依然存在。这就为父系家族意识残余提供了赖以苟延残喘的温床。改革开放以来,农村的经济社会发展面貌一新,"村社农本主义"的生产方式及其生活方式受到强烈冲击且已在较大范围内得到较高程度上的改变,但由于意识形态的相对独立性,村落文化中的父系家族意识残余并没有受到较大的触动,并且在不少地方,家族势力的复活反而加强了人们对家族观念的心理认同。尤其是一些地方为了更好更快地吸引和招揽海外有经济实力的华裔商人投资兴业,大打宗亲文化牌,大肆兴修庙宇、祠堂或碑林。这种政策性导向也就必然会在较大程度上强化当地的家族文化氛围。就更大的范围来讲,近些年来儒家资本主义经济社会发展的思路及方略在国内的广为传播和深刻影响,又使得家族文化的辐射功能及作用更为强大。马克思妇女人权伦理理念乃是工业文明时代颇有代表性的先进文化观念,这一文化观念诉诸男女平等、和谐的发展,其价值导向与歧视和压抑女性的父系家族观念无疑是大相径庭的。自始至终地,马克思妇女人权伦理理念主张将女性从封建等级社会"人对人的依附"的无主体性且丧失人格的传统樊篱中彻底解放出来。就此而论,它比早期资产阶级人道主义对于父系家族意识形态的批判更为犀利。即便是在当今,对于新儒家论者所兜售的父系家族意识残余,它也具有超凡脱俗的解蔽功能和无与伦比的解毒作用。

其次,马克思妇女人权伦理理念超越资产阶级抽象人道主义及女权主义的狭隘眼界,对实现妇女的彻底解放具有前瞻的科学指导意义。资产阶级女权主义虽然对于父系家族观念具有振聋发聩的批判效应,但其依然不能摆脱资产阶级思想体系本身的局限性。例如,由于受到抽象人道主义的影响,资产阶级女权主义者完全否认阶层和族群因素对于全面实现妇女人权进而达到彻底解放她们的深刻影响和重要作用。她们将实现妇女人权进而达到彻底解放的重重困难及种种障碍简化为单纯的性别对立和性别冲突,并且将自己视为所有妇女利益的代表。马克思揭示出在现代社会中"物的关系对个人的统治、偶然性对个性的压抑"[7]乃是资本家私有制条件下异化劳动的必然结果,而异化劳动使人的类本质同人相异化的这一不良后果对于大多数妇女来说同样是在所难免。与资产阶级女权主义思想相比,马克思妇女人权伦理理念不仅推动将妇女从

"人对人的依附关系"中解放出来,而且促进她们从"人对物的依附关系"中解放出来。"人对物的依附关系"是资本主义生产关系泯灭人的个性、使人沦为物的世界之奴仆的必然结果,而此种依附关系也必然使妇女由于被物化而丧失社会主体性和历史能动性。资本主义社会乃是最后一个存在着阶级和阶级对立的社会,并且"代替那存在着阶级和阶级对立的资产阶级旧社会的,将是这样一个联合体,在那里,每个人的自由发展是一切人的自由发展的条件"[8]。前资本主义社会以"人对人的依附关系"剥夺了妇女的自然主体性,而资本主义社会则以"人对物的依附关系"消解了妇女的社会主体性。显然,按照马克思的观点,只有每个人都能自由全面发展的社会才能使妇女的这两种主体性高度统一且完全得以实现,进而完全成为一个社会文化意义上的大写的人。

最后,马克思妇女人权伦理理念对正在进行现代化的国家的妇女发展也具有现实指导意义。实际上,现代化并非像西方学者喋喋不休宣称的那样:只有欧美发达国家一种模式。当今,我国正在进行的现代化建设就是有别于欧美发达国家以往现代化模式的、带有中华文明特色的新型现代化。科学发展观的形成,集中体现了我国人民以和谐为主导的对于经济与社会发展的新的伦理认知,并且充分反映了我国人民以先进文化为导向的、努力调控人与自然和人与人的关系的愿望、意志和决心。至于和谐社会建设这一发展目标的确立,它既是对以科学主义为主要认知方式和工具理性为基本价值取向的传统工业化道路的历史反思,又是对当代科技文化与人文文化相互交融的新型工业化必然走向的现实把握,并且由此而达到了对于经济与社会全面、协调、可持续发展等新型现代化文化要素的高度的伦理认知。因此,从其本质上看,马克思妇女人权伦理理念与科学发展观及社会和谐导向中所蕴含的妇女发展的主体意识及创造精神是高度吻合的。旧式现代化导致人本主义异化为物本主义,以致造成人类自身品格的无限退化,而人本主义恰恰是资产阶级在其上升时期用来摧毁封建顽固势力的有力武器。马克思妇女人权伦理理念是马克思关于人的解放学说的重要理论构件,其对于社会文明进步的深远意义与旧式现代化文化语境下的抽象人道主义不可相提并论。马克思妇女人权伦理理念意在消除经济社会发展中的异化因素对于两性关系的负面影响,恢复两性关系的本来面目,其核心价值乃是主张男女平等、和谐地发展,而这一主张恰恰是可以从科学发展观及社会和谐导向中自然而然地引申出来的。

总之，马克思妇女人权伦理理念是马克思主义妇女解放思想的重要组成部分，它的理论触角伸向传统和现代，并且为我们指示着将来。现阶段，重温马克思关于妇女人权的谆谆教诲，将有利于我们在社会转型期更好地维护妇女的合法权益和推动妇女更好更快地发展，并且在充满差异、矛盾和冲突的观念更新过程中牢牢地把握形塑先进性别文化的正确方向。

**参考文献：**

[1][6][7]中华人民共和国妇女联合会.马克思　恩格斯　列宁　斯大林论妇女[M].北京:人民出版社,1978:7,59,42.

[2][3][5]马克思.马克思1844年经济学哲学手稿[M].中共中央马克思恩格斯列宁斯大林著作编译局,译.北京:人民出版社,2000:81,80,80.

[4]熊复.马克思恩格斯列宁斯大林论恋爱、婚姻和家庭[M].北京:红旗出版社,1982:160.

[8]马克思,恩格斯.马克思恩格斯选集:第1卷[M].中共中央马克思恩格斯列宁斯大林著作编译局,译.北京:人民出版社,1972:273.

（原载《山东女子学院学报》2012年第3期）

# 略论妇女民生改善问题
——以第三期中国妇女社会地位调查相关数据为基础

## 一、问题的提出

中共十八大报告提出："要把保障和改善民生放在更加突出的位置。""加强社会建设,必须以保障和改善民生为重点。"[1]这种基于改革开放以来社会发展理论与实践基础上的对于保障和改善民生的明确要求,为人们深入探讨迈向更加公平合理、和谐稳定的全面小康社会之路,指明了正确方向。我们正处于一个改善民生与科学发展息息相关的新时代,改善民生对于促进发展质量和效能的意义及价值无论如何估量也不会过高。

伴随改革发展的深入和"四化"同步进程的加快,进一步高度关注和妥善解决妇女民生问题,已成为整个社会基本民生建设中的重要任务。中共十八大首次将男女平等作为基本国策写入报告的第七部分"在改善民生和创新社会管理中加强社会建设",其立意就是切实解决影响和制约妇女发展的种种现实问题,大力促进妇女与男子同步发展且确保妇女与男子平等分享发展成果。所谓妇女民生,就是妇女的生计问题,这是一切妇女问题发生的本源。换句话说,两性平等、和谐、同步发展不仅仅是抽象的理论口号,更是与求学就业、收入分配、社会保障等基本民生问题密切相关的、鲜活的社会实践。

一段时期以来,由于我国社会建设滞后于经济建设,仍停留在工业化初期阶段的社会结构,因而不能很好地与从整体上已进入工业化中期阶段之后的经济结构发生良性互动效应。这主要是因为在经济体制改革、经济大发展、经济结构大调整的时候,没有适时抓好社会体制的改革,没有适时抓好社会建设,没有适时抓好社会结构的调整。[2]伴随社会结构滞后于经济结构,两性发展差距也有所扩大,其结果导致妇女民生问题比男子民生问题表现得更为突出和更为严重。

究其根源,妇女民生问题的形成是社会结构建构不尽合理与性别关系形塑不尽平等交互影响和作用的结果,以致女性在现阶段依然不能完全享受到与男子一样获得发展资源和机会的公正待遇。这也就是说,发展资源和机会的公正合理配置不仅在各个阶层之间尚未完全实现,而且要完成这种时代任务在性别之间显得更加艰巨。现阶段,高度关注和切实解决妇女民生问题,是全面深入地贯彻落实科学发展观和积极构建社会主义和谐社会的题中应有之义。妇女民生问题的及时而又妥善的解决,不仅有利于促进女性与男子的平等、和谐、同步发展,而且有利于提高女性自身发展与整个经济社会发展的协调性、互动性和融合性。

## 二、妇女民生问题的主要表现及特征分析

**(一)妇女在教育民生问题上的城乡差异和区域差异均比性别差异表现得显著**

第三期中国妇女社会地位调查主要数据报告显示:女性中接受过高中阶段及以上教育的占33.7%,城乡分别为54.2%和18.2%,城市比乡村高出36个百分点;中西部农村女性中,这一比例为10.0%,比该地区农村男性低4.6个百分点,比东部地区女性低47.4个百分点。女性中接受过大学专科及以上高等教育的占14.3%;城镇女性这一比例为25.7%,乡村女性这一比例为2.9%,城乡差距为22.8个百分点。由此可见,近些年来男女之间在教育方面的差异在国家和社会力量的推动下一直呈缩小态势,并且男性在受教育方面与女性一样要受到城乡之间和区域之间教育不均衡发展的巨大影响。这就说明解决妇女教育民生问题主要取决于加快城乡之间和区域之间教育均衡发展的力度和速度,而这整个教育均衡发展的推进过程又要受到城乡、区域之间统筹协调、同步、一体化发展程度的制约。

据周福林对第三期河南妇女社会地位调查主要数据分析:男女受教育程度

构成整体存在差异,但随年龄的降低差异明显降低。通过受教育程度调查数据分析得到,女性的受教育程度是初中的人数最多,所占比重为36.8%;其次是高中,所占比重为16.9%。从累计频率可以看出,初中及初中以上者占68.8%。男性的受教育程度也是初中的人数最多,所占比重为44.2%;受教育程度为高中者,所占比重为17.6%;初中及初中以上者占79.2%。女性文盲率高于男性,女性文盲中绝大多数是中老年女性。女性的文盲率是男性的2.9倍,所占比重为13.8%。这13.8%中,仅有1.5%属于40岁以下的女性,其中,29岁以下的妇女中文盲率仅有0.3%;剩下的12.3%都属于40岁以上女性。以上情况说明,近些年来河南教育上的性别差异已有较大幅度的缩小,现有较大的性别差异已是过往时代的历史遗留物,但当代河南人依然要为过去教育上的性别歧视行为买单。与女性一样,在接受较高等教育方面男子也要受到欠发达地区落后状态的消极影响。这就意味着河南要在继续消除教育上的性别歧视和改变贫穷落后这两大方面同时付诸更大努力。

**(二)妇女在劳动就业和收入分配方面与男性存在较大差距**

第三期中国妇女社会地位调查数据报告显示:18~64岁女性的在业率为71.1%,城镇为60.8%,农村为82.0%。在业女性在第一、二、三产业的比重分别为45.3%、14.5%和40.2%。城镇和农村在业女性的年均劳动收入分别为男性的67.3%和56.0%。农村在业女性主要从事非农劳动的比例为24.9%,男性为36.8%,有外出务工经历的返乡女性从事非农劳动的比例比从未外出务工的农村女性高16.3个百分点。18~64岁女性的在业率为71.1%。这意味着在我国城乡居民家庭女性成员中专门从事家务劳动的"家庭妇女"已超过四分之一(28.9%),而在城镇居民家庭女性成员中这一比例更高,约占五分之二(39.2%)。显而易见,充分尊重她们的社会主体性,高度重视她们的素质提高,适时发挥她们的各种潜能,切实保障她们的各种权益,已成为提高我国妇女整体发展水平的不容忽视的重要方面。城镇和农村在业女性的年均劳动收入分别为男性的67.3%和56.0%,这表明近些年来由于改革发展的推动,收入方面的性别差距虽有所缩小,但由于各种原因男性作为主要养家人的身份并没有得到根本性改变。其中主要原因是妇女多半从事第一、三产业范围内的低技能且苦脏累的简单劳动,与男性在就业层次及质量方面存在着较大差异。

周福林第三期河南省妇女社会地位调查主要数据报告显示:18~64岁女性

在业率为76.7%,其中城镇为61.1%,农村为86.2%。男性在业率为89.7%,其中城镇为82.2%,农村为94.3%。在业女性在第一、二、三产业的比重分别为56.5%、13.2%、30.3%。与全国相比,河南省在第一产业的女性比重较高,高于全国平均水平11.2个百分点,而在第三产业的女性比重又低于全国平均水平9.9个百分点。尤其是在城镇,女性就业率比男性低21.1个百分点,这表明女性失业率远高于男性。加上目前家务劳动的社会价值还不为人们所承认,因此,一些在家专事家政的主妇的社会地位及家庭地位,就势必因此而受到一定的影响。此外,女性在第一产业中的过高比重及在第三产业中的较低比重,也集中体现了河南农业劳动中的女性化态势及全省城镇化水平较低的既定现实,而这类因素也必然会造成两性发展差距,进而对妇女的社会地位及家庭地位产生消极影响。此外,在河南城镇的在业女性中,占33.3%的人曾有过半年及以上不工作也没有劳动收入的情况,而男性在这方面所占比重仅为20.4%。而在对工作中断原因的回答中,多数女性选择的主要原因是结婚生育及照顾孩子,而多数男性选择的主要原因则是失业、单位重组、破产倒闭。显然,婚育因素已成为制约女性职业发展的重要因素,然而,她们对于人类社会人口再生产的贡献以及对于家务劳动的付出,却没有被列入社会所倡导的家庭发展能力的范畴来给予正确估价。一般来说,在丈夫作为主要养家人的现实境况下,妻子对于提高家庭发展能力的贡献往往自觉或不自觉地被人们所忽略,甚至被自己所小视。

另周福林第三期河南妇女社会地位调查主要数据报告显示:在所有被调查者中,女性的年总收入平均为8687元,男性的年总收入平均为15535元,男性约为女性的1.8倍;女性劳动收入平均为6487元,男性劳动收入平均为13801元,男性是女性的2.1倍。在城镇女性中,每年的总收入平均为13445元,男性每年的总收入平均为20623元,男性是女性的1.5倍;女性劳动收入平均为9163元,男性劳动收入平均为17680元,男性是女性的1.9倍。在农村女性中,女性的总收入均值为5753元,男性的总收入均值为12485元,男性是女性的2.2倍。收入水平是衡量个体获得生存与发展资料之能力的主要标准,也是决定个体社会阶层归属及其社会地位高低的重要因素。由于在河南这样的欠发达地区男女之间的收入差距比较显著,并且农村的男女收入差距要明显大于城镇,这就会导致男性在家庭重要事务决策方面的权力一般高于女性,而城镇女性在家庭重要事务决策方面的权力又一般高于农村女性的辐射效应。在家庭生活中,两性通过平等协商再对家庭重要事务进行决策有利于抵御家庭发展中的风险,有利于为家庭的兴旺发达提供安全保障。而在夫妻之间收入差距较大的现状下,对家庭重要事务进行民主决策无疑在较大程度上是难以实现的,以致对提高家庭综合发展能力产生负面影响。相应地,妻子在推动自身发展方面的潜能也势必会在一定程度上因此受到压抑而无法得到充分的开发和利用。有鉴于此,笔者认为除提高女性素质及职业技能之外,承认女性婚育及家务劳动的社会价值,或营造有利于夫妻双方平等、共同分担家务的社会氛围,当是在平衡和消解两性收入差距及其负面影响的基础上提高家庭发展能力的重要途径。

### (三)妇女在享受社会保障方面的城乡差别或区域差别较大

第三期中国妇女社会地位调查主要数据报告显示:在非农业户口女性中,享有社会养老保障的比例为73.3%,享有社会医疗保障的比例为87.6%;农业户口女性中,享有社会养老保障的比例为31.1%,享有社会医疗保障的比例为95.0%。数据显示表明,依然有26.7%的被调查的城镇女性没有被社会养老保障所覆盖,并且社会养老保障覆盖率在城乡女性之间的差距表现得十分显著。这说明女性在社会养老保障方面的相对滞后状况不仅在一定程度上受到性别因素的影响和作用,而且在很大程度上受到城乡两元社会体制及其不合理的社会政策安排的影响和作用,而这对于提高女性生活质量及其个人发展能力尤其是对于提高农村女性生活质量及其个人发展能力,是非常不利的因素。此外,在农业户口女性中享有社会医疗保障的比例高于在非农业户口女性中享有社会医疗保障的比例,这一事实表明:一方面,近些年来实施的新型农村医疗保险制度,已经普惠于绝大多数农民家庭女性成员,使她们均能享受到社会医疗保障待遇;另一方面,在城镇家庭妇女的社会医疗保障方面需要进一步的加强,因为城镇家庭妇女不仅所占比例高于农村家庭妇女所占比例,并且比起职业妇女,在这一方面她们的要求很容易被社会和家庭所忽略。

周福林第三期河南省妇女社会地位调查主要数据报告显示:在河南全省范围内,男性的社会养老保障覆盖率为47.4%,女性为43.2%,比男性低了4.2个百分点。城镇两性差值为2.6个百分点,农村差值为5.9个百分点。尽管两性之间在社会养老保障覆盖率方面具有一定的差距,但其差距较小。而无论城镇男性还是城镇女性,其社会养老保障覆盖率均比农村高出许多,并且城镇两性的差距比农村两性的差距小。城镇女性社会养老保障覆盖率为62.8%,而农村女性社会养老保障覆盖率仅为30.9%,比城镇女性低31.9个百分点。数据显示表明,在欠发达地区,无论男女在享受社会保障方面均低于发达地区,甚至低于全国平均水平。此外,女性在享受社会保障方面的城乡差异要远大于其性别差异。欠发达地区女性在享受社会保障方面的城乡差别或区域差别较大。调查现状表明:女性发展在更大程度上受到以家庭为发展单位的城乡差别或区域差别之类因素的影响和作用,而决定女性发展质量和水准的个体性因素在绝大多数女性中表现得却不甚明显。

## (四)特殊女性群体的民生问题表现得尤为显著

第三期中国妇女社会地位调查主要数据报告显示:65岁及以上老年女性近3年内做过健康体检的占38.9%。54.1%的城镇老年女性首要生活来源为自己的离退休金或养老金,男性为79.3%;农村老年女性的首要生活来源为其他家庭成员资助的比例为59.1%,男性为38.8%。有23.1%的农村老年女性仍在从事农业劳动。此外,目前正在外出流动的女性中87.9%从事有收入的工作;61.5%的人对在外期间的工作和生活感到满意。流动女性在外打工期间遇到的主要问题是"被人看不起"和"工资被拖欠或克扣",分别占14.7%和14.2%;农村留守女性中,91.7%担心"丈夫在外的安全",61.5%担心"家里有事没人商量",60.1%担心"老人生病时没人帮忙",56.0%担心"农忙时没人帮忙"。

以上数据表明:老年女性在个人保健、养老等方面与老年男性相比存在着较大的性别差异,因而她们需要社会有关部门给予更多的关注和支持。流动女性中仍有一部分人缺乏有收入的工作,仍有一部分人在外打工期间遇到"被人看不起"和"工资被拖欠或克扣"的问题,仍有较多的人对在外的工作和生活不甚满意,这些表明社会有关部门应当进一步维护她们外出务工的合法权益,为她们积极融入城市社会生活创造各种便利条件。农村留守女性的问题主要表现为她们要独自面对和承受生产生活方面的巨大压力,迫切需要政府机构、群团组织、民间社会力量、亲朋好友等给予她们以比较广泛而又强烈的社会支持。

## 三、结论及建议

第一,改善妇女民生与提升妇女自身发展水平之间具有密切的关系。一般来说,妇女自身发展水平是衡量妇女民生质量的重要指标,因为妇女自身发展水平在一定程度上对解决妇女民生问题及提高妇女民生质量产生较大影响;而在一定条件下,妇女民生问题的妥善解决及妇女民生质量的不断改进又会对妇女自身发展程度的提高产生重要影响。因此,在保障和改善妇女民生的过程中,应当积极调动和充分发挥广大女性自身的聪明才干。

第二,保障和改善妇女民生与解决社会建设滞后问题及消除城乡发展差别、区域发展差距、性别发展差异具有密切关系。鉴于妇女民生问题产生的多因性,我们应当提高经济社会发展的协调性和包容性,注重城乡一体发展的能动性和实效性,增强区域统筹发展的自觉性和持续性,并且注重性别因素与其他因素的交织性和互动性,通过将性别平等意识纳入社会决策主流来提高妇女自身发展程度及质量,进而惠及家庭和社会,推动家庭整体发展能力的提高及实现妇女与家庭、社会的同步协调发展和共同繁荣昌盛。

第三,保障和改善妇女民生亟待制定和实施支持妇女与家庭发展的社会政策。而在制定和实施此类社会政策时,应当对妇女的生育及操持家务劳动的社会价值给予充分的估价,并且采取相应政策措施予以支持,以矫正社会视听,改变传统家庭生活观及价值观,促使妇女个人发展的潜能得以充分发掘和发挥。例如,给予女性生育一定的社会补助,对家庭妇女的家务劳动的社会价值及其权益的实现通过法律法规给予承认和相应的保护。尤其是应当在法律法规中明确规定对家务活实施补偿的具体计算方法,例如家务补偿费＝当地保姆、钟点工单位时间平均工资×家务劳动时间。

第四,目前"家庭妇女"、老龄妇女、流动妇女及留守妇女在河南乃至全国均是数量庞大的社会群体。详细了解她们的生存与发展境遇,切实保障她们的各种权益,不断加大对她们的社会支持力度,高度重视她们的愿望和要求,并且充分发挥她们的各种潜能,已成为提高保障和改善妇女民生质量和效能不容忽视的重要方面。

第五,妇女就业问题尤其是女大学生就业问题,已成为保障和改善妇女民生的核心问题之一。第三期妇女社会地位调查中与女性就业的相关数据启示我们:对就业领域中性别平等观念意识的认同及行为习惯的培育,乃是提高女性就业数量和质量的重要保障。尤其是在现阶段社会就业压力有增无减的特定状况下,她们更需要社会公众舆论的理解,更需要社会政策的支持,更需要家人的关怀和扶助。因此,在推动女性与男子平等就业的进程中,将营造良好舆论氛围、提供公正社会政策支持、鼓励协商和包容、调适矛盾和冲突等实际内容作为重要的软件建设来抓,当是有关部门及单位的重要职责之所在。

第六,妥善解决妇女教育民生问题事关有效发掘妇女人力资源这一经济社会发展大局,也事关妇女整体发展能力水平的持续提升。因此,我们不仅应继续注重中高等教育中女性所占比例,更应当高度重视发挥职业教育、业余教育、科学教育、技能教育、思想道德教育等在改善妇女"教育民生"上的重要作用,推动所有妇女均能享受到现代教育的阳光普惠。

**参考文献:**

[1]胡锦涛.坚定不移沿着中国特色社会主义道路前进 为全面建成小康社会而奋斗[M].北京:人民出版社,2012:15-34.

[2]陆学艺.中国社会建设与社会管理:探索·发现[M].北京:社会科学文献出版社,2011:7-8.

(原载《中华女子学院学报》2013年第2期)

# 社会学视角下关于我国妇女发展的理性思考

自人类有文字可查的历史以来,民族国家关系或社会阶级阶层关系与性别关系的交融互动和相互建构,就是一种客观历史存在。在现实社会生活中,女性主义不可能完全摆脱民族国家、社会阶级阶层等复杂因素的支配去单独追求妇女解放与发展。综观改革开放新时期我国妇女运动的理论与实践,从社会学视角探讨妇女问题,是促进妇女发展、创新和提升妇女理论的重要途径。"四化"①同步发展战略的科学谋划与《中国妇女发展纲要(2011—2020年)》相互衔接且相互促进,给我国妇女发展带来大好机遇。进一步创新和发展有中国特色妇女理论,尤其是从社会学角度对现阶段妇女生存境遇和发展状况进行深入调研和理论概括,很有必要。

## 一、民族国家关系或社会阶级阶层关系与性别关系的交融互动和相互建构

从自然属性的角度讲,妇女是与男子相对应的同一类别的两大生物群体之一。而从社会属性上看,妇女与男子一样分属于不同的民族国家或社会阶层,她们的思维方式、生活方式、价值取向、心理情绪、行为习惯等,无不打上自己所在民族国家或社会阶级阶层的烙印。换句话说,同一民族国家或社会阶级阶层的女性与男性往往比另一民族国家或社会阶级阶层的女性与男性,在社会生活中更具有由物质利益关系决定的社会语言类型的通约性。作为一名女性,她一生下来自然是隶属于与男子相对应的人类女性群体,但她的生存与发展一开始

---

① "四化"指工业化、信息化、城镇化和农业现代化。

就与其所在民族国家或社会阶级阶层息息相关。不言而喻,同一民族国家或社会阶级阶层的女性与男性之间,自私有制和国家起源以来,就存在着前者被后者压迫的不平等的性别关系。与此同时,不同民族国家或社会阶级阶层之间也一直存在着压迫与被压迫的不平等关系。可以说,自人类有文字可查的历史以来,民族国家关系或社会阶级阶层关系与性别关系的交融互动和相互建构就是一种客观历史存在,而作为妇女群体的生存与发展,当然从来也就是在这一人类社会活动的基本框架内运行的。然而,由民族国家活动或社会阶级阶层活动所形塑和维系的利益关系,在决定人类活动基本走向方面,向来就比由单纯性别关系所形塑和维系的利益关系更为要紧、更加关键。迄今为止,人类尚未发生一场以性别矛盾和冲突为主要标志的社会性战争,相反,有史以来不胜枚举的社会性战争总是与民族国家或社会阶层之间的矛盾和冲突不无关系。不过,民族国家或社会阶级阶层之间的矛盾和冲突在推动人类历史发展过程中,也自觉或不自觉地促进了人类性别关系的文明化。

在民族国家或社会阶级阶层之间的矛盾和冲突中,消除性别关系的不平等性往往被代表先进社会力量的政党,作为自己的政治斗争目标来追求。不同民族国家或社会阶级阶层的女性,为了共同的政治理想和信仰,可以与不同民族国家或社会阶级阶层的男性携起手来,在追求人类自由、平等和公正的社会制度建构时,也追求建立平等、和谐发展的性别关系。然而,不同民族国家或社会阶级阶层的女性,却由于民族国家或社会阶级阶层利益关系的阻隔,处于相互对立的状态。一般而论,人类民族国家或社会阶级阶层关系的形成要晚于人类性别关系,并且后者在前者尚未形成时原本是一种自然、纯朴、健康、和谐的状态。但自这种原生态状态被打破后,人类性别关系就被人类民族国家或社会阶级阶层关系所主导或钳制,被纳入人类政治、经济、社会、文化乃至军事战争的历史活动之中,至今尚不得解脱或超越。按照共产主义学说,唯有在民族国家或社会阶级阶层关系消亡的人类新型社会形态,人类性别关系才能在更高层次上复归其共生互惠的自然本质属性。这就是说,民族国家或社会阶级阶层关系总是与人类社会生产力的一定发展阶段相联系,因此它们自身不具备超越性,而性别关系的不平等性仅仅是人类社会一定历史发展阶段的产物,其和谐共处的自然本质属性赋予它自身以超越性。就此而论,早期女权主义和现今的女性主义的形成与发展,均与民族国家或社会阶级阶层之间的矛盾和冲突具有千丝万缕的内在联系。一旦这种性别关系的不平等性伴随民族国家或社会阶级阶层的消亡而消亡,那么无论是女权主义或女性主义,还是与之对立的为自身狭隘利益所限的男权主义,都将不复存在。因为性别对立并非人类性别关系的本质属性,它只是在人类社会发展的一定历史阶段,被不合理的生产关系之类变异性因素所扭曲和支配的产物。

当人类性别关系的不平等性只是以家庭矛盾和冲突的形式表现自身时,女权主义的理论解释是具有普适性和穿透力的。因为在任一民族国家、阶级阶层群体的家庭内部生活中,均不同层次或不同程度地存在着性别关系的倾斜性即男性对女性的支配性。然而,一旦当人类性别关系的不平等性涉及政治、经济、文化诸因素融为一体的社会公共生活领域,女权主义或女性主义的思想理论局限性也就立马凸显。因为她们不可能完全摆脱民族国家、社会阶级阶层等复杂因素的支配去单独追求妇女解放。现当代女性主义者已经或多或少地意识到自身的局限性,正致力于与男性一起摆脱人类发展进程中人对人以及人对于物的依附关系的困境,希冀在追求人类自身解放的不懈奋斗进程中,也实现性别的平等、和谐以及共同的发展与进步。

## 二、当前我国妇女发展问题的社会学解读

改革开放以来,我国基本社会结构中的阶级阶层结构发生了重大变化,由过去的两大阶级一大阶层(工人阶级、农民阶级和知识分子阶层)逐渐演变为现在的十大阶层。与此同时,性别分化和性别分层也在悄然进行,致使女性的社会边缘化状态逐渐形成,并且伴随社会阶层固化现象的日益凸现而日趋明显。面对影响妇女发展的各种复杂因素及喜忧交织的妇女发展局面,马克思主义妇女解放理论的主导地位受到来自两方面的思想挑战:一是西方社会性别理论,一是新儒家妇女观。在对妇女问题的归因分析中,西方社会性别理论否认妇女问题是与一定生产力发展阶段相连接的民族国家或阶级阶层因素并存的特殊社会问题,而将性别矛盾和冲突从其他因素中抽出单列而作为妇女问题产生的本源;新儒家妇女观则强调性别差异与性别互补的统一性,否认性别之间的发展差异能引发性别不平等性,进而扩大性别矛盾和加剧性别冲突,并且将妇女

问题的产生归咎于性别之间相互依存、配合和制约关系的失衡及其调适不当。平心而论,西方社会性别理论与新儒家妇女观各执一端的理论立场虽说均有其片面性,但在促进妇女积极适应经济社会发展变化的个人能力提高方面,又均有其合理性。受西方建构主义的影响,西方社会性别理论致力于提升女性的主体性、批判精神及创造性发展能力,有利于女性摆脱传统社会关系及文化惯习的束缚。但是,单纯诉诸上层建筑意识形态乃至生活方式领域的性别革命,以及与以资为本的生产关系建设及其发展导向的妥协,这类缺陷致使它又不可能真正引导妇女步入自由而全面发展的人类解放大道。新儒家妇女观强调性别关系的和谐性和互补性,虽有利于将性别差异保持在一定的合理限度,使性别矛盾和冲突不至于过于激化,但其潜在弱化妇女主体意识及悄然维护原有性别关系的不平等性的一面,难免会让妇女无法充分拓展自身发展的社会空间,以至于造成她们在现代物质进步中的精神倒退现象。

改革开放新时期我国妇女运动的实践证明:马克思主义妇女解放理论的基本原理无疑依然是正确的,如妇女的社会存在决定其社会意识,妇女受剥削受压迫的根源是不合理的生产关系建构,妇女只有在争取人类解放的同时才能获得自身的解放,等等。然而,其个别结论则需要随着时代发展加以更新和完善,如在社会主义市场经济条件下,性别关系的不平等性就不能再归咎于不合理的生产关系,而需要用社会主义初级阶段的基本国情、发展特征及理论表述来加以解释。诚如某些重要研究所界定的那样:目前我国社会的男女不平等与封建社会、资本主义社会的男女不平等有着本质的区别。它是男女两性在根本利益一致的前提下,因历史和现实、客观和主观的各种原因造成的,是特殊历史阶段和发展过程中出现的非对抗性矛盾,是前进中存在的问题……[1]正是为了有效解决此类问题,数十年来,在与西方社会性别理论、新儒家妇女观等不同社会思潮及学术流派的对话、碰撞、磨合中,马克思主义妇女解放理论提升了自身应对改革开放新时期妇女发展中新情况新变化新问题的创新能力;在创新与发展中,马克思主义妇女解放理论焕发了新的生机和活力,成为有中国特色社会主义妇女理论体系的核心构件,其主导地位得到巩固,其社会效用得以充分发挥。

在有中国特色社会主义妇女理论的思想建设中,必须始终不渝地坚持马克思主义的立场、观点和方法,以此去总结和提升改革开放以来我国妇女运动的新经验、新成果,并且认真汲取和借鉴国际妇女运动的成功经验和挫折教训。

纵观马克思主义妇女解放理论当代化的历程,就是在与"妇女回家论""妇女阶段性就业""新贤妻良母论""妇女商品化倾向""干得好不如嫁得好"等社会思潮的思想交锋中,不断得到磨砺和持续获得创新的历程。此外,在发展与维权并举的妇女工作方针的指导下,广大妇联干部在反家庭暴力、反就业歧视、拓展妇女参政议政的社会空间、争取同等退休年龄、抨击"富豪相亲会"等鲜活的社会实践活动中,积累了联系和服务妇女群众的丰富经验,并且增强了自身运用有中国特色社会主义妇女理论提出问题、分析问题和解决问题的能力。在全面建成小康社会的伟大实践中,妇女发展与民族复兴和社会进步的互动性、协调性、兼容性更加凸显,妇女发展理论表现出的民族性、科学性、合理性、综合性更为增强,对于反映和指导解决现实妇女问题的功能作用更趋明显。然而,相对于宏观妇女发展理论建构,妇女发展理论的中观建构还显得比较单薄,需要充分发挥社会学的想象力,创造能满足不同群体妇女需要且符合时代进步要求的中层理论。

从马克思主义社会学的理论视角看,妇女解放与发展既是社会良性运行和健康发展的必要条件,又是社会文明进步的重要标志。妇女社会学是研究妇女群体与各种社会因素关系的社会学分支学科,其内容包括妇女的社会地位、社会角色以及妇女与家庭、教育、劳动市场、参政议政等方面的关系等。[2]在我国,妇女社会学以历史唯物论及科学社会主义原理作为其思想理论基础,其主要学科目标是如何推动妇女积极适应不断发展和进步的中国特色社会主义建设事业。在全面建成小康社会新的发展阶段,探讨妇女解放与发展尤其需要问题意识。正是在不断发现妇女问题、持续研讨妇女问题和妥善解决妇女问题的过程中,妇女解放与发展才得以逐步向前推进,并且在促进经济社会全面协调可持续发展的同时,得以提升自身的思想境界和理论水平。妇女作为社会成员,与男子一样,社会转型发展时期妇女在个人社会化过程中,也面临着如何正确处理行动与结构、自由与秩序的矛盾关系问题,以期在追求个人与社会双赢、个体与集体互惠的奋斗中实现去性别化、差异发展的理想目标。中国特色社会主义建设事业,反映了发展着的马克思主义指导下的新型现代性的客观要求,其本质属性是以人为本,通过推动科学发展和促进社会和谐,实现人的无差别发展,其中自然也包括实现性别平等、同步、和谐的发展。所谓人的无差别发展,即在发展机会及其资源配置上做到公正合理配置,在发展成果上做到公平合理分享,竭力排除城乡、区域、阶层、族群、性别、年龄等差异性因素对于人们发展机会同等、发展成果分享之类正当追求的歧视性干扰。性别平等、同步、和谐的发展,是实现人的无差别发展的重要基础之一。在社会主义与市场经济结合的伟大实践中,切实保证性别公正是正确处理全社会公平与效率关系的必要前提。近些年来,在探讨女大学生、新生代流动女性、农村留守妇女、贫困地区妇女、就业困难妇女、残疾妇女等不同群体妇女生存与发展面临的机遇和挑战的过程中,妇女社会学以其独特的批判性和建设性思维,为广大妇女如何积极应对机遇和挑战提供了智力支持,并且在总结她们成功做法及原创经验时,做出了应有的理论贡献。

## 三、在积极应对机遇和挑战中创新妇女发展理论

中共十八大报告中提出:"坚持走中国特色新型工业化、信息化、城镇化、农业现代化道路,推动信息化和工业化深度融合、工业化和城镇化良性互动、城镇化和农业现代化相互协调,促进工业化、信息化、城镇化、农业现代化同步发展。"[3]这一"四化"同步发展战略的科学谋划与《中国妇女发展纲要(2011—2020年)》相互衔接且相互促进,给我国妇女发展带来大好机遇。

目前,以实现工业化、信息化、城镇化和农业现代化同步发展为根本途径的我国新型现代化建设,已为妇女人力资源的广度开发和深度挖掘创造了必要条件。在我国许多传统农区,以发展优质、高效农业为特色的农业现代化,正成为这些地区工业化、城镇化往前推进的坚实基础和强大支撑,而工业化、城镇化步伐的加快则又反过来大大带动和提升了农业现代化的发展质量及效益。如此境况之下,农村妇女的非农转移空间不仅得到广泛拓展,而且她们在发展高效、特色农业中的巨大潜力和重要作用,也将得到充分显示。尤其是农村经济社会的剧烈变革及全面转型,正在促使妇女逐步摆脱传统性别角色观念的深层束缚,提高她们参与社会事务、参与市场竞争的积极性、主动性和创造性,进而从根本上改变自己的人生和命运。此外,过去在我国的一些资源型城镇,以钢铁、煤炭、化工、建筑等为主导的工业化发展模式,乃是地方经济赖以维系的生命支柱。然而,由于"工业独大"现象的影响,此类地方的高城镇化率并没有相应地

带来第三产业的繁荣,以致妇女在发展的速度和质量上一直无法与男性相比,妇女劳动力资源的特长及优势也无从得到充分发挥。现在,伴随"四化"同步发展战略在全国的普遍实施,这类城镇的产业结构正在进行调整,具有一定科技含量和劳动技能的电子、轻纺、园林、物流、旅游等行业已呈现大规模发展的态势。这种态势不仅能使女性得以扬长避短,尽快缩小与男性的发展差距,而且能使不少女性通过自主创业而崭露头角。

工业化、信息化、城镇化和农业现代化同步的科学发展之路,为全国农村妇女劳动力的就地转移,提供了广阔平台及展示出美好前景。就其实质来说,城镇化无非是农村现代性发展及社会转型问题。伴随这种发展及转型,农村的经济社会结构、农民的生产方式和生活方式以及农业人口的流向,均会发生巨大变化。在中国这样一个拥有十三亿多人口的大国,城镇化率每提高一个百分点,就意味着每年有数以千万计的农民包括不少女性农民进入城市。我国的基本国情是农村人口众多、资源紧缺、城乡差别大、地区发展不平衡。这就在客观上决定了在我国必须走资源节约型的"内聚式发展"的城镇化道路,即通过内部资源的不断挖潜和当地优势的不断积累,来合理引导农民尤其是女性农民有序地从土地上解放出来,从而逐步转变农村发展方式和农民传统生活轨迹,在新型现代化的意义上实现城乡统筹发展。由此来看,此种城乡一体化的科学发展途径,有利于发挥女性劳动力资源的特长及优势,有利于锤炼妇女的生产技能和生活品质,有利于提升妇女的整体发展质量。此外,此种立足于现实和着眼于未来的发展谋划,也有利于防范城镇化过程中社会问题丛生,有利于保持城镇化与经济、社会、人口、资源和生态环境系统的有机协调和综合平衡,有利于在全面建成小康社会进程中实现性别之间平等、均衡、和谐的发展。

挑战与机遇往往同时存在。受社会主义初级阶段生产力发展水平和社会文明程度的制约与影响,妇女发展仍面临诸多问题与挑战。就业性别歧视仍未消除,妇女在资源占有和收入方面与男性存在一定差距;妇女参与决策和管理的水平仍然较低;妇女受教育程度与男性存在一定差距;妇女的健康需求有待进一步满足;妇女发展的社会环境有待进一步优化;妇女的社会保障水平有待进一步提高。各阶层妇女利益需求日益呈现多元化,城乡区域妇女发展不平衡仍未全面解决。[4]此外,从积极适应"四化"同步发展带来的新形势新情况新任务、进一步挖掘妇女发展潜力和提高发展质量的角度看,广大妇女也面临严峻挑战。一是产业结构调整对妇女科技素质及从业技能提出较高要求。《中国国民经济和社会发展第十二个五年规划纲要》中提出要"发展结构优化、技术先进、清洁安全、附加值高、吸纳就业能力强的现代产业体系"[5],然而,近年来面对这一更高的产业发展要求,我国妇女尤其是大多数农村妇女在个人能力和素质方面,显然是承受着巨大的挑战和压力。这主要是由于农村妇女长期处于落后农业生产方式和村落生活方式支配之下,以致她们无法在短期内迅速提高自身素质,加上生儿育女和操持家务束缚了她们自身的发展,在掌握新的职业技能时她们往往需要付出比男性更大的努力。此外,在对新环境的适应过程中,她们也往往会付出比男性更多的发展成本。无须讳言,在我国一些地方方兴未艾的产业集聚区建设中,业已出现一些年龄较大而技能较差的妇女在招工中被淘汰出局的现象。二是城镇化的加速发展对妇女的社会适应性提出较强的心理素质要求,然而,一些已长期习惯于传统农业生产和生活方式的妇女却对此缺乏充分的思想准备。这就很容易导致她们在农村社会转型及个人身份转变中,难免处于发展迟缓的尴尬境地,从而有可能使自己出现一些精神心理障碍问题。三是在城镇化加快发展的进程中,面对就业、住房、城市生活高成本运转以及文化隔阂等多重困难,一些缺乏进取心及应变能力的妇女,很有可能在转型发展的重压之下缺乏积极应对的信心和勇气,以致成为难以融入城镇生活的新的社会弱势群体。

在工业化、信息化、城镇化、农业现代化同步发展进程中,在《中国妇女发展纲要(2011—2020年)》付诸实施过程中,我国妇女解放与发展必然会出现许多新情况新问题新特点。这就客观上要求宣传思想工作者从理论上给予合理阐释和科学分析。譬如,有的妇女学者就提出"为什么这些年来妇女在教育和保健领域的进步,并未相应带来其就业、参政方面的发展?"[6]此外,在存量改革替代增量改革的社会发展新阶段,降低妇女发展成本以增促社会文明进步的任务更加艰巨。显而易见,在深化改革中进一步创新有中国特色妇女发展理论,尤其是从社会学角度对现阶段妇女生存境遇和发展状况进行深入调研和理论概括,这已成为当前摆在我国广大妇女理论工作者面前的重要任务。而要完成这一历史使命,既需要专家学者文化自觉和理论自信,也需要动员和组织全社会力量,在全面建成小康社会进程中,以各种方式和途径给予妇女解放与发展以充分理解和鼎力支持。

**参考文献：**

[1]彭珮云.中国特色社会主义妇女理论与实践[M].北京:人民出版社,2013:71.

[2]邓伟志.社会学辞典[M].上海:上海辞书出版社,2009:296.

[3]胡锦涛.坚定不移沿着中国特色社会主义道路前进 为全面建成小康社会而奋斗[M].北京:人民出版社,2012:20.

[4]中国妇女发展纲要(2011—2020年)[N].人民日报,2011-08-09.

[5]中华人民共和国国民经济和社会发展第十二个五年规划纲要[N].人民日报,2011-03-17.

[6]刘伯红.简析三期中国妇女社会地位调查[J].山东女子学院学报,2013(4).

(原载《山东女子学院学报》2014年第1期)

# 关于全面深化改革背景下我国妇女发展的理性思考

时代在变化与发展,妇女赖以生存与发展的国内外环境条件也在变化和发展,需要她们适时跟进,积极适应。在全面深化改革背景下,坚持一切从变动着的客观实际出发,随着社会生活实践的发展向前推进我国妇女发展,是实现富民强国"中国梦"进程中的重要任务。

## 一、坚持实践唯物主义对我国妇女发展的思想指导

经典马克思主义哲学的精神实质是实践唯物主义,是对包括女性在内的人类生存与发展的历史、现状和未来的深切关注与深刻思考。以实践唯物主义为指导,有利于科学地认识我国妇女的历史、现状和未来,正确地把握一系列妇女现实问题产生的原因和本质,从而制定出符合中国国情和时代发展要求的妇女发展战略,并且逐步形成有中国特色的社会主义妇女发展理论。实践唯物主义的科学精神与批判精神,集中体现在求真务实、改革创新、和谐发展这三个方面。它们为全面深化改革时期我国妇女发展提供强大的精神动力和智力支持。

求真务实是实践唯物主义的精神实质。弘扬求真务实精神,就要反对本本主义。本本主义在研究新时期中国妇女问题时主要表现为两种倾向:一是固守传统老本本,二是迷信现代洋本本。它们均是脱离当代中国的现代化发展环境与当代中国妇女生活的鲜活实践,单纯在书本上讨生活的表现。弘扬求真务实精神是防止上述两种本本主义倾向的强大思想武器,它为结合新的中国社会实践形成与发展有中国特色的社会主义妇女发展理论,奠定了坚实的实践本体论基础。

因为,妇女发展不是抽象的和空泛的,而是要以促进经济社会发展的明显

成效去加以具体体现和切实保证。只有在积极投入改革发展的过程中去鲜明地表现妇女发展的显著特色及独特贡献,才能在更高的思想认识层面上达到妇女发展与经济社会发展的同步性,以及与党和国家大政方针的一致性。全面深化改革时期,我国妇女在前进过程中必然会遇到许多新情况、新问题和新困惑,这就需要妇女理论研究者以求真务实的精神,去深入妇女实践活动,贴近她们的现实生活,了解她们的处境、愿望和要求,分析她们的问题产生的症结之所在,然后进行理论概括和思想提升,进而提出科学的应对思路及对策。

改革创新是实践唯物主义的精髓所在。它主要表现在把实事求是与解放思想高度地结合起来,即从动态发展的角度去把握实事求是,以大无畏的胆略和气概去进行理论创新、制度创新、方式及途径创新。在全面深化改革的新时期,我国妇女发展面临着前所未有的新情况、新挑战、新问题,例如,由市场机制运作与传统因素的交叠影响而引起的整个社会的性别分化,由社会经济成分、组织形式、就业方式、利益关系和分配方式多样化而引起的女性生存与发展环境、生活方式和思想观念的变化,由增量改革转变为存量改革向男女平等和谐同步发展提出的强劲挑战,以及全球化、科技化、信息化浪潮对于妇女发展的影响。国内外环境条件的变化客观上要求妇女解放和发展理论的创新和发展,要求给予现阶段我国妇女发展的条件、特点、任务、途径等以科学的解释,并且要求人们在妥善解决妇女面临的一系列重点和难点问题的过程中,努力探索全面深化改革时期妇女发展的规律及特点。在全面深化改革新时期,以改革创新精神去推进妇女发展,能充分激发和调动广大妇女的历史主动性和积极创造性,从而进一步拓展中国特色的妇女发展道路,进一步健全和完善中国特色的社会主义妇女发展理论。

和谐发展是实践唯物主义的核心价值取向,它昭示着事物发展的深奥哲理及伦理秉性。全面深化改革新时期,我国妇女发展将面临各种复杂因素的影响,同时也将面临各种疑难问题的考验。首先,在实践中,它要回答妇女在市场经济机制持续强化、经济结构调整不断加快、经济下行压力逐渐加大、社会建设严重滞后、劳动力相对过剩、社会阶层固化趋向日益显著、社会矛盾问题叠加交叉等条件下如何平等地参与社会发展的问题,也要回应全面深化改革背景下各种社会群体利益再分配的挑战。其次,在思想建设方面,它要处理好继承和发展马克思主义妇女解放理论与借鉴和吸收西方女性主义合理因素之间的关系。

再次,在国家发展与妇女发展之间,要处理好社会总体利益与妇女具体利益的关系,寻求两者的最佳结合点。最后,要在全面深化改革中不断化解由性别利益关系触发的新的性别矛盾和冲突,以社会公正促进性别平等及和谐发展。

## 二、坚持以科学发展观统领我国妇女发展

中国妇女第六次全国代表大会将"以经济建设为中心,动员妇女全面参与社会发展"确定为新时期中国妇女运动的方针,以后历次全国代表大会均重申了这一方针。这就抓住了当代我国妇女发展的根本问题,体现了妇女发展与社会发展互动互促且互惠互利的客观属性。人类社会的发展本是一个自然历史过程,占总人口近一半的妇女的发展当然也不可能背离这一过程。在当代中国,科学发展是解决包括妇女问题在内的一切社会问题的基本前提。坚持以科学发展观统领妇女发展,这就将我国妇女发展置于遵循社会客观发展规律这一坚实基础之上,使妇女的继续解放和全面发展从空想变成了科学,从而具有最大的现实可能性和最光明的前途。

中共十八大报告提出"以科学发展为主题",这是"解放和发展社会生产力"思想的逻辑延伸和精神提升,它充分体现着一以贯之地抓住发展这一矛盾主要方面的主动性和坚定性。这一发展理念对于动员广大妇女积极而又全面地参与经济社会发展,提供了思想启迪、智力支持及心理激励。一方面,我们应当看到,市场发挥决定性作用为广大妇女所带来的是一种有别于传统规则的生存方式和生活逻辑,激励她们自强不息,奋发有为。事实上,我国妇女只有在全面深化改革的时代潮流里努力把握现代市场经济社会的规律及法则,逐步加强自身的自主意识、民主意识、竞争意识、质量意识、效益观念、效率观念、时间观念、法制观念等现代人所必备的素质和品格,才能将自身的发展置于一个更高的历史起点,才能获得经济自主以及思想和行动的自由,从而永远立于不败之地。从这种意义上说,这一铁的认识逻辑对于生活本质的揭示、对于我国广大妇女思想和心理的触动,比任何单纯的宣传教育都更深刻、更直接。另一方面,我们也应当看到,政府更好发挥作用为广大妇女所提供的则是一种切实的制度保障,能促使男女平等基本国策落地生根,让改革红利惠及妇女民生。就此而

论,"以科学发展为主题"就是坚持"发展是硬道理"的本质要求,把推动发展的立足点转到提高质量和增加效益上来,推动妇女民生建设和妇女发展跃上新台阶。

全面深化改革,说到底就是为深入贯彻落实科学发展观排除干扰和障碍,为坚持解放和发展社会生产力激发生机和活力。在世界科学技术日新月异,信息化、全球化、城市化浪潮铺天盖地而来的国际大背景下,我国妇女既面临着前所未有的发展机遇,也面临着巨大的挑战。这就在客观上要求我国广大妇女在科学发展观指导下,以高度的自觉性和坚忍不拔的韧性,在全面深化改革推动下努力提高自身素质,尤其是提高自身思想道德素质和科学技术素质。只有在科学发展观统领下,妇女才能摆脱盲目性和宿命论的支配,与男子并驾齐驱,积极参与经济社会发展,充分发挥自身聪明才智和实现自身价值。为更好更快提高妇女素质,推动科学发展,就要鼓励和支持广大妇女坚持不懈地学科学、用科学,掌握先进的科学技术,跃上时代进步的制高点,同时让自身发展充满底蕴和后劲,在"四化"同步发展和"五大"建设中建功立业。

科学发展的真谛是一切从实际出发,高度尊重和积极顺应客观规律。中共十八大报告提出:"在任何情况下都要牢牢把握社会主义初级阶段这个最大国情,推进任何方面的改革发展都要牢牢立足社会主义初级阶段这个最大实际。"[1]在全面深化改革背景下推进我国妇女发展当然也毫不例外。与发达国家相比,现阶段中国社会生产力水平较低,科学技术素质、民族文化素质也较低,仍然属于发展中国家。这就从总体上决定了中国妇女发展的速度和质量,必然要受到上述基本国情的制约。此外,因为社会主义初级阶段是一个相当长的历史时期,所以,我国妇女的进一步发展只能是一个循序渐进的、以提高自身基本素质为主要内容的长期历史过程。换句话说,在我国,妇女所承担的社会责任与履行这种责任所应具备的妇女整体素质发展水平之间,依然存在短时期无法超越的现实差异。充分认识和正确估量我国社会发展的阶段性特征,有利于对我国妇女发展现状始终保持清醒的头脑,有利于为制定中长期妇女发展战略提供科学依据,有利于高度地统一广大妇女的思想和行动。这样一来,我国广大妇女就能自觉地把自身的命运与国家和民族的命运紧密相连,并且自觉地将自身的进一步解放和发展,置于通过不断改革创新去解放和发展生产力的社会总体框架之内。

## 三、坚持以"法德并举"方式解决我国妇女现实问题

妇女是社会中人,妇女现实问题也是社会改革与发展中出现的问题。中国社会的改革与发展过程,与不断研究和解决妇女现实问题的过程具有同步性和互促性。社会主义经济、政治、社会、文化、生态"五位一体"的现代化建设总布局,中国特色新型工业化、信息化、城镇化、农业现代化的"四化"同步并进的经济社会协调发展总目标,以及担负为上述总布局和总目标清障排扰重任的全面深化改革举措,无不与改善妇女生存与发展的社会条件及其所面临的种种重要问题和疑难问题密切相连。因此,我国广大妇女要自觉地将自身发展纳入全面深化改革背景下的社会文明进步总进程之中。

党的十八届三中全会通过的《中共中央关于全面深化改革若干重大问题的决定》强调"推进国家治理体系和治理能力现代化"[2],意在推动中共十八大报告所提出的"破除一切妨碍科学发展的思想观念和体制机制弊端,构建系统完备、科学规范、运行有效的制度体系,使各方面制度更加成熟更加定型"[3]的既定战略目标的圆满完成。中共十八大以来,习近平总书记反复强调,"我们正在进行具有许多新的历史特点的伟大斗争,面临的挑战和困难前所未有"[4]。"推进国家治理体系和治理能力现代化",正是积极应对这些挑战和困难的制胜法宝。"推进国家治理体系和治理能力现代化",客观上需要诉诸"法德并举"方式,这犹如鸟之双翼,缺一不可。单就有效应对妇女发展当前面临的挑战和困难而论,无论它们是由现实社会关系因素造成的,还是由历史文化因素所酿成的,均需以"法德并举"方式排解之、克服之。一方面,我们必须要坚持用法治思维和法治方式促进妇女发展,维护妇女权益;另一方面,我们要以社会主义核心价值及共同理想凝心聚力,为妇女发展创造良好的人文环境,并且引领全社会尊重、相信和依靠妇女,以实际行动支持妇女积极参与全面建成小康社会的伟大实践。

中共十八届四中全会审议通过了《关于全面推进依法治国若干重大问题的决定》,标志着依法治国按下了"快进键",进入了"快车道",对全面深入推动男女平等基本国策贯彻落实具有里程碑意义。究其学理,"依法治国"方略具有不

可逆转的客观历史逻辑及与时俱进的社会文明进步价值,对推动科学发展及促进社会和谐起到根本性、长期性、稳定性的突出作用。维护妇女的就业权、参政权、受教育权以及卫生保健和婚姻家庭等方面的特殊利益,离不开社会主义法制建设所提供的强有力的制度保障。尤其是在我国进入经济新常态和社会发展新阶段的矛盾凸显期,推进男女平等基本国策全面深入贯彻落实和实现男女平等和谐同步发展,更加离不开法治。时至今日,封建主义意识残余依然在我国社会生活和家庭生活方面顽固地存在着,它不仅干扰了妇女的参政、就业和受教育,而且影响到妇女的个性发展、身心健康以及婚姻与家庭生活的幸福,成为妇女发展道路上的重大思想障碍和心理障碍。此外,改革发展进程中各类矛盾碰头叠加、交叉影响和蔓延升级,也对妇女发展及妇女权益产生深刻影响。显而易见,只有以法律作为坚强后盾和锐利武器,才能在全面深化改革新时期,最大限度地排除传统文化中落后意识及其性别利益固化藩篱对于我国妇女发展的严重干扰和破坏。

"以德治国"方略是历史经验的有益总结及现实社会复杂斗争的客观需要,集中体现了以宣传、践履社会主义核心价值观为显著标志的先进文化力量的巨大效能和作用。这一治国方略有利于将妇女的生存与发展问题置于整个现代化建设框架之内,从而以国家、民族、社会的发展带动妇女的发展及其自身特殊问题的解决。"以德治国"方略将妇女问题的解决锁定在一个共同的理想坐标之中,将男女平等原则融于社会和谐发展之中,这就使妇女发展既具有科学的前瞻性,又拥有现实的可能性。它对解决妇女现实问题的实践价值在于:以改革创新的道德进步激发女性"四自"精神,推动她们实现自身在价值观念、道德品格、能力水平、精神状态等方面的现代转变,积极适应经济社会发展的新形势、新要求;以共同的社会理想去引导女性正确对待和处理根本利益与局部利益、长远利益与当前利益、先富与后富、理想与现实等矛盾关系,从而帮助女性化解自身焦躁、怨气、泄气等消极情绪,自觉投身全面深化改革的社会进步活动。

坚持以"法德并举"方式解决妇女现实问题,进而推进我国妇女健康发展,需要贯彻"急则治标""缓则治本"和"长则建制"的原则。"急则治标"是切实维护妇女的合法权益,坚决依法打击蓄意侵犯妇女正当利益的各种不端行为;"缓则治本"是运用马克思主义的立场、观点和方法,观察和分析新时期中国妇女发展中所面临的新情况新问题,着力于从观念和现实两方面消除性别不平等的社会根源;"长则建制"是着眼于公正而又合理的制度安排和政策设计,以全面深化改革的实际措施确保妇女现实问题能够得到妥善解决,推动妇女不断超越传统的思维定式、生活方式、价值取向及其心理惰性的束缚,积极跟进时代进步和社会发展。总之,在全面深化改革新时期坚持以"法德并举"的方式解决妇女现实问题,有利于将性别平等理念纳入社会决策主流,有利于确保男女平等参与经济社会发展且共同享有改革创新成果,有利于妇女在全面深化改革进程中大幅提升自身素质。换言之,这些利好必将促使我国妇女发展减少自发性和盲目性,增强自觉性和自为性,在全面深化改革进程中实现妇女自身的进一步解放和发展。

**参考文献:**

[1][3]胡锦涛.坚定不移沿着中国特色社会主义道路前进 为全面建成小康社会而奋斗[M].北京:人民出版社,2012:15,17.

[2]本书编写组.《中共中央关于全面深化改革若干重大问题的决定》辅导读本[M].北京:人民出版社,2013.

[4]《习近平总书记系列讲话精神学习读本》课题组.习近平总书记系列讲话精神学习读本[M].北京:中共中央党校出版社,2013:222.

(原载《山东女子学院学报》2015年第3期)

# 四 人口与生育文化研究

# 刍论我国现代生育文化的成因

我国现代生育文化的形成有赖于科学意识的社会化、女性自我意识的增强、法治文明的健全以及家庭生活方式的变革。

## 一、科学意识的社会化是现代生育文化形成的基本前提

科学意识的社会化，即个人的科学知识、信念与社会责任感的高度融合，其中包括对人口剧增的忧患意识、对不道德生育的抵制意识及正确的生殖性别价值取向等。中共中央、国务院在《关于加强人口与计划生育工作稳定低生育水平的决定》中提出："到2010年末，全国人口总数（不含香港、澳门特别行政区和台湾省）控制在14亿以内，年均人口出生率不超过15‰；出生人口素质明显提高；出生婴儿性别比趋向正常；育龄群众享有基本的生殖保健服务，普遍开展避孕节育措施的'知情选择'；初步形成新的婚育观念和生育文化……"要实现这些目标，需要人们具有强烈的人口忧患意识，表现在他们不仅充满着对国家和民族强烈的社会责任感，而且蕴含着对科学知识、科学精神的高度个体化心理认知。

中国要稳定低生育水平，就必须在进一步推动人们生育观念从传统向现代转变的过程中，构建富有时代特色和充满科学精神的现代生育文化。时代特色是指将集体主义、爱国主义传统与移风易俗结合起来；科学精神是指关怀人们的精神生活，塑造人们的健康人格，尊重人们的权利和价值，倡导人们以理性的态度去对待生育问题。科学是通过技术作用于社会，而技术又是通过人们主观精神世界的巨大能动性才能保证自身进步的社会文化方向。那种利用现代技术干扰和破坏计划生育的行为就是偏离了这一方向。在我国，生儿育女不仅是

个人或家庭的私事,而且是有关国家和民族的大事。现代人对人口问题的忧患意识体现着人类高度的理性精神,凝聚着对于人类前途和命运的关心,与一些人的自私生育心理和愚昧生育行为形成鲜明的对照。婚外生育之所以不道德,就在于它既无视国家的法律和道德尊严,又不顾后代的基本利益,带来一些不良的社会后果和个人悲剧。婚外生育不仅会造成弃婴现象,而且还会促成草率的婚姻,因为不乏一些女性由于未婚先孕而被迫仓促与人成婚。

无爱的生育合法却不符合道德,不利于下一代的培养和教育,因为权衡利害的婚姻寿命较为短暂,它随财尽而情薄,伴色衰而爱弛。

## 二、女性自我意识的增强是现代生育文化形成的一个重要条件

女性在婚后的自我意识分为三种类型:忘我型——自觉地埋没了个人发展的欲望,将自身融化在忘我的母爱和家庭义务中;非我型——婚前也有精神追求和正常的事业心,婚后被生活牵着鼻子走,变得不是原来的我;大我型——在社会生活和家庭生活中力求全面发展的妇女。[1]一般说来,从忘我型上升到大我型,女性的职业成就欲望越来越高,同时协调家庭生活与事业关系的能力也越来越强,其中自然也包括她们对自身生育问题得心应手的处理。

女性的生育意愿取决于个人与社会环境的交互作用。在传统社会中,妇女对于生育的态度常常自相矛盾:一方面,她们愿意生儿育女,尽繁衍的义务;另一方面,她们厌恶没完没了的生育搅乱了自己平静的生活和限制自身个性的发展。现在,女性将昔日的抱怨变成了行动。妇女自我意识越强,她们就越渴望就业,以致影响她们决定少生或不生孩子。美国学者玛特琳就此指出不愿要孩子的妇女的特点是:她们往往住在城里,受到良好教育。她们也往往是专业人员。[2]中国城市职业妇女尤其是知识妇女对于计划生育的热情堪称全国之最。这是因为国家的计划生育政策符合她们自我发展的根本利益,并且为她们的进一步解放扫清各种主观与客观的、有形与无形的障碍。与妇女解放同步而行的、互动互惠的人口与计划生育工作面临着新时期的艰巨任务,这就要求我们继续发扬以往的优良传统,发掘广大妇女在现代生育文化建设中的巨大潜力,推进妇女解放与人口和计划生育工作在更高层次上的良性循环。

## 三、健全的法治文明是现代生育文化形成的一个重要因素

面对十分艰巨的稳定低生育水平的历史任务,当务之急莫过于转变广大农民的生育观念,增强他们对于国家和民族前途与命运的忧患意识。而要完成这种转变,最终取决于能否将农村居民从各自分割的小块土地上解放出来,尽快地实现农业社会化大生产。因为,小块土地以及独立和分散的家庭经济及其家族文化氛围是旧生育意识的最后藏身之地,也是滋生生育反弹现象的真正温床。

农业社会化和乡村人口城市化是一个较长的从礼俗社会向法理社会的转型过程。这一过程从20世纪20年代开始,至今尚未结束。但是,我国的法治文明建设在排除传统的惰性与金钱的滥觞等种种阻力中获得了历史性成果,尤其是形成了一整套适合中国国情和民意的计划生育法律法规体系,实现了依法实行人口与计划生育工作的社会目标。这就为现代生育文化的形成与发展创造了良好的社会生态环境,遏制了各种不良生育心态及其变异性行为的滋生,并且促进了先进生育道德观念的萌生和计划生育积极分子的涌现。

## 四、家庭生活方式的变革是现代生育文化形成的中间环节

现代生育文化的形成,不仅仅取决于经济因素,也是经济、政治、科学、文化、宗教信仰和道德习俗等各种因素的交互作用。这种交互作用所形成的合力最终决定现代生育文化的概貌。家庭生活方式的变革正是上述综合因素交互作用过程中的中间环节。

就物质因素来说,它通过家庭消费方式的更新,去影响人们的生育需求。人们的消费需求增多了,消费水准提高了,消费倾向多样化了,他们就会自觉地抑制自身的生育需求。

从精神文化因素讲,它通过家庭闲暇活动方式的改变去拓宽家庭生活的外延,淡化夫妻对于生儿育女的专注心理,使之移情于其他外在事物。在未来农

村社会发展中,各种文化娱乐和体育活动的丰富及其水平的提高,将成为改革农村居民生育意愿的一个不可或缺的因素。

科学因素则通过有效的避孕、正确的性教育以及性的艺术审美化去改变夫妻性活动方式,最终影响他们的生育动机。在大多数城市家庭中,生殖行为已演变成为性行为的副产品,为了生理和心理享受而进行的性活动已经发展成为夫妻间一种固定的生活方式。在一些农村家庭,随着精神文化因素的渗透和科学知识的启蒙,人们对于性与生育的传统看法已经动摇,多育心理淡化,随之而来的则是期待着在夫妻性生活中获得身心的双重满足。

道德和习俗的因素主要通过家庭交往活动方式的转变去影响人们的生育态度。处于闭塞、落后、愚昧的交往生活环境中,由于旧生育习俗根深蒂固,个人难以抗拒来自周围一些人,比如亲友和自己所敬重的长辈的"攻势"。在城市化、市场化和经济全球化的推动下,区域间、城乡间及国家间的交往圈扩大后,人们看到比自己原有的生活更好的活法。眼界的开阔、知识的增多和境界的提高,对于人们抵御旧生育道德和生育习俗带来的消极影响是一种巨大的精神激励和智力支持。总之,在家庭生活方式的变革中,生活理想的高层次、生活情趣的高格调、生活抉择的多角度及生活风格的多样化,能淡化人们原初的生育本能欲求,将其升华或转换为事业创造力和生活表现力,从而有利于现代生育文化的家庭养成与社会拓展。

**参考文献:**

[1]李小江.夏娃的探索 妇女研究论稿[M].郑州:河南人民出版社,1988:118-121.

[2]玛格丽特·W.玛特琳.现代女性性爱与生活探秘[M].上海:上海人民出版社,1994:75.

(原载《人口与计划生育》2003年第12期)

# 刍论生育心理的民族文化差异

人类的生育心理是社会实践的产物,具有自觉性和能动性的特点,它与人类的其他心理现象相互联系和相互制约。人类的生育心理从本质上看是一种受制于社会生产方式与生活方式的人类认识自身的文化现象。不同民族在生活方式和文化发展方面既有人类本质属性的同一性,也有由不同的经济发展水准、生活方式、自然地理环境等因素所形成的文化心理差异性。正是这些差异才使人类生育文明的发展表现得多姿多彩、风格迥异。中国文化的中心在于生命,西方文化的中心在于自然,故此,对于家族繁盛和人丁兴旺的兴趣,西方人在文化心理上比中国人弱一些。由于中国人没有西方人那种两歧式思维的文化传统,所以,政府有关节制生育的各种政策举措和文化努力不会导致不育行为的普遍出现和不育文化的兴盛。中和的思维方式和集体主义的伦理价值取向决定了中国人只能接受节育文化。

## 一、中国人生育心理的文化特征

中国文化传统的精粹是"天人合一",即追求人与自然的和谐相处。在此基础上,中国文化"以人为本",高度重视作为天地感而化生的"人",对"人"持积极肯定的态度。用新儒家宗师牟宗三的话来说,就是:"中国文化之开端,哲学观念之呈现,着眼点在生命,故中国文化所关心的是'生命'。"正因为如此,中国人推崇"人多力量大""天生万物,唯人为贵",表现在生育心理上就形成了追求"人财两旺""多子多福"和重生男的倾向。其中,重生男的倾向不仅与自然经济状况下需要男性劳动力的生存境遇有关,而且也是中国古代文化传统中对阴阳交互作用认知的社会心理反映。中国古代先哲将天地万物分为阴阳对立的两个方面,即"一阴一阳之谓道",并且认为阳性事物是刚健的,阴性事物是柔顺的,"刚柔相推,变在其中矣"(《易经·系辞下》)。所谓"天尊地卑,乾坤定矣。……乾道成男,坤道成女。乾知大始,坤作成物"(《易经·系辞上》),也就是肯定阳性事物的创始性主导地位,并且明确了阴性事物的辅助性和依附性地位。这一类私有经济初始阶段人类思维所能达到的水平限制了人们的视野,使他们在"崇人"方面首先看重的是男子,而女子则在很大程度上不被当作具有社会文化意义的人去看待。

要探索中国人多育心理的历史文化渊源,就不能不涉及以孝悌伦理为基石的中国传统家族文化。中国古代的人首先是被家族化的人,他一生下来就要接受以孝悌为本的道德教化,即所谓"不得乎亲,不可以为人;不顺乎亲,不可以为子"(《孟子·离娄上》)。儿子在侍奉父母时最能让他们欢快的事情莫过于多多生儿育女,使父母享受到儿孙绕膝的天伦之乐,并且让他们体验到家族繁盛、香火兴旺的心理满足感。求广嗣是中国传统家族文化的核心要素,也是孝道中的最高境界,因为传统的中国人认为人生幸福的极致就是家大业大、儿孙满堂;养得起众多的儿女子孙不仅是社会地位显赫的象征,而且是一个家族精神上富有生机和活力以及充满优越感和高贵感的文化标志。受此影响的一般中国古代老百姓即便是省吃俭用和节衣缩食,也要在生儿育女的事情上多多益善。在农耕社会里,鼓励生育总是与发展经济相连,这在当时的社会条件下是不可避免的。

## 二、西方人生育心理的文化特征

西方民族在哲学文化传统上以自然为中心,强调数理逻辑,尊崇理性原则,关注个体价值,由此而造成他们在社会生育心理方面有别于东方人的特征。西方民族在对"人"的理解上看重的是个人的独立、自由和幸福,认为"人人都是上帝的子民,同受上帝的恩惠",对于个性的强调大于对家庭的强调。故此,对于家族繁盛和人丁兴旺的追求,西方民族在心理上比东方民族弱一些。当然,就生育上重男轻女的观念来说,在工业革命前,西方民族与东方民族并无本质上的不同,比如,在古希腊罗马时期以及整个中世纪,在时有发生的溺弃婴儿事件中,大部分被溺弃的是女婴。

  西方在进入近代以后,随着妇女经济、政治及文化地位的提高,尤其是医学在女性生理学方面的重大技术进步,使得人们的生育心理产生了根本性的改变。避孕技术的发达,使性与生育分离;性的自由化也在相当的程度上破坏了爱情与性、爱情与婚姻的统一性。所有这一切都促使妇女在人类历史上第一次成为生育的主宰者。可以这样说,西方人传统生育心理的改变是工业化乃至高度工业化所造成的妇女地位的根本改变以及由此而带来的夫妻关系的更新的自然结果。显然,西方的人口转变是一个与社会经济条件变化密切相关的自然历史过程。然而,这并不是说历史文化因素在其中不起什么作用,相反,它起到相当重要的作用。

  在城市化和家庭小型化浪潮的冲击下,西方中产阶级文化兴起,其特点是人们倾向于公共生活领域与私人生活领域的分离,关注家庭生活质量。为了让子女能受到更好的照顾和良好的教育,中产阶级对于节制生育一般持积极和主动的态度,也就是说孩子本身已成为大量感情投资的目标。20世纪60年代之后,随着西方从工业社会向后工业社会过渡,西方各国的结婚率下降,离婚率上升,同居现象大量增多,传统的一夫一妻制受到连续多偶制或其他各式各样的同居模式的冲击。与此同时,人口出生率也大幅度下降,出现了西方社会人口转变的第二次生育低谷期。这一生育低谷期主要是由人们文化价值观念的变化,首先是由婚恋和家庭观念的变化所酿成。人们越来越将婚姻当作一种昂贵的社会"艺术品"去享受,以致他们的生育心理价值取向自然地趋向于少育或不育。西方个人主义文化在现当代的迅猛发展在相当程度上对于欧美各国人口自然出生率的下降起到重要作用,然而,在从工业社会向后工业社会的过渡时期,由于个人自主性与自我实现之间的界限被突破,却又出现了另外一种极端倾向,即由不育心理文化的盛行所导致的较为普遍而突出的"出生率下降危机"。

## 三、结论

  其一,中国文化的中心在于生命,西方文化的中心在于自然,故此,对于家族繁盛和人丁兴旺的兴趣,西方人在文化心理上比中国人弱一些。

其二,相比之下,东方民族没有西方民族那种二元对立的思维文化传统,所以,无论是节制生育的政府举措还是文化努力,都不大可能导致不育行为的普遍出现和不育文化的兴盛。中华民族的兼容思维传统讲求中和,善于求同存异,也精于调谐和变通。在计划生育活动中,它突出地表现在将科学、文明、进步的爱情观和婚育观与尊老爱幼、男女平等、夫妻和睦、勤俭持家的家庭美德融会贯通,并且将晚婚晚育、少生优生、优育优教与提高生殖健康水平、维护妇女合法权益、关心儿童健康成长等密切结合。

其三,中华民族集体主义的文化传统也决定了中国人不会倾向于不育文化,而只会接受节育文化。由于人口与计划生育宣传教育的全面性、准确性和针对性,大多数中国民众已就"控制人口数量,提高人口质量"这一现代生育理念达成科学共识。可以预计,中国社会可持续发展的伟大实践将使中国文化尤其是生育文化更新换代,在新世纪"提高人口素质,促进人的全面发展"的华夏文明复兴过程中发挥更大作用。

(原载《中华文化论坛》2004年第2期)

# 刍论变革生育习俗策略

中国古代生育习俗中的性别偏好倾向一贯较浓,这种历史的文化惰性至今仍影响着现代中国人的生育心理和行为习惯,成为现代文化建设中亟待克服的消极因素。用新风尚的韧性去抗衡旧习俗的惯性,关键在于普及科学知识、弘扬科学精神,传播文明意识、确立文明进步的现代妇女观,以及推动广大农村居民从低水平的、重复性的、为生存而运作的发展迟缓状态迈向高层次的、创造性的、为美好生活而奋斗的发展强势状态。

## 一、中国生育习俗的历史文化惰性

习俗是历史形成的、普及于社会和集体并在一定环境经常重复出现的固定行为方式。在英文中,"moral"(道德)是由"mores"(习俗)演变而来,可见习俗是文化的发端,是人类对于自身活动的一种较早的历史文化记忆。所谓生育习俗,"它是人们在日常生育活动中世代沿袭与传承的习惯性行为模式,是生育文化的重要组成部分"[1]。生育习俗是残留于民众心理中的对以往生育价值取向及其行为选择的集体记忆,其中有些以空间符号的形式,有些则以时间符号的形式保留下来,成为民众日常生活方式中较为固定和惯常的一部分。

中国古代生育习俗中的性别偏好倾向较浓,这种历史的文化惰性至今仍影响着现代中国人的生育心理及伦理价值取向,成为现代文化建设中需要更新、超越或克服的保守和落后的因素。《庄子·天地篇》中讲唐尧游于华,华封人祝福他多寿、多富、多男子。后人多用"华封三祝"作为祝寿之词,可见生男偏好的地方习俗由来已久。《韩非子·六反》中曾这样描述:"父母之于子也,产男则相贺,产女则杀之。此俱出于父母之怀衽,然男子受贺,女子杀之者,虑其后便、计之长利也。"宋朝郑太和在其《郑氏规范》中也曾提及"世人生女,往往多至淹浸"。孟子有言:"不孝有三,无后为大。"《女儿经》中也说:"最不孝,斩先脉。夫无嗣,劝娶妾。继宗祀,最为切。"由于封建思想在生育伦理上的长期渲染和渗透,重男轻女的生育意识已经潜移默化地被融入民众的日常生活方式中,使民众形成了浓厚的文化心理积淀,并且通过习俗的力量潜在地影响着现代中国人的生育活动。

在传统社会,重生男、轻生女的习俗主要是由经济原因所造成,即女性没有独立的经济地位,没有继承权,也没有赡养父母的义务,养女被认为是所谓的"赔钱货"。在现代社会,既然我国宪法已经赋予女性在经济、政治、文化等方面与男性同等的权利和义务,为何重生男、轻生女的现象仍时有发生并且拥有一定的市场? 这就需要从意识形态的相对独立性、民间社会风俗习惯的强大惰性,以及法律的应然与妇女权利的实然的矛盾等多种因素交互作用的角度进行综合分析。在数千年父权家长制文化的钳制和熏陶下,重生男、轻生女的观念及行为方式被视为理所当然而广泛流行并且因此积以成习;这种根深蒂固的生育惯习不可能伴随社会经济基础的变化而马上就发生变化。千百万人的习惯势力是最可怕的力量,没有一个相当长时间的移风易俗,生男生女都一样的文明生育观念难以树立。

## 二、变革生育习俗的策略

用新风尚的韧性去抗衡旧习俗的惯性,关键在于普及科学知识、弘扬科学精神,传播文明意识、确立文明进步的现代妇女观念,以及推动广大农村居民从低水平的、重复性的、为生存而运作的发展迟缓状态迈向高层次的、创造性的、为美好生活而奋斗的发展强势状态。

普及科学知识、弘扬科学精神的目的就是要引导人们认识到生育上的性别选择既是亵渎人性的情感异化行为,又是违背自然规律的非理性行为。人口再生产不仅是一种生物生殖的自然过程,而且其中也折射出人与自然环境、人与人之间社会关系的文化特质。出生人口性别比的严重失衡是人为地运用技术干预生物生殖的自然过程所造成的社会恶果,借用生态社会学的语言来说,它也是一个国家的自然环境生态和社会文化生态遭到双重破坏的病态表现。中国古籍《尚书·太甲中》说:"天作孽,犹可违;自作孽,不可逭。"由人为因素所酿成的出生人口性别比的严重失衡对于社会最大的危害莫过于污染人们的美好心灵,败坏人们的思想道德品性,使人们丧失科学精神,趋向生育文化心态变异。那种运用 B 超进行非医学需要的胎儿性别鉴定及选择性别的人工终止妊娠的行为无疑是属于亵渎科学技术并使之沦落为个人私欲奴仆的邪恶行为。为了普及科学知识、弘扬科学精神,人们应当将自觉消除"生男偏好"的性别歧视观念与坚决抵制对技术的非人道性运用有机结合起来,并且将遵循社会文明发展规律与尊重自然界生物学规律有机结合起来,筑起一道防范落后、愚昧、不文明的人为干扰和破坏胎儿性别自然选择的反科学行为的牢固防线。因为,单靠科技进步绝不可能完全消除生育上的性别歧视意识及行为习惯,唯有诉诸人文关怀与科技进步的良性互动,才能从根本上防止导致出生婴儿性别比失衡的反现代文明的邪恶行为的出现。

我国出生人口性别比失衡是愚昧、落后、不文明的传统妇女观与现实社会生活中各种不良因素综合作用下的衍生物。传统妇女观维护性别歧视、漠视妇女权益,由它所诱发的非医学需要的性别鉴定和性别选择性流产既是对女婴生命权的严重侵害行为,也是对妇女解放和妇女发展的严峻挑战。为了推动人们形成"生男生女都一样"的生育价值观,必须要在全社会消除传统妇女观的不良影响,树立起文明、进步的现代妇女观。当今时代,传播文明意识、确立文明进步的现代妇女观需要结合新的社会文化背景即科学发展观的指导与和谐文化的调控来进行。从新型现代性的视角看,父权家长制意识残余与现代工业社会中的科层制、工作主义、性别角色的认同也滋生了潜在的、无形的、新型的社会性别歧视意识,从而为"生男生女都一样"的文明生育道德观念的确立设置了新的社会文化心理障碍。旧式现代性在使"生活的世界殖民化"的同时也使妇女被社会边缘化,以致造成落后、保守的性别价值观与自由放任的经济主义并行不悖的怪异局面。吉登斯指出:在生活的许多领域中,传统都是坚持不懈的,特别是在日常生活中。其主要原因是父权家庭的主宰地位。[2]尤其是在东亚文化圈的国度里,由于经济发展过速与文化观念滞后的反差表现得较为突出,生育上的"重男轻女"的惯习至今盛而不衰。此种非文明的行为习惯并非仅仅来自传统文化心理的积淀,它也与落后的社会关系、不合理的社会结构及其管理体制等现实因素有着直接而又密切的关联。它们的相互认同与相互加强正进一步地强化和巩固男女不平等的现实社会生活格局,不利于人们树立文明、进步的妇女观。需要人们警惕的是,在发展主义的支配下,往往有一些人只是笼统地将出生人口性别比偏高的现状归咎于人们对生殖技术的滥用,却看不到复杂的、综合性的社会性别歧视因素的作用,以至于不能自觉地从社会性别视角去观察和分析这种生育异化现象对妇女的生存与发展以及和谐社会建设所构成的严重危害。

在欧美发达国家,市场经济反传统的力量及科技日渐发达的文化震撼力早已使性别均质化成为人们日常生活中见怪不怪的现实,与此同时,生育上人为的性别选择也由于已失掉它原初的社会文化背景和大众心理需求而变得毫无意义。然而时至今日,我们大可不必重走通过极端个人主义、享乐主义、非家庭主义等方式去冲击和瓦解传统以消除家族主义历史积弊的老路。在贯彻落实科学发展观、构建和谐社会的新的社会文化背景条件下,我们也可以通过个人与社会、家庭与社会、男性与女性的协调发展等方式去理性地解构生育上的性别歧视惯习这一现代化过程中需要解决的传统顽症,并且通过树立文明、进步的妇女观以匡正社会风尚,启动生育主体的道德自律及创造性,逐步形成"生男生女都一样"的现代生育价值取向。"生男生女都一样"的生育价值取向既是文明、进步的妇女观的重要体现,也是衡量一个人是口头上赞成性别平等还是实际上支持性别平等的客观标准。此外,从优良民族文化历史传承的角度看,我国根文化中"天人合一"和"阴阳谐和"的理念,也可以成为构建"生男生女都一样"的时代生育新风尚的思想文化资源。"男人与女人的比例和谐"与"人与自然的和谐"是相辅相成的。倘若没有人口性别生态的平衡,人与自然的关系也将是残缺的、不完善和不完美的,更何况人与社会的关系也要因此而受到严重影响。我们应汲取文化传统中的和谐思想,摒弃传统文化中弄璋和弄瓦的谬见,并且在与现代文明接轨、推动人们确立文明、进步的妇女观的过程中,从观念根基处解决人们的思想问题,促使人们从传统生育习俗向现代生育新风俗转变。

推动广大农村居民从低水平、重复性的为生存基本需求而运作的发展迟缓状态迈向高层次的、创造性的、为美好生活而奋斗的发展强劲势头,有益于他们从生育兴趣转向生活情趣,最终甩掉千年一贯的"生男偏好"。一般而论,在经济基础与上层建筑相互影响与相互作用的关系中,作为文化与交往活动基本载体的生活方式自始至终地扮演并发挥着其互动中介的角色及作用。生产方式的变革虽说是引起农民思想观念及行为方式变化的终极原因,但离开对生活方式这一重要中介功能及作用的探讨,既不可能正确地理解人与社会之间的辩证关系,也不可能科学地把握包括生育习俗在内的生活习俗对于农村现实生活的潜在影响和实际作用。当年,英国学者马林诺夫斯基曾认为人类的生殖作用是一种文化体系,中国学者费孝通则进一步将它归结为是一种生育制度。在这种文化体系和生育制度中,对于生育习俗的解密,离不开对民众日常生活方式全面、深入的探究,舍此而无法理解生育习俗为何具有相对独立的文化特性,并且也不可能做得到在对立中去正确把握其既得性与变异性的统一。一方面,生活方式中物质技术含量过低容易产生落后的生育习俗;另一方面,其中心态价值含量的匮乏也会触发生育行为的变异。一个民族的生活方式本是这一民族长期积淀下来的文化心理性格的外在显示;努力保持生活方式中物质技术含量与心态价值含量的合理搭配及其良性互动,是在新农村建设中塑造蕴含现代性的文化心理性格的一代新式农民的必要条件。总之,要推动农民从传统生育观念向现代生育观念的转变,仅仅有生产方式的变革是不够的,还应当有对生活方式及生活习俗方面的脱胎换骨的改造。这种改造既标志着一场意义深远的身份革命,又象征着一种生活意义和生命价值的文化萌生。养儿防老及传宗接代等千年绵延不绝的生育惯习将会在这种改造中被终结。

**参考文献:**

[1]姚远.不应忽视生育文化中的习俗问题[J].南方人口,1999(4).

[2]安东尼·吉登斯,克里斯多弗·皮尔森.现代性——吉登斯访谈录[M].尹宏毅,译.北京:新华出版社,2001.

(原载《湖南医科大学学报》2008年第1期)

# 略论农民工群体"生男偏好"的转变

可以把流动人口中农民工群体"生男偏好"转变的规律界定为：在经济变革的决定性作用及政治思想、文化教育等上层建筑意识形态的反作用下，在个人行动与社会结构相互矛盾运动的总体框架中，现代生育文明因素与传统生育文化因素相互碰撞、冲突，进而在此消彼长的、重复显现的个体再社会化过程中实现前者对后者的超越与更替。然而，在半城市化生活场域的阻滞下，这种规律的作用范围和时间效应往往会受到较大的限制和较强的干扰，从而使农民工群体"生男偏好"的转变呈现渐进性、回归性、不确定性等显著特征。有关部门应进一步消除干扰农民工融入城市社会生活的体制性障碍，加大对流动人口计划生育服务与管理的投入力度，加强对农民工群体生育观念转变的实际调查和理论研究。

## 一、问题的提出

随着城镇化速度的不断加快和人口流动数量的不断增多，我国人口与计划生育服务和管理工作的重点正在呈现朝流动人口聚集的城乡结合地带转移的态势。目前，我国流动人口合计约1.8亿人，即全国有近15%的人口在流动[1]；据有关专家测算，从现在起到2015年，农村至少还将有2.5亿人口转移到城镇，届时流动人口有可能突破4亿人[2]。人口流动频率的不断加快和数量的持续增多是城镇化程度提高的显著标志。鉴于目前在许多城市中以农民工为主体的流动人口的绝大多数分布在城乡结合地带或"城中村"，并在此形成了低层次经济圈和类聚型生活链，已有国内学者使用"半城市化"概念来描述和分析当下他们的生存与发展境遇。王春光从社会整合理论的视角对"半城市化"概念进行诠释,他认为,"半城市化"是一种介于回归农村与彻底城市化之间的状态,它表现为各系统之间的不衔接、社会生活和行动层面的不融合、社会认同上的"内卷化"。[3]此外,他还从三个方面揭示"半城市化"的社会具象,即非正规就业及发展能力的弱化、居住边缘化和生活"孤岛化"、内群体认同的被强化,而它们分别与以上三种状态相对应。王文卿和潘绥铭采用法国学者布迪厄的"场域"和"惯习"的概念来研究农民生育偏好的形成与存留;他们放弃村落文化的提法而选择用场域来界定作为研究对象的社会空间;他们认为,场域是一种功能概念,具体来说它可以被理解为一系列的位置及位置之间存在的客观关系,并且这些位置是相对于这个场域才存在的位置,是只有相对于参与到这个场域中的人才具有意义的位置。[4]除此之外,他们还认为,惯习即一整套性情倾向和指导认知的图式,由于它能够起到区分的作用,或可称之为历史地积淀在行动者身上的一套分类系统。[5]受到以上学者的启发,本文在此将他们提出的"半城市化"与"场域"加以融通后形成半城市化生活场域的研究概念,以便进一步探讨以农民工为主体的流动人口所处的半城市化生活场域与他们自身生育意愿转变之间的关联性。

在笔者看来,所谓半城市化生活场域就是流动人口在社会制度安排、市场法则、流动人口自身生存与发展的本能趋力、日常生活惯习等多种因素的综合影响与交互作用下而逐渐形成的一种具有相对独立、相对稳定且具有较大生活弹性的社会空间结构。用王文卿和潘绥铭的话来说,即场域是社会建构出来的一个社会空间,并没有一个明确的地理界线。[6]这就要求研究者充分发挥社会学的想象力,审视、分析、归纳和综合半城市化生活场域对流动人口生育观念及行为习惯的影响和作用,从中找出带规律性和典型性的东西。因此,本文是侧重于将参与式观察运用于特定城市社区的定性研究,而不是图表和数据展示及分析类型的定量研究。一般说来,城镇化进程与流动人口中农民工群体"生男偏好"的转变呈正相关关系,即进入城镇后随着劳动方式、生活环境、生活方式的变化他们原有的"生男偏好"将会呈现变弱的态势。不过,在半城市化生活场域的特定环境条件下,由于思想观念转变较之生活行为变化的相对滞后性,农民工群体原有的"生男偏好"在一定时期内依然能左右他们自身的生育行为,从而使一些城镇地区的出生婴儿性别比升高。国外学者 Schnittker 认为个体的文化程度、初次流动时的年龄和在城镇的滞留时间在一定程度上决定着个体对周围社会文化的反应与适应[7],David & Christopher 的研究也证实个体在城镇滞留时间的长短对流动人口的个体生育观念具有时期效应[8]。李树茁、伍海霞基于对深圳农民工的调查数据的分析,发现流动后农民工的生育观念与行为具有较强的男孩偏好特征;他们认为其主要原因是社会网络因素(家属、亲戚和老乡构成的强关系,朋友、同事和老板构成的弱关系)、流动因素(初次流动年龄、流动后在城镇的滞留时间、流动期间年返乡次数)和个体因素(受教育程度和已有子女性别)对农民工性别偏好观念与行为产生了影响。[9]风笑天、张青松的研究表明:农民工的生育决策从传统向现代的演进首先表现在生育数量选择的变化,其次是生育时间选择的变化,最后才是生育的性别偏好选择的变化。[10]本文拟在借鉴与吸纳以上研究成果的基础上,探讨流动人口中农民工群体"生男偏好"转变的规律及特征,进而提出推进这种转变的建议。

## 二、农民工群体"生男偏好"转变的规律及特征

环境的改变与人的活动的一致,取决于人在生活中的具体实践。一方面,农民工走出乡土后表现出一种对于新的工作方式和生活方式的向往,他们对提高自身生活质量的渴望与日俱增,以至于成为推动其由传统生育惯习向现代生育行为转变的内在驱动力;另一方面,农民工的生育意愿依然受到原有村落文化、乡土生活惯习、封闭性社会关系网络、逆现代性个体因素的影响,他们的生育心理及行为习惯在一定时期较难摆脱以往生活轨迹的制约。这类二律背反的生活境遇在某种程度上体现着农民工的个人行动与社会结构的矛盾状况。在这里,个体在流动中的行为是一种充满社会性的个人行动,而社会结构则既包括经济、政治结构,也包括文化、心理结构。现阶段,我国依然处于社会转型期,按照刘欣的研究结论,我国城市社会的阶层结构是较典型的"金字塔"形结构,[11]而人数众多的农民工在其中处于经济收入上较低、政治表达上较弱、科学文化及精神心理上发展相对滞后的一极,换句话说,处在半城市化生活场域中的他们构成了城市社会的底层;这就对他们趋向现代生育文明以提高自身生活质量的种种努力造成强大的阻滞。不过,随着我党提出科学发展观和社会和谐理念以全面建设小康社会,政治、经济、文化、社会这四大建设的蓬勃开展

将会使社会结构变迁趋向正常化及社会分层趋于合理化,与此同时农民工融入城市社会的机会和能力也会得到较大增加和较高提升。

规律是事物之间的本质联系,它具有客观必然性、重复出现性和发展趋向性。以农民工为主体的流动人口"生男偏好"转变的规律也是如此。首先,农民工"生男偏好"的转变将是这一庞大群体在市场化、信息化、工业化、城镇化、国际化五大浪潮冲击下综合素质得到根本提高,以及社会身份和工作与生活角色发生质的更迭的重要标识。简而言之,也就是他们在思想与行动上告别传统以实现自身现代化的必然结果。其次,农民工自身综合素质的提高及社会身份和工作与生活角色的转换不是一蹴而就的,相反地,它表现为现代文明因素与传统因袭因素不断碰撞和反复磨合的文化更新过程,也就是说他们"生男偏好"的转变意味着在社会转型这一特定的环境条件下对于其传统生育心理及行为习惯的不断消解和逐步超越。最后,农民工"生男偏好"的转变是在从传统性向现代性及从旧现代性向新现代性的双重社会背景下发生和展开的,因此,它不仅体现了一种从"以人的依赖关系为根本特征的家族本位文化"向"以物的依赖性为基础的个人本位文化"转变的发展态势,而且其中也蕴含着向一种以人的自由而全面发展为基础的个人与社会的交互主体文化持续转变的远大前景。概括以上阐释,我们可以把流动人口中农民工群体"生男偏好"转变的规律界定为:在经济变革的决定性作用及政治体制、思想文化、科学教育等上层建筑意识形态的强大反作用下,在个人行动与社会结构相互矛盾运动的总体框架中,现代生育文明因素与传统生育文化因素相互碰撞、冲突,进而在此消彼长的、重复显现的个体再社会化过程中实现前者对后者的超越和更替。然而,在半城市化生活场域的阻滞下,这种规律的作用范围和时间效应往往会受到较大的限制和较强的干扰,从而使流动人口中农民工群体"生男偏好"的转变呈现渐进性、回归性、不确定性、不同步性、性别差异性等显著特征。

所谓渐进,就是逐步、有序地前行。农村劳动力转移时间上的长期性、转移中的性别差异性及农民工融入城市生活的艰难性决定了农民工群体"生男偏好"的转变必然呈现渐进性特征。改革开放近三十年以来,农村劳动力转移的浪潮一浪高过一浪,据国务院研究室调查组估计,截止到2006年我国农民工人数总量已达1.2亿,然而与此同时我国农村剩余劳动力尚有1.5亿人[12],据有关专家分析这就意味着我国城镇化进程还需要半个世纪左右的时间[13]。进入城市并不意味着农民工已完成自身在社会身份和工作与生活角色方面的转换,相反,这种转换才刚刚开始。由于农民工容易受到二元社会体制下不平等、不公正的政策对待及传统社会偏见的思想歧视和心理排斥,因此他们日常生活交往的范围通常被局限于自家的圈子里。这就不利于城乡文化的沟通与整合,从而也就有碍于农民工生育意愿的转变。事实上,受到城市社会的冷落会使农民工的乡土情结和"生男偏好"愈加浓郁,因为被逆反心理所支配的他们期盼能从中获得对个人人生价值的肯定;这也就加大了他们"生男偏好"转变的难度。鉴于农民工群体普遍处于半城市化的生活场域及此场域对农民工个体再社会化的持续干扰,他们"生男偏好"的转变并非一代人所能够解决的问题,需要数代人持续不断的努力。

究其根源,农民工"生男偏好"的形成是以儒家为主体的传统文化中的重男轻女意识与乡村生活中农民的现实生活需求(包括物质与精神两方面)相互渗透、认同、融合的产物。村落文化是以儒家为主体的传统文化在以往社会的倡导下被逐步融入民间生活方式而潜移默化地演绎为农民生活文化的结果。当今,虽然社会制度、经济基础早已发生了巨大变革,但被植入民众日常生活方式且形铸成他们文化心理及行为习惯的那些逆现代性因素,仍在通过与落后的乡村物质文化生活的结合而不断地再生产重男轻女的意识。一旦这些消极因素与乡土生活中男女不平等的现实相互认同且相互加强,它们就必然会在村民的生育意愿方面形成一种强烈的"生男偏好"。就进城寻找生存与发展之道的农民工群体来说,他们中的绝大多数身上正是携带着这种"生男偏好"踏上人生的新征途。他们满腔热情且满怀期盼,指望能在熙熙攘攘的城市生活中找到自己的位置,重塑自己的人生。然而,当他们在城市生活中屡屡受挫而较难得到城市体制的呵护及其思想文化的慰藉之际,一种城市寄宿者的漂泊之感就会油然而生。此时此刻,尽管他们看到自己亲手建起的一座座高耸入云的大厦时会体验到作为创造者的欢乐和快感,但依然难掩自己是城市生活局外人的失望和灰心,以至于自觉或不自觉地就会在精神心理上滋生一种类似《九月九的酒》这首歌里所表露的那种思乡怀亲的情结。然而,这只是一种被幻化的精神世界,一旦回归他们过去曾栖身的村落文化笼罩之地,免不了他们会继续受到那些逆现代性因素其中就包括重男轻女意识的支配,以至于有可能在生儿育女方面干出违逆自然的荒唐之事。

眼下,农民工群体的迁移总体上仍类似于一种候鸟式的迁徙,冬去春来,他们不知疲倦地往返于城乡之间。尽管解决农民工的户籍问题让他们能永久地迁入城市被有关专家看作使他们融入城市社会的根本选择,但据朱宇2002年在福州、泉州等地的研究显示,愿意全家迁移城市的农村流动人口只占被调查者的24%。[14]而侯红娅等人2003年在全国25个省份完成的1182份问卷调查显示,只有45.99%的农村流动人口愿意放弃土地和农业劳动,进入城市居住并从事非农工作。[15]蔡禾、王进的研究表明:无论是来自广东农村的农民工还是广东以外地区的农民工,影响他们做出选择的因素主要都是个体的人力资本和对城市生活方式的追求和认同。研究数据表明:在现行户籍制度下,愿意放弃土地并将户口迁移到打工城市的农民工实际上只有25%,约3千万。在中国现有的国情条件下,实现农民工的户籍迁移将是一个逐步、有序的过程。[16]显然,并不是大多数农民工内心真正地不愿意进行永久性迁移,而是在他们的迁移意愿与其实际融入城市社会的条件和能力之间存在着较大的差异,以致永久性地迁移在现阶段对于他们依然可望而不可即。正是这种可望而不可即让他们的未来发展前景存在着某种不确定性,与其相应地,也导致他们"生男偏好"转变的不确定性。一方面,城市生活方式中的性别平等理念及城市文明中的女性化色彩动摇了他们根深蒂固的重男轻女观念;另一方面,现实生活中所实际存在的生养女孩大于生养男孩的风险又让他们本能地依从传统生育观念的摆布。一年又一年周而复始的城乡之间的折返奔波,往往使许多农民工的思想观念处于波动型状态;这种城市文明与乡土文明之间的拉力赛反映到农民工"生男偏好"的转变上,也势必会表现出左右摇摆、犹豫不决等不确定状态。

进入城市与返回乡土,农民工每年真切地感受到两种不同的生活体验。在这里,不仅有一种时空上的差距,更有一种精神心理上的悬隔。这种悬隔表明农民工在个体交往行为、生活方式乃至思想文化方面还远远没有融入城市社会生活。尽管他们中的不少人通过自身的辛勤劳动已初步实现了脱贫致富,甚至他们中有一些人在物质生活方面已达到与原城市居民不相上下的程度,但他们在精神生活方面尤其是在对待生儿育女的思想态度及行为选择方面依然与原城市居民存在不小的差距。行先知后,农民工"生男偏好"的转变滞后于他们生活实践的此种思想与行动的不同步性,一是表明社会意识形态的相对独立特质,二是证实农民工个人社会化及现代化的实现不仅需要他们个人的不懈努力,而且需要在社会体制及结构合理化基础上的思想引导和心理调适。城市化的核心要素,也就是城乡文化人格的社会整合。回顾中国城市化已走过的路途,我们可以看到:在数以千万计的农民工身上,既集中地体现着城市文化与乡土文化相互整合中的矛盾与冲突、焦虑与浮躁,也特别地显示出乡村生活惯习与城市生活文明融合中的丰富性、多样性、创造性。尽管不少农民工在初涉城市生活之际会把在乡下养成的包括"生男偏好"在内的一些逆现代性的文化心理积淀及行为习惯带进城市并在一定时期内恪守这类潜规则,表现出一种既有思想惰性阻碍现实个人文明行为形塑的不同步现象,但恰如李树苗、伍海霞等学者所认为的那样:"在城镇再社会化的过程中,随着流动时间的延续,基于社会网络形成的社会影响与社会学习效应对流动后个体的性别偏好观念与行为产生了影响。"[17]在这里,充分发挥城市社区文化及包括性别均质化、人际关系平等在内的现代生活文明因素对中国农民工社会网络的健康形成与良性运转的功效和作用,对于消解"生男偏好"这一源自农耕社会的传统痼疾无疑是相当重要的。

从社会性别视角看,"生男偏好"的形成与发展与妇女的现实地位密切相关。邱红认为,"虽然改革开放以来我国经济社会快速向前发展,但是在农村现实生活中男女不平等有扩大趋势,这是造成农村生男偏好的最深层原因"[18]。农村现实生活中男女不平等的扩大趋势如农民家庭内部男女素质提高的差距增大、男女收入差距的拉开乃至男女地位的差距加大无不与农村妇女非农转移滞后、农业劳动女性化、农村劳动力转移人数男性远多于女性的现实状况有关。从流动中的性别差异看,仅以中国第一人口大省河南为例,2005年全省男性流动人口有1090万,占流动人口总数的70%,而女性仅有467万,只占流动人口总数的30%。[19]此外,已婚且有年幼子女的农村妇女比起未婚的农村姑娘更少有外出打工的条件和机遇,因为按照传统的性别分工,她们需要留守家中一边操持农副业,一边照管孩子和老人。农村劳动力转移中的性别差异并不单纯表现为数量上的差异,它实质上体现了两性之间的发展差异。生育虽说是丈夫与妻子的共同之事,但一旦丈夫通过外出谋得个人发展进而在家庭生活中居主导地位时,他也就具有将自己的"生男偏好"强加于妻子而付诸实施的可能性。可想而知,当农村妇女在经济收入、科技素质、生活视野、思想见解等方面与丈夫存在较大差距的时候,她们在包括生育问题在内的家庭决策中必然处于从属于丈夫的地位。在这种状况下,假如外出打工的丈夫具有较浓郁的"生男偏好",她不但不可能起到劝阻的作用,反而容易屈服于丈夫的压力而做出违反生育政策的事情。尤其是那些受到传统文化观念较深影响且长期蛰居乡村而很少接触城市文明熏陶的女性,为了个人的某种实际利益更有可能主动配合丈夫让她生个男孩的要求,以至在生育观念的现代转变中成为一种内部障碍。实践证明:要维护农村妇女的生育自主权,促进她们生育观念的现代转变,就必须改变农村妇女非农转移迟缓,以及她们在劳动力转移中所处的不良境况,为她们接受现代文明的熏陶和提高自身的综合素质创设必要的社会环境条件。

## 三、促进农民工群体"生男偏好"转变的建议

当前,随着城市化进程的不断加快,流动人口的服务与管理工作在整个人口与计划生育工作中变得日益重要。人数庞大的农民工群体是流动人口的主体,因此,引导与帮助这一群体自觉克服传统生育观念的消极影响,就成为流动人口服务与管理工作中的一项重要任务。结合以上对农民工群体"生男偏好"转变的规律及特征的探讨,笔者就如何消解他们的"生男偏好"提出以下建议:

其一,进一步消除干扰农民工融入城市社会生活的体制性障碍。其中包括进一步改革城市户籍、就业、教育、医疗、住房、养老等制度,进一步完善城市公共文化服务、社区居民自治、社会保障等体系,使农民工的生存权、劳动权、发展权、休息娱乐权、政治祈求权等基本的市民权利能够得到充分的保障,并且为他们发掘自身的巨大潜能和向上流动创造必要的条件和较多的机会。如此,才能使他们逐步消除由半城市化生活场域所形成的对于城市文化及生活方式的隔膜、疏远乃至排斥情绪,才能使他们在心理习惯方面逐渐摆脱对包括"生男偏好"在内的乡土文化中落后因素的恋旧情结,并且在具体行为方面向城市现代生育文明看齐。

其二,加大对流动人口计划生育服务与管理在财力、物力、人力方面的投入力度,以保证能按照"属地化管理,市民化服务"的要求,将以农民工为主体的流动人口纳入计划生育经常性工作范围并使其能充分享受社会提供的计划生育免费优质服务;逐步建立流动人口计划生育利益导向机制,使实行计划生育的

农民工家庭能获得各种实惠;在农民工集中居住的城市社区建立计划生育协会,并在他们中推选能胜任该协会工作的主要领导,以推动他们的自我管理、自我教育和自我服务。这些举措将能提高农民工融入城市社会的程度,进而带动他们提高生育文明素质以消解"生男偏好"。

其三,围绕农民工生育观念的转变开展城市社区调查研究,力求获得真实可信的有关他们计划生育状况的一般数据和典型材料。了解这些社区中农民工群体的就业与收入状况、工作与生活环境、受教育程度与接受再教育机遇、婚姻家庭关系状况、享受社会保障状况、生育状况及生育意愿和行为习惯的转变状况;了解这些社区在计划生育行政控制力减弱及计划生育利益导向机制尚未形成之际,流动对象多样化、流动频率快速化、流动时间延长和流动性别差异扩大等因素对现有流动人口常态管理模式及工作机制的冲击;了解这些社区农民工群体中的育龄妇女超计划生育的成因、特征及对她们身心健康和个人发展的危害;克服对农民工群体生育意愿及行为习惯的刻板印象,给予他们现有的生育文明素质以合乎实际的评估。

其四,加强对农民工群体生育观念转变的理论研究。在具体分析实际数据和典型材料的过程中,将计划生育视角、三农视角、性别平等视角、城镇化建设视角有机地结合在一起,全面而准确地把握农民工生育观念转变的规律及特征;探讨农村劳动力转移中的性别差异如何在实际生活中转化为两性发展的差异以及这种差异如何对"生男偏好"的形成与发展产生了决定性的作用;研讨重男轻女的传统观念如何与农村现实生活中的性别不平等现象相互认同、相互加强和相互融合,以及在农村妇女非农转移滞后的情况下又如何对她们的生育自主权及生育意愿产生了较大的消极影响。

**参考文献:**

[1]郑功成.中国流动人口的社会保障问题[J].理论视野,2007(6).

[2]尹中卿.流动人口管理创新:一个亟待深入研究的问题[J].中国党政干部论坛,2007(8).

[3]王春光.农村流动人口的"半城市化"问题研究[J].社会学研究,2006(5).

[4][5][6]王文卿,潘绥铭.男孩偏好的再考察[J].社会学研究,2005(6).

[7]SCHNITTKER J. Acculturation in context:The self-esteem of Chinese immigrants[J].Social Psychology Quarterly,2002,65(1):56-76.

[8]HARDING DJ,JENCKS C.Changing attitudes toward premarital sex:Cohort,period,and aging effects[J].Public Opinion Quarterly,2003,67(67):211-226.

[9][17]李树茁,伍海霞,靳小怡,等.中国农民工的社会网络与性别偏好——基于深圳调查的研究[J].人口研究,2006(6).

[10]风笑天,张青松.二十年城乡居民生育意愿变迁研究[J].市场与人口分析,2002(5).

[11]刘欣.中国城市的阶层结构与中产阶层的定位[J].社会学研究,2007(6).

[12]国务院研究室课题组.中国农民工调研报告[M].北京:中国言实出版社,2006.

[13]崔晓林.新农村建设之路:既要农民进城市 也要农村城镇化[J].中国经济周刊,2006(14).

[14]朱宇.户籍制度改革与流动人口在流入地的居留意愿及其制约机制[J].南方人口,2004(3).

[15]侯红娅,杨晶,李子奈.中国农村劳动力迁移意愿实证分析[J].经济问题,2004(7).

[16]蔡禾,王进."农民工"永久迁移意愿研究[J].社会学研究,2007(6).

[18]邱红.农村出生性别比失衡的社会性别分析[J].人口学刊,2007(5).

[19]焦锦淼,赵保佑,牛苏林.2008年:河南社会形势分析与预测[M].北京:社会科学文献出版社,2008.

(原载《学习论坛》2008年第5期)

# 论中华生育习俗的历史渊源和文化特征

## 一、中华生育习俗的历史渊源

习俗是历史地形成的,普及于社会和集体并在一定环境经常重复出现的固定行为方式。在英文中,"moral"(道德)是由"mores"(习俗)演变而来,可见习俗是文化的发端,是人类对于自身活动的一种较早的历史文化记忆。所谓生育习俗,它是人们在日常生育活动中世代沿袭与传承的习惯性行为模式,是生育文化的重要组成部分。生育习俗是残留于民众心理中的对以往生育价值取向及其行为选择的集体记忆,其中有些以空间符号的形式保留下来,有些则以时间符号的形式保留下来,成为民众日常生活方式中较为固定和惯常的一部分。生活方式实质上是一个文化的概念和范畴,换句话说,文化的本质就是生活方式。作为一种生育习俗,它无疑是一种已融合于民众血液中的生活方式的带有可持续性的文化表现。这种顽强文化生命力的表现就在于它积淀为一种植根于民间的心理习惯及行为方式,积以成习而不易被改变。福泽谕吉认为:"究竟所谓文明的精神是什么呢?这就是人民的'风气'。这个'风气',既不能出售也不能购买,更不是人力所能一下子制造出来的,它虽然普遍渗透于全国人民之间、广泛表现于各种事物之上,但是既不能以目窥其形状,也就很难察知其所在。"[①]可见,作为生活方式中较为固定成分的习俗具有深厚的文化底蕴,而作为其中重要内容的生育习俗尤其是这样。

---

① 福泽谕吉:《文明论概略》,商务印书馆 1959 年版,第 12 页。

生殖崇拜是中华生育习俗的源头。在中国民间流传的有关伏羲与女娲结为夫妇以繁衍人类及女娲用黄土捏人的传说，其时代背景是在旧石器时代末期至新石器时代早期之间。生殖崇拜是自然崇拜的一种，它大概产生于农业被发明之后；人类最早的生殖崇拜是女性生殖器崇拜，其文化背景是处于母系氏族社会中的原始人类把农业种植的好收成当成上苍的恩惠，由此而联想到妇女的生育，并且将她们繁衍后代的生殖功能也当作一种无从捉摸的超自然力量的显灵。早在以裴李岗文化为标志的原始母系氏族社会初期，中国人的生殖崇拜观念就已萌生。古代先哲老子有言："谷神不死，是谓玄牝。玄牝之门，是谓天地根。绵绵若存，用之不勤。"这里的"玄牝"，指产生万物的母体；"玄牝之门"，自然是指母体之阴户；全句赞颂母性永无穷尽的生殖繁衍力量。由此可见，早在远古时代中国就曾大量存在女性生殖器崇拜的习俗，如迄今仍遗留在河南淮阳民俗中民间艺人大量捏制泥泥狗，就是一种以实物直接表现出的对女娲生殖崇拜的遗俗。河南新郑黄帝故里中的"石祖"，反映着父系氏族社会初期的中原人崇拜男性生殖器的原生态文化意蕴。此外，在西周初年至东周春秋时期产生并广泛流传于中原地区的文学经典《诗经》中曾提道："天命玄鸟，降而生商。"这里的"玄鸟"即为男性生殖器的象征物，它反映着父系氏族社会末期的华夏民族尊崇男性生殖器的社会意识。生殖崇拜体现了生活在中华大地的原始初民对于世界与自身联系的认识上的较早尝试，以及将自身从动物界提升出来的一种必不可少的原始手段；通过对生殖的顶礼膜拜并赋予其以神圣的社会价值和文化意义，他们已将自身与其他生物相区分，并与不可违逆的自然规律联结起来，尝试着顺应这一规律去达到人丁兴旺、民族发达的良好愿望。

以儒家思想为主体的传统生育伦理是中华生育习俗赖以形成的主要思想资源。虽然作为文化小传统的生育习俗被列入民间俗文化的范畴，不过，它依然在一定程度上反映着社会主流文化的基本价值准则。这是因为"任何一个时代的思想始终都不过是统治阶级的思想"[①]。支配着社会物质生产数据的阶级同时也通过种种方式和途径将自己的思想观念渗透于包括生育习俗在内的民间意识形态。"乃生男子，载寝之床，载衣以裳，载弄之璋；乃生女子，载寝之地，载衣之裼，载弄之瓦。"《诗经·小雅·斯干》《诗经》虽是广泛反映西周至春秋

---

① 马克思，恩格斯：《马克思恩格斯选集》第1卷，人民出版社1972年版，第270页。

中期社会生活的民间作品,其中却也难免会有对体现着统治阶级思想和意志的重男轻女习俗的渲染。此外,就溺婴尤其是溺弃女婴的习俗而言,也是在总体上不违背当时社会关于人口生产要求的条件下,作为调节人口与经济生活条件之间矛盾的特殊手段而为统治阶级所默许,而这样做则是与"重生男,轻生女"的社会正统生育理念相吻合的。《礼记·婚义》云:"婚姻者,将合二姓之好,上以事宗庙,下以继后世。"可见早在夏商周时期,以父权家族为本位的中华婚育文化理念就已初具雏形,以后经儒家的传承与发展又逐步形成早婚早育、多生多育、重男轻女、多子多福的生育观念及价值取向。在历代统治者大力渲染和扶植下,这类以儒家思想为核心价值的生育观念及价值取向长期以来潜移默化地融入古代中国人的日常生活方式之中,成为影响和左右他们生育意愿及行为方式的生育习俗的主要来源。

意识形态的相对独立性是中华生育习俗绵延不绝的文化成因。生育习俗属于意识形态的范围,其既得性与变异性兼而有之。其中,生育习俗的既得性很强而变异性较弱,往往在社会物质生活条件出现较大变化及社会制度发生较大变革之后,它仍顽强地表现自己,显示了对于物质文化和制度文化相对独立的心态文化的特性。例如,在现代中国,封建制度虽已被推翻 90 余年,但至今在一些贫穷落后的边远地区,早婚早育的落后习俗仍未完全消失;在全国第一人口大省河南的西部山区,一直到 20 世纪 90 年代,由于早婚早育落后习俗的影响和作用,当地的"二球"(白痴儿)仍未绝迹,造成了一系列的家庭与社会问题。此外,生育习俗的惰性以落后的、不合时宜的生活方式为载体而持续地加强自身的文化惯性,对巨大的社会变迁也产生一种让人难以置信的与之抗衡的韧性。再以我国彝族、壮族、侗族等少数民族的婚俗"不落夫家"为例,这种女子出嫁后不久即返回娘家居住,并且在怀孕或生育子女后才回夫家定居的生活方式本是母权制夫从妻居向父权制妻从夫居过渡时期的遗风。然而,一直到现代,此俗才逐渐淡出或消失。一个民族的生育习俗也是这一民族长期积淀下来的文化心理性格的外在表现。几千年农耕文化的熏染交融,使中国人笃信"人多力量大",崇尚生育,养成了浓郁的大家庭观念。虽然在现代化的冲击下,近些年来这种情况有所改变,但以家为中心的日常生活方式依然是文化的主流。中国人对家庭建设的投入、对子女教育的倾注堪称世界之最,因为家是他们的生处和死所,子女是他们生命和精神的延续。由此,我们便可以理解为何绝大多数人在行动上都能够积极响应国家"只生一个子女"的政策性号召,但在文化心理上依然潜意识地存有"儿女双全"和"最好能有两个孩子"的想法。由此我们似乎可以说,生育习俗的转变,堪称思想观念及其行为方式方面的一种脱胎换骨。

## 二、中华生育习俗的文化特征

在中国的民间习俗中,有关生育的习俗不胜枚举,它们构成民众日常生活的重要内容。古代中国的生育习俗具有神秘性、神圣感、吉祥性、物象化审美、性别选择倾向以及变通性等文化特征。

神秘性和神圣感表明中国最早的生育习俗往往与原始巫术搅和在一起,带有浓郁的非理性特征。《诗经·大雅·生民》中说:"厥初生民,时维姜嫄。生民如何,克禋克祀,以弗无子。履帝武敏歆,攸介攸止,载震载夙,载生载育,时维后稷。"这就是关于姜嫄履迹怀孕传说的艺术描写,体现着母系氏族社会时期生殖崇拜的遗风。《太平御览》卷七十八援引汉代《风俗通》中的说法:"俗说天地开辟,未有人民,女娲抟黄土作人,剧务,力不暇供,乃引绳于绲泥中于举以为人。故富贵者黄土人也,贫贱凡庸者绲人也。"女娲抟黄土做人,颇有巫术的味道,同时,她又是人们信仰的人类始祖,被后人奉为司生育之神。《名胜志》中记载怀远县古涂山有禹会村,石板下,巨石危立,俨然妪立,人呼启母石,居人每到血以祭。这种血祭启母的习俗,被民俗学者高国藩认为是求子的习俗,即石人模仿巫术之遗留。《诗含神雾》中说:"尧母庆都与赤龙合婚,生伊耆,尧也。"《孝经钩命决》中说:"禹母见流星贯昴,梦接意感,既而吞神珠而生禹。"《竹书纪年》中说:"简狄吞玄鸟之卵而生契。"从以上古籍中所记载的由妇女感应某种自然现象而偶然受孕的民间传说中,我们可以看到在远古的生育习俗中图腾崇拜这一文化原型的神秘性。这种神秘性反映了人类初期的生育习俗总是受到某种超自然力量的支配,而此种支配以信仰与巫术活动交混的形式出现,成为人类认识自身何以存在的意识先导。荣格提出集体无意识是精神的一部分,它与个人无意识截然不同,因为它的存在不像后者那样可以归结为个人的经验,因此不能为个人所获得。集体无意识的存在完全得自遗传。个人无意识主要是由各种情结构成的,集体无意识的内容则主要是"原型"。① 中国早期的生育习俗表达的是一种集体的幻想,这一幻想是中华民族早期精神信仰的一部分;中国最早涉及生育问题的神话和传说所表达的原始意象,也就是代表中国人生育心理原型的集体无意识符号。这些符号象征着早期中国人本能地、自发地应对天人关系和心物关系的原初状态,蕴含他们的精神直觉和生命之根。

古代中国人对生育多抱有神圣感,他们抱着虔诚的态度祈求生子,在生子后又以庄重的诞生礼庆贺之。身处一个内陆性的以水为命脉的农耕经济环境,中国人对水抱有一种特殊的感情。管子曰:"水者,何也? 万物之本源,诸生之宗室也。"(《管子·水地》)孔子曰:"知者乐水,仁者乐山。"(《论语·雍也》)孟子曰:"源泉混混,不舍昼夜。盈科而后进,放乎四海,有本者如是,是之取尔。"(《孟子·离娄下》)老子曰:"上善若水,水善利万物而不争,处众人之所恶,故几于道。"(《老子·上篇》)庄子曰:"水静则明,浊则混。"(《庄子·天道》)在上述古代先哲看来,水是生命之本、智慧之源以及道德与美的化身。在以水为脉的古代中国文化精神中,水生殖崇拜曾占有一席之地。民俗学者向柏松认为:"祈雨求丰年,祈生育求繁衍,是最初的人类的基本要求,因而是水崇拜最原始之意义。……洗浴、饮水,象征着把水的生殖力量传到妇女身上或注入她的体内,使其受孕、生育,犹如以水浇灌植物,促其生长、结实一样。"②云南永宁纳西族有一种洗浴的乞子习俗,即久婚不孕的妇女由巫师、伴娘、丈夫陪同抵达有水的山洞,在巫师作法之后,不孕妇女和伴娘一起跳入洞中水潭洗浴。生活在我国南方山区的畲族在举行婚典时有喷水雾于新床的习俗,畲族人将此称为"喷床喷金房,大男细女闹哄哄",其寓意是向新床喷水能使新娘生育众多。苗族人在迎娶时,让一挑夫挑着一头装大公鸡、另一头装陶瓷坛的担子走在迎亲队伍中。陶瓷坛内装的是数斤白酒,坛的形状类似于孕妇的大肚子。将此酒坛送给亲家,喻意为"盼子",因为酒中有水,借水力以祈求生育。以上各民族的习俗均将水视为神圣和洁净之物,崇祀它助长生育的神力。崇彝《道咸以来朝野杂记》载:"三日洗儿,谓之洗三。"洗三礼仪多用艾叶、花椒等草药热汤洗婴。洗时,浴盆中放喜蛋及金银饰物等,洗毕,还要进行上秤、红带系手等仪式。除此,民间

---

① 荣格:《心理学与文学》,冯川、苏克译,生活·读书·新知三联书店1987年版,第94页。
② 向柏松:《中国水崇拜》,上海三联书店1999年版,第4—9页。

还有洗儿会的习俗。孟元老《东京梦华录·育子》记载:"至满月大展洗儿会,亲宾盛集。浴儿毕,落胎发,遍谢座客,致宴享焉。"以上有关诞生的洗浴之礼,一为净污,让婴儿洁白于人世;二为增长婴儿胆量,临事不恐;三为防治疾病。圣洁之水既然拥有这么多的神奇功能,它受到人们虔诚的礼拜也就容易理解了。

图吉祥、求安泰是中国民间生育习俗的显著特征。中国人以中和之美为贵,凡事讲求祥和如意,避讳甚多。在庆贺生儿育女的喜事上,自然更要求吉利。在中国,祈子习俗中的求吉祥心理是一种深厚的民族文化心理积淀。依照敦煌民间习俗,人们在小儿初生时煮虎头骨取汤洗,他们认为这样做可使婴儿至老无病,大吉大利。纳西族的命名仪式在婴儿出生当天或次日进行,命名后由命名人在婴儿前额抹酥油,象征吉利。麒麟是中国古代传说中的一种神兽,体态像麋,头上有角,身有鳞甲,尾像牛尾。古人拿它象征祥瑞。在中国民间有"麒麟送子"的传说,传统年画中也有麒麟送子的图案。喜娘指中国古代男女结婚时由男方派往女方家去接迎新娘的妇女。为图吉利,人们一般选那些才貌双全和儿女双全的中年妇女充当喜娘。王士禛《池北偶谈》卷二十一:"《白虎通义》曰'妇人之贽,以枣栗服修'。……今齐鲁之俗,娶妇必用枣栗,谚云:早利子也。"除了茶和枣,中国民间作为求子吉祥物的植物还有栗子、石榴、花生、莲子、荔枝、桂圆、南瓜、冬瓜、葫芦等。在中国各民族的传统婚俗中,婚典之后的祈子多为撒五谷、撒喜果、撒麻、撒米、撒草或撒帐之类。所撒的东西大都蕴含着结子众多的吉祥韵味。《事物原始》中记载:"李夫人初至,帝迎入帐中共坐,欢饮之后,预戒宫人遥撒五色同心花果,帝与夫人以衣裾盛之,云得果多,得子多也。"民间的撒帐则是在新郎新娘入洞房之前,由一名长辈女性亲属手执盛有枣、栗子、花生等吉祥物的托盘,走进洞房,一边抓起这些果子撒向寝帐,一边吟唱撒帐歌:"摸个枣,生个小,撒个栗,生个妮;一把栗子一把枣,小的跟着大的跑。"

在中国古代民间的生育习俗中,不乏有物象化审美的意蕴。物象化审美即人们用以物抒情的审美方式,表达对生儿育女这一人生喜事的美好祝福。在传统文化语境下,这种祝福方式往往既折射出古代中国人对日常生活美的心灵感悟,也隐含着对个体生育道德合法性的观念认可。在台湾高雄美浓镇一带高山族中,流行着一种奇特的婚仪。女儿出嫁前,母亲挑选雄、雌鸡一对,用长9尺的红带子两端各系一只鸡,将其双脚绑住。结婚那天,这两只鸡由伴娘随新娘礼车用花篮提至男家,以表达新娘母亲的祝福,即希望新婚夫妇能白头偕老,像鸡一样子孙满堂。宋代孟元老《东京梦华录·娶妇》有描述定亲后,男家送酒给女家,女家回礼则在原酒坛中装上清水,放进两三条活鱼,送往男家。此俗既寓意夫妇日后鱼水情深,又借鱼旺盛的繁殖力寓意多子多福。畲族也有一种妙趣横生的举盘说花的结婚仪式。在婚礼中,由媒人手捧底端垫以红纸、上面点燃红烛的木盘,唱《捉蛙歌》,从堂屋首席开始,请宾客把自己的蛙(用红纸包的贺礼)放入盘内。当媒人把各桌筵席上的蛙捉齐,就请新娘的舅舅点数,若蛙不成双,则由舅舅将预先准备好的一只悄悄放入使之成双。然后,媒人在一伙男青年的簇拥下举盘将蛙送至洞房门口,对洞房唱歌,一直笑闹至新娘过来把蛙接住方毕。这里,用蛙作为结婚贺礼,又必须要凑成双数送给新娘,表达了宾客们祝愿新娘早生子而又儿女成双的心意。在山东一带有这样的风俗:新婚夫妻生第一个孩子时,丈夫要将用红颜色染的熟鸡蛋送到岳母家去报喜。若生男,送红蛋的同时送去一本书;若生女,送红蛋的同时送去一朵花。红蛋、图书、鲜花相映成趣,它们充满吉祥、喜庆、进取向上的生活美感。女儿酒亦称"女酒"。在古时浙江绍兴一带的一些家庭中,人们在生了女孩后随即专门为这个女孩酿酒,称为"女儿酒"。"女儿酒"一般埋藏于地下,等女儿成人后出嫁时,家长便将其取出来宴请宾客。在河南信阳一带,旧时人们家中如生了女儿,就戏称之为妻子生下了一个"大酒坛",意味着女儿长大出嫁后父母去女儿家做客少不了酒喝。"女儿酒"和"大酒坛",这些奇特的名字一旦与亲情和姻缘相联结,自然就滋生出一种让人觉得妙趣横生的人情美和民风美。十二生肖亦称十二属相,它是我国人民用动物代表年份去确定人的属相和年龄的古老习俗。此俗自东汉时沿袭至今。我国古代的农历纪年,以"天干"十个字与"地支"十二个字相搭配组合而成。后来,民间又以十二种动物与十二地支相配,便组成了十二生肖。其顺序为:子鼠丑牛寅虎,卯兔辰龙巳蛇,午马未羊申猴,酉鸡戌犬亥猪。每个人的属相由出生年属何地支而定。十二生肖的创意是我国古代人民聪明智慧的产物,它不仅是一种简易的记人年岁的好方法,而且以动物寓意个人的出生年,颇具生活的美学品位。由年画、集邮、心理性格测试等所组成的十二生肖俗文化在现代社会依然具有强大的生命力,其原因之一就是它形象化的神韵和历史文化美感为每个人开拓出广阔的心理想象空间。"走月亮"也是一种颇有诗情画意的生育习俗。民国22年《吴县志》记载:"十五日为'中秋节'。作月饼相饷,祀月……妇女亦盛妆出游,曰'走月亮'。"一群浓妆艳抹的少妇在如水的月色下走动,借沐浴月光的神奇力量祈子,这情景充满浪漫、雅致的美韵。

生育上的性别选择倾向是人类一定历史阶段的产物,这种倾向在中国内陆型的农耕文化背景下表现得尤其显著。其中所积淀的历史文化惰性一直影响到现代中国人的生育心理及价值取向,以至成为现代文化建设中需要更新、超越或克服的保守和落后的因素。在中国古代民间社会,生了男孩称为大喜,生了女孩称为小喜。这种世俗的称谓折射出儒家文化在生育上重男轻女意识根深蒂固的社会影响。《庄子·天地篇》:"唐尧游于华,华封人祝福他多寿、多富、多男子。"后人多用"华封三祝"作为祝颂之词,可见"生男偏好"的地方习俗由来已久。在古代的敦煌文化中,也显露出一种重男轻女的民间生育习俗,唐代繁华时期的敦煌民间社会表现得尤其突出。敦煌户籍残卷记录:"伯三三五四,有程进子、程回子、程佛儿。斯四五八三,有黑子、尚子、足足。斯四一七二,有索住子。伯三二九〇,有董长儿、索昌子、姚丑儿。"据民俗学者高国藩考证,"'进子'是希望天命给他进献一个儿子之意;'昌子'是希望儿子生活昌盛;'回子'是前面生了一个女孩,希望再生一个男孩。斯四五八三中的黑子、尚子、足足,都是女孩,女孩子取了男孩子的名字,就像江南民间的女孩子有些起名为来弟、思弟、念弟一样,都是当时父母求子的一种表示。伯三三五四中的'程佛儿',表现了父母生下来的儿子希望受到佛和菩萨的保佑,为什么要强调对儿子要有佛的保佑,而对于生了女儿则不这么强调?俗话说'嫁出门的女儿,泼出门的水','女儿都是讨债鬼'。旧时女儿嫁出门去便不会再对父母有所照顾,也不再有侍奉和赡养的义务"①。此外,在古代中国,由于贫困而无力抚养或重男轻女思想等因素的影响,丢弃女婴或溺死女婴的现象时有发生。《韩非子六反》中曾这样描述:"父母之于子也,产男则相贺,产女则杀之。此俱出于父母之怀衽,然男子受贺,女子杀之者,虑其后便、计之长利也。"这是中国最早描绘溺杀女婴习俗的文字。据李中清、王丰对1700—1840年出生的清朝皇室家族33000名成员之婴幼儿死亡率的研究,他们"推算出这130年间出生的皇室女孩有1/10死于溺婴"②。另据冯尔

---

① 高国藩:《敦煌俗文化学》,上海三联书店1999年版,第164-165页。
② 李中清、王丰:《人类的四分之一:马尔萨斯的神话与中国的现实(1700—2000)》,陈卫、姚远译,生活·读书·新知三联书店2000年版,第72-73页。

康对清代溺婴现象的考察,溺弃女婴当时在长江下游如安徽、浙江和江苏等地最为普遍。一些国外学者在研究中认为溺弃女婴是中国人内在性生育抑制的一种方式①。

中国古代的生育习俗具有很强的变通性,故此,它在外部环境条件发生很大变化的情况下仍能顽强地生存下去,甚至能在新的时代条件下通过改造获得新生。变通性说明生育习俗归根结底是人类生存与发展环境的产物,一旦环境发生重大的变化,习俗总要适应这一变化,改变自己的内容和存在形式;这本身说明生育习俗的可持续性和可变性具有某种关联性,它揭示着中国文化本身所内含的文化自觉精神。古代中国生育习俗中的主导价值趋向是崇尚早婚早育和多子多福,然而当生育的子女数量超过了一个家庭所能养活人口的经济极限时,就又出现了溺婴,尤其是用溺女婴的习俗去调节。而当溺女婴造成人口性别比例失调时,入赘婚俗便出现,以矫正重男轻女所造成的恶果。在经济变革与法律支撑的双重推动下,现代中国的独生子女政策已经在广大城市居民中获得了道德合法性和观念认可,这样,过去那种只以男孩为后的旧风俗就让位于男孩和女孩均可以为后的新风俗。在古代中国,生日礼俗是以对婴儿的诞生礼与对长者的祝寿礼这两种形式出现的。在传统的中国社会,这两种礼仪反映着以孝悌为本的儒家文化关于尊老爱幼的伦理要求。在现代、当代中国,生日礼俗已经融入人们的日常交往生活,成为他们表达亲情、爱情和友情的重要方式。旧时代生日礼俗中的一些消极因素,如等级意识、迷信色彩已逐渐被当代中国人所唾弃,代之以民主意识和人性色彩,因而今天的生日祝福也更富有人情味、个性化和时代生活气息,成为人际交往文明建设的一种重要媒介。

**参考文献:**

[1]查红德.老庄语录、孔子语录、孟子语录[M].北京:台海出版社,1997.

---

① 李中清、王丰:《人类的四分之一:马尔萨斯的神话与中国的现实(1700—2000)》,陈卫、妙远译,生活·读书·新知三联书店 2000 年版,第 156-157 页。

[2]靳勇.诗经[M].兰州:甘肃民族出版社,1997.

[3]张一兵.生育文化[M].哈尔滨:北方文艺出版社,1991.

[4]彭立荣.婚姻家庭大辞典[M].上海:上海社会科学院出版社,1988.

[5]向柏松.吉祥民俗[M].武汉:湖北教育出版社,2001.

[6]高国藩.中国巫术史[M].上海:上海三联书店,1999.

(原载《文化学刊》2008年第5期)

# 出生性别比问题的社会性别审视

从社会性别视角看,出生婴儿性别比失衡实质上是在人为因素主导下对女性出生与生存权利的非法侵犯与强行剥夺,而其产生的根本原因则是在现有社会经济基础上父系家族制观念残余与现实生活中依然存在的性别不平等现象相互认同与相互加强,这就形成了不合理的性别结构和性别关系。对出生性别比失衡的关联性因素的分析表明:出生性别比失衡是社会转型过程中女性在公共生活领域乃至日常生活领域被某些特异的社会因素推向边缘化的一种自身地位下降或自我和群体价值缺失的重要标识。因此,综合治理出生性别比问题,关键是要真正将社会性别意识纳入政府决策主流,大力形成男女平等的社会氛围和道德规范,逐步扭转重男轻女的传统观念,以保证实行有利于女性健康发展的社会政策,改善女性的生存环境及生活条件。

## 一、问题的提出

性别和谐是构建和谐社会的基础性条件之一。出生性别比失衡既是性别不和谐的集中体现,又是社会不和谐的重要表征。因此,出生性别比失衡是一个具有典型性别特征的特殊的社会问题。近些年来,随着学术界对出生性别比问题从存疑到求解的进展,不少学者对此种问题的研究也在不断地深化,并且他们就其基本点已达成共识,即对出生婴儿性别比问题的专项治理也要纳入党和政府提出的以人为本的科学发展观和构建和谐社会的战略新思维框架中去。只有建筑在性别平等基础上的生育政策才是和谐和可持续的政策,才能真正导向出生人口性别比的正常发展。[1]这就表明性别和谐与社会和谐是一个具有内在关联的有机统一体,研究出生人口性别比问题,社会性别和社会和谐这两种视角缺一不可。然而,近些年来,一个不争的事实是在研究出生性别比问题时采取社会性别视角的学者较少,而且其中往往是女性学者比男性学者更多。尤其是有一些学者在自己的研究中自觉或不自觉地将男性利益视角等同于社会和谐视角,从而有意或无意地屏蔽了出生性别比失衡问题的典型性别特征,即女性作为传统性别歧视因素与现代性别不平等现象畸形结合之最大受害者的严酷社会事实。这一以男性为中心的研究方式的缺陷及弊端,恰如慈勤英所论:"如果我们对出生性别比升高的关注,还是重点在于男性权益比如婚姻权的重视,而忽略了女性权益诸如生存权、生殖权、健康权等的保护,无疑是对女性的另一种伤害,女性永远摆脱不掉从属、满足他人的定位。"[2] 由此可见,在性别平等的制度安排及政策实施还不尽完善、传统性别文化的积弊还有待清除、文明进步的妇女观仍有待确立的环境下,只有加大从社会性别视角来审视出生性别比问题的力度,才能更好地促进社会和谐。在这种意义上,我们似乎可以说,在出生性别比问题研究中如果忽视或排斥社会性别视角,也就不可能真正地做到以社会公正的原则及立场来看待和解决这一事关和谐社会构建的重要问题。正是基于此种考虑,在本文中,笔者拟进一步从社会性别视角来剖析出生性别比失衡问题。

## 二、出生性别比失衡的实质及根本原因

按照大多数定律,如果没有人为的性别选择因素的干扰,在自然生育的状态下一国、一地区男婴的出生数总是略高于女婴出生数,出生性别比大致在 103~107 之间,属于正常状态。然而,近些年来,在强烈的"生男偏好"欲求的驱使和巨大的市场利润的刺激下,人为的性别选择得以肆虐,以至于我国出生性别比逐年升高,从 1982 年的 108.50 攀升至 2007 年的 120.22。从社会性别视角看,出生性别比失衡实质上是在人为因素主导下对女性出生与生存权利的非法侵犯与强行剥夺,而其产生的根本原因则是在现有社会经济基础上父系家族制观念残余与现实生活中依然存在的性别不平等现象相互认同与相互加强形成了不合理的性别结构和性别关系。

由于出生性别比失衡有可能带来诸如婚姻挤压、性犯罪、人口再生产障碍等严重社会后果,那么这一问题的实质按照传统社会学观点来理解,就是由社会控制减弱、社会失范增多所引发的带有紊乱性、破坏性的社会问题。然而,问题并非如此简单,出生性别比失衡既有普遍性,又有特殊性。此外,它既属于结构失调性社会问题,又可归属于功能失调性社会问题。在其形成与发展中,它与社会性别、社会分层、城乡差别、区域差异以及制度安排、法制建设、城镇化进程、社会生活质量、文化传承及更新等因素均有着这样或那样的关联。所以,我们不能笼统地将出生性别比失衡当成一般的社会问题,而必须从与其形成与发展相关联的多种因素中找出最主要的即能决定其本质属性的因素。这也就是说出生性别比失衡是一个有别于其他社会问题的具有典型性别特征的特殊的社会问题。说它具有典型性别特征,是指它并非一般性的对女性权益的侵犯,而是对女性出生与生存权利的非法侵犯与强行剥夺;说它特殊,是指由传统惯习和物质利益所联手支配和主导的对技术非人性化的运用严重危害社会的良性运行。如果看不到这一点,人们就有可能导致"对出生性别比升高后果之一——男性婚姻困难的过分关注和过分强调",从而忽视"出生性别比异常升高的实质是对女性生存权的剥夺,是对女性的完全藐视"。[3]

中国的父系家族制源远流长,如果从仰韶文化末期进入父系氏族社会时算起,迄今已有五千余年。家族是以婚姻和血缘关系结成的社会单位,父系家族制伴随私有制和阶级社会的出现而出现,成为奴隶社会、封建社会宗法统治的社会基础。父系家族制或父权家长制本身有两大支柱,一是家长以父权支配着妻子和子女,二是财产继承、血统确定、居住选择乃至姓氏、权力、地位、声望的传承均以男性为基准。长期以来,父系家族制或父权家长制对女性的奴役性统治在身心两方面给她们带来巨大伤害,使她们的发展严重地滞后于男性。中华人民共和国成立以来,这种情况虽然有了根本性的变化,但由于种种复杂原因的影响,父系家族制观念残余依然在纠缠着活人的脑袋,并且与现实生活中依然存在的性别不平等现象相互认同与相互加强,以致形成不合理的性别结构和性别关系并由此而引发现阶段中国出生性别比的严重失衡。

一般说来,父系家族观念残余主要是以日常生活惯习、人生价值追求、社会支持等因素作为藏身之处或活动载体来传播或滋长重男轻女意识,而这些均与目前农村现实生活中依然存在的性别不平等现象相辅相成。日常生活领域是相对于社会生产领域来说的概念,它是有别于经济谋划、政治管理、文化创造等社会公共活动的包括婚姻家庭活动、人际交往活动、休闲活动等在内的日常生活世界。现阶段,虽然父系家族制早已伴随政治儒学的终结而消亡,但其观念残余却由于意识形态的相对独立性而依托于生活儒学,仍然对人们置身于其中的日常生活世界产生影响和作用。因此,"男孩偏好"不单纯是传统经济条件、政治环境和文化氛围交互影响与综合作用的产物,而且是人们在个体的自我生成之域——日常生活世界缺乏良好生活关系的体现。透过衣食住行、婚丧嫁娶、生儿育女、休憩娱乐等纷繁芜杂的感性直观世界,我们可以看到在人们必然形成的日常生活关系与由文化惯习驱动的"男孩偏好"之间存在着某种内在的关联性,而联结它们的纽带就是父系家族制观念残余。在农村的现实生活中,从夫居对从妻居的压倒性优势及养儿防老和男性继承的生活潜规则的大行其道,充分表明植根于民间生活方式及村落习俗中的父系家族制观念残余依然是横亘在通往两性平等、和谐发展大道上的巨大障碍。祭祀祖先和传宗接代是以父系家族为本位的传统婚育文化的根本理念。《礼记·婚义》有云:"婚姻者,合二姓之好,上以事宗庙,下以继后世。"长期以来,在儒家文化的理论与实践中,祭祀祖先和传宗接代已经成为其经久不息的思想支撑和精神寄托。其中尤其是传宗接代的理念已经潜移默化地融入农民的日常生活方式之中,并且形成了约定俗成的民间文化小传统,至今仍然左右着他们的生育意愿及行为习惯。在儒家的文化语境中,女性不是传宗接代的主体,而是传宗接代的工具,只有男子才被看成传宗接代的担当者,才拥有传宗接代的特权。故此,孟夫子所说的"不孝有三,无后为大"中的"后"特指男孩,女孩并不在此列。数千年来,所谓"后"的效能在儒家思想的渲染及历代统治者的推动下,不仅成为父系家族传承的物质承载者,而且逐步被演绎为民众心目中一种难以解开的心理情结或挥之不去的精神梦幻。在传统农业社会,人多势众往往和有权有势及财大气粗一起成为衡量父系家族兴盛与否的重要标准。尽管有些家族并非有权有势和财大气粗,却也能凭借人多势众横行于乡里。"打虎尚须亲兄弟,上阵还得父子兵。"在农业社会的乡土文化氛围中,社会支持网络是以男性血缘为纽带而构建起来的,使得个别大姓人家在控制村落各种资源及获得种种利益时均占据有利地位,从而诱导周围的人们对男孩孜孜以求,不生儿子誓不罢休。应当看到:目前在农村及小城镇,虽然传统的大家族早已在现代化的冲击下悄然消逝,但其观念残余却依然匿迹于星罗棋布的小型农户家庭和小市民家庭,借助传统生活惯习与现实利益的相互认同与相互加强,顽强地表现自己。这就为形塑不合理的性别结构和性别关系提供了基础性条件。

"结构"一词在社会学中是结构功能主义研究方法的中心概念,它被典型地看作社会地位与社会角色的相互关系。[4]"关系"一词按照汉语词典的释义,是指事物之间相互影响和相互作用的状态。[5]所谓不合理的性别结构和性别关系,即是指由于社会性别因素的影响,男性在社会体系中所占有的社会地位及与此地位相对应的社会角色比起女性具有较大的优越性,以致引起两性在某种程度上的不平衡发展。换句话来说,不合理的性别结构和性别关系所表露出的两性之间的发展差距已成为当前中国社会分层的重要特征之一。英国社会学家吉登斯认为,多年来,有关分层的研究一直存在着"性别盲点"——仿佛女性是不存在的。在研究对权力、财富以及影响力的区分时,女性好像是不重要的或是没有分析的必要。然而性别本身却是分层的一个具有深远意义的范例。[6]在现阶段的中国,妇女参政议政所占的比例较低、农村妇女非农转移迟缓、城镇妇女下岗待岗和早退内退人员较多、流动妇女就业层次较低及在业可持续性较差、男女同工同酬仍有死角、分性别受教育水平的差距依然存在、分性别年平均收入差距扩大等妇女社会边缘化状态,无疑已成为对这一观点的最好佐证。事实上,妇女在政治、经济、文化方面与男性差距的拉大不仅对社会分层具有重要影响,而且对她们在日常生活世界(包括生儿育女)的角色扮演及利害关系也产生巨大作用。刘伯红认为累积性的性别差异和女性没有价值的结果就是出生婴儿性别比严重失调。[7]这一语就道破了出生婴儿性别比失衡的症结就在于由不合理的性别结构和性别关系所累积起的较大性别差距,以及由劣质的性别分层所折射出的女性价值的严重缺失。然而,传统社会学理论有意或无意地忽略了这种较大的性别差距及女性价值的严重缺失对于女性生存与发展境遇的深度影响及连锁反应。就此而论,女性在政治参与、职业流动、文化教育提高以及在包括婚育在内的日常生活中所遭遇的排斥或歧视,唯有通过社会性别分析才能被人们深刻理解并得到全社会广泛而又密切的关注。因为,性别政治、性别分层、家务劳动价值等女性主义的分析工具,比一些传统社会学的理论和方法更能揭示父系家族意识残余是如何通过对民众日常生活方式和心理性格的浸润,以及如何通过与现代科层制的认同并与现实生活中各种性别不平等现象的结合,来形塑不合理的性别结构与性别关系。尤其是它们揭示出此种不合理的性别结构与性别关系对合理制度安排的阻挠及先进女性文化传播的干扰,就是导致女性无法从形式上的权利和机会的平等走向事实上的权利和结果的平等之最为本源的因素。没有人怀疑出生性别比失衡是一种扭曲人性的怪异社会现象,但却较少有人将这种怪异现象当作社会转型中出现的新的社会性别问题来认真对待。不少人不是将此归咎于传统和历史的遗留,就是把此当作以往政策的偏颇所致,看不到性别不平等的再生产乃是传统因袭性因素与现代自致性因素相互影响与交互作用的动态过程,而出生性别比失衡只不过是这一过程中女性在公共生活领域乃至日常生活领域被社会推向边缘化的一种地位下降和价值缺失的重要标识。

## 三、对出生性别比失衡的关联性因素的分析

出生婴儿性别比失衡与转型期妇女的社会边缘化态势具有高度相关性。在城市,妇女参政议政的层次较低、个人收入比男性较低、实际退休年龄较早、就业和再就业比男子更难、家务劳动负担较重、身心健康状况较差、较易受到家庭暴力的威胁;在农村,妇女普遍地受教育不足、结婚较早、生育较多、收入比男性较低、家务较重、能享受的老年社会保障较低、婚姻家庭地位较低、个人事务的自主权较少、非农就业人数较少并且层次较低、各种社会权利乃至人身权利受到侵害的可能性和程度较大。显然,在一个妇女依然承受着性别歧视和不公正待遇的家庭与社会生活环境中,人们必然不愿承受生育女孩的社会风险,以至于一旦有合适的机会和条件出现,他们就会尽其所能地规避这种风险。因此,部分女性出生权的受保障程度实际上取决于整个女性群体发展权利的实现程度,部分女性出生权的被剥夺恰恰是现阶段我国整个女性群体发展权利依然处于相对弱势状态的一种显著体现;前者使后者危机

四伏,后者则使前者每况愈下。女性出生权的被藐视和女性发展权的被弱化已构成一种造成女性生存与发展恶性循环的态势,这也恰恰从反面警示人们:如果男女平等的基本国策不能真正地得到全面、持久、彻底的贯彻实施,如果随着我国经济社会的高速度发展,女性与男性并不能获得平等、和谐的发展,那么所谓综合防治出生婴儿性别比失衡就只不过是一句毫无意义的空话。

出生婴儿性别比失衡已成为妇女在家庭与社会生活中处于弱势地位的重要标识。一些农村育龄妇女在家庭与社会生活中的弱势地位(从夫居、个人自主权少、非农转移迟缓、社会参与程度低等)直接地影响到她们的生育自主程度。那些缺乏经济独立性而又受传统观念熏染较深的妇女不敢向丈夫和婆婆执意让自己生儿子的无理要求说"不",以至于一次又一次选择出生性别的"折腾"使她们身心健康备受摧残。然而,这种对选择生育性别的非理性屈从将被事实证明:这丝毫无助于她们自身地位的改善和提高。这类情况表明:从表面上看,出生婴儿性别比失衡反映的是一些家庭生育文明程度的低下及生育抉择的非理性状态,而实际上它折射出这些家庭生活中的传统性别政治关系及由此而必然导致的性别关系的倾斜。从个人与社会的关系看,作为女性的个体,她的生育意愿的形成及生育行为的选择,除了受到社会大环境主流文化的调控和政策法规的规约,还要受制于家庭生活中不平等的性别关系即传统性别政治的支配。在传统的社会建构中,男性属于工作领域,女性则隶属于婚育、家庭管理等生活领域,现代化进程虽改变了这一切,但至今"男高女低"和"男强女弱"的择偶标准、"男主女从"和"男外女内"的角色分工与男性传承的文化惯习依然并行不悖,对人们的婚育活动产生重大影响。这类情况也提示我们:有必要通过增强农村育龄妇女的性别平等意识和提高她们的生育自主程度,去培养预防出生婴儿性别比失衡这一社会病毒的内生性抗体。

日常生活世界的物态化、低俗化使得文明、进步的妇女观无从确立,进而强化了人们的"男孩偏好"情结。与政治参与、职业安排、公共文化教育活动之类非日常生活领域中的性别歧视意识相比,在以日常消费、日常交往、日常思维活动为基本内容的日常生活领域中的性别歧视意识往往呈现更为浓郁的隐性特征。在这里,形式上的平等与事实上的不平等的矛盾表现得更为突出，以至于一方面一些人性别平等的口号喊叫得漫天震响，而另一方面他们生育意愿中的"男孩偏好"在婚姻家庭生活中的传统性别角色分工、街谈巷议中的性别价值评估仍安然无忧地大行其道。从表象看，不良生活嗜好似乎与"男孩偏好"没有什么瓜葛，然而在亚文化语境下，酗酒、打架斗殴乃至涉黄的行为往往更多的是作为日常生活中男性游戏的专利。这种表露所谓"男性气质"的粗野方式潜伏着对于女性的不屑和不敬，以致干扰人们树立文明、进步的妇女观并进而对人们的生育意愿产生消极影响。纵观传统男性生老病死的整个人生轨迹，在较长时期内不良生活嗜好总是如影随形般地追随他们，使他们在丧失健康生活个性的同时也盲目听从于庸俗不堪的生育习俗的摆布，从而客观上有碍于全社会生育文明程度的提高。例如，在以多样性、流动性、不确定性为主导的"城中村"社会氛围中，日常交往的随意性、低俗化、趋利化等因素使得传统的家族意识在不完全现代化或半城市化的日常生活场域中得以苟延残喘，并且它与大众文化的相互认同和综合作用不断地再生产性别歧视意识，从而延迟人们从传统生育观念向现代生育观念的转变。尤其是在欠发达地区的社会转型期内，小市民的文化心态和小城镇生活中的交往流俗化极易附和大众文化中消极的一面，成为衍生日常生活领域及两性关系领域非文明化倾向的重要根源。某些大众传播媒介在其商业化活动中有意或无意地迎合小市民的生活情趣，兜售鄙视女性的传统性别价值观；充斥于某些广告、相声、小品中的低俗戏谑和充满在街谈巷议中的粗鲁调侃同流合污，它们对于培养人们文明、进步的妇女观，进而形成有益于文明生育观念的良好社会氛围危害甚大。

出生性别比失衡与女性自我意识和群体意识的心理弱化以及女性边陲性思维的精神弱势有关。女性自我意识和群体意识的心理弱化以及女性边陲性思维的精神弱势，反映的是社会转型期内性别意识形态中的男性文化的主导地位。完全的或称之为完美的现代化的标志，不仅是市场发育的成熟和法制建设的完备，而且是两性平等、协调、共同发展的和谐局面的形成。尤其是在乡村社会，女性文化在性别意识形态中所处的被支配地位类似于一种集体无意识的现代性失语状态，它无法满足创建两性平等、协调、共同发展的和谐局面的社会精神需求。女性自我和群体意识的心理弱化以及女性边陲性思维的精神弱势，使得她们自身缺乏包括生儿育女在内的生活自主意识，以至于容易屈服于生育习俗中父系家族文化习惯势力的压力,做出有损于女性生存与发展的自轻或自残之事。事实上,处于物质生活与精神生活仍差强人意的乡村环境条件下,当一些农村育龄妇女面临周边落后舆论的讥讽和嘲笑及婆婆和丈夫的胁迫时,孤立无援的她们除以暂时的妥协来维护自己不受更大的侵害之外,她们又能怎么样呢?从某种意义上讲,生育习俗是一种影响力深远的生活政治,它通过潜在的、集体受众的依附和盲从支配着每一个个体的生育意愿及行为习惯;尤其是重男轻女这类性别歧视观念经儒家伦理的调教和历代统治者的推崇,早已内化和积淀于生育习俗之中,并且通过这种生育习俗在家庭生育活动中发挥着控制及左右女性个体的愿望和意志的内在力量。既然"男孩偏好"的形成与发展与生育习俗中的性别歧视因素有着内在的关联,那么,为了有效地消解这种习俗,就必须要强化女性的自我意识和群体意识,提高女性的主体性思维能力,确立女性文化在社会意识形态领域中的对等地位并发挥其在整个社会文化建设中的重要作用。如此,传统文化惰性设置的两性之间的心理阻隔才能被及时消除,女性文化才能被尽快地融入社会主流文化,社会性别意识才能更好地被纳入包括人口问题在内的社会决策主流,出生性别比失衡才能从根本上得到卓有成效的综合防治。

## 四、结论

在"从传统社会向现代社会、从农业社会向工业社会、从封闭性社会向开放性社会的社会变迁和发展"的总体历史进步过程中,由于转型期各种复杂因素其中主要是社会性别因素的影响和作用,也会产生出生性别比失衡这样严重侵犯妇女生存与发展权利的逆现代性的非人道行为。通过本文从社会性别视角对此问题的审视及剖析,笔者从中得出以下结论:

首先,只有从社会性别视角切入,我们才能真正看清出生婴儿性别比失衡实质上是在人为因素主导下对女性出生与生存权利的非法侵犯与强行剥夺,而其产生的主要原因则是在现有社会经济基础上父系家族制意识残余与现实生活中依然存在的性别不平等现象相互认同与相互加强形成了不合理的性别结构和性别关系。否则,我们就看不到性别不平等的再生产乃是传统因袭性因素与现代自致性因素相互影响与交互作用的动态过程,而将出生性别比失衡仅仅归咎于传统和历史的遗留,以致有可能忽略其作为具有典型性别特征的特殊社会问题的本质属性。

其次,不合理的性别结构和性别关系所表露出的两性发展差距已成为当前中国社会分层的重要特征之一;出生婴儿性别比失衡的症结就在于由不合理的性别结构和性别关系所累积起的较大性别差距,以及由劣质的性别分层所折射出的女性价值的严重缺失。目前,在广大农村及小城镇,虽然传统的大家族早已在现代化的冲击下消逝,但其观念残余却依然匿迹于星罗棋布的小型农户家庭或小市民家庭,借助传统生活惯习与现实利益的相互认同与相互加强,顽强地表现自己;这就为不合理的性别结构和性别关系的形塑提供了基础性条件。

再次,女性在政治参与、职业流动、文化教育提高以及在包括婚育在内的日常生活中所遭遇的排斥或歧视,唯有通过社会性别分析才能被人们深刻理解并得到社会广泛而又密切的关注。因为性别政治、性别分层、家务劳动价值等女性主义的分析工具,比传统社会学的理论和方法更能揭示父系家族观念残余是如何通过对民众日常生活方式和心理性格的浸润,以及如何通过与现代科层制的认同和与现实生活中各种性别不平等现象的结合,来形塑不合理的性别结构与性别关系。

最后,对出生性别比失衡的关联性因素的分析表明:出生性别比失衡是社会转型过程中女性在公共生活领域乃至日常生活领域被某些特异的社会因素推向边缘化的一种自身地位下降或自我和群体价值缺失的重要标识。因此,综合治理出生性别比问题,其关键是要真正将社会性别意识纳入政府决策主流,大力形成男女平等的社会氛围和道德规范,逐步扭转重男轻女的传统观念,以保证实行有利于女性健康发展的社会政策和改善女性的生存环境及生活条件。

**参考文献:**

[1]杨云彦,慈勤英,穆光宗,等.中国出生人口性别比:从存疑到求解[J].人

口研究,2006(1).

[2][3]慈勤英.研究出生人口性别比问题要有性别视角[N].长江日报,2007-03-01.

[4]G.邓肯·米切尔.新社会学辞典[M].蔡振扬,谈谷铮,等,译.上海:上海译文出版社,1987:336.

[5]中国社会科学院语言研究所词典编辑室.现代汉语词典:第5版[M].北京:商务印书馆,2005:501.

[6]安东尼·吉登斯.社会学[M].赵旭东,等,译.北京:北京大学出版社,2003:376.

[7]金小桃,郑晓瑛.聚焦中国人口安全——首届中国人口问题高级资讯会演讲录[M].北京:中国人口出版社,2004:119.

(原载《山东女子学院学报》2009年第4期)

# 提高综合治理出生性别比偏高成效的根本途径探析

近年来,全国各地均出台地方法规明令禁止"两非"(非医学需要的胎儿性别鉴定,非医学需要的人工终止妊娠)行为且开展了严打"两非"的活动,与此同时,普遍开展了关爱女孩的社会行动,并在建立健全有利于计划生育和计划生育家庭的利益导向机制和社会保障制度方面采取了一系列措施。然而,我国出生性别比居高不下的态势并没有因此而被根本扭转,例如,2005年为118.88,2006年为119.25,2007年为120.22,2008年为120.56。本文仅就这种社会投入与产出的不相称性进行分析,并且就解决出生性别比偏高问题的根本途径进行探讨。

## 一、为何综合治理出生性别比偏高工作至今成效尚小?

从学界来说,关于我国综合治理出生性别比偏高问题为何至今成效较小的主要看法大体上有五种:其一,重男轻女的传统性别文化及生育文化的深远影响对人们的生育意愿和生育行为的现实作用,在较大程度上干扰了综合治理出生性别比的工作(李树茁、穆光宗、汤兆云、梁宏);其二,生育政策自身的不完善因素(偏严的生育政策、农村分性别的生育、生育间隔)与B超、流产等生殖技术的易获性及人工流产的合法性的结合,使得选择性别的生育意愿分外强烈且其行为难以防范(李建新、陈友华、周丽萍、穆光宗);其三,现行法律法规的不完善及其威慑力的不足、社会保障制度的不健全、计划生育奖扶力度的不足、父系婚居及传承制度和人情关系及社区情理在农村现实生活中的强作用等制度缺陷和伦理缺失,使得综合治理出生性别比工作面临着重重阻力(原新、汤兆云、杨善华、马国庆);其四,出生性别比偏高及其所带来的问题本身的不可逆性、"两非"行为取证和查证难、政策举措落实难和成效考核评估难等因素,决定了综合治理出生性别比工作任重而道远,不可能短期内得到根本性解决(乔晓春、周丽萍、杨春、杨军昌);其五,由对妇女人权的忽视所导致的社会公共政策的缺失及乏力,使得综合治理出生性别比偏高的工作不得要领,以致进展迟缓(慈勤英、李慧英、李树茁、穆光宗、谭琳、周垚、宋健);其六,来自乡村的流动人口大量涌入城市扩大出生性别比偏高的范围,并且加大了综合治理出生性别比偏高的难度(郭志刚、焦亚波、伍海霞)。

在学习和借鉴以上观点的基础上,笔者认为:重男轻女的传统观念与现实生活中性别不平等现象的相互认同、相互融合和相互加强所导致的两性发展差距的加大及社会公共政策对此所表现出的无能为力,是我国治理出生性别比偏高工作至今成效尚小的主要原因。出生性别比偏高问题是在人口再生产领域发生的具有典型性别特征的特殊的社会问题。比如,透过下岗失业女性居多、就业困难女性居多、遭到家庭暴力女性居多、合法权益受到侵扰女性居多、婚姻困难高素质女性居多等形形色色的现象,我们就不难理解为何不少人生育上的"男孩偏好"时至今日依旧难以割舍。再比如,透过不合理的社会结构,我们也不难理解家族意识残余与个人私产的现实对接正是一些人恪守陈规陋习的情结难以消除的深层根源。说到底,出生性别比失衡这一人口结构问题不仅是传统观念单一影响和单向作用的结果,而且也是传统观念与建基在欠发达经济基础上的不合理的性别结构乃至社会结构彼此交融和相互贯通使然。由于出生性别比问题产生的原因的多样性,因此社会强调对其治理的综合性。强调对其治理的综合性在现阶段固然具有一定的合理意义,然而,鉴于出生性别比偏高问题的本质属性是直接关涉妇女的出生权、生命权、发展权的人权问题,还需有对其治理的主导性来与对其治理的综合性相配套。这种主导性也还需要兼顾观念与现实两个方面,即将改造和消解落后的传统意识与改变和消除现实生活中的性别不平等和性别不公正现象有机地结合起来。因此,在探讨提高出生性别比升高治理成效时,我们应遵循在对立中把握统一的科学思维原则,既尊重历史承袭性,又考虑到现实和未来的需要。如此,我们方能契合人口发展与社会变迁的辩证逻辑,提出为社会决策者及社会实践者两方面都接受且具有较大可行性的应对思路及策略。

## 二、综合治理出生性别比偏高工作至今成效尚小的关键因素剖析

综合治理出生性别比偏高工作为何至今成效尚小？缘由当然是多种多样的，但其中关键因素莫过于在人们头脑中沿袭已久的传统性别意识与实际生活中性别不平等的各种表现的彼此呼应、相互支持。正是落后性别观念与不公正、不平等的性别发展现实的有机融合，形塑了不合理的性别结构和性别关系，并且由此而不断地再生产着大众"男孩偏好"的生育意愿。可见，从思想根基处解决性别歧视问题与在现实生活中缩小乃至消除性别发展差距具有高度的一致性。没有或者丧失了此种一致性，重男轻女观念的深刻影响和巨大作用就往往会成为不少人推卸出生性别比偏高治理工作不力之责任的借口，并且这种借口在不同场合被反复提起且广为流传，业已成为他们掩饰工作失职的口头禅和护身符。当然，没有或者丧失了此种一致性，在现实生活中缩小乃至消除性别发展差距也只能是一句空话。人的主观意识与客观现实的区分只是在人们认识问题和分析问题的认识论范围内才具有其绝对意义，脱离这一范围，它们就只有相对意义。这就是说思维与存在的同一性或者说社会意识与社会存在的一致性，决定了不能将从思想根基处解决性别歧视问题与在现实生活中缩小乃至消除性别发展差距截然分割开来，尤其是不能用消除重男轻女观念的影响是长期任务作为借口，来延缓通过具有正确性别价值取向的社会公共政策来对不公正、不平等的性别发展现实加以改变的进程。

借鉴郑杭生先生"社会互构论"中有关个人与社会是两大互构主体、人类生活共同体的发展是个人与社会、个体与集体之间互构共变关系的演变过程[1]的观点，我们似乎也可以说不合理的性别结构和性别关系恰是落后性别观念与不公正、不平等的性别发展现实相互认同、交互作用、彼此加强的有机融合体。令人十分遗憾的是，传统社会学有关社会分层理论的诠释往往曲解或掩盖这种不合理的性别结构和性别关系的真实成因，以致在思想认识上不乏有人将追求性别平等与促进社会和谐截然对立，最终造成社会公共政策执行过程中的性别疲软、乏力乃至变形。就计划生育工作而言，也是如此；由于

在政策制定时有关方面缺乏将性别平等与社会和谐融为一体的自觉意识,其结果造成"一孩半"的分性别生育政策及生育间隔政策被一些具有浓郁"男孩偏好"的人们所利用。究其实质,"一孩半"的分性别生育政策是对农民传统生育意愿的一种局部性让步,以至成为造成出生性别比失衡的一种潜在的诱因。至于生育间隔政策,即使是政策制定者也始料不及地演变成为一些人为满足自己的"男孩偏好"而加以利用的便利工具。计划生育政策从根本上是符合社会现代化潮流,符合中国人口发展的态势,符合中国妇女发展的根本利益。然而,如果在其制定及实施过程中不能将性别平等的理念贯彻始终,其中哪怕只是少许的犹豫或动摇,它就往往会产生危害妇女生存与发展的严重恶果。比起重男轻女观念、现实生活中的性别不平等的现实以及对生殖医学技术的非人性和非法的运用,计划生育政策虽然不是导致出生性别比失衡的根本原因或直接原因,但其中的某些具体政策在制定时对于性别平等意识的某种程度的忽略,却客观上为出生性别比失衡提供了一定的契机和条件。

出生性别比偏高这种逆现代性现象与根深蒂固的潜在传统性别观念及触目可见的性别发展差距具有内在的关联。经济发展及城市化进程虽能为消解乃至消除这种逆现代性现象创设必要的外在客观物质条件,但如果缺乏人们性别观念的彻底更新及将此种更新融入社会结构、社会关系、社会制度安排与政策制定的合理化等因素之中的内在驱力,出生性别比偏高现象绝不会自然而然地消失。一是广东、江苏、浙江、福建等经济发达地区不同程度地存在着因性别价值观转变滞后于经济发展而出现的出生性别比依然较高的现象[2];二是1990年以来我国出生性别比出现不分城乡的普遍升高和偏高现象[3];三是现实生活中妇女的弱势地位如公务员因性别不同而退休年龄不同,女大学生或女研究生就业难,城镇女职工下岗内退多,农村嫁女、离婚或丧偶妇女的合法权益受到侵犯者为多等,也并没有随着经济发展及城市化进程自然而然地得到根本改变。凡此种种,无不表明出生性别比升高是由多种因素交互影响和综合作用的合力所造成的,而与传统文化影响和男女平等国策实施不力具有直接关联的妇女较差的现实发展境遇,则是其中最为重要的因素。经济发展及城市化进程虽是解决出生人口性别比升高问题的必要条件,但如果没有性别发展差距的不断缩小和女性社会地位的不断提高这一关键因素发挥作用,综合治理出生性别比工作要想获得最大成效或者说要想得到突破性进展,则是根本不可能的。因此,我们要通过大力缩小性别发展差距来大幅度地提高女性社会地位,以此来将女性的生存权、生殖权、健康权乃至发展权的完全实现建立于牢固的现实基础之上。一旦两性真正能得到平等、协调发展,那么包括出生人口性别比升高在内的一切计划生育中的难题则将迎刃而解,因为以男权为中心的制度安排及文化表现本来就是迄今为止人类生育问题的肇祸之源。

我国综合治理出生性别比工作成效尚小也与对男女平等基本国策的执行不力有关。从历史文化的角度看,中华人民共和国成立六十年以来,性别平等理念的宣传、普及和社会政策推行虽历时已久,但其在不同的年代所获取的效应则浓淡深浅各自不同。在改革开放以前,我国对于性别平等理念的宣传、普及和社会政策推行基本上是为了配合当时的政治需要和政治任务,这就不可避免地会忽略妇女发展和解放的相对独立性及自主性,以致在有关两性权利地位的政治法律的条文规定与两性经济文化的发展现实之间的严重断裂、性别平等政策在社会公共生活与私人日常生活之间推行的截然不同中,性别平等的现实性及完整性遭到很大破坏。想一想那时有多少"男主女次"的职业关系和"一头沉"的婚姻关系,这一点便不难理解。当然,在由市场驱动的性别均质化过程中它们已在较大程度上被改变,但在历史惰性的作用下它们仍在一定程度上以某些改头换面的形态继续存在。有学者认为:"重构性别平等、两性和谐的社会意识不能仅仅还原在心理上、观念上或理论上的重构,更重要的是在经济、政治、文化整个社会生活大环境中的重构。"[4]此种观点揭示:在促进科学发展和推动社会和谐的新型现代化的文化背景下,就性别平等的理论与实践而论,在内涵及外延两方面人们均应超越以往性别平等理念及其社会政策保证的局限性,舍此而不能在经济社会发展过程中,推动政府将社会性别意识纳入决策主流,以保证女性与男性之间实现发展结果的平等,进而彻底解决出生人口性别比升高问题。

## 三、解决出生性别比失衡问题的根本途径

近年来,全国各地均出台地方法规明令禁止"两非"行为且开展了严打

"两非"的活动,与此同时,也深入开展关爱女孩的社会行动,并在建立健全有利于计划生育和计划生育家庭的利益导向机制和社会保障制度方面采取了一系列措施。然而,由于出生性别比失衡问题本身所具有的长期性、复杂性和艰巨性,目前我国出生性别比依然呈现居高不下的态势,例如,2005年为118.88,2006年为119.25,2007年为120.22,2008年为120.56。正是在如此背景下,一些专家学者将关注点移至探讨生育政策与出生性别比失衡的关系上来,并且企盼能通过生育政策调整来缓解并遏制其继续攀升。

关于生育政策调整,学界目前具有三种观点,即无须调整、根本性调整、局部性调整。一是认为我国人口最根本的问题仍是人口总量问题,应继续严格实行"一胎化"的生育政策以达到适度人口规模;二是认为我国当前人口形势的发展走向是从增长型的人口问题演变为人口老龄化、出生性别比失衡等结构性问题,由于"一胎化"的生育政策损害了人口结构的健康,对其进行完全调整刻不我待,即应从根本上取消"一胎化"的生育政策,在全国普遍实行"二胎化"的生育政策;三是认为我国目前已进入稳定低生育水平与优化人口结构双重任务并存的新老问题的交替阶段,调整生育政策虽无可厚非,但要做到适时适度,应在稳定低生育水平的前提下进行调整,如从生育水平较低的地方调整,从夫妻双方都是独生子女的家庭调整,重点调整一、二孩生育间隔的规定,以及取消"一孩半"生育政策的性别条件预设,等等。第三种观点遵循在对立中把握统一的科学思维原则,既尊重历史承袭性,又考虑到现实和未来的需要,契合人口发展与社会变迁的辩证逻辑。因此,它有可能被社会决策者及社会实践者两方面都接受,从而具有较大的可行性。

笔者虽赞成对现行生育政策进行局部性调整的观点,但认为解决出生性别比失衡这一人口结构性问题仍不能仅仅依靠生育政策调整,还要依托在各种社会政策如教育、就业、参政、土地资源分配、基本社会保障等政策中完全、彻底地贯彻落实宪法规定的性别平等原则。鉴于人口结构性问题是由多种因素造成的综合性社会问题,就不能仅仅局限在人口发展的范围内来谋求对策。在全社会推动政治、经济、文化、社会四大建设的协调发展及促进男女平等与计划生育这两大基本国策之间的良性互动,乃是解决出生性别比失衡此类人口结构性问题的根本保证和最佳途径。换句话说,综合治理出生性别比失衡工作不仅是人口与计划生育部门的重要任务,而且也是全社会的共同责任。一方面,贯彻落实宣传教育、利益导向、全程服务、规范管理、严查"两非"等工作措施要求党政工团齐抓共管;另一方面,广泛、深入地开展婚育新风进万家活动和关爱女孩行动需要社会各界的积极参与和鼎力相助。正是在举国一致的不懈努力下,目前我国出生性别比攀升势头才初步得到遏制。据国家人口和计划生育委员会透露,自2005年以来,全国有17个省出生性别比有下降,7个省稍有上升,仅有4个省上升态势没有趋缓。当然,我国目前的出生性别比仍远高于正常范围,综合治理工作相对于巨大的社会投入来说也还显得比较低效。不过,其根本原因并不在于现行生育政策对于人们"男孩偏好"的挤压,而在于"男孩偏好"的症结即家族意识残余与妇女发展迟缓的相互认同和有机融合。在这里,不仅有深层的传统文化心理根源,而且还有此种文化心理与种种逆现代或伪现代的现实因素彼此交融后的化学反应。说到底,出生性别比失衡这一人口结构问题不仅是传统观念单一影响和单向作用的结果,而且也是传统观念与建基在欠发达经济基础上的不合理的性别结构乃至社会结构彼此交融和相互贯通之使然。比如,透过下岗失业女性居多、就业困难女性居多、遭受家庭暴力女性居多、合法权益受到侵害女性居多、婚姻困难高素质女性居多等形形色色的现象,我们就不难理解为何不少人生育上的"男孩偏好"时至今日依旧难以割舍。再比如,透过不合理的社会结构,我们也不难理解家族意识残余与个人私产的现实对接正是一些人恪守陈规陋习的情结难以消除的深层根源。

2005年1%人口抽样调查原始数据显示:实施"一孩半"政策的地区平均出生性别比近130,高出正常值近23个百分点,实施"一孩"政策的地区平均出生性别比为115.66,高出正常值8个多百分点,实施"二孩"政策的地区平均出生性别比为120.90,高出正常值近14个百分点。鉴于生育率的快速持续下降和"一孩半"男女有别的生育政策在一定程度上激化了出生性别比的失衡,因此,在整个综合治理出生性别比工作中,适当地进行生育政策调整以及推行诸如出生实名登记制度之类管理举措,能够在一定程度上起到缓解和遏制出生性别比升高势头的作用。然而,这依然只是一种类似于应用西医治病的救急措施。毫无疑问,我们不能企盼此种"头痛治头,脚痛治脚"的疗法就能一劳永逸地革除病根。要彻底根除出生性别比失衡这一社会转型期内的变异现象,尚需积以时日和从长计议。这就要求我们通过宣传先进性别文化、制定促进性别均质化的法律法规及消解传统家庭制度文化的社会公共政策来潜移默化地瓦解出生性别比失衡赖以存在的根基。中医疗法中所着重强调的辨证施治，也就是主张将全面性、系统性和主导性融为一体，在对立中把握统一，并且在融会贯通的统一中消解对立，从而达到平衡阴阳以铲除病根的目的。人们在综合治理出生性别比工作中经常提及的所谓标本兼治、以治本为主，即相当于中西医结合的疗法，只不过在整个治疗过程中要时刻按照轻重缓急的实际情况来采取相应的办法，以免有失偏颇或因性别短视和急功近利而贻误大局。妇女学者刘伯红说得好："累积性的性别差异和女性没有价值的结果就是出生婴儿性别比严重失调。"[5]出生性别比失衡的本质属性是一种带有典型性别特征的社会问题，其要害之处是以不良的人口学后果向性别平等和社会公正提出了严峻挑战。因此，当前人们将关注点转至生育政策调整方面，如此情理虽可以理解，但也要在具体运作中讲究分寸和把握事理，预防由顾此失彼而冲淡综合治理出生性别比工作的主题——以两性平等、和谐的发展推动整个和谐社会建设。事实上，在目前重男轻女观念和现实同样存在且相互加强的社会背景下，如果不能关爱所有女孩包括超生户中的女孩，如果不能使所有的女性都能享受到与男性同等的发展权，那么直接关涉女性生存权的出生性别比失衡问题也将无望从根本上得以解决。因此，笔者的结论是：唯有调整生育政策加上全面强化并严格落实性别平等的社会政策，才能充分提高综合治理出生性别比工作的成效，从而彻底解决出生性别比失衡这一棘手问题。

## 四、将性别平等及性别公正理念融入一切社会政策制定及实施的全过程

综合治理出生性别比工作具有长期性、复杂性、艰巨性和曲折性，它堪称保障国家人口安全、维护妇女生存权与发展权进而促进社会良性运行与健康发展的一项系统工程。综合治理出生性别比，首先要从性别平等与社会和谐有机结合的视角来提出问题和分析问题，进而提出解决问题的有效方法和途径。一方面，实现性别平等和性别公正是达到性别和谐的根本途径；另一方面，实现性别平等和性别公正是实现社会平等和社会公正的必要条件。由于

实现社会平等和社会公正又是达到社会和谐的根本途径,因此,性别和谐便构成社会和谐的基础。性别和谐包括两性社会关系的和谐和两性自然关系的和谐,其中两性自然关系的和谐即人口性别结构的平衡又成为两性社会关系和谐的前提。显而易见,诚如有的学者认为,人口性别结构的平衡是人类社会稳定、和谐发展的重要条件,而出生性别比恰恰是决定未来人口性别结构的重要因素之一。[6]

许多专家早已意识到出生性别比偏高本质上是一个以人口性别结构失衡表现出来的社会性别问题,仅仅在人口问题范围内已使其无法获得高效而又根本性的解决。李树茁认为,生育政策可以调整,但不一定是重点,而只是政策选择之一。使生育政策充分体现性别平等,但生育政策不是导致女孩生存问题的根本原因和实现路径,其调整的效果可能是有限的,不能期望过高。[7]穆光宗也认为,我们的出路不仅在于进一步完善现行生育政策——从内容到执行,而且要超越生育政策的视界,在更广阔的社会公共政策领域里提升女性的价值和地位,保护她们的尊严和权利,促进女性发展和性别平等。[8]受到以上专家观点的启发,笔者悟出:无论是城乡统开普遍允许生育二胎的主张,还是应实施严格的"一胎化"政策即"城乡一胎、特殊二胎、严禁三胎、奖励无胎"的建议[9],均不可能从根本上提高综合治理出生性别比偏高的成效;这是因为两种主张均是在生育政策如何调整这一范围内做文章,而没有充分考虑到如何使男女平等基本国策与计划生育基本国策相互协调和相互促进,以及如何在全面、深刻地把握具体国情的基础上使现实目标与长期目标、一般性政策与特殊性政策有机衔接和密切结合起来。此外,"外因是变化的条件,内因是变化的根据,外因通过内因而起作用"[10]。显而易见,在现阶段中国经济社会欠发达状态基础上妇女地位的相对低下和传统文化中重男轻女观念的相互认同和相互融合,实乃出生性别比失衡问题产生的内在原因,而生育政策充其量只不过是一种在不经意间为出生性别比失衡创设了一定社会条件的外因。我们既可以看到出生性别比失衡的确是在实施较为严格的生育政策期间出现的怪异现象,但同时我们又可以在近现代乃至当代从国内外举出无数事例以证明出生性别比失衡与计划生育政策毫无关联。因此,仅在人口学的范围内就此问题扯皮是怎么样也说不清和道不明的。笔者并不是笼统地反对进行生育政策调整以在一定程度上缓解出生性别比失衡,而是担心过于迷信和依赖生育政策调整而有可能带来舍本逐末的负效应。因为,解决出生性别比失衡这一人口结构性问题不能仅仅依靠生育政策调整,还要依托在各种社会政策如教育、就业、参政、土地资源分配、基本社会保障等政策中完全、彻底地贯彻落实宪法规定的性别平等原则来给予更为可靠的保证。要想高效而又彻底地解决出生性别比偏高问题,我们就必须将性别平等及性别公正理念融入一切社会公共政策制定及实施的全过程,其中当然也包括人口政策制定及实施的全过程;此乃提高综合治理出生性别比工作成效的根本途径。进一步来说,所谓将性别平等及性别公正理念融入一切社会公共政策制定及实施的全过程,就是不仅要将社会性别意识纳入国家人口决策的主流,而且要将性别平等和性别公正的理念融入经济社会发展的所有指标,竭力避免出现"盲点"或"误区",做到既注重对历史遗留问题的妥善解决,又关注对现实新问题的正确处理。尤其是社会公共政策制定及实施要向以往被人们所易于忽略的日常生活领域渗透和扩展,通过推动日常生活的文明化,来根本颠覆传统的家庭制度和文化[11],使之不再产生"男孩偏好"。总之,只要牢牢地抓住以合理的社会公共政策来不断缩小性别发展差距和不断提高女性社会地位这一主线,包括生育上的"男孩偏好"在内的传统性别观念的彻底更新和根本转变就将指日可待。

**参考文献:**

[1]郑杭生.中国社会的巨大变化与中国社会学的坚实进展——以社会运行论、社会转型论、学科本土论和社会互构论为例[J].江苏社会科学,2004(5).

[2]汤兆云.我国出生性别比问题研究[M].北京:中国言实出版社,2008:55-62.

[3]张肖敏.和谐社会视野下的中国人口与发展[M].南京:南京大学出版社,2008:310.

[4]王新云,隋焕丽.中国出生人口性别比偏高再解读[J].法制与社会,2008(27).

[5]刘伯红.社会性别与人口发展[M].//聚焦中国人口安全——首届中国人

口问题高级咨讯会演讲录.北京:中国人口出版社,2004:119.

[6]梁宏.失衡的两性"天平":广东省出生性别比问题探讨[M].北京:社会科学文献出版社,2008.

[7]李树茁,伍海霞,韦艳,等.农民工的社会网络与生育[M].北京:社会科学文献出版社,2008.

[8][11]穆光宗,李树茁,陈友华,等.出生人口性别比异常偏高与生育政策有关吗?[J].人口与发展,2008(2).

[9]杨光.社科院专家详解提出严格一胎化政策原因[N].经济观察报,2009-03-29.

[10]毛泽东.矛盾论[M].//毛泽东选集:第1卷.北京:人民出版社,1991.

(原载《回顾与展望全国学术研讨会2009》)

# 影响和支配女性生育意愿的传统性别文化因素剖析

传统性别文化推崇把料理家政、生儿育女及相夫教子当作女性人生最高价值之所在的"贤妻良母",其实质就是要形塑她们的依附型人格。即便在现代社会,传统性别文化仍通过各种途径对妇女的人生价值取向施加影响,并且由此而影响和支配她们的生育意愿。传统性别文化与消费文化的商业性结合、与"新儒家"文化融合后向现实家庭生活的悄然渗透、与现实性别发展差距的相互认同和相互加强,诱使一些妇女生育意愿中的"男孩偏好"更为强烈。

在中国,传统性别文化是指在内陆型的农耕经济基础上所产生的以儒家的性别伦理思想为主体的、以父系传承的家族制度为支撑的、以人伦日用等日常生活活动为载体的,并且服务于以男性为中心的家国同构的社会体系的一种文化系统。其内容包括妇规、闺训、女诫、家教等,散见于道德格言、历史典籍、文艺作品、民间口头流传等之中。妇女是实际生育活动的载体,性别选择行为必得经过妇女这一载体才能实施,无论她是自愿的还是被迫的。因此,研究传统性别文化对妇女生育意愿的思想影响和行为支配,将有利于揭示出生性别比失衡的内在动因,并且有利于推动妇女生育观念的现代转变,进而有利于出生性别比失衡问题的解决。

## 一、传统性别文化影响和支配女性生育意愿的主要表现

中国传统性别文化系统而又完备,其内核是以儒家伦理为主体的性别价值观念。《仪礼·丧服·子夏传》:"妇人有三从之义,无专用之道。故未嫁从父,既嫁从夫,夫死从子。"《周礼·天官·九嫔》:"九嫔掌妇学之法,以教九

御妇德、妇言、妇容、妇功。"以上的所谓三从四德,作为儒家所推崇的妇女伦理道德规范,严格约束妇女的言行举止达数千年之久,至今仍不能说它们已完全、彻底地从她们的头脑中被完全清除。在儒家看来,妇女的全部价值就在于她在婚姻家庭领域中的服务性功能,即生儿育女、操持家务、相夫教子等。因此,在传统中国社会,女孩自幼就要接受诸如《女诫》《女儿经》《女论语》《女四书》《女三字经》《闺训千字文》之类妇教文化的熏陶,其目的是要她们早早接受"男女有别""男主外,女主内"的性别价值取向,能尽快形成传统社会所倡导的淑女型、贤妻良母型的理想女性人格。传统性别文化对女性人生目标的定向及生活性格的形塑是深远而持久的,而它对女性生育意愿的影响和支配乃是其中一个非常重要的方面。

首先,传统性别文化迫使妇女丢弃自身独立人格,依附于以男性为中心的父系家族制度。父系家族主义是儒家社会伦理的基石,其主要思想构件为祖先崇拜、门第观念、数代同堂的大家庭观念、传宗接代观念、父子相传的姓氏和财产继承制。这几个方面,均遵循男尊女卑和男性家长独尊的价值准则。传宗接代是已婚妇女为家族所担负的一项重要义务,能否履行这项义务也是她能否在家族中立足的关键所在。《孟子·离娄上》:"不孝有三,无后为大。舜不告而娶,为无后也,君子以为犹告也。"《十三经注疏》:"于礼有不孝者三,事谓阿意曲从,陷亲不义,一不孝也;家贫亲老,不为禄仕,二不孝也;不娶无子,绝先祖祀,三不孝也。三者之中无后为大。"在这里,"后"是专指男孩,女孩并不在此列。如果一位妇女不能为她所嫁往的家族生下男性的后代,她不仅要受到家族的冷遇,而且要面临被丈夫"休"掉的困境。中国古代的制度伦理"七出"包括:无子、淫佚、不事舅姑、口舌、盗窃、妒忌、恶疾(《仪礼·丧服》)。其中,无子为首,即妻子无法生出儿子,丈夫可以此作为理由离弃她。在古代社会,这是一条颇为充足的理由,因为家族的延续被认为是婚姻最重要的目的。"昏礼者,将合二姓之好,上以事宗庙,而下以继后世也。故君子重之。"(《礼记·昏义》)因此,一旦妻子无法生出儿子来就会使丈夫家族这一门的血脉相传中断,而"绝世"或"绝户"乃是父系家族制度下一个家庭万万不能容忍的事情。可想而知,生育中的"男孩偏好"并非妇女的自然本性,它乃是在父系家族制条件下妇女生存与竞争压力的产物,当然,这在很大程度上是被"逼"而出。

其次,传统性别文化将妇女禁锢在婚姻家庭生活的方寸之地,长此以往,这就磨灭了妇女个人发展的内在需求,使她们变得自卑自贬和自轻自惭,最终形成依附型人格。清代张岱《公祭祁夫人文》:"眉公曰:'丈夫有德便是才,女子无才便是德。'此语殊为未确。"儒家伦理在评价女性时,往往将她们的柔弱、顺从当作德行大肆宣扬,而对她们的学识和才能却嗤之以鼻。在儒家看来,妇女的全部价值就在于她在婚姻家庭领域中的服务性功能,即生儿育女、操持家务、相夫教子。在如此状况下,女性自身的价值无从谈起,她的人生价值和意义自然要通过丈夫、儿子的荣耀以及她所在的家族的兴盛才能得以体现。"夫贵妻荣""母以子贵"乃是数千年来那些所谓有福之女性的真实写照。延伸至现代社会,依然有"干得好不如嫁得好""男人有势,女人有志"之类的流行语在重述昨天的故事。"灰土打不了墙,闺女养不了娘""多子就多福,没儿是绝后"……透过这类流行于民间的俗言,我们可以窥见生活的依附性是旧时代妇女滋生强烈的"男孩偏好"的社会根源。如今,妇女在此种生活中的依附性虽已大大减小,但由这种依附性所产生的惰性社会心理依然会通过各种途径对一些妇女的人生价值观及生育意愿产生负面影响和消极作用。

最后,传统性别文化所推崇的理想女性人格就是"贤妻良母",换句话说,也就是把料理家政、生儿育女及相夫教子当作女性人生最高价值之所在。所谓"贤妻良母",与家族主义的文化传统及封闭、落后、保守的生活方式具有千丝万缕的联系。传统性别文化对女性人生目标的定向及生活性格的形成是影响深远而持久的。在传统中国社会,女孩自幼就要接受妇教文化的熏陶,其目的是要她们早早接受"男女有别""男主外,女主内"的性别价值取向,能尽快形成传统社会所倡导的淑女型、贤妻良母型的理想女性人格。说到底,"贤妻良母"也就是以男性为中心的文化体现。在性别歧视与家族观念水乳交融的传统文化语境中,一些妇女必然会在生育时产生"男孩偏好",甚至于会产生为生男孩而攀比的心理。妇女的生育观乃是其人生价值观的集中体现,而其人生价值观在传统社会中不可能不受到传统性别文化的深刻影响。即便是在现代社会,传统性别文化依旧尚未消遁,它依旧通过家庭教育、生活习俗、大众传媒、不合理制度安排等途径对妇女的人生价值取向施加影响,并且由此而影响和支配她们的生育意愿。

## 二、传统性别文化影响和支配女性生育意愿的惯用手段

过去,传统性别文化的传播首先是由政府通过法律规定、政令推行等官方手段来进行;其次,它是通过儒家文化的学理性教育及宣传来传播;最后,它是通过民间文化在吸纳这些学理性教育及宣传之后的翻新和变异,即使其流俗化和口语化以传播。传统性别文化本身具有理念化与实用性的有机交融以及政治性与日常性的密切结合的特质。因此,它可以通过多种途径卓有成效地进行传播。

在中国传统社会,传统性别文化是传统文化的重要组成部分。其内核是以儒家伦理为主体的男尊女卑的性别价值观念,其文化目标指向也十分明确,就是要通过与父系家族主义的接轨来服务于以男性为中心的家国同构的社会体系。因此,历代统治者均通过制定各种法规和政令来推行、加强和巩固其在人们心目中的影响和作用。"中国古代法律的制定,完全自觉地贯彻着儒家的'礼'之精神。与此相连,在中国古代法律中,儒家的主要伦理道德规范,也直接转变为判罪、量刑的律令。……此外,中国古代在法律执行过程中,援依儒学伦理观点诠释法律条文或补充法律条文的空缺,用以量刑、判决,即以经义决狱。"[1]自先秦之后的汉律、魏律、晋律、隋唐律、宋律、明律、清律等莫不如此。由于中国古代法律的伦理道德化的特质,儒家的"三纲五常""三从四德"等歧视和束缚女性的礼教文化因此便成为立法的依据和执法的准则,以致女性的受教育权、就业权、择偶权、离婚权、财产继承权乃至生育自主权等均被无理剥夺。尤其是"宋后期,进一步限制了女性的继承权,元明清时女性不得带产再婚。明时一方面以法令明文颁布了表彰贞节的制度,一方面规定'命妇夫亡,不得再嫁';清及清以后,民间依族规家法或情绪可对有非规范行为的女性处以比国家法律所规定的更为严厉的'刑罚',包括一般的责罚、丑辱刑、逼其自尽和用斩绞之外的其他方法处死"[2]。此外,历代统治者所制定的针对生育男孩家庭的奖扶政策及针对女性的财产继承的性别歧视,促使溺弃女婴之陋习颇为盛行。经济、政治、法律地位的低下必然会使古代女性产生自卑自贬心态,当然,她们无论如何也不希望自己的后代再为女儿身。

以儒家的性别伦理思想为主体的传统性别文化是对女性实施精神奴役的

重要思想工具。散见于"四书""五经"里的妇女伦理思想以及后来被一些女儒士加工后所系统化、规范化、理论化的这些伦理思想因素,以家族生活作为其推行的基地,历经数千年的道德调教,已经潜移默化地渗透于妇女的生活方式,并以约定成俗的文化惯力支配着她们的日常言行。孔子曰:"道之以政,齐之以刑,民免而无耻;道之以德,齐之以礼,有耻且格。"(《论语·为政》)儒学的一大重要特点就是重视对于人的道德教化,对于妇女它当然也毫不例外,当然,它只是诱导妇女如何"恪守妇道"。儒家性别伦理规范以天命论作为理论基石,即以阴阳五行学说来论证其自身的合理性。《易经·序卦》:"有天地然后有万物,有万物然后有男女,有男女然后有夫妇,有夫妇然后有父子,有父子然后有君臣,有君臣然后有上下,有上下然后礼义有所错。"《春秋繁露·基义》:"君臣、父子、夫妇之义,皆取诸阴阳之道。……王道之三纲,可求于天。"《仪礼·昏义》:"男女有别而后夫妇有义,夫妇有义而后父子有亲,父子有亲而后君臣有正。"由上述儒家经典文献可见,"列君臣父子之礼,序夫妇长幼之别"(《史记·太史公自序》)是儒家思想的核心,而此种尊卑贵贱有序且男女有别的礼教等级秩序又被当作天意之使然。及至宋明理学时期,诸多理学家对"三纲五常""三从四德"的鼓吹变本加厉,尤其是朱熹认为在忠、孝、节这三种儒家推崇备至的伦理道德规范中"节"居首要地位,并且将"存天理,灭人欲"的节烈观作为迫害和摧残女性的精神枷锁。正是在理学浸润整个社会的大环境下,摧残女性的缠足之风盛行,女性不仅在观念上弱化,而且在形体上也被"弱化"。[3]可想而知,如此境况之下,妇女在生育时对于儿子的欲求只能会越来越强烈。因为,生儿子既可以巩固自己的婚姻,又可以为她们晚年的生活提供切实的保障,甚至于成为她们在精神生活方面的一大寄托。

在我国传统文化中,有相当一部分是由广大民众直接创造的,它以风俗、习惯、艺术等形式在民间传承。这部分文化,我们习惯上称它为民间文化或民俗文化。这部分文化由于长期植根于人民群众生产生活的沃土之中,往往具有较强的生命力、传播力和一定的民主性和进步性。然而,民间文化与代表时代前进方向的先进文化相比依然存在着较大的局限性和差异性,其中也必不可免地具有一些保守、落后的成分以及愚昧、神秘的色彩。马克思曾说过:"任何一个时代的统治思想始终都不过是统治阶级的思想。"[4]一般来说,在社会物质生产资料生产中占支配地位的阶级,它也必将在社会精神生产中占主导地位。"作为被历代国家政权自觉地用来协调社会人际关系,稳定社会秩序的基本理论工具,儒学实际上是中国历史上的国家意识形态。其一,自汉平帝追封孔子为'褒成宣尼公'开始,孔子受到唐宋元明清历代的封谥;其二,在汉代的选举(征辟、察举)和唐代以后的科举中,通晓、谙熟儒家经典都是选拔人才的主要标准。"[5]历代统治者长期不遗余力地大肆提倡和推行,必然会使儒家思想文化在民众生活中产生深刻而又持久的影响,并且被有机地融入民间生活方式和地方民俗之中,以通俗、形象化的语言广为流传开来。事实上,数千年来儒家的思想道德理念与世俗民间生活的交会和整合过程从未间断。正是在此种政治儒学向生活儒学的渗透过程中,儒家本身所固有的伦理道德功能及其法律和宗教性的社会功能得到全面体现。尤其是儒家的性别伦理和生育道德观念,由于与社会大众的日常生活密切相关,其渗透和传播过程中的流俗化和口语化程度更强。在这里,诸如"嫁出门的女,泼出门的水""死了媳妇换个新,死了儿子断了根""生个丫头赔钱货,生个小子有指靠"之类的民间俗语简直是不胜枚举。这些被世俗俚语所包裹着的儒家重男轻女思想对民间妇女群众的负面影响可想而知,它必然加重一些妇女在生育活动中以"男孩偏好"作为性别价值取向的心理倾向,从而成为她们生育观念转变中有待排除的文化阻滞力。

**参考文献:**

[1][5]崔大华.儒学引论[M].北京:人民出版社,2001:833-834,831.

[2]李小江.华夏女性之谜 中国妇女研究论集[M].北京:生活·读书·新知三联书店,1990:167.

[3]王跃生.宋以降中国性别文化的变迁[J].中国文化,2006(1).

[4]马克思,恩格斯.共产党宣言[M]//中共中央马克思恩格斯列宁斯大林著作编译局,译.马克思恩格斯选集:第1卷.北京:人民出版社,1972:270.

(原载《文化学刊》2010年第5期)

# 略论形塑健康向上的老龄文化

老龄化问题的实质是一种文化价值观念的认同问题,即以何种思维方式及价值取向来认识和评估老年人在社会生活中的地位和作用。形塑健康向上的老龄文化有利于为解决老龄化问题打下坚实的思想道德基础,有利于促使老年人在再社会化过程中充分实现个人价值,有利于促进整个社会和谐文化的构建。我们应通过以宣传为先导、适当延长退休年龄、加强老年人权益维护、促进代际交流和沟通等方式和途径,来为形塑健康向上的老龄文化创造必要前提和有利条件。

## 一、问题的提出

时下,伴随老龄化的渐次逼近且日益见涨,社会各方面关于老龄化问题的实施方案及应对举措是众说纷纭、莫衷一是。查阅多种文献及实际调研资料,笔者发现人们多是从经济角度或日常生活照料的角度来考虑如何应对老龄化问题,而较少涉及如何站在形塑健康向上的老龄文化的高度来探讨老龄化问题的根本解决之道。这就导致人们在面对老龄化问题时容易带有短视、片面、浮躁的实用主义倾向,从而不利于人们以正确的态度来对待老龄化问题或以科学的方式来处理老龄化问题。笔者认为:解决老龄化问题的关键在于形塑健康向上的老龄文化,即无论是为老年人提供物质支持,还是提供生活照料和精神慰藉,均需要有健康向上的老龄文化来作为基础和支撑,否则,人们就会缺乏正确理念的指导,并且由此而造成前瞻性、创造性应对思路的匮乏和针对性、适宜性行动措施的缺失。

老龄化问题的实质是一种文化价值观念的认同问题,即以何种思维方式及价值取向来认识和评估老年人在社会生活中的地位和作用。在人类尚未开化的原始社会,老龄群体基本上被视为弱势群体,或被视为对社会已无多大价值的多余的"寄生群体",他们在遭到重大自然灾害之际往往被人们"遗弃"。在农业经济社会,老年人的经验和智慧虽能得到一定程度的尊重和重视,但由于伦理的政治化倾向以及无视法治的非民主的社会氛围,老年人的权益往往得不到应有的保障,他们实际家庭与社会地位的低落也往往被对他们表面上的尊崇所掩盖。例如,在中国传统社会,虽然官方推崇"孝"文化,以"孝"治天下,孝亲敬老文化对民间生活方式及民众行为习惯产生较大影响,但是,农业生产方式及生活条件下的物质匮乏却往往使得孝亲敬老在实际生活中大打折扣,达不到理想的效果,以致对老年人的经济赡养、生活照料与心理慰藉相互脱节,更遑论继续发挥老年人在社会政治、经济、文化生活中的重要功能和作用。在工业经济社会,老年人的人格尊严、知识经验及基本权益虽然已能够得到较大程度的保障,但由于传统伦理道德的式微、人际关系的物化状态以及法律法规的不够健全和不够完善,老年人在其日常生活照料、精神心理关怀及自身权益保障方面,也存在着一定的问题。尤其是在后工业文明降临较早的国度,人们对于老年人在文化价值观念上有了全新的认识,老年人已从"生活累赘"和"弱势群体"转变为与其他年龄群体一样具有社会价值和文化创造性的人类重要成员。此种转变对正处于社会转型时期的中国社会意识形态及社会决策影响甚大,它有利于举全社会之力以避免传统工业化进程中老年人生活的失落及迷惘,并且以新型现代化的发展理念及文明精神来自觉地建构时代要求的老龄文化。

在农业文明条件下,老龄化的概念与当今时代截然不同,那时由于人的平均预期寿命较低,年届半百就已是社会公认的一个人步入晚年的标志,并且由于60岁及65岁以上的人在总人口中所占比例较小,所谓老龄化社会的概念在人们的头脑中压根就不存在。而在工业文明条件下,"人生七十古来稀"已成明日黄花,60岁及65岁以上的人在总人口中所占比例不断增大。就中国来说,2009年全国60岁以上老年人口已达到1.6714亿,占总人口的12.5%,并且预计在"十二五"期间,全国老年人口将突破2个亿。[1]当前,一方面,我国面临人口老龄化、高龄化、空巢化;另一方面,我国也存在着养老体系尚未完善、老龄服务市场尚未成熟、老年工作体系尚未健全、应对人口老龄化战略准备不足等薄弱环节。因此,客观地说,老龄化问题实乃工业文明时代的产物,它伴随社会迅速发展中的幸福和快乐而使人类略有不适。由于生活水平及医疗卫生条件的提高和改善,现代社会的人均预期寿命比传统社会的人均预期寿命有了较大幅度的延长,老年人在总人口中所占比例逐步增加,但是,社会的养老保障水平、设施,尤其是人们对于老龄化的认知惯习并没有得到相应的改变。"一个民族的文明质量可以从这个民族照顾其老人的态度和方法中得到反映。"[2]换句话说,老龄化体现了人类社会文明发展的必然趋势,即人类从必然王国走向自由王国,不断提高自身生存质量和生命质量的文明历程。然而,由于生产力发展水平、社会结构和社会关系调整、文化观念更新等方面的相对滞后,在我国现阶段,人们对老龄化社会的到来还普遍缺乏充分的思想准备,以致无法把科学应对人口老龄化的文化理念始终如一地贯穿到城镇发展、社区建设和家庭生活的各个领域,也无力从城市环境、道路交通、居住条件、公共设施、社区服务、社会政策、文化建设和敬老氛围等方方面面,得心应手地为老年人提供安全、便利、健康、舒适、愉悦的生活环境和发展条件。这样就形成了一个悖论:一方面,老龄化是社会文明的必然产物,承载着人类不断提升自身的希望;另一方面,由于人类自身能力所限和自身的某些缺陷,社会文明的程度尚无力承载人口老龄化的重负荷。此中需求与供给的矛盾有些是客观的,有些则与人们的主观认识具有密切关联,并且由此而导致在体制机制方面社会应对老龄化的准备不足及行为缺失。随着人口老龄化、高龄化、空巢化和家庭小型化的发展,此种养老服务供需方面的矛盾将在处于较长社会转型期的我国持续存在。鉴于我国目前城镇化、工业化、市场化、信息化的程度尚不尽如人意及城乡、区域、性别之间发展的不平衡状况,对老年人的经济支持和生活照料依然是现阶段老龄化问题的主要方面。然而,伴随生产力的发展、社会结构和社会关系的合理化、社会建设及社会福利的逐步跟进,老年人的精神慰藉及其再社会化将会逐渐成为老龄化问题的关键之所在。对于我们这样一个世界上唯一老年人口过亿的国度来说,"老有所教""老有所学""老有所为""老有所乐"的问题在不远的将来必定会成为老年人生活的主题。相应地,形塑健康向上的老龄文化也必将成为老龄化社会建设中重中之重的任务。

## 二、形塑健康向上的老龄文化的社会价值

首先,形塑健康向上的老龄文化有利于强化人们积极应对老龄化的社会意识,为解决老龄化问题打下坚实的思想道德基础。现阶段,传统的孝亲敬老文化固然应当继承且发扬光大,但是,我们也应当充分认识和估量到其发端和生长于农业经济社会的历史局限性,即其重点倾向于物质支持和生活照料而在满足老年人的精神心理需求方面有较大不足,并且由于文化滞后而造成其在践履中缺乏思想交流和精神沟通的对等性、爱心助老的广博性以及自由自觉的创造性。例如,在传统养老观念的影响下,子辈对于父母辈或更高的长辈只是在单纯履行其伦理责任和法定义务,却没有站在较深的精神层面即文化的传承、延续和发展的道德与审美层面来与老人交流、沟通和分享,因而他们在赡养或日常生活照料中既无法获得较大的满足感,也不能从中得到较多的审美乐趣和精神心理方面的受益。实际上,与老辈人思想文化和精神心理方面的交流和沟通,既可以使年轻人从中获得生活经验和处世智慧,也可以丰富他们对于社会人性的认识和理解。所谓"家有一老是一宝",就是这个道理。此外,由于我国传统文化中"爱有差等"、推己及人的伦理特点和影响,人们对于老龄人的关爱迄今为止依然受到泛家族主义意识及血缘和地缘观念的较大限制,并且因此而导致符合现代公民社会需要的爱心助老的广博性以及自由自觉的创造性的匮乏和缺失。

其次,形塑健康向上的老龄文化有利于创造帮助老年人进一步积极融入社会和参与发展的有效途径和得当方式,进而促使老年人在再社会化过程中充分实现个人价值。目前,人们认识和看待老龄化问题有数量视角、结构视角和群体视角,唯独缺乏文化视角。从文化视角来认识和看待老龄化问题,乃是最高层面的认识视角,因为,关怀老年人特定的精神文化需求和个性心理需求,乃是人性的集中体现和文明的高度升华。其一,我们不能把老年人仅仅视作只要有吃有喝有住有人照料就应当满足的被动社会群体。从某种意义和角度来讲,他们的精神心理需求比年轻人有过之而无不及。按照马斯洛的观点,凡人皆有生理需要、安全需要、感情需要、尊重需要、自我实现需要等5种需求,[3]其中体现

人的最高层次需要即自我实现的需要就是以最有效和最完整的方式表现他自己的潜力,唯此才能使人得到高峰体验。人至老境,免不了要对人生旅程有所感悟或对余生价值反复思索。对于老人的终极关怀,就是对于人类自身的关怀。老年人最需要的是人格尊重和价值认同。在市场化条件下,由于物质因素的主导作用,不仅老年人的特殊生活需求容易被忽略,而且他们的精神生活需求更容易被人们所遗忘。尤其是在传统观念和生活惯习仍有较大影响的城市社区或农村社区,"老有所乐""老有所教""老有所学""老有所为"还存在着较大的干扰和阻力。在这里,不仅老年人的社会交往需求、闲暇娱乐需求被视为奢侈之举,而且老年人的求知需求和社会参与需求也被看作不自量力。

再次,形塑健康向上的老龄文化有利于消除一些人对于老龄化问题的糊涂认识。其一是一些人认为老龄化问题并非是一个"真问题",它可以随着生产力的发展和人口质量的提高自然而然地得到消解;这种观点错在没有将社会问题的发生、生长和消亡当成一个人与人及人与社会彼此影响和相互建构的动态过程。其二是一些人夸大老龄化问题的严重性,看不到解决老龄化问题的实质就在于如何正确调适社会总体文明进步过程中次生的不协调和不适宜状况;这种观点错在没有将老龄化问题当作发展中的问题来看待,并且回避采用科学发展、协调发展、和谐发展有机结合的手段来对其予以妥善解决。其三是一些人仅仅从社会资本及社会资源配置的视角来探讨老龄化问题,忽略了从社会结构、社会分层、社会互动、社会调适及文化冲突和整合、心理分析和适应等视角来对此问题进行综合研究;这种观点错在没有将老龄化问题当作一种受多重因素影响和此消彼长作用的复杂社会问题来对待,从而不利于超越某种单一学科的主导话语及偏狭视野,并且不利于建构全面系统而又多向交叉的老龄文化体系。其四是学界至今未能从理论上令人信服地理顺老龄事业与老龄产业的关系,并且对政府、市场、社会三种力量各自在应对和解决老龄化问题时的功能和作用以及如何形成合力,也在一定程度上缺乏科学的阐释、客观的界定和正确的估量。理论是人们在头脑中把握现实世界的框架,没有理论,我们就失去了探索问题的坐标。这就容易造成对政策支持不到位、市场滞后、社会力量支持薄弱等问题,在进行解读时欠缺客观性、科学性及前瞻性,并且此类欠缺对于形成关注、理解、善待老龄问题的良好社会氛围,势必具有一定的消极作用。

最后,形塑健康向上的老龄文化有利于促进整个社会和谐文化的构建。老龄文化事关人类的尊严,其终极关怀的人文价值代表着人类文明的程度。人类生存与发展的根本意义在于人性的完善程度,即人与人的关系及人自身关系的和谐程度,恰恰在这一方面,它容易被人与物的关系所淡化或异化。自古以来,我国虽具有孝亲敬老的传统,但其基本上是立足于赡养而不是敬仰,老年人的智慧及其相应的能力难以得到公允的认可。其主要表现为人一旦达到一定的岁数,就会有意或无意地被人们排斥于社会的政治、经济乃至文化的生活主流之外,因为,在农业经济占主导地位的社会形态中,体力、精力乃至创造力往往被看成伴随人的衰老而不可逆转的自然消退过程。此种习惯性看法固然具有一定的道理,但它却忽略了老龄化本是一个相对的概念,以绝对化的观点将其当成一种凝固不变的状态,从而将老年期的创造性、积极性和主动性完全排除于家庭与社会生活之外。就社会生活现状而言,目前在我国存在的一些基层干部和职工不到正式退休年龄就赋闲在家的情况,其不仅是对人力资源的极大浪费,而且是对整个社会积极老龄化乃至和谐老龄化的严重干扰。此种在就业压力之下的过早"为年轻人腾出位置"的被动选择,也无疑会给代际传承关系的合理构建以及形塑健康向上的老龄文化带来负面影响。"老吾老,以及人之老。"衰老虽然是一种自然现象,需要后辈人的思想理解、物质支持、生活照料和心理慰藉,但人类文化的主动性和创造性决定了老年人更需要全社会对其自信心的激励及对其潜能的发掘。就此而言,形塑健康向上的老龄文化有利于人类自身创造力的延续,有利于人自身和谐关系的建构,有利于整个社会和谐文化的构建。

在我国仍处于从农业社会向工业社会、传统社会向现代社会过渡和转型的现阶段,构建健康向上的老龄文化对于我国实现科学发展、协调发展、和谐发展的有机结合,具有特别重要的意义和价值。可以预计,随着我国城乡社会养老保障体系的逐步建立和不断完善,以及随着从传统的家庭养老向家庭、国家、社会三者共同养老乃至社会化养老的过渡,此种意义和价值将会愈来愈大。

## 三、形塑健康向上的老龄文化的有效方式和途径

1999年,联合国"国际老人年"提出从"提高生活质量"向"提高生命质量"

转变;2002年,世界卫生组织向联合国第二届老龄大会提出从"健康老龄化"向"积极老龄化"跨越。[4]从国际社会文化背景来看,"精神养老、文化养老、知识养老,满足老年人日益增长的精神文化生活需求"[5],已成为人类文明发展的大势所趋。不言而喻,无论是从"提高生活质量"向"提高生命质量"转变,还是从"健康老龄化"向"积极老龄化"跨越,其关键所在就是形塑健康向上的老龄文化,以充分满足老年人日益增长的精神文化生活需求。以下,笔者仅就如何寻求形塑健康向上的老龄文化的有效途径,谈几点粗浅的看法。

其一,以宣传为先导,通过有理有据的舆论宣传,转变人们对于老龄问题的惯性思维和异常心理,为形塑健康向上的老龄文化营造良好的社会氛围。一个不争的事实是许多老年人依然在默默无闻地为经济发展、文化振兴和社会建设做着贡献,而他们在家庭生活乃至社会生活中所起到的重要作用以及所创造的巨大价值却得不到相应的社会认可。例如,不少老年知识分子依然笔耕不辍,不少老干部、老职工依然在为社会发挥余热,不少老农民依然在从事农副业或家务劳动,等等。就许多城镇干部职工来说,他们是退而不休,在社会公益活动及照料和教育孙辈后代方面依然在尽心尽力,发挥作用。由此可见,大多数老年人在家庭与社会生活中并非是可有可无而又无所作为的纯消费群体,他们所创造的物质财富和精神财富的重要社会价值理应得到社会的认可和褒扬。这就需要大力加强且正确把握对老年人在家庭与社会生活中地位和作用的舆论宣传导向,转变仅仅把老年人视为需要各方面照料和扶持的"弱势群体"的传统观念,塑造老年人是家庭和社会宝贵财富的新的社会形象。

其二,适当延长退休年龄,为形塑健康向上的老龄文化拓宽生长空间。近些年来,有不少学者从人均寿命预期、人均受教育年限、扩大人口红利等方面论及推迟退休年龄问题,认为我国现行的男60岁、女干部55岁、女工人50岁的退休年龄制度已不适应当前全国的人口健康水平、劳动环境和社会发展水平,应适当予以修改。实际上,适当延长退休年龄,它的深远意义和重要价值还在于能为形塑健康向上的老龄文化拓宽生长空间。这是因为适当延长退休年龄,不仅可以激励老年人提高身体素质,延缓生理衰老过程,而且有利于他们的精神和心理健康,从而为他们实现从"提高生活质量"向"提高生命质量"的转变,以及从"健康老龄化"向"积极老龄化"的跨越,创造必要的社会环境条件。众所周知,人的年龄有生理年龄和心理年龄之说,并且按照老年社会学的"活跃理论",老年人应力争维持他们以前的思想与行为的水平,老年人越能保持活跃,生活就越会称心如意,所谓成功的老龄过程就是保存中年的状态。[6]由此可见,适当延长退休年龄,将会使大批身体健康、技术娴熟、知识广博、经验丰富的老年人"人老心不老",老当益壮、自信自强,而这些恰恰是形塑健康向上的老龄文化需要的积极因素。

其三,加强老年人权益维护,为形塑健康向上的老龄文化营造良好的社会氛围。老年人的合法权益包括人身、财产、婚姻、家庭赡养、参与社会发展等基本法律权利,以及享受退休待遇、生活福利、医疗保障、困难救助、继续教育等特殊法律保障的权利。尽管1996年颁布实施的我国《老年人权益保障法》对如何保障老年人的合法权益制定出比较详细的法律规定,并且全国各地对如何贯彻实施这项法规也采取了比较切实有力的措施,但是,由于受历史和现实的各种复杂因素的影响,至今在老年人权益维护方面依然存在着一些问题。这些问题包括歧视、侮辱、虐待或遗弃老年人的事例近些年来在农村社会有所增加,"啃老族"现象在城市社会屡见不鲜,干涉老年人婚姻和侵扰老年人财产的事件时有发生,阻挠老年人参与社会发展的传统习惯势力及其潜规则依然在私人生活与社会公共生活领域表现得十分活跃,等等。凡此种种无不表明:在我国从传统礼俗社会向现代法理社会过渡的中后期,老年人的权益维护依然面临着重重阻力,并且在一定程度上存在着法律法规的规定和实施与社会生活的现实状况相互脱节的异常现象。这就在客观上要求国家和社会各方面进一步加强老年人权益维护,并且通过法制与道德教育的有机结合,去克服市场经济的内在伦理缺陷对孝亲敬老优良传统的消解,以及旧习惯势力对于老年人合法权益的无端侵扰和肆意损害,进而为形塑健康向上的老龄文化营造良好的社会氛围。

其四,促进代际交流和沟通,为形塑健康向上的老龄文化搭建广阔平台。一种对老年人进行现象学研究的老年社会学理论认为:"每个人都会给自己的老年赋予某种意义。在老年生活意义方面,老年人会与其他人发生互动,有时双方意见一致,有时双方会发生冲突。有的人赋予自己的老年意义会受他人的影响。"[7]人的社会性通过互动而形成,老年人的再社会化也只有在互动过程中才能得以实现;与青少年乃至中青年通过经常化的交流和沟通来建立良好的代际关系,将有利于老年人正确赋予自身的老年意义。尽管老年人与青少年乃至中年人"因为生理的、心理的、角色和社会地位以及社会经历的不同,在行为和认识上会产生差异,如他们具有以自身群体为中心的价值观,对同一现象或一系列社会现象会有不同的看法,但这种差异并不具有必然的意义,并不因年龄的区别而形成必定的根本利益的冲突"[8]。总体而论,协商与合作在老、中、青三代的互动关系中居于主导地位,而竞争与冲突则位居其次。笔者认为:诉诸"老中青"之间的交流、沟通乃是消除代际隔阂和激发老年人生活意义的灵丹妙药;它可以促使老年人逐步实现自身从"健康老龄化"向"积极老龄化"乃至从"积极老龄化"向"和谐老龄化"的提升,最终有利于社会的协调发展与和谐发展。因此,社会有关方面应通过各种方式和途径定期组织和积极协调老年人与青少年乃至中年人的社会交往活动,以促进代际交流和沟通,为形塑健康向上的老龄文化搭建广阔平台。

**参考文献:**

[1]陈传书.在2010年全国老龄委办公室主任会议上的讲话[J].老龄问题研究,2010(5).

[2]D. MOYNIHAN,FAMILY AND NATION,New York:Harcourt,Brace Jovanovich,1986.

[3]马斯洛.动机与人格[M].马良诚,等,译.西安:华夏出版社,1987:29.

[4][5]姚振裕.老年教育发展方向探讨[J].老龄问题研究,2010(8).

[6][7][8]邓伟志.社会学辞典[M].上海:上海辞书出版社,2009.

(原载《文化学刊》2011年第2期)

# 人口均衡发展与妇女民生的理性思考

计划生育是我国的基本国策,坚持这一基本国策有利于推动人口长期均衡发展,有利于改善妇女民生和促进妇女发展。控制人口总量的适度规模有利于改善妇女民生,优化人口自然结构及提高人口素质与改善妇女民生密切相关。从其长远和根本上看,生育政策调整虽有利于人口长期均衡发展,有利于更好保障和改善妇女民生,但在一定时期内它也有可能会对妇女民生及妇女发展造成某些不良影响,有待于采取得力措施给予妥善解决。

## 一、人口均衡发展关乎妇女民生

人口均衡发展是指在人口发展与经济社会发展程度相协调、与资源环境承载力相适应的基础上,实现人口总量的适度规模,优化人口结构,合理分布人口,提高人口质量等。在前资本主义社会,由于经济、政治、文化、风俗习惯等因素的综合影响,人口均衡发展只能是一种可望而不可即的奢望。例如,在原始社会,人类生育处于无政府控制的自然状态,而在生活必需品不能维持群体生存的状况下,只能采取杀掉老弱病残者的办法来解决人口过剩问题。而在奴隶制和封建制时代,社会统治者穷兵黩武和农耕经济的双重需求,客观上促使国家颁布鼓励生育的法令,并且采取政府引导的方式,让重男轻女的生育观念在民间社会落地生根,积淀深厚。然而,在由战乱、灾荒到恢复安定和生产之循环往复的治乱兴衰过程中,人类人口再生产始终处于波动状态,致使人口长期均衡发展难以实现。与其相伴而行的则是取消或贬低妇女在社会生产关系体系中所占据的重要地位,驱使她们沦为"生儿育女的工具"。即便在现代资本主义时期,虽然得益于科技进步和性别均等化的推动,妇女已经逐步确立个人独立人格且获得经济自主权,但由于传统积习影响和市场力量盲动的消极作用,落后、守旧的性别价值观及婚育价值观,依然潜移默化地对妇女民生及其发展产生不良影响。这恰如英国著名社会学家吉登斯所指出的那样:"在生活的许多领域中,传统都是坚持不懈的,特别是在日常生活中。"[1]例如,多子多福、重男轻女的生育观念对于中国人口再生产的影响就是如此。在中华人民共和国成立之后的三十年中,净增4.3亿人口,[2]不仅对资源环境产生巨大压力,而且对妇女身心健康、事业发展、婚姻家庭生活等造成较大干扰。此外,自1981年以来,中国出生性别比持续攀升,至今仍在超出正常值10.60个单位值的117.60的高位徘徊。出生性别比的失衡,对妇女民生及性别平等、和谐发展产生不良影响。上述事实无不证明人口均衡发展关乎妇女民生,关乎妇女切身利益及其健康发展。

实际上,长期以来,计划生育国策的制定和实施,对于改善妇女民生和促进妇女发展居功至伟。在没有实施生育节制的旧时代,许多妇女沦落为单纯的生育机器,她们个人发展的欲望为此而受到巨大压抑,她们的青春和才华往往在没完没了的生育中被埋没。即便在提倡男女平等的新时期,生育数量的失控也不利于更好改善妇女民生,不利于提高妇女的社会地位及家庭地位,不利于妇女积极参与经济社会发展。早在20世纪90年代,国内就有学者估算"我国妇女每年为生育孩子而付出的时间和精力,如果转为用固定工资支付,至少为420亿人民币"[3]。此外,从避孕到生育或堕胎,她们承担的责任和压力十分巨大,但所获得的社会补偿和家庭补偿却甚少。因此,对多子并不多福的切肤之痛她们深有感触,对计划生育的热情和支持比起男子有过之而无不及。正是计划生育国策的制定和实施,为人口长期均衡发展打下了坚实的社会基础,同时也为改善妇女民生、促进性别平等和性别公正拓展了广阔的空间。

## 二、人口均衡发展促进妇女民生

人口总量的适度规模有利于改善和保障妇女民生。符合经济社会全面协调可持续发展的人口价值观是人口发展要与社会的全面进步及资源和环境的容纳量和承载度相适应。换句话说,稳定低生育水平、提高人口素质、促进妇女发展和进步这三者之间具有高度的同一性及互促性。例如,在中国人口失控的20世纪60年代,全国人口出生率最高曾达到43.4‰,人口自然增长率最高曾达到33.3‰,尤其是在1966—1971年期间,平均每年净增2000万人口以上。可以设想,在育龄妇女总和生育率总和高达5.00以上的年代里,妇女儿童的身心健康发展怎能不因此而受到消极影响?妇女素质的全面提升及妇女在经济社会发展中的功能和作用又怎能不因此而受到严重干扰?中国人口再生产所走过的曲折道路警示国人:人口发展具有自身的客观规律,以适度控制人口数量、适时优化人口结构和持续提高人口素质作为显著标志的人口均衡发展,恰是这一规律在新时期的集中体现。目前,有人借生育政策调整之机全面否定计划生育的历史合法性、现实合理性及未来发展前景,实际上是有违于人口均衡发展的长期目标,同时也有违于更好改善妇女民生和持续提升妇女发展质量的时代潮流。有鉴于此,人们应当提高对稳定低生育水平与优化人口结构和提高人口素质,以及计划生育与人口均衡发展和妇女民生改善之类关系的科学认知程度,正确估量它们之间的互动互促良效,从而在思想上、行动上防止有失偏颇。

优化人口自然结构与改善妇女民生紧密联系。人口自然结构依照人口生理属性划分,其主要包括性别结构与年龄结构。全国第六次人口普查数据揭示:60岁及以上人口为177648705人,占13.26%,其中65岁及以上人口为118831709人,占8.87%;总人口性别比为105.2,出生婴儿性别比为118.06。第六次全国人口普查数据警示国人应积极关注由人口自然结构失衡带来的为老龄化社会服务问题及妇女生存和发展问题。近些年来,中国人口老龄化步伐不断加快且呈现出未富先老的典型特征,在加大社会养老服务压力的同时也带来一些城乡老年女性晚年生活困难问题。中国老年女性尤其是高龄老年女性是一个比较庞大的、人数远多于男性的社会群体。她们一生勤勤恳恳、任劳任怨,为社会和家庭付出甚多,但在享受社会保障、社会福利、社会救济等待遇方面,一般来说比不上同龄男性,加上配偶往往先于她们离世,其晚年有可能面临着物质和精神方面的双重困境。出生性别比严重失衡的直接受害者就是女性,因为许多女婴的出生权被强行剥夺,并且由此而对整个女性群体的生存和发展带来一系列不良影响。然而,按照"物以稀为贵"的经济法则,一些人想当然地认为出生婴儿性别比失衡所造成的男多女少的人口性别结构,将会自然而然地提高妇女的社会地位及家庭地位。这实在是一种自欺欺人的荒谬推断。人作为万物之灵,其早已从对自然界的依赖关系中被提升出来,成为自主自立的世界创造者。因此,不能以衡量物质世界的准则去衡量人的价值,人作为劳动世界创造者的人格的尊严往往是无价的。说到底,女性人生的核心价值就是作为创造社会物质财富和精神财富的人的价值,而出生性别比失衡的直接后果即女婴的锐减,恰恰大大地降低了她们这种价值。

合理分布人口和提高人口素质与更好改善妇女民生高度关联。人口分布是指某一时点上人口在某地域范围内的聚集状况。自20世纪90年代打工经济盛行以来,许多年轻女性走出农村进入城市寻求自身发展,而大量中老年妇女则滞留于农村,成为所谓"386199部队"(指留守妇女、儿童、老人)的主体。人口学博士周福林教授根据人口普查抽样数据推算,已婚男性流动人口的外出,使众多已婚妇女成为留守妻子,全国留守妻子的总量为1302.4万人。留守妻子的市镇乡分布密度存在明显差异,农村留守妇女的比重和分布密度都高于市和镇。全国留守老人数量为1793.9万人,性别比为87.3,农村留守老人的比重和分布密度都高于市和镇。[4]如此不尽合理的人口分布,自然会对"留守妇女"群体的生存和发展产生诸多不良影响。此外,在流动已婚女性人口中,与丈夫在一起的占83.82%,这种流动的家庭化虽有利于巩固家庭却有碍于女性个体发展,因为在目前情况下她们会为家庭所累,与未婚女性相比,其个人素质的提高程度相差较大。显然,在人口大流动已成为常态的社会转型发展时期,无论是"流动女性"还是"留守女性",她们在工作和生活方面均面临着严峻挑战和巨大考验。就"流动女性"而论,其融入城市社会的艰难非常人所能体味,她们在就业、居住、婚育、社会保障、个人安全、接受再教育等方面,承受着巨大的生存压力、发展障碍及成长风险,不安全、不稳定、不确定的漂泊感即齐格蒙特·鲍曼所描绘的那种"流动的现代性"[5],在她们身上无不得到充分体现。就"留守女性"来说,与"流动女性"相比,她们个人素质的提高程度更是相差甚远,她们不仅肩负起农副业生产和赡老抚幼的双重重任而超负荷前行,而且还要承受生产和生活中不可预测的种种困难和风险,从根本上就无从顾及个人自身发展。然而,值得庆幸的是当前我国正处于从旧式城镇化向新型城镇化转变的新的社会发展时期,新型城镇化将为更好改善妇女民生及促进妇女发展带来诸多利好。因为,单从人口学意义上来看,新型城镇化有利于逐渐形成人口总量的适度规模,有利于优化人口结构和提高人口素质,有利于实现人口长期均衡发展和确保妇女身心健康。而从社会学意义来看,新型城镇化则有利于优化社会结构及合理配置社会资源和机会,有利于促进社会公正及性别平等,有利于提高妇女素质及推动妇女参与经济社会发展。可以预期,在以人的城镇化为核心理念、以农业转移人口市民化为首要任务的新型城镇化进程中,以往致使流动女性和留守女性在生产生活中备受磨难的种种发展难题必将迎刃而解,人口均衡发展与妇女健康发展的双赢也必将得到充分体现。

如果说实现人口长期均衡发展是我国新时期人口发展的预定战略目标,那么生育政策调整就是实现这一战略目标不可或缺的策略性手段。因为生育政策调整的实质,就是要在人口发展与经济社会发展程度相协调、与资源环境承载力相适应的基础上,实现人口规模与人口结构、人口数量与人口质量、人口分布与区域发展的有机结合及相互促进。换言之,生育政策调整是实现人口长期均衡发展的必由之路,有利于国计民生。总体而论,对于改善妇女民生及促进妇女发展,生育政策调整之"利"远大于"弊",其原因无非是在我国妇女民生与社会民生、妇女发展与社会发展具有一致性或同质性。然而,这种一致性或同质性并不是绝对的,在一定条件下也会存在着差异、矛盾和冲突,只不过它们是局部的、阶段性的,有可能得到及时处置和妥善解决。这就是说凡事皆有两重性,在生育政策调整过程中,某些新社会问题的产生及对妇女民生的影响和作用总归是难免的,而对其未雨绸缪和积极应对则应是国人思想和行动的首选。

在生育政策调整过程中,一些有形或无形的性别歧视因素会乘机作祟,干扰妇女积极参与经济社会发展。自改革开放以来,国内有关"二保一"[6]、"妇女回家"、"妇女阶段就业"等话题的争论接踵而至,其价值取向无非是全部或部分牺牲女性职业发展利益,让女性以生儿育女、相夫教子、料理家务等作为人生的主要归宿,全力支持丈夫事业发展。在新型现代性背景下,此类不识时务的荒谬之见理所当然地受到批驳。如今,随着生育政策调整,原本已成定论的陈年话题有可能被重新提起。面对生育政策调整后二孩生育对晚婚晚育、优生优育、家务劳动、劳动就业等方面的现实影响,一些"80后"或"90后"女性似乎可能会遭遇她们母亲一代所曾遇到的同样难题。在生育政策调整过程中,女性在职场生活中有可能面对更加隐蔽、更为严重的性别歧视。虽然国家在各项政策法规中对女性就业及其"四期"(经期、孕期、产期、哺乳期)权益保护等做出明确规定,但依然无法有效杜绝一些企业和用人单位在经济效益驱使下,肆意侵犯妇女合法权益。例如,某些企业和用人单位由于不情愿招收女职工或起用女性管理人员,它们就会千方百计地钻政策法规的空子,以隐秘方式和不轨手法,蓄意干扰和破坏女性就业或女性参与管理。在生育政策调整中,国人婚恋观念及家庭生活将会由此而受到深刻影响。近期,电视剧《二胎》的热播就向国人传递了这一重要信息。在《二胎》中,"二胎族""丁克族""爱家族""敬业族"悉数闪亮登场,围绕二胎生育话题,发生激烈的思想冲突和价值碰撞,颇为传神地演绎了现阶段婚育与女性民生及其事业发展的矛盾和纠结。并且在生育政策调整过程中,老龄女性群体的晚年悠闲清静生活必将为此而受到严重干扰。一旦子女生下二孩,在时间、精力上的辛勤操劳和多倍付出将使她们疲惫不堪,并且她们个人生活的自由空间也将为此而大为缩小。

综上所述,生育政策调整虽在总体上和客观上有利于人口长期均衡发展,有益于国计民生,但在一定时期内,它也可能会对妇女民生及妇女发展造成某些不良影响。对这类不良影响,笔者认为有必要采取下述措施予以妥善解决:一是要健全国家劳动法有关条文,对以隐秘方式和不轨手法,蓄意干扰和破坏女性就业或女性参与管理的行为实施严密监控和严厉制裁;二是要及时建立二孩生育政府补贴制度,对准备生育二孩的女职工所在的企业或用人单位给予一定的经济补偿;三是要适时扩大社会基本公共服务范围和提高社会基本公共服务水平,同时不断加大社会事业开放发展力度,鼓励民间社会资本积极参与教育、医疗等社会民生事业建设,为二孩生育家庭解压减负。

**参考文献:**

[1]安东尼·吉登斯,克里斯多弗·皮尔森.现代性——吉登斯访谈录[M].严宏毅,译.北京:新华出版社,2001.

[2]中国计划生育工作手册编委会.中国计划生育工作手册[M].北京:中国人口出版社,1996:1200.

[3]吴维嵩.试论妇女在发展社会生产力中的作用[J].福建人口,1990(1).

[4]周福林.我国留守家庭研究[M].北京:中国农业大学出版社,2006:103-104.

[5]齐格蒙特·鲍曼.流动的现代性[M].欧阳景根,译.上海:上海三联书店,2002.

[6]谭荗芸.妇女要有志气争第一[J].社会,1984(4).

(原载《中华女子学院学报》2014年第5期)